# Loriot
# *Gesammelte Prosa*

*Alle Dramen,*
*Geschichten, Festreden,*
*Liebesbriefe, Kochrezepte,*
*der legendäre Opernführer*
*und etwa zehn Gedichte*

*Mit einem Vorwort*
*von Joachim Kaiser und*
*einem Nachwort*
*von Christoph Stölzl*

Diogenes

Herausgegeben von Daniel Keel
unter der Mitarbeit von Marion Hertle,
Gesine Treptow und Renate Westphal-Lorenz
Alle Texte sind im Diogenes Verlag erschienen
mit Ausnahme der Erstveröffentlichungen
*Teddy* und *Günter D. – Ein Künstlerleben.*
Das Nachwort von Christoph Stölzl
*Wir sind Loriot oder Ein Preuße lockert die Deutschen*
aus: *Einmal Berlin und zurück*
Verlag Bostelmann & Siebenhaar, Berlin. 2004.
Abdruck mit freundlicher Genehmigung
des Autors und des Verlags


Diogenes Verlag AG Zürich
www.diogenes.ch
200/07/44/2
ISBN 978 3 257 06481 0

*Inhalt*

Der kleine Opernführer



Bewegende Worte zu freudigen Ereignissen

# Loriot, der Schriftsteller

*Von Joachim Kaiser*

Loriot schreibt als Einführung zu seinen Fernsehtexten Folgendes:

»Dramatische Werke soll es seit etwa zweitausendfünfhundert Jahren geben. Das kann stimmen, es gab in Berlin schon Theateraufführungen, als ich noch ein Kind war. Man spielte damals Stücke von Shakespeare, Molière, Lessing, Goethe, Schiller, Kleist, Ibsen, Strindberg, Hauptmann und ähnliches. Heute sind die genannten Autoren unbekannt und ihre Werke in Vergessenheit geraten. Das Publikum ist anspruchsvoller geworden. Es erwartet die dramatische Verarbeitung von Problemen aus dem eigenen Lebensbereich.

Infolge mannigfaltiger Belastungen durch Beruf, Familie und Freizeit ist der moderne Mensch jedoch kaum noch imstande, sich auf ein mehrstündiges Bühnenwerk zu konzentrieren. Aus diesem Grunde überschreitet so gut wie keines meiner Dramen eine Länge von fünf Minuten. Damit sind sie dem biologischen Rhythmus von Menschen und weißen Mäusen angepaßt. Nur der Bildschirmzuschauer hat die Möglichkeit, während der Vorstellung flüssige und feste Nahrung zu sich zu nehmen, zu telefonieren oder sich auf andere Weise frisch zu halten. Das Fernsehen bietet somit den geeignetsten Rahmen zur Begegnung mit zeitgenössischem Bildungsgut. Das hat mich bewogen, für dieses Medium zu arbeiten.«

Sehr vergnüglich ist das zu lesen, aber erst beim Abschreiben dieses Textes habe ich wirklich genau feststellen können, wie enorm gut Loriot, der Schriftsteller, diese 25 Zeilen gemacht hat. Ganz klar sind die Aussagen, die Darlegungen des Textes, und ebenso deutlich ist, daß der Text genau das Gegenteil von dem meint, was er zu sagen scheint. Die Argumentation ist schlüssig – und widerlegt sich schlüssig. Was als positiv hingestellt wird, erweist sich als dümmlicher Zeitgeist; was als veraltet bezeichnet wird, lebt auf als Kanon erhabener, großer Literatur. Die hochherzige Begründung, man erwarte Probleme aus dem eigenen Lebensbereich, sei anspruchsvoller geworden – sie birgt schlicht die idiotische Verklärung einer klassenlosen Gesellschaft der Banausen.

Soweit sozusagen die beiden perfekt gemachten Totalitäten des Textes als Ganzem. Die Formel »Ironie« reicht dafür nicht aus, trifft die komplexe Sache schon zu wenig. Denn im einzelnen enthält jeder Satz noch Widerhaken, Widersprüche oder herrlich unsinnige Differenzierungen.

Wie macht Loriot das? Er weist auf die Entstehung des Theaters vor 2500 Jahren hin. Das kann er belegen, es gab ja dergleichen schon, als er noch ein Kind war. Ein mittlerweile ziemlich altes Kind, offenbar. Es muß sich so um 2000 Jahre handeln. Dann folgt eine Bindestrich-Soziologie der Belastungen, denen wir arme, darum des Fernsehens bedürftige Erdenbürger ausgesetzt seien. Belastungen, wer wüßte es nicht, durch Beruf, Familie und Freizeit. Und hier läßt der Stabreim zusammenwachsen, was als Belastung nicht zusammengehört, aber im

Grunde eben doch: Familie und Freizeit. Hinzu kommt als biologische These: der Lebensrhythmus von Menschen und weißen Mäusen. Wieder dient Stabreim als sozusagen Indiz von wissenschaftlichem Genie-Simulantentum. Weiter: Man kann beim Fernsehen zunehmen, aber nur an Kalorien. Fabelhaft hier der völlig überflüssige Einsatz von differenzierendem Medizinervokabular: »flüssige und feste Nahrung«. Das ist eine witzige Überbestimmung, man nennt dies Redundanz, und wirkt doch unanfechtbar exakt. So steht also hier die Tendenz des Gesamten wie des Einzelnen schräg zueinander, alles ergänzt sich und widerspricht sich. Und dabei liest sich der Text ganz wunderbar leicht – während meine Interpretation uns den Erkenntnisschweiß auf die Stirn trieb. So kann Loriot schreiben, Loriot der Schriftsteller.

Sein Lebenswerk stellt ein politisches Ereignis dar. Jetzt glauben Sie, Sie hätten sich verhört, oder ich hätte mich geirrt. »Politisches« und nicht etwa »humoristisches« oder »künstlerisches« Ereignis, was dieses Lebenswerk natürlich auch ist... Die Bülow-Kenner unter Ihnen – und wer hier wie in ganz Deutschland wäre das nicht? –, diese Spezialisten könnten hier triumphierend gegen meine gesellschaftlich-politische These ins Feld führen, was ja auch Patrick Süskind so zwingend dargelegt hat: Bülow, so schrieb er, bediene sich keineswegs komischer Mittel, um gesellschaftliche Zustände zu beschreiben. Sondern: Für Loriot sei das Komische nicht Mittel, sondern vielmehr Endzweck. Der arbeite nicht für oder gegen Linke oder Rechte, sondern er bediene sich ihrer, damit wir lachen können. Und was wäre daran politisch?

Immer wenn jemand über einen Humoristen spricht, ist es ungeheuer ernst, das kenne ich schon. Vorlesungen, die ich in meiner Studentenzeit hörte, über Todesstrafe, über Tragödien, die waren oft sehr komisch. Aber wenn der Professor erläuterte, was ästhetisch komisch ist, dann herrschte schweißtreibende Schwerfälligkeit. Das liegt in einer Unnatur der Sache und auch dessen, der darüber redet. Immerhin, wir sind jetzt dabei, das Politische von Loriot zu bestimmen, und das ist nun wirklich eine ernste Sache. In Isaak Bashevis Singers abgründig komischer Story, die heißt Ein Scherz, wird über eine Frau behauptet, fast ohne Vorwurf, so als bare Selbstverständlichkeit: »Sie ist eine Deutsche und hat keinen Sinn für Humor.« So sieht man uns eben. Und betonen nicht viele deutsche Zeitkritiker sozusagen rund um die Uhr, daß es in hiesigen Zuständen erbärmlich fehle an Beweglichkeit, an Brillanz, an Pfiff, wohl wegen lauter selbstsüchtiger Nabelschau und ideologischer Verbohrtheit. Auch Erich Kästner fragte mal nur so zum Schein: Sind wir so unbefangen heiter wie die Südländer? Besitzen wir den Esprit der Franzosen? Oder die Selbstironie und das Understatement der Angelsachsen? Haben unsere Staatsmänner Witz? Wird in unseren Parlamenten, außer wenn sich ein Redner verspricht, gelacht?

Trübe Sätze! Zu deutsch: Wir Deutschen haben keinen Humor. Die Welt weiß es, und wir bejammern es.

Doch stimmt dieses triste Fazit? Trifft es wirklich zu? Ich bin da anderer Ansicht. Deutsche Musik etwa ist heiterer, menschenverbindender, menuettvergnügter und scherzhaft witziger als die eher preziöse, feinsinnige französische E-Musik; und sie ist auch eigentlich gemütlicher, die deutsche, lustiger als der geniale Rossini, in dessen meisterhaften Finali Figuren wie Ballett-Puppen herumwirbeln...

Ich will jetzt mit der Sprache heraus: daß wir Deutschen keinen Humor aufzuweisen haben – es hängt in der Literatur und in unserem Leben mit der Sprache zusammen. Die hat sich nämlich nicht höfisch in langer, geistvoller Konversations-Tradition höfisch und höflich entwickeln können, die schuf, so Ernst Jünger, allzu wenig höhere Gemeinplätze der Konversation, auf denen man sich bewegen kann. Auch das Wort »Boulevard-Komödie« – wenn man im öffentlichen Theater was Lustiges sehen will – deutet mit Recht auf fernen Ursprung hin. Der Boulevard geht nicht durch deutsche Städte. Ohne Frankreich, England und sogar Rußland oder die USA hätten wir in unseren Komödien-Häusern auch verdammt wenig zu lachen – und die *Minna von Barnhelm*, der *Zerbrochene Krug* oder der *Biberpelz*, die schrammen ja sowieso nah an der Tragödie vorbei, sind kaum zum Totlachen. Man kann die großen deutschen Komödien wirklich an den Fingern einer Hand abzählen. Und wenn ein paar Finger fehlen, dann macht es auch nichts...

Also: Unsere Sprache macht uns das Mitmenschliche, das schlendernde, heitere, geistvolle Miteinander sehr schwer. Das alles kann unsere Musik so gut, aber die Sprache nicht. Hofmannsthal hat mal geäußert: Wer im Deutschen nicht ganz individuell schreibt, schreibt schon schlecht. Das käme keinem gebildeten, klassischen Franzosen so in den Sinn. Wunderbar ist im Deutschen die sogenannte Hoch-Sprache. Ob es etwas wie den *Faust 1,* wie Hölderlins Hymnen, wie die Gewalt der Lutherschen Bibel-Übersetzung, wie die Sehnsuchts-Poesie Eichendorffs in anderen Sprachen überhaupt gibt? Ich zweifle. Also: ungeheure Hoch-Sprache. Und Dialekte. Tolle Dialektkomödien. Der fabelhafte, aller Angeberei unendlich ferne Realitätssinn des Bayerischen. Das wunderbare, unendlich sinnig abwägende Umständlichsein des Alemannischen. Die Flottheit des Berlinischen. Doch die Mitte, die umgangssprachliche Mitte dazwischen, fehlt. Die Mitte, wo wir gesellschaftlich-zivilisiert und herrschaftsfrei Dialog miteinander führen könnten, die fehlt, die gibt es nicht!

Keine deutschen Komödien, nur höchste Kunstsprache oder Dialekt-Lebendigkeit. Widerspricht dem nicht Wien? Das Wiener Lustspiel (Bahr, Hofmannsthal, Schnitzler), der Wiener Schmäh? Nun, dieser Einwand schwächt mein Argument aber nicht, sondern unterbaut es. Denn in Wien, und nicht in

Berlin oder Frankfurt oder München, gab es fast ein Jahrtausend lang jene höfische, kaiserlich-königliche, k. u. k. Gesprächskultur, die eine zwischenmenschliche Sprache in sich haben muß, um nicht nur Geblök, Gequassel, dummes Zeug nahezulegen, sondern Anmut, Heiterkeit und Humor.

Und da kam nun Vicco v. Bülow. Er brachte ein Wunder fertig oder eigentlich sogar zwei. Denn er vermag mit Worten perfekt umzugehen. Anmutig, heiter, überraschend. Weder quälend banal noch quälend originalitätshaschend, was das Gegenteil ist von menschenverbindend originellem Deutsch. Und das zweite Bülow-Wunder: Obwohl er, Sie erinnern sich an unsere anfänglichen Interpretations-Mühen, obwohl er nie bloß albert, obwohl er nie, fast nie, die subalternen Gelüste der von Morgenstern als Dummköpfe verachteten Leser bedient, wuchs seine Beliebtheit, wuchs die Popularität seiner Figuren, Werke und Scherze tatsächlich im Laufe der Jahrzehnte wie ein heiterer Baum und überschattete die zweite Hälfte des zwanzigsten deutschen Jahrhunderts. Mit zynischem Geschick und Konsumenten-Verachtung kann ein Talent bestimmt viel Geld verdienen. Nicht ohne Ranküne sagte der englische Ästhetiker Matthew Arnold, bei der Kunst gelüste es die Angehörigen der Mittelklasse im allgemeinen nach Kitsch und die Angehörigen der Unterklasse nach Schund.

Doch über solche hämischen Verdikte setzt sich Bülows Sprache mit zielsicherer Anmut hinweg. Die

Nation ließ sich durch meinen genialen Freund dazu bringen, über Männlichkeits-Rituale, Herrn Dr. Klöbner, Herrn Müller-Lüdenscheidt, über *Ödipussi,* die Berliner Philharmoniker, eine verzweifelte Ansagerin und eine weihnachtlich mordende Förstersfrau zu lachen, und zwar auf hohem Niveau. Ja, sogar zu begreifen, daß komische Kunst genauso wiederholungswürdig ist wie der *Hamlet* oder die *Pastorale.*

Vicco v. Bülows Beliebtheit, sein neiderregender Erfolg besagen aber nicht nur etwas höchst Positives über ihn und für ihn, sondern dieser Erfolg besagt etwas Tröstliches, ja Beweiskräftiges auch über die deutsche Humor-Bereitschaft und Fähigkeit. Ein guter Bülow-Satz beschämt und widerlegt das antisensible Sprach- und Sprech-Verhalten von zehn fein grinsenden, aber konfus und schlecht sprechenden Parlamentariern, Professoren, Journalisten. Bülows Kunst ist ein politisches Ereignis. Aber nicht, weil er besserwisserisch politisch herumfuchtelt, sondern weil er besser-rednerisch unserem Umgangs-Deutsch, unserer Sprache Würde verlieh, Weltläufigkeit und Witz. Und dies alles, das ist das Wichtigste, keineswegs als feinsinniges und entsprechend folgenloses Eliten-Ereignis. Sondern als eine öffentliche Veranstaltung, die zugleich auch öffentlichkeitsverändernd wirken konnte. Alle wissen es, kennen es, lachen darüber, haben es in ihr Leben genommen. Nur Barbaren können Loriots Lächeln widerstehen.

# Vorwort des Autors

Ja, äh …

——— ——— ——— ——— ———. ——— ——— ——— ——— ——— ——— ——— ——— ———, ——— ——— ——— ——— ——— ——— ———. ——— ——— ——— ——— ——— ——— ———, ——— ——— oder ——— ——— ——— ——— ———, ——— ——— ——— ——— ——— ——— ——— ———. ——— ——— ——— ——— ——— ———

——— ——— ——— ———, ——— ——— ——— ——— ——— ——— ———. ——— ——— ——— ——— ——— ——— ——— ——— ———, ——— ——— ——— ——— ——— ——— ——— ——— ———, ——— ——— ——— ——— ——— ———. ——— ——— ——— ——— ——— ——— ——— ———, ——— ——— ——— ——— ——— ——— ———. ——— ——— ——— ——— ——— ——— ———, ——— ——— ——— ——— ——— ——— ———, ——— ——— ——— ——— ——— ———.

*Ammerland, im Frühjahr 2006*

# Der Mitmensch

## Der Lottogewinner

*Der Rentner Erwin Lindemann sitzt im Lehnstuhl seines bescheidenen Wohnzimmers. Den größten Teil des Raumes nimmt ein Fernsehteam ein. Kamera, Scheinwerfer und Mikrophon sind auf Lindemann gerichtet.*

KAMERAMANN *(hält den Belichtungsmesser an das Gesicht des Rentners)* Gib noch was drauf... noch... Stop ... *(geht zur Kamera)* ... und mit der Kamera etwas näher ran...

REGISSEUR Also, Herr Lindemann, Sie wissen ja, um was es sich handelt. Ein kleiner Film für den Kulturbericht der Abendschau. Sie sagen uns kurz, wie Sie heißen...

LINDEMANN Lindemann...

REGISSEUR Richtig... und daß Sie 500 000 D-Mark im Lotto gewonnen haben... und was Sie damit machen wollen. Wir probieren es jetzt mal ... ohne Kamera ... bitte sehr...

LINDEMANN ... Ja ... eben ... daß ich Erwin Lindemann heiße ...

REGISSEUR Im ganzen Satz ... *Ich ... heiße ... Erwin ... Lindemann ...*

LINDEMANN Ich ... heiße ... Erwin ... Lindemann, bin Rentner und 66 Jahre ... mit meinem Lottogewinn von 500 000 D-Mark mache ich erst mal eine Reise nach Island ... dann fahre ich mit meiner Tochter nach Rom und besuche eine Papstaudienz ... und im Herbst eröffne ich dann in Wuppertal eine Herren-Boutique.

REGISSEUR Ge ... nau ... so! Können wir?

KAMERAMANN Wir können ... Ton ab!

TONMEISTER Läuft!

KAMERAMANN Klappe!

KAMERAASSISTENT Lottogewinner, die erste ... *(schlägt Klappe)*

LINDEMANN *(erschrickt)*

REGISSEUR Bitte, Herr Lindemann ... genau wie eben ... und ganz entspannt ...

LINDEMANN Ja, ich heiße Erwin Lindemann, bin Rentner, 66 Jahre, und mit meinem Lottogewinn von 500 000 D-Mark ...

KAMERAMANN Aus ... Das geht mit dem Licht

so nicht ... Geh mal mit dem Halb-K.W. noch weiter rüber...

BELEUCHTER *(verstellt den Scheinwerfer)*

KAMERAMANN Gut!... Wir können... Ton ab!

TONMEISTER Läuft!

KAMERAMANN Klappe!

KAMERAASSISTENT Lottogewinner, die zweite ... *(schlägt Klappe)*

REGISSEUR Bitte!

LINDEMANN *(hat die Tätigkeit des Teams irritiert verfolgt)* Ich heiße Erwin Lindemann, ich bin 500 000 Jahre... halt... falsch...

REGISSEUR Ganz ruhig... gleich noch mal ... ohne Klappe...

LINDEMANN Ich heiße Erwin Lindemann... ich bin Rentner und 66 Jahre... *(Das Licht geht aus)*
... mit meinem Lottogewinn von 500 000 D-Mark mache ich erst mal eine Reise nach Island, dann fahre ich mit meiner Tochter nach Rom und besuche eine Papstaudienz, und im Herbst eröffne ich dann in Wuppertal eine Herren-Boutique...

REGISSEUR Aus! ... was ist denn das nun wieder?!

BELEUCHTER Guck mal nach der Sicherung...

TONMEISTER Der Ton läuft!

KAMERAMANN Kamera auch! ... Und die Birnen?

BELEUCHTER Weiß nicht ... sind noch zu heiß ... ah! ... Der Stecker is' raus!

*(Das Licht geht an)*

LINDEMANN War es so richtig?

REGISSEUR Hervorragend ... aber wir hatten da ein Problem ... bitte noch einmal, Herr Lindemann ... und ganz locker ...

TONMEISTER Ton läuft!

KAMERAMANN Klappe!

KAMERAASSISTENT Lottogewinner, die dritte ... *(schlägt Klappe)*

REGISSEUR *(gibt Lindemann ein Zeichen)*

LINDEMANN Ich heiße Erwin Lindemann, bin Rentner, 66 Jahre und ... und ein Lottogewinn von 500 000 D-Mark. Erst mal mache ich mit meiner Wupper ... äh ... mit meiner Tochter eine Reise nach Wuppertal und eröffne dann in ... Island eine Herren-Boutique ...

REGISSEUR Aus! ... Entschuldigen Sie, wenn ich Sie unterbreche, aber Sie planten doch *erst* eine Reise nach Island und wollten *dann* mit Ihrem Fräulein Tochter nach Rom zur Papstaudienz, und im Herbst eröffnen Sie eine *Herren*-Boutique in *Wuppertal*...

LINDEMANN Jawohl...

REGISSEUR Na, dann erzählen Sie das doch einfach ... Also neue Klappe...

TONMEISTER Ton läuft!

KAMERAMANN Klappe!

KAMERAASSISTENT Lotto, die vierte ... *(schlägt Klappe)*

REGISSEUR Bitte!

LINDEMANN Ich heiße Erwin Lottemann...

REGISSEUR Aus!... *Wie* heißen Sie?!

LINDEMANN Lottemann ... äh ... Lindemann!

REGISSEUR Bitte neue Klappe...

KAMERAASSISTENT Lotto, die fünfte ... *(schlägt Klappe)*

REGISSEUR Bitte!

LINDEMANN Ich heiße Lindemann, bin seit 66 Jahren Rentner...

REGISSEUR *(schlägt sich aufs Knie)* Aus!

LINDEMANN ... und habe 500 000 D-Mark gemacht mit meiner Tochter in Wuppertal... nee!

REGISSEUR Herr Lindemann...

LINDEMANN Jetzt weiß ich...

REGISSEUR Klappe!

KAMERAASSISTENT Lotto, die sechste ... *(schlägt Klappe)*

REGISSEUR Bitte!

LINDEMANN Ich heiße Erwin...

KAMERAMANN Halt... Mikro im Bild...

REGISSEUR Gleich weiter...ohne Klappe...

KAMERAMANN Wir haben noch 5 Meter!

REGISSEUR Bitte!

LINDEMANN Ich heiße ... na! ... Erwin ... ich heiße Erwin und bin Rentner. Und in 66 Jahren fahre ich nach Island ... und da mache ich einen Gewinn von 500 000 D-Mark... und im Herbst eröffnet dann der Papst mit meiner Tochter eine Herren-Boutique in Wuppertal...

REGISSEUR Danke... das war's.

# Herren im Bad

*Bad eines Hotelappartements.*
*In der leeren Badewanne sitzen*
*sich zwei vollschlanke, nackte*
*Herren reiferen Alters gegenüber.*

HERR I Ich möchte ja nicht unhöflich erscheinen ... aber ich wäre jetzt ganz gern allein ...

HERR II Wer sind Sie denn überhaupt?

HERR I Mein Name ist Müller-Lüdenscheidt ...

HERR II Klöbner ... Doktor Klöbner ...

MÜLLER-L. Angenehm ...

DR. KLÖBNER Angenehm ...

MÜLLER-L. Können Sie mir sagen, warum Sie in meiner Badewanne sitzen?

DR. KLÖBNER Ich kam vom Pingpong-Keller und habe mich in der Zimmernummer geirrt ... das Hotel ist etwas unübersichtlich ...

MÜLLER-L. Aber jetzt wissen Sie, daß Sie in einer Fremdwanne sitzen, und baden trotzdem weiter ...

DR. KLÖBNER Von Baden kann nicht die Rede sein, es ist ja kein Wasser in der Wanne ...

MÜLLER-L. Als ich das Bad betrat, saßen Sie bereits im warmen Wasser...

DR. KLÖBNER Aber Sie haben es ja wieder abgelassen...

MÜLLER-L. Weil Sie es eingelassen haben, Herr Doktor Klöbner... in meiner Wanne pflege ich das Badewasser selbst einzulassen...

DR. KLÖBNER Na, dann lassen Sie es doch jetzt ein!

MÜLLER-L. Mein Badewasser lasse ich mir ein, wenn ich es für richtig halte...

DR. KLÖBNER Gewiß ... natürlich ... *(Pause, Dr. Klöbner pfeift)* Es sitzt sich recht kühl... einfach so... in der Wanne...

MÜLLER-L. Und ich sitze gern mal ohne Wasser in der Wanne...

DR. KLÖBNER Ach...

MÜLLER-L. Was heißt »ach«?

DR. KLÖBNER »Ach« ... Sie sagten, daß Sie gern so in der Wanne sitzen, und ich meinte »ach«...

MÜLLER-L. Aha...

DR. KLÖBNER Ich hätte auch »aha« sagen können, aber ich wollte meiner Verwunderung darüber Ausdruck geben, daß Sie es vorziehen, ohne Wasser in der Wanne zu sitzen...

MÜLLER-L. *(springt auf)* Herr Doktor Klöbner, ich leite eines der bedeutendsten Unternehmen der Schwerindustrie und bin Ihnen in meiner Badewanne keine Rechenschaft schuldig…!

DR. KLÖBNER Neinnein…

MÜLLER-L. *(setzt sich)* … Ich entscheide persönlich, ob ich *mit* Wasser bade oder *ohne*…

DR. KLÖBNER Jaja…

MÜLLER-L. Im übrigen sagte ich nur…

DR. KLÖBNER Herr Müller-Lüdenscheidt…

MÜLLER-L. Bitte, lassen Sie mich ausreden … ich sagte, daß ich … wenn es die Situation erfordert… durchaus in der Lage wäre, auch mal ein Wannenbad ohne Wasser zu nehmen…

DR. KLÖBNER Jaja…

MÜLLER-L. Und die Entscheidung darüber, ob ich mein Wannenbad mit oder ohne Wasser zu nehmen habe, lasse ich mir von niemandem aufdrängen…

DR. KLÖBNER Neinnein…

MÜLLER-L. Auch von Ihnen nicht … Herr Doktor Klöbner…

DR. KLÖBNER Herr Müller-Lüdenscheidt … es wäre ja immerhin denkbar, daß es gewisse Argumente gäbe, die dafür sprächen, das Wasser jetzt einlaufen zu lassen…

MÜLLER-L. Wie wollen *Sie* das beurteilen?

DR. KLÖBNER Mein Gott, ich bade ja auch nicht zum ersten Mal…

MÜLLER-L. So...!

DR. KLÖBNER ... und nach *meiner* Erfahrung ist eben ein warmes Wannenbad *mit* Wasser zweckmäßiger als *ohne*!

MÜLLER-L. Das ist Ihre ganz persönliche Meinung, Herr Doktor Klöbner ... aber man darf ja wohl noch anderer Ansicht sein...

DR. KLÖBNER Ach was!

MÜLLER-L. Sie können sich in *meiner* Wanne eine eigene Meinung überhaupt nicht *leisten...*

DR. KLÖBNER *(springt auf)* Herr Müller-Lüdenscheidt!

MÜLLER-L. *(springt auf)* Herr Doktor Klöbner! Ich lasse jetzt das Wasser ein, wenn Sie mich höflich darum bitten...

DR. KLÖBNER Bitte...

MÜLLER-L. Höflich...

DR. KLÖBNER Höflich... *(Beide Herren setzen sich)*

MÜLLER-L. Na also... *(dreht Hahn auf)*

DR. KLÖBNER *(dreht den heißen Hahn zu und den kalten auf)*

MÜLLER-L. Was machen Sie da?

DR. KLÖBNER Ich lasse etwas kühleres Wasser ein...

MÜLLER-L. Das ist sehr aufmerksam, aber ich hätte doch gern noch eine Kleinigkeit von dem heißen... *(dreht kalt zu und heiß auf und zu)*

DR. KLÖBNER Wenn ich jetzt einen Schuß von dem

kalten dazu nehmen könnte ... *(dreht kalt auf und zu)*

MÜLLER-L. Das war eine Idee zuviel ...

DR. KLÖBNER Ach ...

MÜLLER-L. Ich glaube, noch ein paar Tropfen heißes, und man könnte sich einigen ... *(dreht heiß auf und zu)* Geht es so?

DR. KLÖBNER Oh, ja, vielen Dank ...

MÜLLER-L. Oh, bitte sehr ...

DR. KLÖBNER *(greift nach einer Zelluloidente, die neben ihm auf einem Hocker sitzt)*

MÜLLER-L. Die Ente bleibt draußen ...

DR. KLÖBNER Herr Müller-Lüdenscheidt ...

MÜLLER-L. ... die Ente bleibt draußen ...

DR. KLÖBNER *(springt auf)* Herr Müller-Lüdenscheidt, ich bade immer mit dieser Ente ... *(setzt sich)*

MÜLLER-L. Nicht mit mir!

DR. KLÖBNER Ich *kenne* Sie ja erst seit heute ...

MÜLLER-L. Wenn *Sie* die Ente here*in*lassen, lasse *ich* das Wasser her*aus*!

DR. KLÖBNER Das sind wohl die Erpressermethoden Ihrer Gangsterfirma!

MÜLLER-L. *(springt auf)* Herr Doktor Klöbner!

DR. KLÖBNER *(springt auf)* Herr Müller-Lüdenscheidt! *(Beide Herren setzen sich wieder)*

MÜLLER-L. Akademiker wollen Sie sein? Ha!

DR. KLÖBNER Also, was ist jetzt?

MÜLLER-L. Ich lasse das Wasser heraus, wenn Sie die Ente hereinlassen...

DR. KLÖBNER Ich nehme meine Ente herein!

MÜLLER-L. Wo ist der Stöpsel?

DR. KLÖBNER Sie sitzen drauf...

MÜLLER-L. *(zieht den Stöpsel heraus. Das Wasser läuft ab)*

DR. KLÖBNER Wissen Sie eigentlich, daß viele Menschen überhaupt kein Bad besitzen?

MÜLLER-L. Ach, Sozi sind Sie wohl auch noch!

DR. KLÖBNER *(springt auf)* Herr Müller-Lüdenscheidt!

MÜLLER-L. *(springt auf)* Herr Doktor Klöbner! *(Beide Herren setzen sich wieder)* Also lassen Sie die Ente in Gottes Namen herein ... *(setzt den Stöpsel wieder ein)*

DR. KLÖBNER Nein! ... mit Ihnen teilt meine Ente das Wasser nicht!

MÜLLER-L. Sie lassen sofort die Ente zu Wasser...

DR. KLÖBNER Ich denke nicht daran!

MÜLLER-L. Dann tauche ich jetzt so lange, bis Sie die Ente zu Wasser lassen...

DR. KLÖBNER Bitte sehr...

MÜLLER-L. Es ist mir ernst... ich zähle bis drei... eins... zwei... drei... *(taucht)*

DR. KLÖBNER *(sieht ungerührt zu)*

MÜLLER-L. *(taucht auf)*

DR. KLÖBNER Da sind Sie ja schon wieder!

MÜLLER-L. Jawohl!

DR. KLÖBNER Passen Sie mal auf! *(taucht. Pause)*

MÜLLER-L. Herr Doktor Klöbner ... hören Sie? ... Wenn Sie nicht sofort auftauchen, verlasse ich die Wanne ... die Luft anhalten kann jeder!

DR. KLÖBNER *(taucht auf)* Was sagen Sie nun?

MÜLLER-L. Sie langweilen mich ...

DR. KLÖBNER *Aber* ich kann länger als Sie ...

MÜLLER-L. Es gibt Wichtigeres im Leben ...

DR. KLÖBNER Was denn?

MÜLLER-L. Ehrlichkeit, Toleranz, Mut, Anstand, Hilfsbereitschaft, Tüchtigkeit, Zähigkeit, Sauberkeit ...

DR. KLÖBNER *(gleichzeitig)* Jaja ... jaja ... jaja ... *Aber* ich kann länger als Sie!

MÜLLER-L. Es kommt auf den Charakter an ...

DR. KLÖBNER *Aber* ich kann länger als Sie!

MÜLLER-L. ... Und das glaube ich Ihnen nicht!

DR. KLÖBNER Dann tauchen wir jetzt gleichzeitig!

MÜLLER-L. Wie Sie wünschen ...

DR. KLÖBNER Dann werden wir's ja sehen!

MÜLLER-L. Das werden wir sehen!

DR. KLÖBNER ... ich habe schon ganz verschrumpelte Finger ...

MÜLLER-L. Ich auch ...

DR. KLÖBNER Also eins ... zwei ...

MÜLLER-L. Drei ... *(Beide Herren tauchen. Pause)*

HERR III *(betritt nackt mit einem Handtuch über dem Arm das Bad)* Ist hier jemand? ... Halloo!

HERR I + II *(tauchen auf und sehen Herrn* III *an)*

HERR III Entschuldigen Sie, ist das hier Zimmer einhundertsieben?

## Kosakenzipfel

*Die Ehepaare Hoppenstedt und Pröhl feiern in einem eleganten Restaurant das fünfjährige Bestehen ihrer Freundschaft. Sie haben soeben in gehobener Stimmung das Hauptgericht zu sich genommen.*

FRAU PRÖHL Ach war das köstlich!

HERR HOPPENST. Ganz ausgezeichnet…

HERR PRÖHL *(gießt gleichzeitig den Rest Wein in die Gläser)* Der darf nicht umkommen!

FRAU HOPPENST. Herr Pröhl, Sie *müssen* noch von den Böhnchen nehmen…

HERR PRÖHL Vielen Dank, gnä' Frau…

FRAU PRÖHL Herr Hoppenstedt …! *(schiebt ihm die Platte mit einem Fleischrest zu)*

HERR HOPPENST. … Räumlich unmöglich…

FRAU PRÖHL Ach…

HERR HOPPENST. *(klopft ans Glas)*

HERR PRÖHL … Pscht…

HERR HOPPENST. Verehrte gnädige Frau, lieber Herr Pröhl…

OBER *(unterbricht)* Wünschen die Herrschaften noch ein Dessert?

HERR PRÖHL Etwas Süßes in Ehren kann niemand verwehren! *(Allgemeines dummes Gelächter)*

FRAU HOPPENST. Was gibt es denn Schönes?

OBER Flambierte Himbeeren, Creme Caramel, Birne Helene…

FRAU PRÖHL Köstlich…

FRAU HOPPENST. Ich hätte gern eine Creme Caramel…

FRAU PRÖHL Das nehme ich auch!

HERR HOPPENST. Sie hatten doch immer so eine Spezialität…

OBER Kosakenzipfel…

HERR HOPPENST. Kosakenzipfel! Das ist das Größte!

FRAU HOPPENST. Den *müssen* Sie probieren!

HERR HOPPENST. *(zum Ober)* Zwei Kosakenzipfel!

HERR PRÖHL Kosakenzipfel?

OBER Das ist ein Mokka-Trüffel-Parfait mit einem Zitronencreme-Bällchen…

HERR PRÖHL Hervorragend!

OBER Zwei Creme Caramel… zwei Kosakenzipfel. *(ab)*

FRAU HOPPENST. Ach, was werden wir heute verwöhnt!

HERR HOPPENST. *(klopft ans Glas)*

FRAU PRÖHL Jetzt aber!

HERR PRÖHL Pscht!

HERR HOPPENST. Verehrte gnädige Frau, lieber Herr Pröhl, es ist heute fünf Jahre her, daß meine Gattin und ich Ihre Gattin und Sie auf dem Campingplatz in Klagenfurt kennengelernt haben ... und daß wir seitdem ... und daß uns ... jawohl, so etwas wie eine Freundschaft verbindet ... Das ist ein Grund zum Feiern ... und ich möchte ... und wenn wir jetzt das Glas erheben ... ich meine, wir sollten das förmliche »Sie« ... also, ich heiße Walter ...!

HERR PRÖHL Bravo! *(erhebt sein Glas, allgemeines Anstoßen, Zuprosten mit Anrede durch Vornamen)* Liselotte ...

FRAU HOPPENST. Erich ...

HERR HOPPENST. Roswitha ...

FRAU PRÖHL Walter ... Liselotte

HERR HOPPENST. Erich ...

HERR PRÖHL Walter ...

OBER Es tut mir leid, aber wir haben nur noch *einen* Kosakenzipfel!

ALLE Ooooch ...

HERR PRÖHL Dann nimmst du ihn, Walter!

HERR HOPPENST. Kommt nicht in Frage, Erich ...

HERR PRÖHL Dann wird eben brüderlich geteilt ...

FRAU HOPPENST. Geteilte Freude ist doppelte Freude ... *(Dummes Gelächter)*

HERR HOPPENST. *(zum Ober)* Also einen Kosakenzipfel!

OBER Sehr wohl. *(ab)*

HERR PRÖHL ... und du stehst in der Berufsausbildung, Lieselotte?

FRAU HOPPENST. Ja ... zwei Jahre Jodelschule ...

HERR PRÖHL Sehr vernünftig!

FRAU HOPPENST. Dann hab ich mein Jodeldiplom ...

HERR PRÖHL Sehr vernünftig!

FRAU HOPPENST. ... und ich hab dann wirklich was Eigenes ...

FRAU PRÖHL ... und du bist unabhängig ...

HERR HOPPENST. Erich, deine Frau ist doch vormittags auch berufstätig ...

HERR PRÖHL Ja ... Roswitha reitet dreimal die Woche ...

FRAU HOPPENST. Toll!

HERR HOPPENST. Sehr gut! Als Frau braucht man eine sinnvolle Aufgabe ...

FRAU PRÖHL Zu Hause komme ich mir völlig überflüssig vor ...

FRAU HOPPENST. ... und Reiter werden ja immer gebraucht ...

OBER Zwei Creme Caramel ... ein Kosakenzipfel ...

FRAU PRÖHL Köstlich ...

FRAU HOPPENST. *Der* sieht gut aus!

HERR PRÖHL Vielen Dank…

HERR HOPPENST. Danke schön … fang doch an, Erich…

HERR PRÖHL Neinnein…

HERR HOPPENST. Ich bestehe darauf!

HERR PRÖHL Also gut, Walter … genau bis hier! *(deutet mit dem Löffel die Hälfte an)*

*(Gelächter; Pröhl ißt)*

FRAU HOPPENST. *(essend)* Ach, ist das gut!

FRAU PRÖHL Köstlich!

FRAU HOPPENST. *(hält ihrem Mann einen Löffel hin)* Walter, du *mußt* mal probieren!

HERR HOPPENST. Danke, danke… ich bin ja gleich dran! *(trinkt seinen Wein aus und beobachtet den essenden Pröhl)*

FRAU PRÖHL *(zu ihrem Mann)* … Na, dir schmeckt's aber, Erich!

FRAU HOPPENST. Laß ihn doch…

HERR PRÖHL *(essend)* Vorzüglich!… Genau die Hälfte … *(schiebt den mehr als halbgegessenen Kosakenzipfel zu Hoppenstedt)*

HERR HOPPENST. *(leicht indigniert)* Na ja… *genau* die Hälfte…?

HERR PRÖHL *(heiter)* Also abgewogen habe ich es nicht! *(Alle lachen, außer Hoppenstedt)*

HERR HOPPENST. Die *Hälfte* war *ausgemacht*!

HERR PRÖHL Willst du damit sagen, daß ich dich übervorteilt habe ... *(Alle lachen, außer Hoppenstedt)*

HERR HOPPENST. *(zieht sich den Teller heran)* Nein-nein...

HERR PRÖHL Es klang aber so!

FRAU HOPPENST. ... Mit seinem Kosakenzipfel versteht Walter keinen Spaß ... *(Die Damen lachen)*

HERR HOPPENST. ... und wo ist das Zitronencreme-Bällchen?

HERR PRÖHL Vielleicht habe ich es versehentlich verschluckt, mein Gott...

FRAU PRÖHL Du hast aber auch wirklich zugelangt, Erich...

HERR HOPPENST. *(entrüstet)* Versehentlich!! Es gab nur noch einen Kosakenzipfel, und den wollten wir teilen...

HERR PRÖHL Ja doch...

FRAU HOPPENST. Nu laß doch, Walter!

HERR HOPPENST. ... also auch das Zitronencreme-Bällchen!

HERR PRÖHL *(verunsichert)* ... Dafür habe ich weniger von den Mokka-Trüffeln genommen...

HERR HOPPENST. Weniger? Haha! ... *(zeigt drauf)* Hier wäre die Hälfte gewesen ... wäre!

HERR PRÖHL Wo?

HERR HOPPENST. Hier...

HERR PRÖHL Aber *diese* Hälfte ist *dicker*... sie ist *dicker* als die, die ich gegessen habe...

FRAU PRÖHL Erich!

HERR HOPPENST. Du kannst ja gar nicht *beurteilen*, wie dick *die* Hälfte war, die nicht mehr da ist!

FRAU HOPPENST. Walter, nu laß doch!

HERR PRÖHL Aber ich kann beurteilen, wie dick *die* Hälfte ist, die noch *da* ist...

HERR HOPPENST. Offensichtlich kannst du das eben *nicht*!

FRAU PRÖHL Ich bitte dich, Erich...

HERR PRÖHL ...*Du* hast doch darauf bestanden, daß *ich* den Kosakenzipfel teile...

HERR HOPPENST. Weil ich dummerweise mit deiner Zuverlässigkeit gerechnet habe!

HERR PRÖHL Nein, weil du damit gerechnet hast, daß ich mir aus Höflichkeit die kleinere Hälfte nehmen würde und du dann die größere kriegst...!

HERR HOPPENST. Das ist doch...!

HERR PRÖHL ...Aber nicht mit mir!

FRAU PRÖHL Erich, wie kannst du so etwas sagen!

HERR HOPPENST. Das ist doch...!

HERR PRÖHL Nicht mit mir!

FRAU HOPPENST. Ihr verderbt uns den ganzen Abend!

HERR HOPPENST. *(zunehmend erregt)* Sie haben mir vom Kosakenzipfel kaum was übriggelassen … Sie haben mir das Zitronencreme-Bällchen weggegessen und wagen es noch …

HERR PRÖHL … Ich wage es zu behaupten, daß Sie mich übervorteilen wollten …!

HERR HOPPENST. Das ist eine bodenlose Unverschämtheit, die ich mir in dieser Form verbitten muß …

OBER *(eilt beladen herbei und setzt im Vorbeigehen einen zweiten Kosakenzipfel ab)* … Und den zweiten Kosakenzipfel, die Herren …

HERR HOPPENST. Aha!

FRAU HOPPENST. Na, Gott sei Dank!

HERR PRÖHL Herr Ober, Sie werden bestätigen können, daß dies doch wohl die Hälfte von *diesem* Kosakenzipfel ist …?

OBER Bitte?

HERR HOPPENST. *(zum Ober)* Halt! Antworten Sie nicht … Sie sind durch diese infame Art der Fragestellung schon beeinflußt! Die Frage ist die: Wäre eine Hälfte der zwei gleich großen Hälften von diesem Kosakenzipfel größer als diese kleine Hälfte…

HERR PRÖHL *(unterbricht)* … als diese absolut gleich große Hälfte!

HERR HOPPENST. … oder wäre die kleinere Hälfte…

HERR PRÖHL … diese gleich große Hälfte!

HERR HOPPENST. … wäre diese Hälfte etwa größer als eine von den beiden gleich großen Hälften?

OBER *Den* Kosakenzipfel habe ich eben serviert und den *anderen* vorhin … *(eilig ab)*

FRAU HOPPENST. *(hebt ihr Glas)* … Wohlsein!

FRAU PRÖHL *(hebt ihr Glas)* … Wohlsein!

HERR PRÖHL Kann man hier wohl noch ein vernünftiges Gespräch führen, ohne ständig unterbrochen zu werden?!

HERR HOPPENST. Ich verbiete Ihnen, in diesem Ton mit meiner Frau zu reden!

HERR PRÖHL Dann erlauben wir uns zu gehen…! *(Pröhls springen auf, Hoppenstedts folgen)*

HERR HOPPENST. Die Rechnung bitte…

HERR PRÖHL Erlauben Sie…

HERR HOPPENST. Bitte sehr…

HERR PRÖHL *(bezahlt im Gehen)*

FRAU PRÖHL Man soll eben auf Campingplätzen keine Bekanntschaften machen! *(Die Ehepaare stehen sich auf der nächtlichen Straße gegenüber)*

FRAU HOPPENST. *(laut)* Sie haben uns doch zuerst angequatscht!

FRAU PRÖHL *(lauter)* ... Um Sie von Ihrem besoffenen Gatten loszueisen!

FRAU HOPPENST. *(sehr laut)* Nein, weil Ihr sauberer Herr Gemahl, dieser Campingcasanova, hinter allem her ist, was Beine hat! *(Die Herren ziehen ihre Gattinnen in entgegengesetzte Richtungen, so daß die Paare auf der Straße Abstand gewinnen)*

FRAU PRÖHL *(schreiend)* ... Jo ... del ... schnep ... fe!!

FRAU HOPPENST. *(schreiend)* ... Win ... sel ... stu ... te!

FRAU PRÖHL *(schreiend)* ... Rat ... te ...! *(Die Paare verlieren sich in der Dunkelheit)*

## Liebe im Büro

*Im Büro des Firmeninhabers. Der Chef zieht die Gardinen zu, stellt sich hinter seinen Schreibtisch, wischt zwei Gläser mit seinem Taschentuch aus und gießt Likör ein. Dann drückt er auf die Taste der Gegensprechanlage.*

CHEF Fräulein Dinkel ... *(er wartet und ruft dann laut ins Vorzimmer)* ... Fräulein Dinkel!

SEKRETÄRIN *(erscheint mit Stenoblock in der Tür)* Sie haben gerufen?

CHEF *(zeigt auf den Stuhl vor seinem Schreibtisch)* Ja, bitte schön ...

SEKRETÄRIN *(setzt sich, Chef bleibt stehen)*

CHEF Heute sind es auf den Tag genau ...

SEKRETÄRIN *(schreibt)* ... Tag genau ...

CHEF Nicht mitschreiben ... heute sind es auf den Tag genau fünfzehn Jahre, daß Sie für mich tätig sind ... Korrespondenz, Ablage, Sekretariat ...

SEKRETÄRIN Daß Sie daran gedacht haben ...

CHEF Fünfzehn Jahre ... und darum erlaube ich mir ... aus diesem Anlaß ... darum würden Sie mir eine Freude machen, darauf mit Ihnen anzustoßen.

SEKRETÄRIN Nein, daß Sie daran gedacht haben, Herr Direktor! *(Sie stoßen an)*

CHEF Ein bißchen Musik? *(stellt das Radio an)*

SEKRETÄRIN Aber ich muß noch die Post fertig machen... *(will gehen)*

CHEF Neinnein... bitte... *(mit Kloß im Hals)* bitte treten Sie doch mal zu mir herüber...

SEKRETÄRIN *(kommt)*

CHEF ...und nun setzen Sie sich mal *da* hin! *(zeigt auf seinen Stuhl)*

SEKRETÄRIN In Ihren Sessel? Sie machen mich ganz verlegen, Herr Meltzer! *(sie setzt sich auf den Chefsessel)*

CHEF *(zieht sich einen zweiten Sessel heran und setzt sich dicht vor Fräulein Dinkel)*... Ich habe da auch noch eine Kleinigkeit für Sie... *(ergreift einen bereitgelegten kümmerlichen Blumenstrauß)*

SEKRETÄRIN Ach, wie entzückend, Herr Meltzer, aber das ist doch nicht nötig...

CHEF *(sieht ihr tief in die Augen)* ... Doch, Fräulein Dinkel, das ist nötig ... fünfzehn Jahre ... *(rutscht mit seinem Sessel noch näher an sie heran)*

SEKRETÄRIN Sie sind sehr freundlich, Herr Meltzer...

CHEF Sagen Sie Karl-Heinz zu mir...

SEKRETÄRIN *(tonlos)*... Karl-Heinz...

CHEF Wie heißen Sie mit Vornamen?

SEKRETÄRIN Renate...

CHEF Renate! ... und weiter?

SEKRETÄRIN Dinkel...

CHEF Ach ja! ... Renate...

SEKRETÄRIN Ja...

CHEF ... würden Sie für mich Ihr Haar lösen...?

SEKRETÄRIN Herr Meltzer!

CHEF Bitte!

SEKRETÄRIN *(beginnt ihr Haar zu lösen)*

CHEF Ist eigentlich das Schreiben an die Firma Plötzmann raus?

SEKRETÄRIN *(mit einer Haarspange im Mund)* Ja... zusammen mit der Rechnung und drei Durchschlägen...

CHEF Renate...

SEKRETÄRIN Ja...

CHEF ... darf ich Sie küssen?

SEKRETÄRIN Sie machen mich ganz verrückt, Herr Meltzer ... *(Er versucht sie zu küssen. Die Brillen stören)* ... darf ich meine Brille absetzen?

CHEF Ganz recht... natürlich... Sie haben da schon Übung, was?! *(lacht blöde)* *(Beide nehmen die Brillen ab und kneifen die Augen zusammen)*

SEKRETÄRIN *(sieht stumpf, den Mund halbgeöffnet, suchend an ihm vorbei)*

CHEF Hier...

SEKRETÄRIN Wo?

CHEF Hier bin ich ... *(Sie wollen sich umar-*

*men. Es macht Schwierigkeiten)* Vielleicht sollten wir es doch lieber nebeneinander ... Lassen Sie nur ... ich mach das schon ... *(er rollt seinen Sessel neben sie und versucht, sie zu umarmen)* ... da unten muß ein kleiner Griff sein ... *(zeigt unter ihren Sessel)*

SEKRETÄRIN Wo? *(sucht mit der Hand)*

CHEF Hinten unten! ... *(greift über sie an den Kippmechanismus und preßt sich dabei unabsichtlich an sie)* ... warten Sie, ich habe es gleich ...

*(Der Mechanismus wird ausgelöst. Fräulein Dinkel fällt mit dem Sitz in eine groteske Schräglage)*

CHEF Da! Sehen Sie!

SEKRETÄRIN Sie machen mich ganz verrückt, Herr Meltzer!

CHEF Sie waren mir noch nie so nah, Renate ... *(Das Telefon klingelt)* Wieso läutet es hier und nicht im Vorzimmer?

SEKRETÄRIN Ich habe auf Ihren Apparat umgeschaltet.

CHEF Na, dann heben Sie doch ab, mein Gott! *(Beide praktizieren den Hörer an ihr Ohr)*

SEKRETÄRIN Vereinigte Europa-Trikotagen GmbH Meltzer & Co Vertriebsleitung, guten Tag ... ich will versuchen, ob ich Herrn Direktor Meltzer noch erreiche ... wen darf ich melden? ... *(hält die Muschel zu und spricht zum Chef)* ... Herr Kröger von der IFAG Mannheim ... Moment, Herr Kröger, ich verbinde ... *(übergibt den Hörer)*

CHEF Meltzer ... Herr Kröger, der Auftrag der IFAG ist bisher nicht eingegangen! ... Nein ... Aber die Konditionen sind uns ja bekannt ... vierhundert Arosa schlitzverstärkt mit kurzem Arm ... selbstverständlich ... Aufwiedersehn!

SEKRETÄRIN Meine Hand schläft ein ...

CHEF *(steht auf)* ... Stehen Sie auf, Renate ...

SEKRETÄRIN *(steht auf)* Sie machen mich ganz verrückt, Herr Meltzer ...

CHEF Machen Sie Ihr linkes Ohr frei ...

SEKRETÄRIN *(flüsternd)* ... Ja ... *(macht Ohr frei)*

CHEF Seit fünfzehn Jahren ... *(starrt sie kurz an, stürzt sich auf sie)*

SEKRETÄRIN Ha! ... Sie blasen mir ins Ohr!

CHEF Bleiben Sie ganz ruhig ... *(er beugt sich langsam zu ihr, sie biegt sich, an den Schreibtisch gelehnt, ebenso langsam zurück)*

SEKRETÄRIN Küssen Sie mich!

CHEF Ja, aber es geht nicht, wenn Sie den Kopf so weit zurücknehmen!

SEKRETÄRIN Ich habe nicht so viel Übung wie Sie!

CHEF Renate, lassen Sie uns zur Sitzgruppe gehen ...

SEKRETÄRIN Ja… *(Sie tänzeln zur Sitzgruppe)*

CHEF Nehmen Sie doch Platz…

SEKRETÄRIN *(setzt sich in einen der beiden tiefen Sessel)* Ich bin doch nur ein Abenteuer für Sie…

CHEF *(schiebt den zweiten Sessel an ihre Füße)*… Legen Sie schon mal die Füße hoch… ich komme dann ganz gemütlich zu Ihnen…

SEKRETÄRIN Sie machen mich noch ganz verrückt, Herr Meltzer…

CHEF *(versucht, sich neben sie zu legen, rutscht jedoch zwischen die auseinandergleitenden Sessel)*

SEKRETÄRIN Sie können mit Frauen umgehen, Herr Meltzer…

CHEF *(halb auf dem Boden, in verklemmter Stellung)*… Küssen Sie mich…

SEKRETÄRIN … Es geht nicht…

CHEF Aber es *muß* gehen… andere machen es doch auch!

SEKRETÄRIN …Es darf nur nicht zur Routine werden…

CHEF Drehen Sie doch Ihren Kopf ein bißchen… nein, so geht das nicht… *(rappelt sich hoch)* … geben Sie mir Ihre Hand, Renate! *(kniet zwischen Sitzgruppe und Schreibtisch auf dem Boden)* … Kommen Sie … kommen Sie hierher!

SEKRETÄRIN Da … auf die Auslegeware?

CHEF *(zieht sie langsam zu sich herunter, beugt sich auf allen vieren über sie)*

SEKRETÄRIN *(mit geschlossenen Augen)* … Sie machen mich ganz verrückt, Herr Meltzer …

CHEF *(nähert seine Lippen den ihren; dabei fällt sein Blick auf etwas unter dem Schreibtisch)* … Was ist denn das?

SEKRETÄRIN Was?

CHEF *(holt ein Schriftstück unter dem Schreibtisch hervor und liest)* … Da ist ja das Schreiben von der IFAG Mannheim … *(tastet nach der Brille, setzt sie auf)* … Bitte! … Vierhundert Arosa schlitzverstärkt mit kurzem Arm … auf dieses Schreiben warten wir seit vierzehn Tagen … und wo liegt es? … unter meinem Schreibtisch!

SEKRETÄRIN Aber ich …

CHEF Als führendes Unternehmen der Trikotagenbranche können wir uns Unkorrektheiten dieser Art nicht leisten!

SEKRETÄRIN Karl-Heinz …

CHEF Sagen Sie nicht Karl-Heinz zu mir!

# Schmeckt's?

*An einem Restauranttisch sitzen sich zwei Herren gegenüber, die sich nicht kennen. Vor Gast I liegen Besteck und Serviette. Gast II trinkt eine Tasse Kaffee. Im Hintergrund befinden sich mehrere besetzte Tische. Gast III sitzt an einem Nebentisch, Rücken an Rücken zu Gast I. Ober kommt mit beladenem Tablett. Er setzt einen gefüllten Teller vor Gast I.*

OBER Einmal Kalbshaxe Florida … Wohl zu speisen … *(eilt davon)*

GAST I *(legt Zeitung beiseite)* Danke sehr … *(wischt Besteck mit Serviette ab, führt mit der Gabel eine Kartoffel zum Mund)*

GAST II Guten Appetit!

GAST I *(setzt Gabel mit Kartoffel ab)* Vielen Dank! *(führt die Kartoffel wieder zum Mund)*

GAST III *(zu Gast I)* Ach, dürfte ich Sie wohl um die Speisekarte bitten?

GAST I *(setzt erneut ab)* Oh, bitte sehr … *(reicht die Speisekarte)*

GAST III Vielen Dank ... *(nimmt die Karte und wendet sich ab)*

GAST I *(steckt die Kartoffel in den Mund, sie ist zu heiß, er läßt sie aus dem Mund auf den Teller fallen)*

OBER *(geht mit vollem Tablett vorbei)* Schmeckt's?

GAST I *(nickt, murmelt unverständlich mit an den Mund gepreßter Serviette, pustet aufs Essen. Will Gabel mit Kartoffel in den Mund schieben)*

GAST II Das sieht gut aus... *(erhebt sich und geht)*

GAST I *(führt die Kartoffel in den Mund)*

OBER *(wedelt mit dem Tuch einige Krümel vom Tisch)* Alles recht so, der Herr?

GAST I *(verschiebt die Kartoffel in die Backe)* Hm?

OBER Ich meine, ob's schmeckt...

GAST I *(nickt)* O ja ... ausgezeichnet!

GAST II *(kommt zurück, setzt sich, nimmt die Zeitung, nickt Gast I freundlich zu)* Schmeckt's nicht?

GAST I Doch... sehr gut... vielen Dank...

GAST II *(winkt, Ober bleibt im Vorbeigehen stehen)* Bitte noch einen Kaffee!

OBER *(nimmt die leere Tasse weg)* Einen Kaffee ... *(Zu Gast I)* Es schmeckt, gell? *(ab)*

GAST I *(mit Kartoffel in der Backe)* Mm... ja... jawohl...

GAST III *(sieht Gast I auf den Teller)* Entschuldigen Sie... ist das der Lammsattel mit Püree?

GAST I *(nickt)*... Ja... äh... nein... *(schüttelt den Kopf)*... Kalbshaxe... Kalbshaxe Florida...

GAST III Ah-ja... *(wendet sich ab)*

OBER *(setzt Kaffee vor Gast II)* Ein Kaffee, der Herr...

GAST II ... und die Rechnung bitte...

EINE DAME *(zu Gast I)* Entschuldigen Sie, sind Sie Professor Dollinger?

GAST I Nein... *(beißt auf die Kartoffel)*

OBER *(zu Gast II)* 19 Mark 85...

GAST II *(legt 20 Mark auf den Teller)* Stimmt so...

OBER ... Danke sehr... *(zu Gast I)* Ist das Fleisch so recht?

GAST I Doch...

OBER *(im Gehen, halb zurück)*... Die Bohnen sind ganz frisch...

GAST I Ach... *(will die Kartoffel herunterschlucken)*

EINE DAME *(zu Gast I)* Sind Sie wirklich nicht Professor Dollinger?

GAST I Nein... wirklich nicht...

GAST III *(zu Gast I)* Ist die Kalbshaxe zu empfehlen?

GAST I Vorzüglich …
GAST III … Und die Prinzeßböhnchen?
GAST I *(gereizt)* Frisch … ganz frisch!
GAST III *(wendet sich irritiert ab)*
GAST II *(undeutlich, mit Zahnstocher im Mund)* Man ißt hier ganz ordentlich …
GAST I Bitte? *(er kommt nicht dazu, die Kartoffel zu schlucken)*
GAST II *(nimmt Zahnstocher aus dem Mund)* Man ißt hier sehr gut!
GAST I *(scharf)* … Hervorragend …
OBER *(auf dem Weg in die Küche)* … Wenn Sie statt Kartoffeln lieber Reis gehabt hätten …
GAST I *(schiebt die Kartoffel wieder in die Backe)* Nein …
OBER Nicht?
GAST I Nein …
OBER Wäre auch kein Reis mehr dagewesen … warten Sie, ich frag mal … *(ab)*
GAST I *(hinterherrufend)* Nein – nein!
GAST II … ist auch eine *sehr* gute Bedienung hier … *(Ober entfernt sich)*
GESCH.FÜHRER *(der sich bereits an mehreren Tischen verbeugt hat, zu Gast 1)* … Der Herr ist zufrieden?
GAST I *(nickt)* … Mm …
GESCH.FÜHRER Wohl zu speisen … *(ab)*

GAST I *(zwingt sich zur Ruhe)* ... Sehr freundlich...

OBER *(eilig zurück)* Nein, Reis ist aus ... aber Nudeln sind noch da, Krausbandnudeln...

GAST I Nein, vielen Dank...

OBER Aber es schmeckt auch so, gell?

GAST I Jawohl...

OBER Wirklich?

GAST I *(schreit)* Ja!!!!!! *(Alle schrecken auf und sehen auf Gast I)*

OBER Mein Gott, warum schreien Sie denn so?

GAST II Der Herr ist nervös...

GAST I Nervös?! ... ich hätte nur gern eine Kleinigkeit gegessen!

OBER Na dann essen Sie doch!

GAST I Aber Sie lassen mich ja nicht!

OBER *(setzt sein Tablett ab, sprachlos)*... Ich lasse Sie nicht...

GAST II Wie können Sie denn so was sagen?

OBER ... Ich lasse Sie...

GAST II Der Ober hat Sie völlig korrekt bedient!

GAST *(von weitem)* Herr Ober!

OBER *(nach hinten)* Moment! ... *(zu Gast I)*... Ich lasse Sie nicht essen?! Ich habe dem Herrn eine Kalbshaxe Florida serviert mit jungen Kartoffeln...

GAST I *(akzentuiert)* … Und Prin-zeß-böhn-chen!

GAST II Sie hätten ja essen können, statt zu diskutieren!

GAST III Sie haben mir doch die Kalbshaxe empfohlen!

GAST I Ich habe überhaupt nichts empfohlen!

GAST II Der Herr ist nervös…

GAST *(von weitem)* Herr Ober…

OBER *(nach hinten)* Moment! … und ich habe noch gefragt, ob's dem Herrn schmeckt…

GAST II Der Herr ist nervös…

GAST III Ich habe nur ganz höflich die Kalbshaxe *erwähnt* … und da waren Sie gleich *ziemlich!… ziemlich!*

GAST II …daß es gut aussieht, habe ich noch gesagt…

GAST I Sie haben mir ins Essen gequatscht!!

GAST II Das ist ja unerhört! … ins Essen gequatscht! *(Die übrigen Restaurantgäste folgen der Diskussion mit wachsendem Interesse)*

GESCH.FÜHRER *(eilig dazu)* Aber meine Herren!

GAST I Sie halten sich da raus!

OBER Das ist unser Herr Koops!

GAST I Wer?

GESCH.FÜHRER Ich bin der Geschäftsführer…

GAST I Ach was!… Dann wird es Sie interessieren, daß es in Ihrer Gaststätte nicht möglich ist, ungestört eine Mahlzeit einzunehmen!

OBER Ich habe dem Herrn eine Kalbshaxe Florida mit Prinzeßböhnchen serviert, und dann habe ich »wohlzuspeisen« gewünscht und bin wieder rüber ans Büfett…

GAST II »…ins Essen gequatscht!«

GAST III Ich habe den Herrn nur gefragt, ob die Kalbshaxe zu empfehlen sei, und da hat der Herr gleich ziemlich … ziemlich…

GESCH.FÜHRER Meine Herren, ich bitte Sie…

GAST II »…ins Essen gequatscht!«

GAST I »Schmeckt's« haben Sie gesagt!

GAST II Mein Gott, es ist mir doch völlig wurscht, ob es Ihnen schmeckt!

GAST I Ach!

GAST III Ich habe den Herrn nur gefragt, ob die Kalbshaxe…

GAST II »…ins Essen gequatscht!«

GESCH.FÜHRER …ich bitte Sie… *(Die Restaurantgäste beginnen aufzustehen und einen Kreis um die Szene zu bilden)*

OBER … ich habe noch gefragt, ob das Fleisch so recht ist…

GAST I …und »schmeckt's« haben Sie gefragt… »schmeckt's«!

OBER Jawohl…ob's dem Herrn schmeckt,

habe ich gefragt, und ob der Herr eventuell lieber Reis oder Krausbandnudeln…

BLUMENFRAU …Frische Moosröschen!…

GESCH.FÜHRER …Haben Sie an Speisen und Getränken etwas zu beanstanden?

GAST I Aber ich habe ja noch keinen Bissen im Magen…

KÜCHENCHEF *(tritt dazu)* Is was?

GESCH.FÜHRER Dann essen Sie doch jetzt … essen Sie jetzt in Ruhe zu Ende…

GAST I Das könnte Ihnen so passen!

GESCH.FÜHRER Ganz ungestört… auf Kosten unseres Hauses…

GAST I Das kann ich nicht…

KÜCHENCHEF Sie müssen sich zwingen!

GAST I *(greift zögernd zu Messer und Gabel)*

GAST II Na bitte!

KÜCHENCHEF Sieht doch gut aus…

GESCH.FÜHRER Wohl zu speisen…

GAST I *(beginnt unter den Augen aller Umstehenden unsicher und verlegen zu essen. Hin und wieder sieht er sich scheu um, wobei ihm etwas von der Gabel in den Schoß fällt. Eine Mutter schiebt ihre Tochter durch die Zuschauer)*

MUTTER Lassen Sie das Kind doch mal nach vorn.

GESCH.FÜHRER Bitte, meine Herrschaften, drängen

Sie nicht so, Sie sehen doch, der Herr möchte in Ruhe essen!

EIN ZUSCHAUER ...Was ist denn hier los?

GAST II Der Herr ißt eine Kalbshaxe!...

DER ZUSCHAUER Ach...

# Skat

*Eine ziemlich leere Kneipe.*
*In der Mitte ein Tisch mit Herrn Striebel und Herrn Vogel. Auf dem Tisch befinden sich zwei halbleere Biergläser und ein Kartenspiel mit Block und Bleistift. An einem anderen Tisch sitzt Herr Moosbach und liest Zeitung.*

HERR STRIEBEL Ach entschuldigen Sie ... hallo ...
HERR MOOSBACH Ja bitte ...
HERR STRIEBEL Spielen Sie Skat?
HERR MOOSBACH Im Moment nicht ...
HERR STRIEBEL ... uns fehlt nämlich der dritte Mann!
HERR MOOSBACH Ach!
HERR STRIEBEL ... Wenn Sie mit uns ein paar Runden spielen wollen ...
HERR MOOSBACH Gern ... *(er kommt an den Tisch, setzt sich in die Mitte und stellt sich vor)* Moosbach ist mein Name ...
HERR STRIEBEL Striebel ...
HERR VOGEL Vogel ...
HERR MOOSBACH Angenehm ...
HERR VOGEL *(zum Wirt)* Ein Bier bitte ...
HERR STRIEBEL Mir auch ...

WIRT *(zu Herrn Moosbach)* Der Herr auch ein Bier?

HERR MOOSBACH Nein danke, ich bin mit dem Magen nicht ganz in Ordnung…

HERR STRIEBEL Sind Sie Turnierspieler? *(mischt die Karten und gibt sie Herrn Vogel zum Abheben)*

HERR MOOSBACH Nein, nicht direkt… ich habe auch länger nicht gespielt, aber ich spiele gern…

HERR STRIEBEL Aha… *(gibt)*

HERR MOOSBACH Spielen, richtig verstanden, ist etwas Wunderschönes … Es kann auch grade für junge Menschen eine gute charakterliche Schulung sein…

HERR STRIEBEL Contra nach'm ersten Stich und Null ohne Re…

HERR MOOSBACH Bitte?

HERR VOGEL Verlorenes Contra: drei Bock, drei Ramsch…

HERR STRIEBEL Du sagst was, Herr Moosbach ist vorne…

HERR MOOSBACH Ach!

HERR VOGEL *(zu Herrn Moosbach)* Achtzehn…

HERR MOOSBACH Was?… Ach so… ja…

HERR VOGEL Zwanzig…

HERR MOOSBACH Ja…

HERR VOGEL Zwo… drei…

HERR MOOSBACH Jaja… *(lächelt ahnungslos)*

HERR VOGEL Vier...
HERR MOOSBACH *(nickt freundlich)*
HERR VOGEL Sieben...
HERR MOOSBACH Tjajajajaja...
HERR VOGEL Dreißig!
HERR MOOSBACH Hmmm ... hm ... *(nickt liebenswürdig)*
HERR STRIEBEL Na, der hat'n Blatt!
HERR MOOSBACH Ich? Sie scherzen! Neinneinnein!
HERR VOGEL Also keine dreiunddreißig?
HERR MOOSBACH Neinnein... neinnein...
HERR STRIEBEL Weg...
HERR VOGEL *(nimmt Skat auf)*
HERR STRIEBEL Wie heißt er?
HERR MOOSBACH Moosbach!
HERR VOGEL Grand!
HERR STRIEBEL *(zu Herrn Moosbach)* Sie kommen raus!
HERR MOOSBACH Wo? *(sieht zur Tür)*... Ach so... *(lächelt verschmitzt und legt eine Karte auf den Tisch)*
HERR VOGEL *(spielt eine Karte)*
HERR STRIEBEL *(spielt eine Karte)*
HERR VOGEL *(nimmt den Stich, knallt einen Buben auf den Tisch)*
HERR STRIEBEL *(knallt einen höheren Buben drauf)*
HERR MOOSBACH *(legt schüchtern etwas dazu)*
HERR VOGEL Haben Sie keinen Buben?
HERR MOOSBACH *(Singsang)* Das *sag* ich nicht!

HERR STRIEBEL Wir spielen Grand, Herr Moosbach!

HERR MOOSBACH Ach! … *(nimmt die Karte zurück und zeigt sein Blatt Herrn Vogel, der sich abwendet)* … Ist das ein Bube? *(wendet sich zu Herrn Striebel)*

HERR STRIEBEL Jawohl!

HERR MOOSBACH Ich kann Buben und Damen so schlecht auseinanderhalten *(kichert albern und legt den Buben dazu)*

HERR STRIEBEL *(nimmt den Stich)* … Und den! *(knallt ein As auf den Tisch)*

HERR MOOSBACH *(legt eine Karte ab)*

HERR VOGEL *(bedient)*

HERR STRIEBEL *(will den Stich nehmen)*

HERR MOOSBACH *(greift rasch zu)* … Nein! Das sind jetzt meine! Jeder der Herren hat einmal die Karten an sich genommen … ich habe es genau beobachtet!

HERR STRIEBEL Ich bitte Sie, es ist mein As, Sie haben abgeworfen, und Herr Vogel hat bedient! *(nimmt den Stich)*

HERR MOOSBACH Bitte sehr, bitte sehr … aber gerecht ist es nicht …

HERR STRIEBEL *(haut alle Karten nacheinander auf den Tisch)* … Und den … und den ... und den ... und den ... Pech gehabt, Dicker ...

HERR VOGEL Jaja ...

HERR STRIEBEL Herr Moosbach, Sie geben ... *(Wirt bringt Bier, Striebel schreibt an)* Ohne zwei spielt drei, Schneider vier, Grand, 80 ...

HERR MOOSBACH *(hat alle Karten auf dem Tisch ausgebreitet und rührt darin herum)*

HERR VOGEL Was machen Sie denn da?

HERR MOOSBACH Nur auf diese Weise werden die Karten wirklich gemischt ... damit man nicht immer dieselben bekommt ... *(singt vor sich hin)* ... Im Grunde genommen ist Skat ein Spiel, das den Intellekt schult ... *(Er gibt umständlich eine Karte nach der anderen)*

HERR STRIEBEL *(zu Herrn Vogel)* 18 ...

HERR VOGEL Ja ...

HERR STRIEBEL 20 ...

HERR VOGEL Ja ...

HERR STRIEBEL Zwo ...

HERR VOGEL Weg ...

HERR MOOSBACH Weg ...

HERR VOGEL Wie heißt er?

HERR MOOSBACH Wer ...

HERR STRIEBEL Karo ... Du kommst raus ...

HERR MOOSBACH Was ist Trumpf?

HERR STRIEBEL Karo ...

HERR VOGEL *(spielt aus)*

HERR STRIEBEL *(knallt eine Karte drauf)*

HERR MOOSBACH *(überlegt lange, summt vor sich hin)* Was ist Trumpf?

HERR VOGEL Karo…

HERR MOOSBACH *(sinnend)* … Ka … ro … Dann ist also eine Karo-Dame höher als ein Herz-König!

HERR VOGEL *(sich zur Ruhe zwingend)* Ja…

HERR MOOSBACH …Aber nicht so hoch wie eine Karo-Zehn!

HERR STRIEBEL Nein…

HERR MOOSBACH Also, *was* ist Trumpf?

HERR STRIEBEL *(sehr scharf)* Ka … ro!

HERR MOOSBACH Richtig! … Also! *(zieht ruckartig eine Karte, alle Karten fliegen über den Tisch, eine fällt in das Bierglas von Herrn Striebel)* … Hoppla! *(Herr Striebel und Herr Vogel beherrschen sich mühsam)*

HERR MOOSBACH *(fingert die Karte aus dem Bierglas und legt sie auf den Tisch)* … Ich spiele zu gern!

HERR VOGEL *(bedient)*

HERR STRIEBEL *(nimmt den Stich, spielt klein aus)* … Pik!

HERR MOOSBACH *(bedient)*

HERR VOGEL *(sticht und spielt aus)* … Herzen!

HERR STRIEBEL *(bedient)*

HERR MOOSBACH *(spielt aus)*

HERR STRIEBEL *(zu Herrn Moosbach)* … Das ist Ihr Stich!

HERR MOOSBACH Ach was! … Natürlich! … Herr Vogel hat die Herz-Sieben ausgespielt, dann hat Herr Striebel die Herz-Acht draufgelegt, und ich bin mit der Herz-Neun einfach drübergegangen … das ist mein Stich! … Die Herz-Sieben kommt von Herrn Vogel, dann die Acht von Herrn Striebel und – Zack! – komm ich mit der Neun! … So war's doch! … Herr Striebel dachte schon, er könnte da mit der Herz-Acht die Herz-Sieben … Neinnein – Zack! – Ha-ha! … Herr Striebel hätte ja stechen können, hat er aber nicht, und darum habe *ich* einfach – Zack! – mit der Herz-Neun … *(lacht triumphierend)*

HERR VOGEL *(wirft seine Karten enerviert auf den Tisch)*

HERR MOOSBACH *(zu Herrn Vogel)* … Ein guter Spieler läßt sich *nichts* anmerken, Herr Vogel! Spielen ist in erster Linie eine Charakterfrage …

HERR STRIEBEL *(mühsam beherrscht)* … Vielleicht erlaubt es Ihr Charakter, jetzt eine Karte auszuspielen!

HERR MOOSBACH Dochdoch … gewiß … aber beim

Skat will jeder Stich genau überlegt sein! Wenn man nicht ernst spielt, macht es keinen Spaß! *(überlegt, sieht Herrn Vogel kurz in die Karten, lächelt verschmitzt und spielt bedeutungsvoll eine Karte aus)*

HERR VOGEL *(sticht sofort)*

HERR MOOSBACH *(will seine Karte zurücknehmen)* ... Neinnein ... ich habe mich geirrt!

HERR VOGEL Was liegt, liegt!

HERR MOOSBACH Es war ein Versehen, Herr Vogel!

HERR VOGEL Sie haben...

HERR MOOSBACH Ich sagte, es war ein Versehen!

HERR STRIEBEL *(streng)* Sie haben ausgespielt, Herr Vogel hat gestochen, und *so* bleibt es liegen... Hier wird Skat gespielt, Herr Moosbach! *(knallt eine Karte drauf, nimmt den Stich und spielt aus)*

HERR MOOSBACH *(heiter)* Kennen Sie Schnipp-Schnapp? Das ist auch ein Spiel für drei Personen...

HERR STRIEBEL *(scharf)*... Nein, Schnipp-Schnapp kenne ich *nicht*! Aber *Sie* spielen jetzt eine Karte aus und legen sie hier drauf!

HERR VOGEL ... Und *da* bleibt sie auch liegen!

HERR MOOSBACH Nein, meine Herren, *so* nicht!

Spiel ist etwas Heiteres ... es soll Freude machen ... im übrigen brauchen *Sie* einen dritten Mann! *Ich nicht! (will gehen)*

HERR STRIEBEL Nun bleiben Sie doch sitzen ...

HERR VOGEL So war es ja nicht gemeint ...

HERR MOOSBACH *(bleibt sitzen, spielt aus)* Bitte sehr ...

HERR VOGEL *(sticht, nimmt und legt die Karten hin)* ... Der Rest ist bei mir ... *(sammelt die Karten ein, mischt)*

HERR STRIEBEL *(schreibt an)* Mit zwei spielt drei, Karo, siebenundzwanzig ...

HERR MOOSBACH Darf ich den Herren mal ein ganz kleines Kartenkunststück zeigen?

HERR VOGEL *(tauscht mit Herrn Striebel einen Blick und gibt Herrn Moosbach die Karten)* ... Bitte sehr ...

HERR MOOSBACH Aber erst mal nicht gucken! *(Beide Herren wenden sich enerviert ab. Herr Moosbach knifft viele Karten zu kleinen Dächern und stellt sie vor sich auf den Tisch)* ... So, Sie können sich umdrehen. Jeder darf sich ein Häuschen nehmen ... Herr Striebel fängt an ...

## Die Nudel

*In einem gutbürgerlichen italienischen Restaurant sitzen sich ein Herr und eine Dame gegenüber. Sie essen die letzten Nudeln von ihren Tellern.*

ER Wissen Sie, Hildegard, daß wir uns jetzt fast ein Jahr kennen? *(betupft seinen Mund mit der Serviette)*

SIE Ja…

ER *(legt die Serviette zurück, ein Rest Nudel im Mundwinkel wird sichtbar)*… und daß wir heute schon zum zweiten Mal zusammen essen?

SIE Ich weiß…

ER Hildegard, ich möchte Ihnen heute etwas sagen… ich möchte Ihnen sagen, daß ich…

SIE *(sieht ihn starr an)*

ER …daß ich mehr als bloße Sympathie für Sie empfinde… mehr als Freundschaft… und ich…

SIE Sie haben…

ER Nein, sagen Sie noch nichts… Hildegard, es gibt Augenblicke, wo die Sprache versagt, wo ein Blick mehr bedeutet als viele Worte…

SIE Sie haben…

ER …vielleicht fühlen Sie, was ich meine … Hildegard…

SIE Sie haben da was am Mund…

ER *(tastet mit der Serviette zum Mund)*

SIE Nein, auf der anderen Seite…

ER *(entfernt den Nudelrest mit der Serviette)* Ist es weg?

SIE Ja…

ER *(Pause. Trinkt. Tupft mit der Serviette an den Mund. Die Nudel sitzt nun auf der Oberlippe)* … Hildegard…

SIE …Ja…

ER Sehen Sie mich an…

SIE *(starrt auf die Nudel)*

ER Ich wollte schon so lange zu Ihnen sprechen … ich habe nur auf den richtigen Augenblick gewartet … jetzt ist er da! … Hildegard … warum sagen Sie denn nichts? … geben Sie mir Ihre Hand…

SIE *(gibt ihm die Hand. Beide Hände liegen ineinander auf dem Tisch)*

ER Wir sollten miteinander verreisen … irgendwohin … nur Sie und ich … *(zieht ihre Hand an sein Gesicht)* … und da möchte ich Sie immer nur anschauen … stundenlang … tagelang…

OBER Darf ich abräumen?

SIE Ja bitte…

OBER *(im Abräumen)* ... Möchten Sie noch einen Nachtisch?

ER Einen Espresso, bitte...

OBER *(sieht starr auf die Nudel)*

ER *(ungeduldig)* Einen Espresso, bitte...

OBER Einen Espresso ... und die Dame?

SIE Nein danke...

OBER *(mit Geschirr ab)*

ER Sie sollen jetzt noch gar nichts sagen, Hildegard ... aber Sie fühlen es doch auch ... dieses ... gewisse...

SIE Ja...

ER Es ist vielleicht noch sehr zart ... aber es kann größer werden, es kann wachsen ... *(legt nachdenklich die Hand an den Mund)*

SIE *(sieht ihn starr an)*

ER Oft bedarf es nur einer Kleinigkeit, und alles sieht anders aus ... mein Gott, Hildegard, warum sagen Sie denn nichts?

SIE *(sieht ihn starr an)* ... Wie?

ER Haben Sie doch Vertrauen zu mir ... *(bedeckt sein Gesicht mit der Hand)* ... das Leben ist zu kurz, Hildegard ... die Jahre gehen dahin, und Glück ... Glück gibt es doch nur zu zweit ... *(nimmt die Hand herunter, die Nudel klebt an der Nasenwurzel)* ... gewiß, ich habe auch meine Fehler ... *(greift sich an die Nase)*...

SIE *(tonlos)* ... Ja...

ER *(erhebt den Zeigefinger, an dem die Nudel nun klebt)* … aber ich bin zuverlässig … ich mache keine halben Sachen … menschlich und beruflich … *(streift mit dem Zeigefinger kurz die Nasenspitze)*

SIE *(starrt ihn an)*

ER *(die Nudel hängt an der Nasenspitze)* … Warum übernehme ich denn in zwei Wochen die Einkaufsabteilung? … Weil ich eine saubere Weste habe … weil ich politisch in Ordnung bin … weil ich alle Tricks kenne … weil mir keiner was vormacht … Hildegard …!

SIE Ja …

ER Bitte, sagen Sie jetzt nichts … ich liebe Sie!

SIE *(starrt auf die Nudel)*

ER Habe ich Sie verletzt?

SIE Neinnein …

ER … Ja, aber dann sagen Sie doch was! Sagen Sie mir ruhig, daß Ihnen meine Nase nicht paßt … aber sagen Sie irgendwas!

OBER *(setzt eine Tasse vor ihn auf den Tisch)* … Ein Espresso …

ER Danke!

OBER *(ab)*

ER *(sieht auf den Tassenrand)* … Herr Ober!

OBER Mein Herr?

ER An der Tasse ist Lippenstift!

OBER Oh … *(verschwindet mit der Tasse)*

ER *(ruft hinterher)* ... Das können Sie Ihren Gästen in Neapel anbieten ... hier kommen Sie damit nicht durch!

SIE Das kann doch mal vorkommen!

ER Das *kann* vorkommen, Hildegard, aber es *darf* nicht vorkommen!

OBER *(bringt neuen Espresso)* ... Bitte sehr ...

ER *(trinkt, sieht in die Tasse, hält ihr die Tasse hin)* Nun sehn Sie sich das an!

SIE *(sieht in die Tasse. Die Nudel schwimmt darin)*

ER Herr Ober!!

# Feuergeben

*Straße in einer Einkaufsgegend. Ein eiliger Herr bleibt stehen, wühlt eine Zigarettenschachtel aus der Tasche, nimmt die letzte Zigarette heraus. Sieht sich suchend um, geht auf einen älteren Herrn zu.*

EILIGER HERR Ach entschuldigen Sie, könnten Sie mir wohl Feuer geben?... *(steckt sich die Zigarette in den Mund)*

RENTNER *(setzt Aktentasche und gefüllte Plastiktüte ab. Greift erst in eine, dann in die andere Hosentasche)* ... Ich hatte eine Schachtel Streichhölzer ... die funktionieren wenigstens ... bei Feuerzeugen ist das immer so eine Sache ... da ist immer entweder kein Benzin... oder kein Gas drin... *(greift in eine Jackettasche)*... Oder der Stein ist abgenutzt... meine Gattin hat mir mal so'n Ding geschenkt ... hat nie funktioniert ... *(greift in die andere Jackettasche)* Sind Sie verheiratet?

EILIGER HERR Nein...

RENTNER Dreiundzwanzig Jahre ... *(nickt bedeutungsvoll. Tastet seine Brust-*

*taschen von außen ab)* ... Da weiß man, was los ist ... wohnen Sie hier in der Gegend?

EILIGER HERR Nein...

RENTNER Sonst geht meine Gattin ja einkaufen ... aber sie fühlt sich heute nicht so ganz... *(greift in die eine Brusttasche)* ... Nichts Ernstes ... mehr so allgemein ... das Wetter macht ihr auch ziemlich zu schaffen ... *(greift in die andere Brusttasche)* ... Und dann letztes Jahr diese Gallengeschichte ... ich weiß genau, ich hatte eine ganz frische Schachtel Streichhölzer ... *(greift in eine Westentasche)* ... Gott, man wird eben nicht jünger... bei mir geht es jetzt in der Schulter los ... *(greift in die andere Westentasche)* Hier ... *(greift sich an die Schulter)*... Warten Sie... *(nimmt die Plastiktüte auf)* ... Ich habe doch eine Großpackung Streichhölzer gekauft... halten Sie mal? ... *(gibt dem eiligen Herrn den einen Griff der Plastiktüte in die Hand und sucht in der Tüte herum)*

EILIGER HERR Ach, lassen Sie nur ... wenn es Umstände macht...

RENTNER Neinnein ... ich hab sie gleich ... das ist übrigens eine sehr gute Einkaufsgegend hier ... in der Lebensmittelabteilung von dem Einkaufscenter drüben kriegt man eigentlich alles ... kennen Sie diese Reformflocken? *(holt eine Packung heraus)*

EILIGER HERR Nein ...

RENTNER Ich hatte mir vor zwei Jahren in Spanien eine üble Magengeschichte geholt ... Waren Sie mal in Spanien?

EILIGER HERR Nein ...

RENTNER Da haben die mir sehr geholfen ... ah! ... Die Streichhölzer! *(holt eine Packung heraus und öffnet sie)* ... Nein, das sind die Reißnägel aus dem Sonderangebot ... aber hier in der Aktentasche müßten sie eigentlich ... *(setzt die Plastiktüte ab, nimmt die Aktentasche auf und greift hinein)* ... Wir gehen übrigens dieses Jahr nach Mallorca ... in eine sehr nette Pension mit deutscher Küche ...

EILIGER HERR *(spielt ungeduldig mit seiner Zigarette im Mundwinkel)*

RENTNER Man will doch im Urlaub nicht ständig an die Verdauung denken ... *(greift wieder zur Brusttasche)* Ich hatte noch so ein Streichholzheftchen ... *(stößt in seiner Brieftasche auf einige Farbfotos)* ... Hier ... das ist meine Gattin ... mit meiner Schwägerin ...

EILIGER HERR *(betrachtet das Bild verdrossen)*

RENTNER ...Vor zwei Jahren aufgenommen ... in Remscheid ... vor dem Haus meines Schwagers ... also mehr vor der Garage ... der Garten ist nach hinten raus ... Meine Gattin hatte damals noch eine etwas unvorteilhafte Frisur ... Aber warten Sie ... Ich weiß genau, daß ich noch so ein Streichholzheftchen hatte...

EILIGER HERR *(wendet sich zum Gehen)*... Na ja... dann...

RENTNER Hier ... *(zeigt ein weiteres Farbfoto)* ... Das ist unser Struppi ... ich sage Ihnen, der versteht jedes Wort. Wenn meine Gattin mit ihm spricht, hält er immer den Kopf schief ... Haben Sie einen Hund?

EILIGER HERR Nein...

RENTNER *(steckt die Brieftasche ein)*... Wir haben unsern seit ... warten Sie mal ... Elf Jahre wohnen wir jetzt in der Sinkelstraße ... das ist gleich hier um die Ecke ... in der zweiten Etage ... *(findet etwas in der anderen Brusttasche)*... Jetzt hab ich's ... ich wußte es doch! ... *(holt ein Streichholzheftchen hervor)*

EILIGER HERR *(kommt mit Zigarette im Mund nah heran)*

RENTNER *(öffnet das Heftchen. Es ist leer)* … Ach … da ist keins mehr drin … *(steckt es wieder ein)* … Aber ich habe doch noch eins … *(greift in eine Hosentasche)*

EILIGER HERR *(bemüht sich, seine halb aufgelöste Zigarette durch Anlecken wieder in Form zu bringen)*

RENTNER Streichhölzer können ja nicht spurlos verschwinden … am besten, man sucht einfach ganz systematisch … *(beginnt seine Hosentaschen auszuräumen)* … Man soll es ja auch nicht übertreiben mit dem Rauchen … Ist das Ihre letzte Zigarette?

EILIGER HERR *(spuckt seine ruinierte Zigarette aus)* … Ja …

# Hasch

Mein Gepäck wirkte wohl etwas plump, als ich die Grenze passierte. Der Zollbeamte im Zug Istanbul–München wünschte jedenfalls hineinzusehen. Nicht in den Handkoffer, der getragene Unterwäsche und mein Waschzeug barg, sondern in den groben Leinensack, der die zwei freien Plätze meines Polsterklasseabteils einnahm (ich hatte den Sack seines Gewichtes und eines chronischen Bandscheibenschadens wegen beim besten Willen nicht in die Gepäckablage heben können).

»Was ist das«, sagte der Beamte, nachdem er den Hanfstrick gelöst und hineingefaßt hatte. »Hasch«, sagte ich, »anderthalb Zentner, hochfein.« »Natürlich, natürlich«, sagte er und kostete vorsichtig etwas mit der Zungenspitze. »Langen Sie nur tüchtig zu«, sagte ich höflich und blätterte in der *Süddeutschen.* Er kostete vorsichtig von Salzburg bis Rosenheim. Er saß mir schräg gegenüber, sah sehr glücklich aus und begann sich zu entkleiden. »Ich bin eine Kohlmeise«, sagte der Beamte deutlich und legte als letztes sein Hemd ab.

Dann machte er die ersten Flugbewegungen mit den Ellenbogen.

Kurz vor München öffnete ich das Fenster. Er erhob sich und flatterte hinaus. Ich sah, wie er in einem leichten Bogen nach Westen strich, jubilierend über die Wipfel eines Hochwaldes stieg und sich im Himmel verlor. Ohne jede Verspätung fuhr der Zug um 16 Uhr 31 in Münchens Hauptbahnhof ein.

## Günter D.

*Ein Künstlerleben*

30. 7. 1962

Einen seltenen Beweis pharmazeutischer Leistungsfähigkeit lieferte ein Herr Günter Dahl. Er verfertigte aus achttausendeinhundertzweiundsechzig Vorbeugungstabletten ein Modell des Brandenburger Tores. Dahl zählt jetzt einhundertsechzehn Jahre, ist noch im Vollbesitz seiner geistigen Kräfte und nie erkältet gewesen.

Zwischenbericht vom 15. 5. 1975:

Herr G. Dahl befindet sich nunmehr sowohl im einhundertneunundzwanzigsten Lebensjahr als auch im Vollbesitz einer Hamburger Illustrierten, die nicht genannt sein möchte.

Zweiter Zwischenbericht vom 13. 7. 1979:

Herr Günter Dahl hat jetzt das einhundertdreiunddreißigste Lebensjahr vollendet. Abgesehen von einer etwa vier (4) Minuten anhaltenden Verblödungsphase während der Kieler Woche im Sommer 1977 und dem Verlust eines Zahnes (oben links hinten, August 78) ist Günter Dahl nach wie vor ein Wunder geistvoller Vitalität.

28. 2. 1982. Nachtrag zum zweiten Zwischenbericht vom 13. 7. 1979:

Nach einem ablehnenden Bescheid von seiten des Innenministeriums der DDR (AKT. 2. 3692/XIV-6/81), wonach Herrn Günter Dahl eine Tournee mit seinem Modell durch Sachsen im Frühjahr 1981 untersagt worden war, arbeitet der Einhundertsechsunddreißigjährige nun an einer pharmazeutischen Version des Brandenburger Tores in Originalgröße. Dahl beabsichtigt, das Objekt aus rund 1,2 Milliarden Vorbeugungstabletten neben dem Bauwerk gleichen Namens aus dem Jahre 1793, jedoch auf der westlichen Seite der Berliner Mauer zu errichten. Gedacht ist an eine Stätte der Besinnung auf gemeinsame Geschichte und die Unteilbarkeit grippaler Infekte.

1. 10. 1985. Ergänzung zum Nachtrag des zweiten Zwischenberichtes vom 28. 8. 1982:

Das tragische Ende des ehrgeizigen Kolossalprojekts an der Berliner Mauer im Mai dieses Jahres ist aus der Tagespresse hinlänglich bekannt. Herr Günter Dahl hatte sein Werk mit einer Quadriga aus 14,6 Millionen Spalttabletten gekrönt, diese jedoch nach Beschluß des Berliner Senats unter Hinweis auf den provokanten Namen des Präparats und die unglückliche Teilung unseres Vaterlandes wieder entfernen müssen. Dabei war das nach den Entwürfen von C. G. Langhans (1732–1808) gestaltete Bauwerk eingestürzt. Herr Dahl erlitt Prellungen und verbringt auf Einladung des Kulturministeriums der DDR zur Zeit seinen Herbsturlaub im Ostseebad Bansin. Der Einhundertneununddreißigjährige ist wohlauf.

23. 7. 1991. Nachtrag zur Ergänzung des Nachtrags zum zweiten Zwischenbericht vom 1. 10. 1985:

Als man vor wenigen Tagen in Berlin nach Abschluß notwendiger Restaurierungsarbeiten die Quadriga auf das Brandenburger Tor gehoben hatte, stieß das Arbeitskollektiv im Inneren der weltberühmten Bronzegruppe, genauer: im Hohlkörper der Siegesgöttin auf Herrn Günter Dahl. Der alte Herr nutzte die eintretende Verwirrung zu einer Ansprache, die auf dem Pariser Platz von einer unübersehbaren Menge mit größter Anteilnahme aufgenommen wurde. Dahl, dessen unglückliche Affinität zum Wahrzeichen Berlins hier seit Jahrzehnten Tagesgespräch ist, verwies in bewegenden Worten auf seine Schlüsselrolle bei der Vereinigung unseres Vaterlandes und auf das Ausbleiben jeder Würdigung seines Lebenswerkes. Er schloß mit der Drohung, sich künftig aus der Öffentlichkeitsarbeit zurückzuziehen. Unter hysterischem Protest der aufgebrachten Menge gelang es Herrn Dahl unbemerkt zu entkommen. Der Einhundertfünfundvierzigjährige ist augenscheinlich wohlauf.

22. 7. 1998. Nachtrag zu diversen Nachträgen zur Vervollständigung der Berichte zwischen 1962 und 1991, betr. Herrn Günter Dahl.

Nachdem sich der Verdacht, Herr Dahl habe im Jahre 1991 seinen Aufenthalt auf dem Berliner Wahrzeichen im Hohlkörper der Siegesgöttin dazu genutzt, dieselbe zu mißbrauchen, als haltlos erwiesen hatte, bot der Entlastete seine Dienste der sächsischen Landesregierung an. Dort liegen die Pläne für ein Völkerschlachtdenkmal im Maßstab 2:1 auf dem Tisch (Material: leberfreundliche Biokapseln). Derzeit arbeitet Dahl an der Krönung seines Lebenswerkes: Die Wiederherstellung des Berliner Stadtschlosses in Originalgröße aus mildlaxierenden Suppositorien. Der Öffentlichkeit entstehen keine Kosten. Er vollendet demnächst sein einhundertzweiundfünfzigstes Lebensjahr. Ein Nachlassen seines Tätigkeitsdranges ist wünschenswert, vorläufig jedoch nicht zu erkennen.

23. 7. 2003. Nachtrag zu den Ergänzungen der Nachträge von 1991 und 1985.

Der seit 1998 währende Streit über die Wiederherstellung des Berliner Stadtschlosses aus mildlaxierenden Suppositorien hält an. Den Vorwurf des Berliner Kultursenators, die Anwendungspraxis des für den Bau vorgesehenen Medikaments sei mit der Würde der preußischen Beamtenschaft unvereinbar, versuchte Herr Dahl mit einem Argument zu widerlegen, das wir hier nicht wiedergeben wollen.

Am 24. Juli 2003 vollendet Günter Dahl sein einhundertsiebenundfünfzigstes Lebensjahr. Wir gratulieren!

[721]

# Heim und Familie

## Mutters Klavier

*Zwei Möbelträger stellen ein Klavier vor einer Wohnungstür ab und klingeln.*

VATI *(die Tür öffnend)* Aha!

TRÄGER *(Lieferschein ablesend)* Ist das hier richtig bei … Panislowski?

VATI *(in die Wohnung zurückrufend)* Thomas! Also, Netzschalter auf »On«, gleichzeitig die Tasten »Start« und »Aufnahme« drücken, aber die Kamera erst auslösen, wenn die beiden Herren mit dem Klavier in der Wohnzimmertür erscheinen …

TRÄGER Sind wir hier richtig bei … Panislowski?

VATI Thomas!

THOMAS *(von innen)* Ja …

VATI Hast du verstanden?

THOMAS Ja …

VATI Na, dann sag doch was!

TRÄGER Wir kommen von der Firma …

VATI Ich weiß, meine Herren, dieses Instrument ist ein Geschenk von meiner Mutter, die in Massachusetts lebt, in den Vereinigten Staaten. Es hat also immerhin eine Reise per Schiff von 8000 Kilometern hinter sich, und wir möchten die Ankunft des Klavieres und die freudige Überraschung im Familienkreis als Film festhalten ... also nicht Film ... so Video ... Videorecorder ... auf Kassette ... wir haben ein TV-Heimgerät, und wir schicken dann die Kassette meiner Mutter in die Staaten ... *(nach hinten)* Thomas, läuft das Band?

THOMAS Ja...

VATI Also bitte, dann kommen Sie jetzt...

TRÄGER Zu... gleich... *(tragen das Klavier in den Flur)*

VATI *(neben ihnen hergehend)*... Und wenn Sie den Wohnraum betreten, sagen Sie einfach »Guten Tag« oder was Sie eben so sagen, und das Ganze ein bißchen lebhaft, wissen Sie, es soll fröhlich wirken...

THOMAS Vati, du mußt aber hier mit im Zimmer sein...

VATI Ich komme... Warten Sie, bis ich »jetzt« sage! *(Er eilt ins Wohnzimmer. Dort sitzen um einen gedeckten Kaffeetisch die strickende Mami, Schwiegertochter Helga und zwei etwa zehnjährige Enkel. In der gegenüberliegenden Zimmerecke steht der 35jährige Sohn Thomas hinter der Videokamera)*

VATI Also Kinder, alles wie besprochen... Mamilein, du klatschst in die Hände und rufst »Was ist denn *das*?« ... so richtig freudig überrascht ... Klaus-Dieter und Heinz-Herbert ... »Schau mal, Opa, das schöne Klavier!« ... und du Helga ... wie war das?

HELGA Ein Klavier ... ein Klavier!

VATI Ach ja ... dann sage ich »Mutter, wir danken dir!«, und Thomas, du achtest drauf, daß das Klavier immer schön im Bild ist ...

THOMAS Jaja ...

VATI *(sieht durch die Tür in den Flur)* Jetzt! *(setzt sich rasch)* Läuft das Band?

THOMAS Ja doch! *(richtet die Kamera auf die Tür. – Die Tür wird aufgestoßen. Beide Träger kommen ohne Klavier ins Zimmer)*

TRÄGER Guten Tag!

MAMI *(klatscht in die Hände)* Was ist denn *das*?

KINDER *(im Chor)* Schau mal, Opa, das schöne Klavier!

HELGA Ein Klavier ... ein Klavier!

VATI Halt ... Haaalt! So geht das nicht ... meine Herren, wir hatten natürlich angenommen, Sie hätten das Klavier bei sich!

TRÄGER Soll es hier rein?

VATI Ganz recht ... dort an die Wand ... *(Die Träger wenden sich zum Gehen)* Ach, und es wäre vielleicht doch gut, wenn – nachdem meine Frau »Was ist denn das?«

gesagt hat –, wenn Sie dann sagen würden: »Das ist ein Geschenk von Frau Berta Panislowski aus Massachusetts!« … das ist meine Mutter … *(Träger aus dem Zimmer)*

VATI …Und Helga, du sitzt da so steif, es muß natürlicher aussehen, iß doch ein Stück Kuchen… *(zu den Kindern)* …Das gilt auch für euch… *(nach draußen)* So… bitte sehr … *(zum Sohn)* Läuft die Kassette?

THOMAS *(ärgerlich)* Ja… *(Die Tür öffnet sich. Die Träger tragen das Klavier herein und sitzen mit einem üblen Geräusch an der Anrichte fest)*

TRÄGER Guten Tag…

MAMI Mein Gott, die ruinieren mir ja die ganze Anrichte…

TRÄGER Das ist ein Geschenk von Frau … äh … von Berta…

KINDER *(mit vollem Mund)* Schau mal, Opa, das schöne Klavier!

HELGA *(mit vollem Mund)* Ein Klavier … ein Klavier!

VATI *(unterbrechend)* Halt, halt, halt, halt! Mamilein, *bitte*, du mußt dich genau an deinen Satz halten … »Was ist denn das?«…

MAMI Aber die haben mir die Anrichte verschrammt…

VATI Das braucht doch meine Mutter nicht zu wissen ... immerhin schenkt sie uns das Klavier! *(Die Träger haben das Klavier abgesetzt)*

TRÄGER ... also da an die Wand?

VATI Herr ... äh ... wie ist Ihr Name?

TRÄGER Finke ...

VATI Herr Finke, wir müssen die Aufnahme wiederholen ... und meine Mutter heißt Panislowski, Berta Panislowski aus Massachusetts ... *(Die Träger tragen das Klavier zurück in den Flur)* ... Entschuldigen Sie, daß wir Sie noch mal bemühen müssen ... aber für Sie ist es doch auch mal was anderes ... *(zum Sohn)* Läuft das Band?

THOMAS *(enerviert)* Ja doch!

VATI *(nach draußen)* Sie können kommen! *(Es passiert nichts. Vati steht auf, geht an die Tür und will hinaussehen. Da geht die Tür unerwartet auf und knallt ihm an den Kopf. Er hält sich das Auge. Die Träger tragen das Klavier herein)*

TRÄGER Guten Tag ...

MAMI *(ohne hinzusehen)* Was ist denn *das*?

TRÄGER Das ist ein Geschenk von Frau Berta Plani ... Plopski ...

KINDER *(mit vollem Mund)* Schau mal, Opa, das schöne Klavier!

HELGA *(mit vollem Mund)* Ein Klavier ... ein Klavier!

VATI *(sich das Auge haltend)* Nein ... nein ... meine Mutter heißt Berta Panislowski und wohnt in Massachusetts ... bitte, wenn Sie noch einmal hereinkommen würden ... *(Die Träger tragen das Klavier hinaus)*

HELGA Sollen wir denn immer noch Kuchen essen?

MAMI Ich muß dann auch in die Küche und Abendessen machen ...

VATI *(mit zugekniffenem Auge, ärgerlich)* Wir sitzen jetzt gemütlich am Kaffeetisch und essen Kuchen ... Mutters Klavier kommt aus Amerika zu ihrer harmonischen kleinen Familie in Deutschland ... ist das zuviel verlangt? *(nach draußen)* Bitte, meine Herren ... *(zum Sohn)* Läuft das Band?

THOMAS *(gereizt)* Jawohl, es läuft!

VATI Ich wünsche nicht, daß du in diesem Ton zu deinem Vater sprichst! *(Die Träger tragen das Klavier herein)*

TRÄGER Guten Tag ...

MAMI Was ist denn das?

TRÄGER Das ist ein Geschenk von Frau Berta Panislowski aus Matscha ... wie war das?

KINDER *(mit vollem Mund)* Schau mal, Opa, das schöne Klavier!

HELGA *(mit vollem Mund)* Ein Klavier ... ein Klavier!

VATI Beinah ... wir hatten es beinah ... Herr Finke, wenn Sie Schwierigkeiten mit dem

Namen Massachusetts haben, lassen Sie ihn weg, und sagen Sie einfach nur, daß es eben ein Geschenk von meiner Mutter ist ... also bitte noch einmal ... *(Die Träger tragen das Klavier hinaus)*

KIND Mir ist schlecht ...

VATI Nimm dich zusammen, Junge ... *(Blick zu Thomas)* Thomas! *(deutet auf Recorder)*

THOMAS *(düsterer Blick zum Vater)*

VATI ... Und herein bitte ... *(Die Träger tragen das Klavier herein)*

TRÄGER Guten Tag ...

MAMI Was *ist* denn das?

TRÄGER Das ist ein Geschenk von meiner Mutter ...

KINDER Schau mal, Opa, das schöne Klavier ...

HELGA Ein Klavier ... ein Klavier!

VATI Halt ... neinneinneinnein! Herr Finke, das ist eben nicht ein Geschenk von *Ihrer* Frau Mutter ... es ist ein Geschenk von *meiner* Mutter!

TRÄGER *(tonlos)* Ach so ... *(Die Träger tragen das Klavier hinaus)*

VATI *(hinterherrufend)* ... Von Frau Berta Panislowski ... also bitte ... und alles ein bißchen lebhafter ... Helga, gib doch den Kindern mal ein frisches Klavier ... äh ... ein ... *(zeigt auf die Torte)* ... na ...

HELGA *(Kuchen verteilend, mit vollem Mund)* Torte ...

VATI Ja... und bitte herein! *(Die Träger tragen das Klavier herein)*

TRÄGER Guten Tag...

MAMI *(gähnend)* Was ist denn das?

TRÄGER Das ist ein Klavier ... ein Geschenk von Berta ... aus Panislowski...

KINDER *(gequält, mit vollem Mund)* Schau mal, Opa, das schöne Klavier...

HELGA Ein Klavier ... ein Klavier...

VATI Mutter, wir danken dir! ... Es war nicht ganz korrekt, aber lassen wir's mal so ... Vielen Dank, meine Herren...

MAMI Dann geh ich jetzt mal ans Abendessen...

HELGA *(kämpft mit vorgehaltener Serviette gegen Übelkeit)*

## Vertreterbesuch

*Frau Hoppenstedt ist die Treppe hinaufgegangen. Vor der Hoppenstedtschen Wohnung im ersten Stock tritt ein Herr mit Köfferchen auf sie zu.*

BLÜHMEL Blühmel ist mein Name, wenn ich Sie einen Augenblick privat sprechen darf...

FR. HOPPENSTEDT *(schließt auf und betritt ängstlich ihre Wohnung)* Ist was passiert?

BLÜHMEL *(das Namensschild lesend und hinter ihr durch die Tür drängend)* Frau ... Hoppenstedt, ich komme mit einer großen Überraschung für die Feiertage...

FR. HOPPENSTEDT Das paßt mir heute überhaupt nicht ... *(legt ab und nimmt in der Sitzgruppe Platz)*

BLÜHMEL *(klopft an den Rahmen der Wohnzimmertür und betritt den Wohnraum)* Die Firma Pahlgruber & Söhne schenkt Ihnen sechs Flaschen Qualitätswein aus Deutschland und Frankreich nach Ihrer Wahl... *(Er entnimmt seinem*

*Köfferchen sechs Flaschen, die er rasch entkorkt, und sechs Gläser, die er anhaucht und abwischt. Dann gießt er mit gezierten Bewegungen verschiedene Weine in die Gläser und setzt sich)* ... die Firma Pahlgruber & Söhne möchte Ihnen aus Anlaß der bevorstehenden Feiertage eine Freude bereiten ... wenn Sie jetzt kosten wollen ... *(nimmt sich selbst das erste Glas und probiert schlürfend)* Nein ... nein ... nehmen Sie erst diesen ... *(probiert aus dem zweiten Glas)*

FR. HOPPENSTEDT *(will nach dem Glas greifen)*

BLÜHMEL *(hat inzwischen den dritten Wein probiert)* Nein ... den ... den zuerst!

FR. HOPPENSTEDT *(trinkt)*

BLÜHMEL *(probiert gleichzeitig den vierten Wein)* Ja! ... von deutschen Sonnenhügeln frisch auf den Tisch ... eine 77er Oberföhringer Vogelspinne ... abgezapft und originalverkorkt von ... *(schlägt launig auf die Flaschenöffnung)* ... Pahlgruber & Söhne ... Was spüren Sie auf der Zunge ...?

FR. HOPPENSTEDT ... so ein pelziges Gefühl ...

BLÜHMEL *(liest in der Weinliste)* Falsch! ... die Oberföhringer Vogelspinne ist blumig ... und überrascht durch ihre fruchtige Frische ... Tjaaaa! Und jetzt mal diese beiden... *(schiebt ihr den ersten und zweiten Wein zu und greift selbst zur fünften Flasche)*

FR. HOPPENSTEDT *(probiert beide Weine nacheinander)*

BLÜHMEL Der 75er Klöbener Krötenpfuhl *(schiebt ihr den vierten Wein zu)* ... *und* ein 74er Hupfheimer Jungferngärtchen ... *(kichert)* ... abgezapft und originalverkorkt von ... *(schlägt launig auf die Flaschenöffnung)* Pahlgruber & Söhne ... Wohlsein!

FR. HOPPENSTEDT Ich weiß nicht...

BLÜHMEL *(schiebt ihr den dritten Wein zu)* ... Und noch mal den zum Vergleich ... Sie müssen ihn unter die Zunge kriegen!

FR. HOPPENSTEDT *(schlürft unbeholfen)* ... das schmeckt alles wie der erste...

BLÜHMEL Falsch... wie der zweite... *Das* ist es ... einer wie der andere ... *das* ist Qualität! *(probiert Wein fünf und sechs)*

FR. HOPPENSTEDT Schmeckt er auch nach Korken?

Mein Mann fragt immer, ob er nach Korken schmeckt…

BLÜHMEL Habe ich gerade probiert… können sich darauf verlassen … also ich darf mal notieren … *(nimmt Bestellblock und schreibt)* … Je zwölf Flaschen Oberföhringer Vogelspinne, Bacharacher Trokkenes Domtal, Klöbener Krötenpfuhl und Hupfheimer Jungferngärtchen … abgezapft und originalverkorkt von … *(schlägt launig auf die Flaschenöffnung)* Pahlgruber & Söhne…

FR. HOPPENSTEDT … und die kriege ich geschenkt? …

BLÜHMEL …Bei Abnahme von je einem Karton Qualitätswein erhalten Sie je eine Flasche kostenlos … wenn Sie hier unterschreiben wollen … *(Es klingelt)*

FR. HOPPENSTEDT Entschuldigen Sie … *(steht unsicher auf und verläßt das Zimmer)*

*Diele*

FR. HOPPENSTEDT *(öffnet die Wohnungstür und sieht sich einem Staubsaugerver-*

*treter gegenüber, der einen Arm in der Binde trägt)*

JÜRGENS Herzlichen Glückwunsch, Frau Hoppenstedt, Sie sind die erste Hausfrau, die sich von den sensationellen Eigenschaften unseres Einhand-Saugblasers Heinzelmann persönlich überzeugen kann … *(drängt in die Wohnung)*

FR. HOPPENSTEDT *(mit etwas schwerer Zunge)* … Da kommen Sie leider sehr ungelegen …

JÜRGENS *(klopft an den Türrahmen)* Ist das der Wohnraum? *(tritt ein)*

*Wohnzimmer*

JÜRGENS Oh, Sie haben Besuch …

FR. HOPPENSTEDT Das ist Herr Blühmel …

BLÜHMEL *(erhebt sich schwankend)* … Angenehm …

JÜRGENS Jürgens ist mein Name … *(packt mit routinierten Griffen den Saugblaser aus und setzt ihn zusammen)* Sie haben ein sehr gepflegtes Heim, gnä' Frau, das macht viel Arbeit, und wie ist es mit der Frisur? Sehen Sie, die kommt zu kurz! Die Auslegeware wird gesaugt, und wann wird das Haar gefönt? Keine Zeit! Alle Hände voll zu tun. Das ist vorbei! Für unseren Saugblaser Heinzelmann brauchen Sie nur *eine* Hand bei doppelter Leistung. Der Saugblaser Heinzelmann pflegt den Raum *und* pflegt das Haar. Es saugt und bläst der Heinzelmann, wo Mutti sonst nur saugen kann ... *(sieht sich nach der Steckdose um und steckt das Kabel ein)*... Die durch den Saugstutzen angesaugte Luft wird *im* Filter gereinigt, vorgewärmt und bläst *durch* den Blasstutzen, in die Trockenhaube, *auf* Ihr Haar... darf ich... *(setzt Frau Hoppenstedt die Haube auf)* ... *(er schaltet ein, die Haube bläht sich auf. Frau Hoppenstedt saugt)* Es saugt und bläst der Heinzelmann, wo Mutti sonst nur saugen kann ... Spüren Sie, wie wohl es Ihrem Haar tut?

FR. HOPPENSTEDT *(der die Haube über die Augen gerutscht ist)* Und wie nimmt man die Haube ab?

JÜRGENS Einfach nach oben ... *(stellt das Gerät ab)* Erlauben Sie...? *(nimmt die Haube nach oben ab, wobei die Haare in der Haube hängenbleiben)* Ah-ja! Gut, daß das jetzt passiert, wo ich gerade da bin ... gut, daß es jetzt passiert! *(löst die Haube von den verwüsteten Haaren)* ... Ich seh mal nach, woran es liegt! *(er setzt die Haube sich selbst auf)*

*(Aus dem Nebenzimmer erscheint Opa)*

FR. HOPPENSTEDT Das ist mein Schwiegervater ...

JÜRGENS Jürgens ist mein Name ...

BLÜHMEL *(der ständig weiterprobiert hat, erhebt sich schwankend, mit zwei Rotweinflaschen in den Händen)* Blühmel ... *(setzt sich)*

OPA *(verschwindet wortlos im Hintergrund und bläst sich einen Marsch)*

BLÜHMEL ... Zwischenzeitlich erlaubt sich die Firma Pahlgruber & Söhne Ihnen einen vollmundigen Burgunder anzubieten ... *(schenkt Frau Hoppenstedt planschend ein)* Damit die Blume sich entfaltet ... *(Schluckauf)* ... Hopsa ... *Das* ist Burgunder ... *(gießt aus der zweiten Flasche in dasselbe Glas)* ... und *das* ist Bordeaux!

FR. HOPPENSTEDT *(trinkt)*

BLÜHMEL …Herr Jürgens, Sie sollten sich auch von der Leistungsfähigkeit unserer Firma überzeugen…

JÜRGENS *(mit der Haube auf dem Kopf und Teilen des Saugblasers in der Hand)* … Ich trinke sonst nur abends eine Kleinigkeit…

BLÜHMEL Bedienen Sie sich… Diese Weine haben die Sonne eingefangen … Wohlsein! *(Alle trinken)*

BLÜHMEL Abgezapft und originalverkorkst von … *(schlägt launig auf die Flaschenöffnung)* Pahlgruber & Söhne…

FR. HOPPENSTEDT *(Schluckauf, kichert)*

BLÜHMEL *(kichert)*

FR. HOPPENSTEDT *(heiter)* Ich mach uns ein paar Schnittchen … *(verläßt schwankend den Raum)*

BLÜHMEL *(hinterherrufend)*… Mit Ei… mit Ei und Wurst!

JÜRGENS *(mit Einzelteilen des Gerätes und einem Glas Wein in der Hand in einer Bedienungsanleitung lesend)* … den Blasstutzen und den Schlauchstecker in die Schlauchnut… die Schlauchnut schieben… *(nimmt weitere Teile auseinander und legt sie auf die Sessellehne)*

DICKI *(ein etwa siebenjähriges Kind kommt herein, sieht stumm auf Herrn Jürgens und schiebt langsam ein Geräteteil von der Sessellehne, das Jürgens grade noch auffängt)*

JÜRGENS *(bastelnd, mit scharfem Blick auf Dicki)* ... den Schlauchstecker durch die Filterhaube ziehen und in die Schlauchnut...

FR. HOPPENSTEDT *(kommt angetrunken mit der Schnittchenplatte zurück)* Da bin ich wieder...

DICKI *(streckt Herrn Jürgens die Zunge raus)*

JÜRGENS Ein hübsches Kind... *(Es klingelt)*

FR. HOPPENSTEDT Entschuldigen Sie bitte... *(erhebt sich schwankend)*

BLÜHMEL *(mit vollem Mund)* Bitte sehr...

*Diele*

FR. HOPPENSTEDT *(öffnet die Wohnungstür. Ihr Blick fällt auf einen Versicherungsvertreter)*

SCHOBER Schober ist mein Name, ich komme von der Allgemeinen Hannoverschen Lebens- und Krankenversicherungs-GmbH...

*Wohnzimmer*

FR. HOPPENSTEDT *(tritt mit Schober ein)* Das ist Herr Schober…

BLÜHMEL *(kauend)* Blühmel…

SCHOBER Angenehm…

JÜRGENS *(kaut mit glasigem Blick)* Angenehm…

BLÜHMEL Ach was!

FR. HOPPENSTEDT Bitte, nehmen Sie doch Platz … Dicki … geh schön spielen … *(sie setzt sich)*

DICKI *(schiebt ein Geräteteil von der Sessellehne und streckt die Zunge heraus)*

SCHOBER *(nimmt Akten aus seiner Tasche. Setzt sich)* Gnä' Frau, Sie haben den Tarif B 12 mit Tagegeld und A 3 Zahnersatz…

BLÜHMEL *(reicht ihm ein Glas)* … Da wird Sie eine kleine Kostprobe deutscher Qualitätsweine interessieren…

SCHOBER *(greift zu)* … Sehr freundlich … *(trinkt)*

JÜRGENS *(kauend)* … Übrigens ist dieses Gerät in Silbergrau und Ruschiss … Russischgrün lieferbar … ich muß nur noch den Stauchschlekker … den Schlauchstecker in die

Schnut ... in die Schlauchnut schieben ... *(trinkt)*

FR. HOPPENSTEDT Muß ich denn jedesmal, wenn ich sauge oder saugblase, den Schlauchstecker in die Schlauchnut schieben?

JÜRGENS ... wie Sie wünschen, gnä' Frau ...

BLÜHMEL *(hebt ein Glas)* Wohlsein!

FR. HOPPENSTEDT Wohlsein!

SCHOBER Wohlsein!

JÜRGENS Wohlsein! *(Alle trinken, die Stimmung steigt)*

BLÜHMEL Sei kein Frosch, Herr Jürgens ...

JÜRGENS *(mit schwerer Zunge)* ... ich liebe den Saugblaser Heinzelmann, weil ich den Saugblaser liebe *und* den Heinzelmann ...

BLÜHMEL *(lallend)* ... Herr Schober ist kein Frosch ... gnä' Frau ist kein Frosch ... und ich bin kein Frosch ...

FR. HOPPENSTEDT Meine Herren ...

SCHOBER *(klopft ans Glas)* Pscht ... pscht ... Frau Hopp ... Frau Hopp ... Frau Hoppenstedt will was sagen ...

FR. HOPPENSTEDT *(mit glasigem Blick)* Meine Herren ... nicht nur der Mann hat das Recht auf eine sinnvolle Tätigkeit ... auch ich als Frau habe Anspruch darauf, ein Glied zu sein

… in der Gesellschaft … ein selbständiges Glied … das auf eigenen Füßen steht … ein eigenes Glied … Wohlsein … *(erhebt das Glas)*

BLÜHMEL Wohlsein …

JÜRGENS Wohlsein …

SCHOBER Wohlsein … *(Alle setzen zum Trinken an)*

HR. HOPPENSTEDT *(betritt das Zimmer und erstarrt)*

FR. HOPPENSTEDT Das ist mein Mann … *(Die Herren erheben sich taumelnd)* Herr Blühmel … Herr Jürgens … Herr Schober …

SCHOBER … die Hannoversche Allgemeine … die Allgemeine Hannoversche Lebens- und Krankenversicherungs-GmbH beehrt sich, Ihnen die Allgemeinen Hannoverschen Lebens- und Krankenversicherungstarife nach der allgemeinen … der allgemeinen …

BLÜHMEL Ich bin kein Frosch …

JÜRGENS *(ins Wort fallend)* … Sie haben so wundervolles Haar … *(setzt dem kahlköpfigen Herrn Hoppenstedt die Haube auf)* … Es saugt und bläst der Heinzelmann …

FR. HOPPENSTEDT … wo Mutti sonst nur blasen kann …

BLÜHMEL Sei kein Frosch …

## Spielwaren

*Opa Hoppenstedt betritt einen Spielwarenladen. Er berührt eine kleine Guillotine. Das Fallbeil fällt, der Kopf der Puppe wird vom Rumpf getrennt.*

OPA Haben Sie Spielzeug? ... Zu Weihnachten ... Für mein Enkelkind ...

VERKÄUFERIN ... Und was darf es da sein?

OPA Es muß ein bißchen was ... *(macht eine aufmunternde Bewegung mit dem Arm)* ... nicht wahr ...

VERKÄUFERIN Wie alt ist denn das Kind?

OPA *(denkt nach)* ... Ungefähr so ... *(zeigt die Größe)*

VERKÄUFERIN Ein Junge oder Mädchen?

OPA *(denkt nach)* ... Tja ...

VERKÄUFERIN *(freundlich)* ... Na, Sie werden doch wohl wissen, ob Ihr Enkelkind ein Junge oder ein Mädchen ist ...

OPA Wieso?

VERKÄUFERIN Wie heißt denn das Kleine?

OPA Hoppenstedt ... wir heißen alle Hoppenstedt ...

VERKÄUFERIN ... Und mit Vornamen?

OPA Dicki ... Dicki Hoppenstedt ...

VERKÄUFERIN ... und es ... es ist ein Mädchen?

OPA *(zögernd)* … nee …

VERKÄUFERIN Also ein Junge …

OPA *(zweifelnde Bewegung mit der Hand)* … Neeneeneenee …

VERKÄUFERIN *(verblüfft)* Was denn nun?

OPA *(denkt nach)* … So genau kann ich das nicht sagen …

VERKÄUFERIN Wie ist es denn angezogen? …

OPA Hosen … blaue Hosen …

VERKÄUFERIN Na, vielleicht haben Sie es ja auch mal ohne Höschen gesehen …

OPA Nein … wozu denn? … *(sieht sich scheu um)* … Sagen Sie mal … was für ein Laden ist denn das hier?

VERKÄUFERIN *(zu umstehenden Damen)* … Ich hatte den Herrn nur gefragt, ob sein Enkelkind ein Junge oder ein Mädchen ist … *(zu Opa Hoppenstedt)* Wenn Ihr Enkelchen ein Zipfelchen hat, könnte man immerhin …

OPA Zipfelchen?!

VERKÄUFERIN Mein Gott, dann hat es eben *kein* Zipfelchen …

OPA Mein Enkelkind hat *alles,* was es *braucht*! Gesunde Eltern und ein anständiges Zuhause … und Zucht und Ordnung! *(schlägt mit der Faust auf den Tisch, so daß sich eine Gruppe Kleinspielzeuge schnarrend in Bewegung setzt)* Also haben Sie nun

Spielzeug für anständige Kinder oder nicht? *(schlägt auf den Tisch, das Spielzeug steht still)*

VERKÄUFERIN *(nimmt ein Spiel aus dem Regal)* ... Hier haben wir ein neuartiges Spiel für Jungen und Mädchen im Alter von fünf bis zehn Jahren ... Das wird *sehr* gern genommen ... »Wir bauen uns ein Atomkraftwerk« ... Da haben die *Kinder* viel Spaß dran *und* die Eltern ... es ist wirklich etwas für die ganze Familie ... *(öffnet das Spiel)* ... Hier ist die Spielanleitung ... und das sind die einzelnen Teile, die zusammengesetzt werden ... die Brennkammer, der Uranstab, Neutronenbeschleuniger, Kühlsystem und die Sicherheitskuppel ...

OPA Und was ist das?

VERKÄUFERIN Das sind Kühe, Häuser und Menschen für die Landschaft drumrum ... alles wunderhübsch gearbeitet ...!

OPA Kann das auch richtig explodieren? *(macht aufmunternde Handbewegung)*

VERKÄUFERIN Ja ... wenn man einen Fehler macht ... gibt es auch eine kleine Explosion ... natürlich nicht richtig ... es ist ja für Kinder ... Aber es macht Puff, und die Kühe fallen um und die kleinen Häuser und Menschen ... da ist dann immer ein großes Halloo und viel Spaß ... Möchten Sie es mitnehmen? ...

OPA Jawohl ... *(summt eine Marschmelodie)*

VERKÄUFERIN 64 Mark 50 ... *(holt ein verpacktes Exemplar)* ... Sie bekommen es originalverpackt ...

OPA *(sucht nach Geld)* ... Nehmen Sie auch Spielgeld? *(lacht albern)*

VERKÄUFERIN *(humorlos)* Nein ... *(tippt an der Kasse)*

OPA *(bezahlt)*

VERKÄUFERIN *(übergibt das Paket)* Ich wünsche Ihnen ein frohes Fest und viel Freude mit dem schönen Spiel ...

*Opa entfernt sich mit dem Paket. Er summt einen Marsch, wobei er den Schirm wie einen Tambourstab bewegt. Kurz vor Erreichen der Türe bleibt er mit seinem Schirm in einem großen unter der Decke befestigten Netz hängen. Im Hagel herabfallender Bälle verläßt er den Laden.*

## Weihnacht

*Vati und Opa Hoppenstedt schmücken den Weihnachtsbaum, an dem bereits schiefe Elektrokerzen hängen. Mutti Hoppenstedt hat viele große rote Äpfel vor sich auf dem Wohnzimmertisch und knotet Fäden an die Stiele. Jeden fertigen Apfel reicht sie an Opa weiter, der ihn Vater Hoppenstedt übergibt. Dicki, das Kind, ist acht Jahre alt und etwas rundlich.*

OPA …Früher war mehr Lametta!

VATI Dieses Jahr bleibt der Baum grün… naturgrün…

MUTTI …Mit frischen natürlichen Äpfeln…

VATI Naturfrisch und umweltfreundlich…

OPA …Und wann kriege ich mein Geschenk?

VATI Jetzt wird erst mal der Baum fertig geschmückt, dann sagt Dicki sein Gedicht auf, dann holen wir die Geschenke rein, dann sehen wir uns die Weihnachtssendung im Dritten Programm an, dann wird ausgepackt, und dann machen wir's uns gemütlich…

MUTTI Nein, Walter, *erst* holen wir die Geschenke rein, *dann* sagt Dicki sein Gedicht auf und wir packen die Geschenke aus, dann machen wir erst mal Ordnung, dabei können wir fernsehen, und *dann* wird's gemütlich…

OPA … Und wann kriege ich mein Geschenk?

VATI … Oder wir sehen uns erst die Weihnachtssendung im Ersten Programm an, packen dabei die Geschenke aus und machen es uns dann gemütlich… *(Der Baum fällt um)*

DICKI *(steht mit rausgestreckter Zunge in der Zimmertür)*

MUTTI Dicki, wirst du wohl in deinem Zimmer bleiben, sonst wird der Weihnachtsmann ganz böse! *(steht auf und verläßt mit Dicki das Zimmer)*

OPA *(richtet mit Vati den Baum auf)* Früher war mehr Lametta!

VATI … Und dieses Jahr ist der Baum grün und umweltfreundlich.

MUTTI *(kommt mit festlichen Paketen herein, die sie auf zurechtgestellten Tischen ablegt)* Fröhliche Weihnachten! So, Kinder, es geht los… Opa hilft mir jetzt ein bißchen, und Vati knipst den Baum an… *(verläßt mit Opa das Zimmer)*

VATI *(kriecht an die Steckdose)* Ja doch … *(Der Baum leuchtet)*

MUTTI *(bringt mit Opa weitere Arme voller Pakete ins Zimmer)* Fröhliche Weihnachten…

OPA Was?

MUTTI Fröhliche Weihnachten!

VATI Fröhliche Weihnachten ... *(verläßt das Zimmer)*

MUTTI Dicki, wo steckst du denn?

DICKI *(tritt mürrisch ins Zimmer)*

MUTTI Fröhliche Weihnachten, mein Schatz!

VATI *(kommt mit weiteren Paketen)* Fröhliche Weihnachten ... *(stellt den Fernseher an, auf dem ein Weihnachtsbaum erscheint. Stimmungsvolle Weihnachtsmusik mit Kinderchor)*

MUTTI Dicki möchte uns ein Gedicht aufsagen ... *(Vati, Mutti und Opa sehen erwartungsvoll auf Dicki)*

DICKI Zicke-Zacke Hühnerkacke...

OPA *(kichert und verläßt das Zimmer)*

MUTTI Nein, das nicht!

VATI ... Und jetzt wird ausgepackt! *(Vati, Mutti und Dicki beginnen auszupacken)*

OPA *(setzt sich im Flur eine rote Zipfelmütze auf, zieht Fausthandschuhe und einen roten Bademantel an, hängt sich einen weißen Bart um, wirft sich einen Sack über die Schulter, nimmt eine Rute und klopft an die Wohnzimmertür)*

MUTTI Ja, wer mag denn das wohl sein?

VATI Herein!

OPA *(kommt schweren Schrittes als Weih-*

*nachtsmann herein und bleibt vor Dicki stehen)* Na, Dicki…

DICKI *(hält sich die Augen zu und streckt die Zunge raus)*

VATI Dicki!

MUTTI Schau mal, wer da ist!

DICKI Opa…

OPA *(reißt sich die Mütze vom Kopf und den Bart ab)* Ich will jetzt mein Geschenk haben…

VATI *(gereizt)* Hier ist dein Geschenk, Opa, und nun sei ein *bißchen* gemütlich! *(Die Familie packt hastig aus. Es wächst ein Berg von Kartons, Weihnachtspapier, Packpapier, Klarsichtfolie, Holzwolle, Styropor, Bindfäden, Glückwunschkarten, bunten Bändern, Goldschnüren, Tannenzweigen und Wellpappe)*

MUTTI Schau mal, Walter, ein Heinzelmann-Saugblaser, originalverpackt!

VATI …Eine Krawatte! *(zeigt eine styroporverpackte Krawatte, die er zu vielen anderen styroporverpackten Krawatten legt)*

DICKI *(spielt mit Kartons)*

OPA *(läuft zwischen den Auspackenden hin und her und zeigt sein Geschenk)* Guck mal, ein Plattenspieler!

MUTTI Damit du deine Lieblingsplatte immer schön in deinem Zimmer spielen kannst! Kinder, seht euch den Baum an…

OPA Früher war da mehr … na … Dings…

VATI Schau mal, eine Krawatte! *(legt sie zu den anderen)*

OPA *(den Plattenspieler mit der Platte in der Hand, zieht den Stecker für die Elektrokerzen heraus; es wird dunkel)*

VATI Ach nee, Opa…

OPA Ich will meine Platte spielen…

VATI Du suchst dir sofort eine andere Steckdose… *(Der Weihnachtsbaum geht wieder an)*

OPA Seid doch nicht so ungemütlich … *(bläst sich einen Marsch und geht mit dem Plattenspieler zu einer anderen Steckdose)*

VATI *(hebt eine weitere Krawatte hoch)* Schau mal, eine Krawatte!

MUTTI … Kinder, ist das gemütlich bei uns…!

OPA *(hat den Plattenspieler in Gang gesetzt und stößt zu schmetternder Marschmusik seine Faust rhythmisch in die Luft)*

VATI *(gegen die Musik anschreiend und ein weiteres Krawattenpaket öffnend)* Ach nee… Opa! Sei jetzt gemütlich und guck in den Fernseher!

OPA Ja … ja … ja … ja … ja … *(schaltet den Plattenspieler ab und setzt sich vor den Fernseher)*

MUTTI Opa, guck dir doch lieber mal den Baum an!

OPA *(vor dem Bildschirm)* Tu ich ja…

MUTTI Spielt Vati jetzt wohl mit Dicki das schöne neue Spiel?

VATI *(geht zu Dicki)* … Schau mal, Dicki! … *(hebt den Deckel des Spieles hoch)* Wir bauen uns ein Atomkraftwerk! Das sind Bäume, Häuser, Kühe und Menschen… die möchten gern ein schönes Atomkraftwerk haben… und *da* bauen wir es hin… *(Vati beginnt zu bauen)*

MUTTI Entzückend, die beiden … Ach, wenn doch jeden Tag Weihnachten wäre…!

VATI *(mit der Spielanleitung in der Hand die einzelnen Teile zusammensetzend)*… Das ist der kleine Neutronen-Beschleuniger und das Kühlsystem … Schau doch mal, Dicki, ist das nicht niedlich? Dicki! … Guck doch mal! … Also spielst du nu mit oder nicht… Dicki, ich rede mit dir … sieh mal … das ist die Brennkammer … *(Dicki stößt mit dem Finger an eine Kuh)* Nicht die Kuh umwerfen! Schäm dich, Dicki … Du hast die Kuh umgeworfen! *(stellt Kuh wieder auf)*… Und jetzt stecken wir diesen winzigen Uranstab ganz vorsichtig in die Brennkammer und setzen die Sicherheitskuppel oben drauf… fertig!

MUTTI *(kniet sich dazu)* Darf Mutti auch mal zugucken?

VATI Wenn wir irgendwas falsch gemacht haben, dann soll es jetzt »Puff« machen…

MUTTI Wieso »Puff«?

VATI Mein Gott, es macht eben »Puff«… dann fallen alle Häuser um und alle Kühe und Menschen…

MUTTI Phantastisch!

VATI Aber es macht *nicht* »Puff«…! *(Das kleine Atomkraftwerk explodiert und durchschlägt den Fußboden. Durch das Loch sieht man im darunterliegenden Stockwerk ein älteres Ehepaar beim Essen.)*

VATI Es hat »Puff« gemacht!

MUTTI Entzückend!

VATI *(durch das Loch nach unten)* Familie Hoppenstedt wünscht frohe Feiertage…

EHEMANN *(mit Nachdruck heraufrufend) Muß* … das… sein?!

VATI *(durch das Loch)* Jawohl, es *muß* sein! Das ist nämlich ein Kinderspiel, und Weihnachten ist das Fest des Kindes… guten Abend… *(richtet sich auf, zur Familie)* Kommt, wir legen was drüber… *(legt mit Mutti Weihnachtspapier über das Loch)*

MUTTI Vati, wir sind stolz auf dich!

VATI Ich habe keine Lust, mich Heiligabend mit diesen Spießern rumzuärgern!

MUTTI So, Kinder, jetzt machen wir's uns gemütlich!

VATI ... Erst wird aufgeräumt ... *(lädt sich einen Haufen Kartons auf die Arme und verläßt das Zimmer)*

MUTTI ... Und du gehst jetzt ins Bett, Dicki ... wenn's am schönsten ist, soll man aufhören! *(sie ergreift Verpackungsabfälle und geht zu Vati in den Flur)*

OPA *(marschiert zu den Klängen der Marschmusik durchs Zimmer, tritt in das abgedeckte Loch und bleibt mit einem Bein bis zur Hüfte darin stecken)*

VATI *(beladen im Flur)* Wir stellen einfach alles ins Treppenhaus ... mal sehen, ob die Luft rein ist ... *(öffnet vorsichtig die Wohnungstür. Eine Lawine von Verpackungsmüll stürzt in den Flur und begräbt Vati und Mutti unter sich. Ein Weihnachtschor mischt sich mit anschwellender Marschmusik)*

## 14 Kochrezepte

*Empfehlenswerte Konservierungszusätze und zulässige Farbstoffe in Klammern (1 = Zyankali, 2 = Hexamethylentetramin, 3 = Chromoxydgrün, 4 = Trinitrotoluol, 5 = Wasserstoffsuperoxyd)*

### *Elefanten-Crème*

Je nach Personenzahl einen bis zwei zarte Elefanten mit 3 Litern Vollmilch und 150 g Zucker kurz aufwellen lassen, unter ständigem Rühren 1 Eigelb beigeben, in gespülte Puddingform gießen, nach dem Erkalten stürzen und mit Mandeln servieren. Statt der Elefanten können auch Schokolade, Vanille oder Himbeeren verwendet werden (1, 3).

### *Büffel im Schlafrock*

Den afrikanischen Büffel fängt man hauptsächlich für ein bekömmliches ostfriesisches Nationalgericht. Der Büffel wird 14 Tage gekocht und mit einer Prise Gewürznelken ganz klein gewiegt, in einen ausgerollten Nudelteig gewickelt und in feuerfester Form bei mäßiger Hitze 8 bis 9 Stunden gebacken. Hagebuttenmarmelade darüber geben und heiß servieren.

## *Nilpferd in Burgunder*

Etwas für festliche Tage, vorausgesetzt, daß sich das Nilpferd in Burgunder wohl fühlt. Nilpferd waschen und trocknen, in passendem Schmortopf mit 2000 Liter Burgunder, 6 bis 8 Zwiebeln, 2 kleinen Mohrrüben und einigen Nelken 8 bis 14 Tage kochen, herausnehmen, abtropfen lassen und mit Petersilie servieren.

## *Stachelschweinkaltschale*

Ein frisches Stachelschwein aufkochen und durch ein feines Sieb streichen. Dann mit 1 bis 1 1/2 Litern Wasser und Zitronenschale nochmals aufkochen, mit etwas Mehl binden und über süße Makronen anrichten. Etwas für heiße Tage.

## *Hasenschwanz à la Meyer*

Der feinen Zunge von Herrn Erich A. Meyer verdanken wir die folgende Delikatesse. Der gut abgehangene Hasenschwanz wird gewaschen, gesalzen, nebst Petersilie, Sellerie und Wacholderbeeren 4 bis 5 Stunden gedämpft und sorgfältig abgeschmeckt. Merke: *Hasen sind glücklicher ohne Schwanz.*

## *Backobst mit Gürteltierklößen*

Backobst über Nacht quellen lassen und am nächsten Morgen mit reichlich Zimt und einer Zitronenschale auf kleiner Flamme langsam gar kochen. Für die Zubereitung der Gürteltierklöße hält man sich genau an das bekannte Rezept für Kartoffelklöße, nur daß statt der Kartoffeln Gürteltiere verwendet werden. Zum Formen des Kloßes befindet sich die linke Hand unter, die rechte Hand jedoch über demselben.

## *Bauernomelette*

Ein bis zwei zarte Landwirte werden durch ein feines Sieb gestrichen. Das Gericht, ein Rezept aus der Entdeckerzeit Australiens, ist uns leider nur unvollständig überliefert. Eine Hausfrau mit Lust und Liebe zur Kochkunst hat jedoch Gelegenheit, ihrer Experimentierfreude freien Lauf zu lassen.

## *Walfisch, Tiroler Art*

Den gut abgehangenen Walfisch ausnehmen und ein bis zwei Jahre wässern. Einen halben Liter Milch mit feingewiegten Zwiebeln, Delikateßgurken und Gewürzkörnern abschmecken. Die sorgfältig entgräteten Walfischfilets hineingeben und mit einem Lorbeerblatt servieren.

## *Gams-Knödel*

Dieses in Norddeutschland auch ›Gemsen-Kloß‹ genannte Gericht stammt von einer Schulfreundin meiner Großmutter mütterlicherseits. Die gut abgehangene Gemse wird (nicht zu schnell!) durch den Wolf gedreht und mit 120 Semmeln, einem Ei, Salz, Pfeffer, Basilikum, Paprika, Majoran, Schnittlauch, Knoblauch, Curry, Salbei, Estragon, Beifuß, Liebstöckel und ganz wenig Melisse zu einem Kloß geformt. Den Kloß bei kleiner Flamme im Wasserbad erhitzen, kurz aufwellen lassen und mit den ungenießbaren Teilen waidmännisch dekoriert servieren.

## *Sau-Spießchen*

Die gut gebürstete Wildsau wird (notfalls mit Gewalt) in den Backofen eingeführt und bei einer gleichmäßigen Temperatur von zirka 800 Grad in ein handliches Format gedörrt. Das etwas abgekühlte Tier spießt man auf eine Scheibe Ananas und Emmentaler Käse. Sau-Spießchen werden vor dem Essen zum Aperitif gereicht. Man rechnet pro Gast etwa eine Sau.

## *Jäger im Reisrand*

Nachdem man je nach Personenzahl ein bis zwei Pfund Reis mit einer Prise Salz hat gar kochen und in Randform stürzen lassen, bittet man einen jüngeren, frisch gewaschenen Jäger oder Forstadjunkten mit Hut, darin Platz zu nehmen. Dieses stimmungsvolle Gericht ist jedoch ausschließlich selteneren, repräsentativen Anlässen vorbehalten, da auch in der Forstlaufbahn die Nachwuchsfrage noch nicht gelöst ist und nur wenige Forstbeamte die Erlaubnis erhalten, sich für private Zwecke einen Abend frei zu machen.

## *Zimtsterne*

3 Eiweiß schlagen, unter ständigem Rühren 250 g Puderzucker, 3 Tropfen Bittermandelöl, 1 Teelöffel Zimt, 325 g feingehackte Mandeln beigeben und alles gut durchkneten, Teig auf Backblech ausrollen und nach 6–8 Stunden aus dem Ofen nehmen. Dann beginnt Mutters beschauliche, vorweihnachtliche Laubsägestunde. Merke: Zimtsterne, von Mutter handgesägt, schmecken immer noch am besten!

## *Dackel im Schlafrock*

Wir bereiten aus 450 g Kokosfett, 575 g Zucker, 8 Eiern, 200 g Kakao und 250 g geriebenen Mandeln einen bekömmlichen Nougat-Teig und geben den Liebling hinein. 5–6 Minuten kühl und ruhig stehenlassen. Dann mit Mandeln, Rosinen und Tannengrün festlich dekorieren. Auch das Tier soll wissen, daß Weihnachten ist. Merke: Statt des Dackels kann man auch Neufundländer oder Meerschweinchen nehmen.

## *Papa aus Marzipan*

40 kg süße und 6 kg bittere Mandeln stoßen und mit einigen Tropfen Rosenwasser sehr fein verreiben. Das Ganze mit 35 kg Zucker in einer Messingpfanne bei kleinem Feuer so lange rühren, bis der Finger nicht klebt, wenn man ihn draufdrückt. Dann vom Gatten, der die Augen geschlossen halten muß (Überraschung!), in zwei Hälften einen Gipsabdruck nehmen, die noch warme Marzipanmasse in die leere Form geben, nach Festwerden herauslösen und zusammensetzen. Über eine eventuelle Mißstimmung des Gatten, der anschließend längerer Schonung bedarf, hilft der Genuß von 83 kg hochfeinen Marzipans spielend hinweg.

## Schweifträger

*Reporter im Fernsehstudio.*

REPORTER Zunächst verlebte der Mensch 750 000 Jahre in lässig gebückter Haltung mit kleinem Hirn, durch einen starken Schweif im Gleichgewicht gehalten. In den folgenden Jahrhunderttausenden vergrößerten sich Kopf und Hirn, er näherte sich einer aufrechten, vernunftbetonten Haltung, womit der Schweif an Bedeutung verlor ... er verkümmerte. Der Mensch von heute wird ohne Schweif geboren. Und dennoch lebt eine kleine verschwiegene Minderheit unter uns, Mitmenschen, von der Gesellschaft ignoriert, weil sie durch eine späte Laune der Natur mit einem Schweif versehen sind.

REPORTER *(mit Mikrophon auf der Straße. Fragt älteren Herrn)* Was würden Sie sagen, wenn Ihre Schwiegertochter einen Schweif hätte?

HERR *(sieht sich irritiert um)* Was ist los?

REPORTER *(fragt eine ältere Dame)* Ach entschuldigen Sie…

HERR *Was* hat meine Schwiegertochter?

REPORTER *(weiter zu älterer Dame)* Was würden Sie sagen, wenn Schweifträger ihre Schweife öffentlich unbekleidet tragen dürften?

DAME I Das würde mich ü-ber-haupt nicht wundern…! Heute laufen ja *alle* frei rum! Erst die Studenten, dann die Terroristen und jetzt die Schweifträger! … Man traut sich als Frau ja schon gar nicht mehr auf die Straße! … Ich will Ihnen mal was sagen … nach dreiunddreißig, da hätte man mit so was aufgeräumt … Schweifträger! … Rübe ab, sag ich … Rübe ab!

HERR Meine Schwiegertochter soll einen Schwanz haben?

REPORTER *(fällt ihm ins Wort und fragt eine jüngere Dame)* Würden Sie einen Schweifträger heiraten?

DAME II Was denn sonst?

REPORTER Die Familie Pohlmeier gehört zu einer kleinen, bisher kaum beachteten Minderheit in der Bundesrepublik … Sie haben … äh … sie sind … Schwanz…

FRAU POHLMEIER *(strickt im Wohnzimmer an einem Schweifschoner)* ... Schweif ...

REPORTER Äh ... Schweifträger ... Gnädige Frau, würden Sie wohl so freundlich sein, uns Ihren Schweif zu zeigen?

FRAU POHLMEIER *(sieht betreten ihren Mann an)* Da war ich eigentlich nicht drauf vorbereitet ...

HERR POHLMEIER *(aufmunternd)* Erika!

FRAU POHLMEIER Aber nur ganz kurz! *(will aufstehen, aber der Reporter sitzt auf dem Schweif)*

REPORTER *(erhebt sich halb)* Pardon! ...

FRAU POHLMEIER *(steht geniert auf, dreht sich)*

REPORTER Also ich finde, es wirkt sehr ... gepflegt ... es hat überhaupt nichts ...

HERR POHLMEIER *(sieht den Reporter starr an)*

REPORTER ... es wirkt gar nicht ...

HERR POHLMEIER Wie?

FRAU POHLMEIER *(setzt sich)*

REPORTER Und wie ist es im Bereich des kulturellen Lebens ... Theater, Kino, Konzert?

HERR POHLMEIER ... Klappsitze! ... Drei Stunden »Lohengrin« mit eingeklemmtem Schweif sind keine Freude ... *(Der etwa sechzehnjährige Sohn betritt das Zimmer)*

FRAU POHLMEIER Das ist unser Dieter…

REPORTER Hallo, Dieter! … Na, hast du die Schule geschwänzt … äh … geschweift?

HERR POHLMEIER Der Herr ist vom Fernsehen, zeig doch mal deinen Schweif…

DIETER Nee…

HERR POHLMEIER *(streng)* Dieter!

DIETER *(verstockt)* Nein!

FRAU POHLMEIER Kurt, der Junge ist müde… *(zum Reporter)* … Er kommt vom Kameradschaftsabend der Schweifträgerjugendgruppe…

DIETER *(ärgerlich)* Jaja…

FRAU POHLMEIER Ach, der Junge ist jetzt so schwierig… Kurt, zeig doch mal dieses süße Kinderfoto von ihm… da in der Kommode…

HERR POHLMEIER *(will vom Hocker aufstehen, sein Schweif ist im Tonkabel des Reporters verheddert)*

REPORTER Oh … *(Der Reporter und Herr Pohlmeier versuchen, den Schweif frei zu machen)*

HERR POHLMEIER Es geht schon … unten durch … danke sehr… *(geht zur Kommode)*

REPORTER Gnädige Frau, gibt es Schweifträger, die über den Kreis der Schweifträger hinaus bekannt geworden sind?

FRAU POHLMEIER Oh, ja … Goethe … Marx … Maria Theresia …

REPORTER Ach was! … die hatten alle einen …?

FRAU POHLMEIER *(stolz)* Tja-ha …

HERR POHLMEIER Hier ist das Bild … *(Auf dem Foto liegt bäuchlings ein nackter Säugling mit winzigem Schweif)*

FRAU POHLMEIER Da hat unser Dieter gerade das erste Zähnchen … *(gibt Bild an Reporter weiter)*

REPORTER Ah ja … steht … steht ihm gut! Herr Pohlmeier, Sie sind zweiter Vorsitzender des Schweifträgerverbandes. Wo liegen die Aufgaben Ihres Verbandes?

HERR POHLMEIER Bis der Schweif als solcher öffentlich akzeptiert wird, bemühen wir uns vor allem um das Problem der Freizeitgestaltung. Grundsätzlich bevorzugen wir den eigenen Garten zur Entspannung, wo wir unsere körperlichen Eigenheiten optimal nutzen können … Für Schweifträgerfamilien ohne Garten suchen wir abgelegene Grünanlagen mit altem Baumbestand.

REPORTER Herr Pohlmeier, sind Schweifträger in der freien Berufswahl vom Gesetzgeber benachteiligt?

HERR POHLMEIER Ja – als Schweifträger darf ich kein öffentliches Amt bekleiden.

REPORTER Da können Sie also nicht einmal Bundeskanzler werden…

HERR POHLMEIER Nein… und das ist eine Schikane!

REPORTER Herr Pohlmeier, in diesem Zusammenhang wird Sie eine Äußerung des Staatssekretärs Gunzbach vom Bundesinnenministerium interessieren.

REPORTER Herr Staatssekretär, entspricht es den Tatsachen, daß in der Bundesrepublik ein Schweifträger kein öffentliches Amt bekleiden darf?

STAATSSEKRETÄR Herr Meisenbach, gerade hinsichtlich der Schweifträger haben Regierung und Opposition keinerlei Vorurteile. Grundsätzlich kann in der Bundesrepublik auch ein Schimpanse Minister werden.

REPORTER Herr Pohlmeier, diese Worte des Herrn Staatssekretärs klingen doch ermutigend…

HERR POHLMEIER Aber, Herr Meisenbach… Schimpansen konnten schon immer Minister werden… die *haben* ja keinen Schweif!

REPORTER *(starr)* Ah!… ich danke Ihnen für dieses Gespräch…

## Heimoperation

*Reportage aus einer altmodischen bürgerlichen Küche. In der Mitte befindet sich der Küchentisch, auf ihm liegt ein älterer Patient. Außer an Kopf, Füßen und Operationsstelle ist er mit weißen Tüchern abgedeckt. Die Nase des Patienten ist mit einer Wäscheklammer verschlossen. Im Mund steckt ein mit Leukoplast befestigter Schlauch, an dessen anderem Ende sich ein Luftballon im Atemrhythmus bläht und zusammenzieht. Um den Tisch herum steht die Familie, bestehend aus Herrn und Frau Grötzmann, Opa, Oma und einer Schwägerin. Alle tragen über bürgerlicher Kleidung weiße Schürzen und Kappen, Mundschutz und Gummihandschuhe. Opa hält die Füße des Patienten fest. Die übrigen reichen Instrumente zu. Auf dem Bauch des Patienten liegt ein aufgeschlagenes Buch. Frau Grötzmann operiert, neben ihr sitzt ein Reporter mit Mikrophon.*

REPORTER *(hebt den Mundschutz und spricht zur Kamera)* Sie sind Augenzeuge eines chirurgischen Eingriffs, ausgeführt von Elfriede Grötzmann, 48, Hausfrau und Mutter.

FR. GRÖTZMANN Tupfer…

REPORTER Frau Grötzmann, um was für eine Operation handelt es sich?

FR. GRÖTZMANN Um meinen Schwager… Haken…

REPORTER Ich meine, wo und wie greifen Sie ein?

FR. GRÖTZMANN Ich mache meinem Schwager den Blinddarm raus…

REPORTER Ah-ja…

FR. GRÖTZMANN Klammer…

REPORTER Aber wäre Ihr Herr Schwager da nicht vielleicht besser in ein Krankenhaus…?

FR. GRÖTZMANN Krankenhaus? … Bei den Preisen?… Nee, das ist vorbei… Messer… In einem modernen Haushalt macht man heute alles selbst … Tupfer … ich streich meine Küche selbst … ich reparier meine Steckdosen selbst… Gabel… unsere Sitzgruppe hab ich selbst gepolstert … Messer…

REPORTER …Und Sie operieren selbst…

FR. GRÖTZMANN Ja…

REPORTER Wie schaffen Sie das neben dem Haushalt?

FR. GRÖTZMANN Wenn ich operiere, essen wir auswärts … ich muß ja die Instrumente kochen… Löffel…

REPORTER Natürlich… Frau Grötzmann, wo

haben Sie Ihre Fachkenntnisse erworben?

FR. GRÖTZMANN Ich les die Illustrierten, hauptsächlich ... Pinzette ... und im Fernsehen kommt ja auch alles mögliche mit Operationen und so ... und dann eben das Buch *(zeigt darauf)* ... Tupfer ...

REPORTER *(zur Kamera)* Ah ... ein medizinisches Fachbuch mit dem Titel *(sieht auf den Titel)* »Wir bauen uns eine Durchreiche und andere Sachen zum Selbermachen« ...

OPA Seite 96 ... Alles mit Bildern ... *(zu Frau Grötzmann)* Zeig doch mal dem Herrn die Bilder ...

FR. GRÖTZMANN *(ignoriert Opa)* Da steht alles drin ... auch Herzplans ... Herztratzplatz ... Herztranspationen ...

REPORTER Ach ja ...

FR. GRÖTZMANN Tupfer ... Pinzette ...

REPORTER *(sieht in die Operationsöffnung)* Ist das der Blinddarm?

FR. GRÖTZMANN *(sieht genau hin)* ... Ja! ... *(zieht etwas hoch und schneidet es ab)*

OPA Nee ... Neenee ...

FR. GRÖTZMANN Was soll das denn sonst sein? *(vergleicht mit Bildern im Buch)*

OPA Zeig ihm doch mal die Bilder ...

FR. GRÖTZMANN *(läßt den Blinddarm zurückfal-*

*len)* … Nadel und Faden … *(Die Schwägerin kämpft mit einem verknoteten Fadengewirr)*

REPORTER Frau Grötzmann, wie viele Patienten bleiben nach der Operation am … ich meine … wie viele Operationen verlaufen … äh …

FR. GRÖTZMANN *(näht)* Mein Gott, hexen kann ich natürlich auch nicht … aber jedenfalls ist das mal was anderes als die eintönige Hausarbeit … *(zum Gatten)* … So … jetzt kannst du zumachen …

HR. GRÖTZMANN *(tritt an ihre Stelle und näht weiter)*

REPORTER *(zu Frau Grötzmann)* Sind Sie sicher, daß Ihr Herr Schwager sich nun auf dem Wege der Besserung befindet?

FR. GRÖTZMANN *(nimmt den Mundschutz zur Seite)* … Wie … Besserung? … Dem hat doch nichts gefehlt!

REPORTER Aber Sie haben doch seinen Appendix entfernt!

FR. GRÖTZMANN *Was* habe ich?

REPORTER Sie haben Ihrem Herrn Schwager doch soeben den Blinddarm entfernt … oder etwas Ähnliches …

FR. GRÖTZMANN Entfernt! … Ich hab's rausgemacht und wieder reingemacht! … Dem fehlt nix!

REPORTER Ach so…

FR. GRÖTZMANN Das war nur zur Übung…

REPORTER Zur Übung?

FR. GRÖTZMANN Ich muß eine Operation erst mal üben … ob Sie das nun glauben oder nicht…

REPORTER Jaja…

FR. GRÖTZMANN Mein Gott, Herr Meisenbach, es ist doch etwas anderes, ob ich ein Huhn ausnehme oder… oder meinen Schwager…

REPORTER Ach ja?

FR. GRÖTZMANN Fertig!

REPORTER Frau Grötzmann, ich danke Ihnen für dieses Gespräch…

FR. GRÖTZMANN Und jetzt machen wir das Erinnerungsfoto!

REPORTER Was?

HR. GRÖTZMANN *(richtet einen Fotoapparat ein, mit Blitzgerät und Selbstauslöser. Die Familie stellt sich in Positur)*

FR. GRÖTZMANN Wo ist denn Rainer? Der Junge muß mit drauf!

RAINER *(ein etwa zehnjähriger Knabe mit weißer Schürze, weißer Kappe und Mundschutz erscheint in der Tür. Schürze, Gummihandschuhe und nackte Arme sind blutverschmiert. Unter dem Arm trägt er ein Spiel mit der Aufschrift »Der kleine Chirurg«)*

FR. GRÖTZMANN Da ist er ja ... gib dem Onkel mal die Hand ...

RAINER *(streckt dem Reporter zögernd die blutverschmierte Hand entgegen, die dieser nicht nimmt)*

FR. GRÖTZMANN Na, Rainerlein ... hast du wieder operiert?

OPA Nu laß ihn doch ...

RAINER *(nickt und wischt sich mit dem blutigen Handrücken verlegen die Nase)*

FR. GRÖTZMANN *(zum Reporter)* Er operiert immer die Nachbarn, und man weiß doch gar nicht, ob die das wollen. Haben Sie noch Ihren Blinddarm?

REPORTER Nein – nichts!

*Herr Grötzmann springt an die Seite der Familie, der Patient wird aufgerichtet und sieht glasig um sich. Blitz.*

# Szenen einer Ehe

# Das Frühstücksei

*Das Ehepaar sitzt am Frühstückstisch. Der Ehemann hat sein Ei geöffnet und beginnt nach einer längeren Denkpause das Gespräch.*

ER Berta!
SIE Ja...!
ER Das Ei ist hart!
SIE *(schweigt)*
ER Das Ei ist hart!
SIE Ich habe es gehört...
ER Wie lange hat das Ei denn gekocht...
SIE Zu viel Eier sind gar nicht gesund...
ER Ich meine, wie lange dieses Ei gekocht hat...
SIE Du willst es doch immer viereinhalb Minuten haben...
ER Das weiß ich...
SIE Was fragst du denn dann?
ER Weil dieses Ei nicht viereinhalb Minuten gekocht haben *kann*!
SIE Ich koche es aber jeden Morgen viereinhalb Minuten!
ER Wieso ist es dann mal zu hart und mal zu weich?
SIE Ich weiß es nicht... ich bin kein Huhn!

ER Ach! … Und woher weißt du, wann das Ei gut ist?

SIE Ich nehme es nach viereinhalb Minuten heraus, mein Gott!

ER Nach der Uhr oder wie?

SIE Nach Gefühl … eine Hausfrau hat das im Gefühl …

ER Im Gefühl? … Was hast du im Gefühl?

SIE Ich habe es im Gefühl, wann das Ei weich ist …

ER Aber es ist hart … vielleicht stimmt da mit deinem Gefühl was nicht …

SIE Mit meinem Gefühl stimmt was nicht? Ich stehe den ganzen Tag in der Küche, mache die Wäsche, bring deine Sachen in Ordnung, mache die Wohnung gemütlich, ärgere mich mit den Kindern rum, und du sagst, mit meinem Gefühl stimmt was nicht!?

ER Jaja … jaja … jaja … wenn ein Ei nach Gefühl kocht, dann kocht es eben nur *zufällig* genau viereinhalb Minuten!

SIE Es kann dir doch ganz egal sein, ob das Ei *zufällig* viereinhalb Minuten kocht … Hauptsache, es *kocht* viereinhalb Minuten!

ER Ich hätte nur gern ein weiches Ei und nicht ein *zufällig* weiches Ei! Es ist mir egal, wie lange es kocht!

SIE Aha! Das ist dir egal … es ist dir also egal, ob ich viereinhalb Minuten in der Küche schufte!

ER Neinnein…

SIE Aber es ist *nicht* egal … das Ei *muß* nämlich viereinhalb Minuten kochen…

ER Das habe ich doch gesagt…

SIE Aber eben hast du doch gesagt, es ist dir egal!

ER Ich hätte nur gern ein weiches Ei…

SIE Gott, was sind Männer primitiv!

ER *(düster vor sich hin)* Ich bringe sie um … morgen bringe ich sie um…

## Garderobe

*Sie sitzt vor ihrer Frisiertoilette und dreht sich die Lockenwickler aus dem Haar. Er steht nebenan im Bad und bindet sich seine Smokingschleife.*

SIE Wie findest du mein Kleid?
ER Welches…
SIE … das ich anhabe…
ER Besonders hübsch…
SIE … oder findest du das Grüne schöner…
ER Das Grüne?
SIE Das Halblange mit dem spitzen Ausschnitt…
ER Nein…
SIE Was … nein?
ER Ich finde es nicht schöner als das, was du anhast…
SIE Du hast gesagt, es stünde mir so gut…
ER Ja, das steht dir gut…
SIE Warum findest du es dann nicht schöner?
ER Ich finde das, was du anhast, sehr schön, und das andere steht dir auch gut…
SIE Ach! Dies hier steht mir also nicht so gut!?
ER Doch … auch…
SIE Dann ziehe ich das lange Blaue mit den Schößchen noch mal über…

ER Ah-ja…

SIE …oder gefällt dir das nicht?

ER Doch…

SIE Ich denke, es ist dein Lieblingskleid…

ER Jaja!

SIE Dann gefällt es dir doch besser als das, was ich anhabe, und das halblange Grüne mit dem spitzen Ausschnitt…

ER Ich finde, du siehst toll aus in dem, was du anhast!

SIE Komplimente helfen mir im Moment überhaupt nicht!

ER Gut… dann zieh das lange Blaue mit den Schößchen an…

SIE Du findest also gar nicht so toll, was ich anhabe…

ER Doch, aber es gefällt dir ja scheinbar nicht…

SIE Es gefällt mir nicht? Es ist das Schönste, was ich habe!!

ER Dann behalte es doch an!

SIE Eben hast du gesagt, ich soll das lange Blaue mit den Schößchen anziehen…

ER Du kannst das lange Blaue mit den Schößchen anziehen oder das Grüne mit dem spitzen Ausschnitt oder das, was du anhast…

SIE Aaha! Es ist dir also völlig *wurst*, was ich anhabe!

ER Dann nimm das Grüne, das wunderhübsche Grüne mit dem spitzen Ausschnitt…

SIE Erst soll ich *das* hier anbehalten ... dann soll ich das Blaue anziehen ... und jetzt auf einmal das Grüne?!

ER Liebling, du kannst doch ...

SIE *(unterbricht)* ... Ich kann mit dir über Atommüll reden, über Ölkrise, Wahlkampf und Umweltverschmutzung, aber über ... *nichts* ... *Wichtiges*!!

# Aufbruch

*Das Ehepaar sitzt festlich gekleidet im Wohnzimmer. Er liest. Sie lackiert sich die Fingernägel.*

ER Liebling, wann müssen wir bei Blöhmeiers zum Essen sein?

SIE Um acht…

ER Wenn wir nicht hetzen wollen, müssen wir jetzt das Haus verlassen…

SIE Ich bin fertig!

ER Dann können wir ja gehen…

SIE Ja… und *bitte versprich* mir, daß du heute abend nicht wieder über Politik redest…

ER Ich?… Über Politik?

SIE Versprich es mir…

ER Jaja, aber du weißt doch, daß ich jede politische Meinung respektiere…

SIE Und wenn Doktor Blöhmeier wieder davon anfängt und sagt, daß…

ER Von dieser CDU-Flasche *lasse* ich mir nichts sagen…

SIE Unterhalte dich lieber mit dem netten Fräulein Zapf…

ER Nett?… Das ist eine knallrote SPD-Schnepfe… mit Basisarbeit und so… die legt sich doch immer an mit diesen Pfeifen von der FDP und den Grünen und dem anderen Gemüse…

SIE Liebling, eben *weil* du keine politische Meinung *hast*, behalte sie doch lieber für *dich*…

ER Ich … ich habe keine politische Meinung? Liebes Kind, ich bin Gott sei Dank kein Politiker, ich leite eine Waschmittel-Generalvertretung… aber ich habe saubere, klar umrissene politische Ansichten!

SIE Ja, mein Schatz…

ER Ich mache dieses Affentheater einfach nicht mehr mit…

SIE Ja, mein Schatz…

ER Und das stecke ich heute abend der sauberen Gesellschaft!

SIE Ja, mein Schatz…

ER Also können wir gehen?

SIE Jaaa…

ER Und warum kommst du nicht?

SIE Weil du da noch liest…

ER Ich lese hier nur, weil du deine Fingernägel lackierst…

SIE Solange du da noch liest, kann ich mir wohl meine Fingernägel lackieren…

ER Solange du deine Fingernägel lackierst, kann ich wohl noch lesen…

SIE Wie spät ist es denn?

ER Halb acht…

SIE In einer halben Stunde fängt das Essen an…

ER Ja…

SIE Aber du möchtest eben lieber noch lesen…

ER Ich möchte eben *nicht* lieber noch lesen!

SIE Du weißt ja auch nicht, was du willst … *(Pause)*

SIE Karl-Heinz!

ER Ja…

SIE Ich wollte nur sagen: an *mir* liegt es *nicht*!

ER Also dann gehen wir, und zwar sofort…

SIE Möchtest du, daß deine Frau heute abend einigermaßen hübsch aussieht?

ER Ja…

SIE Dann … hetz … mich … nicht!

ER Mooment!… Ich habe gesagt, daß wir jetzt das Haus verlassen müssen, wenn wir nicht hetzen wollen… und da hast du gesagt, daß du fertig wärst, und da habe ich gefragt, warum wir nicht gehen, und dann hast du gesagt, daß du nur wartest, bis ich aufstehe, und da habe ich gesagt, daß ich so lange sitzen bleibe, bis du fertig bist … ich hetze dich also eben *nicht*!

SIE Warum bist du denn so gereizt?

ER Gereizt? Hahaha! Ich bin nur immer wieder überrascht von der Tatsache, daß Frauen den Sinn für einfache, klare Zusammenhänge offensichtlich verloren haben!

SIE Aha!?

ER Sie wissen eigentlich nie, worum es geht!

SIE Jetzt geht es zum Beispiel darum, daß wir pünktlich zum Essen kommen…

ER Nein, darum geht es eben *nicht*! Es geht um die Frage, warum Frauen am Kern einer Sache grundsätzlich vorbeidiskutieren!

SIE Männer und Frauen passen einfach nicht zusammen…

## Geigen und Trompeten

SIE Karl-Heinz…

ER Ja…

SIE Können Geiger eigentlich nur geigen und Trompeter nur blasen?

ER Mja…

SIE Ist das nicht sehr eintönig?

ER Musiker sind mit ihren Instrumenten verheiratet…

SIE Aber sie könnten doch auch mal mit den Instrumenten ihrer Kollegen spielen…

ER Theoretisch schon…

SIE Praktisch auch…

ER Meinetwegen kann ein Trompeter auch mal praktisch in eine Geige blasen…

SIE Ich möchte, daß du meine Frage ernst nimmst!

ER Ja…

SIE Warum sagst du dann, es wäre praktisch, in eine Geige zu blasen?!

ER Ich habe gesagt, es wäre möglich…

SIE Es wäre nämlich einfach unpraktisch…

ER Es wäre unpraktisch, aber nicht unmöglich…

SIE Kein Geiger würde einen Trompeter in seine Geige blasen lassen…

ER Neinnein ... aber theoretisch wäre es natürlich möglich ...

SIE ... aber praktisch eben nicht!

ER Wenn ein Trompeter in eine Geige bläse, dann bliese er *praktisch* ... wenn er *theoretisch* bliese, dann bläse er *nicht*!

SIE Er bläst also nur, wenn er praktisch bliese ...

ER Jaja, aber ein Trompeter bläst nun mal nur theoretisch in eine Geige!

SIE Warum gibst du nicht einfach zu, daß ein Trompeter niemals in eine Geige bläst?

ER Mein Gott, weil ein Trompeter theoretisch in eine Geige blasen *könn... tee*, auch wenn er praktisch dazu keine Gelegenheit *hät... tee*!

SIE Also, ich gehe in kein Konzert mehr, wenn ich darauf gefaßt sein muß, daß plötzlich ein Trompeter – theoretisch oder praktisch – in eine Geige bliese.

ER Liebchen, kein Trompeter wird je in eine Geige blasen ...

SIE Ach, auf einmal ...!

# Herrenmoden

*Das Ehepaar betritt ein Herrenausstattungsgeschäft und wendet sich an einen Herrn, den es für den Verkäufer hält.*

GATTIN Mein Mann ist etwas voll in den Hüften, mit ziemlich kurzen Armen...

HERR *(mustert den Gatten kurz)*... Das tut mir sehr leid ... *(nimmt eine Tragetüte und verläßt den Laden)*

VERKÄUFER I *(tritt von hinten auf das Ehepaar zu)* Womit kann ich dienen?

GATTIN Wir suchen einen Anzug für meinen Mann, Größe 52, etwas voll in den Hüften...

GATTE Jaja...

GATTIN ... mit ziemlich kurzen Armen...

VERKÄUFER I Ich zeig Ihnen mal was ... Wenn Sie inzwischen Platz nehmen wollen...

GATTIN *(zum Gatten)* Hast du frische Wäsche an? Mein Gott, laß doch deine Nase in Ruhe!

VERKÄUFER I *(kommt mit mehreren Anzügen)* Wenn Sie hier mal reinschlüpfen wollen ... *(reißt den Vorhang einer Kabine auf, ein Kunde in Unterwäsche wird kurz sichtbar. Der Verkäufer reißt den Vorhang wieder zu, öffnet die nächste Kabine und hängt den Anzug hinein)*

GATTE *(verschwindet in der Kabine)*

GATTIN *(nimmt Kölnisch Wasser aus ihrer Handtasche, betupft sich die Ohrläppchen, steckt es wieder ein)* Mein Mann braucht eigentlich gar keinen Anzug. Zu Hause trägt er Strickwesten, dann hat er den, den er anhat, und fürs Büro hat er einen dunkelgrauen … der ist noch tadellos …

VERKÄUFER I Gnä' Frau, bevor Sie unsere neuen Herbstmodelle nicht gesehen haben …

GATTE *(kommt aus der Kabine mit zu kleinem Jackett und zu kurzer Hose. Aus dem Kragen und von den Knöpfen baumeln Preisschilder und Gütesiegel)*

VERKÄUFER I *(streicht an ihm herum) Das* ist die Herbstmode! Gefällig in der Form … sportlich im Schnitt … Pariser Maßkonfektion …

GATTE … müssen die Hosen so sein?

VERKÄUFER I Die modische Hose trägt man jetzt kürzer … und im Gebrauch *fällt* sie ja noch … darf ich? *(zieht die Hose mit kräftigem Ruck nach unten, so daß sie extrem tief sitzt)* ... Sehen Sie!

GATTIN *(betrachtet den Gatten mit schiefem Kopf)* Beweg dich doch mal ...

GATTE *(geht auf und ab)*

VERKÄUFER I Die Hose sitzt angenehm knapp im Schritt und ist ausgesprochen gesäßfreundlich ...

GATTE Das tragen jetzt alle Herren in Paris?

VERKÄUFER I Wer sich's leisten kann ...

GATTE Ach ...

GATTIN Ja ... *so* sieht es gut aus, aber wenn er erst wieder seine Taschen vollstopft ...

VERKÄUFER I Gnä' Frau, die Brustpartie ist beidseitig mit Steifleinen verarbeitet ... da können Sie unterbringen, was Sie wollen ...

GATTIN Steck doch mal die Brieftasche rein ... und die Schlüssel ...

GATTE Moment ... *(greift in eine falsche Kabine)*

STIMME AUS DER KABINE Kann ich Ihnen behilflich sein?

GATTE Nein danke ...! *(holt Brieftasche und Schlüssel aus der eigenen Kabine und steckt sie ein)*

GATTIN Er sieht aus wie eine Wurst ...

VERKÄUFER I Aber nicht schlecht, gnä' Frau ... *(wieder zum Gatten)* Und was halten Sie von einem schottischen Kammgarn-Mohair … mit englischer Webkante … *(zeigt ein kariertes Jackett)* wenn Sie da mal reinschlüpfen wollen?

GATTE *(wechselt das Jackett)* … Moment! … *(steckt Brieftasche um)*

VERKÄUFER I Das ist der klassische Schnitt! Er schmeichelt auch Ihrem Gatten in der Hüftpartie…

GATTIN Neinnein…

GATTE Nein … *(zieht es aus)*

VERKÄUFER I *(mit neuem Jackett)* … oder hier die gleiche Qualität im Jet-Design…

GATTE Im was? *(wechselt das Jackett, ohne die Brieftasche umzustecken)*

VERKÄUFER I Sie erkennen es am Doppelfaden in der Knopfloch-Verarbeitung…

GATTE Ach ja…

GATTIN *(betrachtet ihn und schüttelt den Kopf)*

VERKÄUFER I *(reicht ihm die Hose)* … und das Beinkleid…

GATTE *(macht Anstalten, die Hose auszuziehen)*

VERKÄUFER I *(zeigt auf die Kabine)* Bitte schön…

GATTE Ach so … *(geht)*

GATTIN Wir wollten ja eigentlich gar keinen Anzug kaufen. Er hätte Wäsche viel nötiger…

VERKÄUFER I So…

GATTIN …Sie sollten sich mal seine Unterhosen ansehen … man glaubt es einfach nicht, wenn man's nicht gesehen hat…

GATTE *(erscheint mit zu weitem Jackett und überlanger Hose)*

VERKÄUFER I Das ist reine Schurwolle … Kunstfaser verstärkt … sehr dankbar im Tragen… *(greift an ihm herum)*

GATTIN Aber die Hose steht unten so auf…

VERKÄUFER I Man trägt das Beinkleid jetzt gern etwas reichlicher… es hebt sich ja auch noch durch das Eintragen der Sitzfalte im Knie … *(zieht die Hose gewaltsam nach oben)*

VERKÄUFER II Darf ich mal den Kammgarn-Mohair haben? *(greift nach dem Jackett, in das der Gatte seine Brieftasche gesteckt hat)*

VERKÄUFER I Bitte sehr…

GATTIN Geh doch ein bißchen… und laß deine Nase in Ruhe…

GATTE *(geht durch den Laden)*

VERKÄUFER I Einfach schick!

GATTE *(stolpert mit seiner langen Hose, hält sich an einem Herrn fest)*… Entschuldigen Sie … das kommt von meiner Hose…

HERR *(mustert ihn scharf)*

GATTIN Was machst du denn da?

VERKÄUFER I *(mit neuem Sakko)*... Das ist ein *ganz leichter* Tropical im Golf-Schnitt ... schlüpfen Sie da mal rein? Das wird *sehr* gern genommen...

GATTIN ... Nimm die Brieftasche raus!

GATTE *(greift in das große Jackett)* ... Da ist sie nicht...

VERKÄUFER I *(fingert herum)* ... Schick!

GATTE Sie *muß* da sein!

VERKÄUFER I Einfach schick!

GATTIN Ich kann nicht mehr!

VERKÄUFER I Ich könnte Ihnen auch noch etwas in Tweed zeigen...

GATTE Ich hatte es in dieses karierte Jackett gesteckt...

GATTIN ... und die Schlüssel?

GATTE Die hab ich in der Hose ... *(greift in die Hosentaschen)* ... Nee!

GATTIN Ich kann nicht mehr! *(Ein Kunde mit kariertem Jackett betritt den Laden, seine Frau folgt ihm)*

GATTE Da! *(greift dem Herrn erst ins Jackett und dann in die Hose)* ... Entschuldigen Sie...

KUNDE *(geniert)* ... Lassen Sie das doch!

GATTE Ich will nur die Brieftasche und die Autoschlüssel...

KUNDE Was?! ... Jutta!

GATTE *(sucht weiter)* ... Ich muß darauf bestehen...

KUNDE ... Jutta!

GATTE Ich habe alles hier reingesteckt!

JUTTA *(tritt dazu) Was* haben Sie *wo* reingesteckt?!

GATTE Alle meine Sachen habe ich hier reingesteckt!

JUTTA In die Hose von meinem Mann!

KUNDE Das müßte ich doch gemerkt haben, mein Gott!

GATTE *(sieht einen Herrn, der auch ein kariertes Jackett anprobiert)* ... Moment! ... *(geht hin)* ... Entschuldigen Sie, ich hätte gern meine Brieftasche ... und meinen Personalausweis ...

HERR *(sieht ihn starr an)*

GATTE Wenn ich mal so frei sein darf ... *(greift ihm in eine Brusttasche)*

HERR *(leise, aber bestimmt)* ... Nehmen Sie die Hand aus meinem Jackett!

GATTE ... und meine Autoschlüssel? Entschuldigen Sie ... *(greift ihm in die Hose)*

HERR Nehmen Sie die Hand aus meiner Hose!

GATTIN *(stürzt sich auf Verkäufer III, der ein kariertes Jackett und mehrere Anzüge auf dem Arm trägt)* ... Hier, Herbert ... hier!

GATTE *(hält eine Brieftasche hoch, die ihm nicht gehört)* ... Ich hab sie ...!

GATTIN *(die in das karierte Jackett auf dem Arm des Verkäufers III gegriffen und die Brieftasche gefunden hat)* … Ich auch!

GATTE *(gibt verlegen dem Herrn seine Brieftasche zurück)*

GATTIN *(hat in eine Hose gegriffen)* … und die Schlüssel …!

VERKÄUFER I *(kommt mit weiteren Jacketts)* … Ich habe hier noch eine erstklassige italienische Ware … Perlon verstärkt … mit Gesäßfalte … trage ich selbst gern …

GATTIN Neinnein … ich glaube, wir nehmen diesen … *(zeigt auf den Gatten)*

VERKÄUFER I Gern … da sind Sie hervorragend bedient … möchten Sie ihn gleich anbehalten?

GATTE *(nach Blick auf Gattin)* … Jawohl …

GATTIN … Und die Hose hebt sich noch im Schritt?

VERKÄUFER I Im Knie, gnä' Frau … im Knie … durch das Eintragen der Sitzfalte *(hockt sich hin)* … hier … sehn Sie! … In der Bewegung … *(macht einen Schritt in der Hocke)*

GATTIN *(zum Gatten)* Mach doch mal!

GATTE *(hockt sich hin)*

GATTIN Du mußt dich bewegen!

GATTE *(macht zögernd einen Schritt in der Hocke)*

GATTIN Weiter!

GATTE *(geht in der Hocke eine Runde durch den Laden)*

VERKÄUFER I *(kommt mit großer Tüte, Mantel, Hut und Rechnung)* ... So, bitte sehr ... die Kasse ist vorn links ...

GATTIN Wann ist die Hose denn nun eingetragen?

VERKÄUFER I Tja ...

GATTE *(hockend)* ... so etwa ...

VERKÄUFER I *(hilft dem hockenden Gatten in den Mantel)* Wie weit haben Sie's denn zu Fuß nach Hause?

GATTE ... vielleicht eine gute Stunde ...

VERKÄUFER I Dann sitzt die Hose wie angegossen!

GATTE Ach was!

GATTIN Komm ...

GATTE *(nimmt die Tragetasche, lüpft den Hut)* ... Vielen Dank für Ihre Mühe ...

VERKÄUFER I *(verneigt sich)* Wir haben zu danken!

GATTE *(verläßt in der Hocke gehend den Raum. Seine Gattin folgt ihm)*

# Feierabend

*Bürgerliches Wohnzimmer.*
*Der Hausherr sitzt im Sessel, hat das Jackett ausgezogen, trägt Hausschuhe und döst vor sich hin. Hinter ihm ist die Tür zur Küche einen Spaltbreit geöffnet. Dort geht die Hausfrau emsiger Hausarbeit nach. Ihre Absätze verursachen ein lebhaftes Geräusch auf dem Fliesenboden.*

SIE Hermann...
ER Ja...
SIE Was machst du da?
ER Nichts...
SIE Nichts? Wieso nichts?
ER Ich mache nichts...
SIE Gar nichts?
ER Nein... *(Pause)*
SIE Überhaupt nichts?
ER Nein... ich *sitze* hier...
SIE Du *sitzt* da?
ER Ja...
SIE Aber irgendwas *machst* du doch?
ER Nein... *(Pause)*
SIE *Denkst* du irgendwas?
ER Nichts Besonderes...

SIE Es könnte ja nicht schaden, wenn du mal etwas spazierengingest...

ER Neinnein...

SIE Ich bringe dir deinen Mantel...

ER Nein danke...

SIE Aber es ist zu kalt ohne Mantel...

ER Ich gehe ja nicht spazieren...

SIE Aber eben wolltest du doch noch...

ER Nein, *du* wolltest, daß ich spazierengehe...

SIE Ich? *Mir* ist es doch völlig egal, ob *du spazierengehst*...

ER Gut...

SIE Ich meine nur, es könnte dir nicht schaden, wenn du mal spazierengehen würdest...

ER Nein, *schaden* könnte es nicht...

SIE Also was willst du denn nun?

ER Ich möchte hier sitzen...

SIE Du kannst einen ja wahnsinnig machen!

ER Ach...

SIE Erst willst du spazierengehen... dann wieder nicht ... dann soll ich deinen Mantel holen ... dann wieder nicht ... was denn nun?

ER Ich möchte hier sitzen...

SIE Und jetzt möchtest du plötzlich da sitzen...

ER Gar nicht plötzlich... ich wollte immer nur hier sitzen... und mich entspannen...

SIE Wenn du dich wirklich *entspannen* wolltest, würdest du nicht dauernd auf mich *einreden*…

ER Ich sag ja nichts mehr…
*(Pause)*

SIE Jetzt hättest du doch mal Zeit, irgendwas zu tun, was dir Spaß macht…

ER Ja…

SIE Liest du was?

ER Im Moment nicht…

SIE Dann lies doch mal was…

ER Nachher, nachher vielleicht…

SIE Hol dir doch die Illustrierten…

ER Ich möchte erst noch etwas hier sitzen…

SIE Soll *ich* sie dir holen?

ER Neinnein, vielen Dank…

SIE Will der Herr sich auch noch bedienen lassen, was?

ER Nein, wirklich nicht…

SIE Ich renne den *ganzen* Tag hin und her… Du könntest doch wohl *einmal* aufstehen und dir die Illustrierten holen…

ER Ich möchte jetzt nicht lesen…

SIE Mal möchtest du, mal nicht…

ER Ich möchte einfach hier sitzen.

SIE Du kannst doch tun, was dir Spaß macht!

ER Das tue ich ja…

SIE Dann quengle doch nicht so rum…

ER *(schweigt)*

SIE Hermann!

ER *(schweigt)*

SIE Bist du taub?
ER Neinnein...
SIE Du tust eben *nicht*, was dir Spaß macht... statt dessen *sitzt* du da!
ER Ich sitze hier, *weil* es mir Spaß macht...
SIE Sei doch nicht gleich so aggressiv...
ER Ich bin doch nicht aggressiv...
SIE Warum schreist du mich dann so an?
ER *(schreit)*... Ich schreie dich nicht an!!

## Fernsehabend

*Ein Ehepaar sitzt vor dem Fernsehgerät. Obwohl die Bildröhre ausgefallen ist und die Mattscheibe dunkel bleibt, starrt das Ehepaar zur gewohnten Stunde in die gewohnte Richtung.*

SIE Wieso geht der Fernseher denn grade heute kaputt?

ER Die bauen die Geräte absichtlich so, daß sie schnell kaputtgehen … *(Pause)*

SIE Ich muß nicht unbedingt fernsehen…

ER Ich auch nicht … nicht nur, weil heute der Apparat kaputt ist … ich meine sowieso … ich sehe sowieso nicht gern Fernsehen…

SIE Es ist ja auch wirklich nichts im Fernsehen, was man gern sehen möchte … *(Pause)*

ER Heute brauchen wir Gott sei Dank überhaupt nicht erst in den blöden Kasten zu gucken…

SIE Nee … *(Pause)* … Es sieht aber so aus, als ob du hinguckst…

ER Ich?

SIE Ja…

ER Nein… ich sehe nur ganz allgemein in diese Richtung … aber du guckst hin … Du guckst da immer hin!

SIE Ich? Ich gucke da hin? Wie kommst du denn darauf?

ER Es sieht so aus...

SIE Das *kann* gar nicht so aussehen ... ich gucke nämlich vorbei... ich gucke *absichtlich* vorbei ... und wenn du ein kleines bißchen mehr auf mich achten würdest, hättest du bemerken können, daß ich absichtlich vorbeigucke, aber du interessierst dich ja überhaupt nicht für mich...

ER *(fällt ihr ins Wort)* Jaaa ... jaaa ... jaaa ... jaaa...

SIE Wir können doch einfach mal ganz woandershin gucken...

ER Woanders?... Wohin denn?

SIE Zur Seite... oder nach hinten...

ER Nach hinten? Ich soll nach hinten sehen?... Nur weil der Fernseher kaputt ist, soll ich nach hinten sehen? Ich laß mir doch von einem Fernsehgerät nicht vorschreiben, wo ich hinsehen soll! *(Pause)*

SIE Was wäre denn heute für ein Programm gewesen?

ER Eine Unterhaltungssendung...

SIE Ach...

ER Es ist schon eine Un-ver-schämtheit, was einem so Abend für Abend im Fernsehen geboten wird! Ich weiß gar nicht, warum man sich das überhaupt noch ansieht! ... Lesen könnte man statt dessen, Kartenspielen oder ins Kino gehen … oder ins Theater … statt dessen sitzt man da und glotzt auf dieses blöde Fernsehprogramm!

SIE Heute ist der Apparat ja nu kaputt…

ER Gott sei Dank!

SIE Ja…

ER Da kann man sich wenigstens mal unterhalten…

SIE Oder früh ins Bett gehen…

ER Ich gehe nach den Spätnachrichten der Tagesschau ins Bett…

SIE Aber der Fernseher ist doch kaputt!

ER *(energisch)* Ich lasse mir von einem kaputten Fernseher nicht vorschreiben, wann ich ins Bett zu gehen habe!

## Bettenkauf

*Ein älteres Ehepaar betritt ein Bettengeschäft, in dem drei Doppelbetten nebeneinander ausgestellt sind.*

VERKÄUFER Womit kann ich dienen?

GATTIN Wir hätten gern ein Bett...

VERKÄUFER Haben Sie da an eine Schlaf-Sitz-Garnitur gedacht mit versenkbaren Rükkenpolstern, an eine Couch-Dreh-Kombination oder das klassische Horizontal-Ensemble? *(Die Gatten sehen sich verblüfft an)*

GATTE Wir schlafen im Liegen...

VERKÄUFER Ah-ja ... da empfehle ich Ihnen die Kreationen aus dem Hause »Unisono« ... Sie ruhen nebeneinander ... oder rechtwinkelig?

GATTE Rechtwinkelig?

GATTIN Neinnein... ganz normal...

GATTE ... im Bett...

VERKÄUFER Also nebeneinander... parallel...

GATTE Müssen wir das hier so genau...?

VERKÄUFER *(geht nach links zu Bett 1)* Da haben wir das Modell »Allegro« mit doppeltem Federkern und Palmfaserauflage...

Für das Bezugsmaterial der Matratze können Sie wählen zwischen einer imprägnierten Halbzwirnware oder gedrilltem Volon…

GATTE Ach…

GATTIN Und wie liegt es sich so?

VERKÄUFER Die Federmuffen sind einzeln aufgehängt und kreuzweise verspannt… also hüftfreundlich in der Seit- und Bauchlage … Sie dürfen gerne einmal probeliegen, ich bediene inzwischen die anderen Herrschaften…

GATTE Richtig hinlegen?

GATTIN Auch in Rückenlage?

VERKÄUFER Ganz wie Sie wünschen…

GATTIN Zieh doch die Schuhe aus! *(Die Gatten legen sich auf das Modell »Allegro«)*

VERKÄUFER *(zu einem Herrn und einer Dame)* Womit kann ich dienen?

HERR Betten… Doppelbetten!

DAME *(kichert albern. Herr stößt sie an)*

VERKÄUFER Ruhen die Herrschaften parallel oder rechtwinkelig? *(deutet die Lage mit Handbewegungen an)*

HERR Was?

DAME *(kichert)*

VERKÄUFER Ich meine, ruhen Sie in der klassischen Doppelbettposition, oder ist die Schlafposition über Eck gestaltet?

HERR Klassisch… *(zur Dame)* oder wie?

DAME *(grinst verlegen)*

VERKÄUFER Da haben wir hier die Doppelliege »Presto« … *(zeigt auf das rechte Doppelbett)* … Dreifacher Federkern mit Polyester-Auflage und Stützsperre … bei unruhigem Schlaf …

HERR Wieso?

VERKÄUFER Für den Fall, daß die Herrschaften häufiger die Position wechseln …

HERR *(sieht kurz auf die Dame, die sich auf die Lippen beißt)* Sagen Sie mal …

VERKÄUFER Preisgünstiger ist natürlich das Modell »Allegro«, wenn ich Sie dort herüberbitten darf … *(geleitet Herrn und Dame nach links zum Modell »Allegro«, in dem Gatte und Gattin zur Wand gedreht liegen)* … doppelter Federkern mit Palmfaserauflage und kreuzweise verspannten Federmuffen … also hüftfreundlich in der Seit-, Bauch- und Rückenlage … Sie können gern probeliegen … wenn diese Herrschaften …

GATTE Wir hätten nur eben gern noch die Bauchlage …

HERR Bitte sehr … bitte sehr … *(Die Gatten drehen sich auf den Bauch)*

VERKÄUFER … hier kann ich Ihnen noch das Modell »Andante« zeigen, zweiteilig, zur individuellen Raumgestaltung … *(zeigt auf das daneben stehende Modell in der Mitte)*

DAME Da is so 'ne Ritze in der Mitte...

VERKÄUFER Ganz recht, gnä' Frau...

HERR *(winkt ab)* Neenee... *(zur Dame)* Aber vielleicht sind die Herrschaften jetzt ausgeschlafen...

VERKÄUFER *(zu Gatte und Gattin)*... Sie könnten ja schon mal im Modell »Presto« probeliegen...

GATTE ...Bitte schön... Aber »Allegro« bleibt in engerer Wahl!

VERKÄUFER Bitte hier herüber! Modell »Presto« mit dreifachem Federkern und Stützsperre! *(Während Herr und Dame sich auf das freigewordene Modell »Allegro« legen, steigen die Gatten über das mittlere Bett in das rechte Modell »Presto«)*

GATTE *(zur Gattin)* Laß es uns zunächst mal in der Bauchlage probieren! *(Sie drehen sich auf den Bauch)*

GATTIN Ich schlafe nie auf dem Bauch... *(dreht sich zur Seite)*

GATTE Du sollst jetzt auch nicht schlafen!

HERR *(liegt mit der Dame noch im Modell »Allegro«)* Also, wir nehmen dies hier!

VERKÄUFER Sehr gern!

GATTE Moment! Das Bett dort hatten wir zuerst belegt! Ich sagte gerade zu meiner

Gattin: *Hier* schlafen wir *nicht*! Herr … äh … wie ist Ihr Name?

VERKÄUFER Hallmackenreuter …

GATTE Herr Hallmackenreuter, das Modell »Allegro« war in engerer Wahl! Packen Sie das Bett ein, wir nehmen es mit!

VERKÄUFER Gern …

HERR Ich sagte gerade, das Bett ist gekauft, Herr …

VERKÄUFER Hallmackenreuter …

GATTE Na schön, Sie werden ja wohl zwei von der Sorte haben!

VERKÄUFER Wir führen nur Einzelstücke …

GATTE Dann fordere ich den Herrn auf, unser Bett zu verlassen!

HERR Das fällt mir nicht im Traum ein!

GATTE Hertha … hör doch mal!

GATTIN *(im Halbschlaf)* Kannst du dir nicht *ein*mal all*ein* Frühstück machen?

VERKÄUFER Vielleicht könnten sich die Herrschaften eventuell für das Modell »Andante« entscheiden … wenn Sie mal probeliegen wollen … *(zeigt auf das mittlere Doppelbett)*

GATTE *(zögert)*

DAME Na dann probiere *ich's* eben mal! *(macht Anstalten aufzustehen)*

GATTE Neinnein! Herr Hackenreiter …

VERKÄUFER Hallmackenreuter …

GATTE Herr Hallmackenreuter hatte ausdrücklich *mich* aufgefordert! *(Er springt auf und legt sich in das mittlere Bett »Andante«, während die Dame davor stehenbleibt)*

DAME Er läßt mich nicht rein!

HERR Sie lassen *sofort* meine Frau in das Bett!

GATTE Ich werde jetzt die Rücken-, Seit- *und* Bauchlage ausprobieren ... und zwar *ohne* Ihre Gattin! Hertha!

GATTIN *(schläft)*

HERR Wenn Sie nicht sofort meine Frau in das Bett...

GATTE Also bitte schön ... bitte schön ... *(er rückt etwas)*

DAME *(legt sich neben ihn in das mittlere Bett)*

VERKÄUFER Die Doppelliege ist zweiteilig gestaltet ... mit Spannmuffenfederung in Leichtmetall...

DAME *(probiert in rhythmischer Bewegung die Federung aus)*

GATTE Hopsen Sie doch nicht so!

DAME Ich kann hier hopsen, solange es mir paßt!

HERR Meine Frau hopst, wo sie will!!

GATTIN *(erwachend)* Fritz! ... Was *machst* du denn da?

GATTE Hertha, dies ist das Modell »Andante« ... mit Spannmuffenfederung... Es ist in der Rückenlage etwas stramm... komm doch mal...

GATTIN *(steht auf)*

HERR Entschuldigen Sie, gnä' Frau, aber Sie waren an diesem Modell ja nicht interessiert! *(steigt über seine Frau und den Gatten in das Modell »Andante«)*

GATTIN *(steigt gleichzeitig von der rechten Seite in das Modell »Andante«, so daß alle vier nebeneinander liegen)* ... Ich habe wohl noch das Recht, mit meinem Mann ein *Bett* auszuprobieren!

DAME *(kichert)*

HERR Ganz recht! ... aber nicht *mein* Bett! ... Herr Heckmullenreiter ...

VERKÄUFER Hallmackenreuter ...

HERR Das Bett ist gekauft!

VERKÄUFER Sehr wohl ...

HERR *(zur Gattin)* Darf ich Sie bitten, mein Bett zu verlassen?

GATTE Meine Gattin bleibt, wo sie ist ... Sie wollten das andere Bett nehmen!

HERR Das wollten Sie uns ja nicht überlassen ... Edith, so war's doch!

GATTE Nun rufen Sie bloß noch Ihre Frau zu Hilfe! Wie lange sind Sie eigentlich verheiratet?

HERR Wir sind nicht verheiratet!

GATTE *(starr)* Ach ... ach was! ... Und was wollen Sie dann mit einem Doppelbett, wenn ich fragen darf?

HERR Sag's ihm, Edith ...

VERKÄUFER Sie können die Matratzen auch in Matrosenblau oder Moosgrün…

HERR Edith!

DAME *(schnarcht)*

GATTE Ihre Bekannte schläft…

HERR *(flüstert)* Das geht Sie überhaupt nichts an! *(steht auf und macht sich leise davon)*

GATTE *(flüstert)* Ich werde wohl noch feststellen dürfen, wer in meinem Bett schläft!

VERKÄUFER Ich habe hier noch…

GATTE *(mit Finger am Mund)* Pscht!

VERKÄUFER *(flüsternd)* Ich habe hier noch das gleiche Modell in Leichtmetall mit vernickelten Gelenkmuffen…

GATTE *(flüstert)* Und wie ist da der Matratzenbezug? Ich habe immer gern etwas gedeckte Töne.

VERKÄUFER *(flüstert)* Moment … ich schau mal nach…

GATTE Hertha!

GATTIN *(schläft)*

GATTE *(sieht von einer Schlafenden zur anderen. Steht auf, verläßt behutsam das Bett, nimmt seine Schuhe in die Hand und trifft auf den Verkäufer)* … Ach, wenn meine Frau aufwacht, nimmt sie gern eine Tasse Tee mit etwas Gebäck … *(geht auf Strümpfen leise hinaus)*

# Eheberatung

*Herr und Frau Blöhmann, ein Ehepaar um die 50, betreten das Sprechzimmer der Psychotherapeutin. Herr Blöhmann klopft an den Türrahmen. Frau Dr. K. sitzt an ihrem Schreibtisch und weist auf zwei davor stehende Stühle.*

FRAU DR. K. Bitte, nehmen Sie doch Platz...

EHEPAAR *(setzt sich)*

FRAU DR. K. Mein Institut ist bemüht, den Ehegatten bei der Überwindung einer kritischen Phase auf psychologischem Wege behilflich zu sein und körperliche oder geistige Kontaktschwächen auszugleichen. Wunder vollbringen wir nicht!

HR. BLÖHMANN Ach...

FRAU DR. K. Wo liegen Ihre Schwierigkeiten, schwerpunktmäßig?

FR. BLÖHMANN Na, wenn *Sie* das nicht wissen...

HR. BLÖHMANN Wir hatten eigentlich gedacht, daß wir von Ihnen da irgendwas... wir kommen immerhin von auswärts...

FRAU DR. K. *(notiert etwas)* ... Und Ihre Lieblingsfarbe?

FR. BLÖHMANN Weiß ... Schaumolweiß ... das ist noch etwas weißer als weiß ...

FRAU DR. K. ... Und Herr Blöhmann, Ihre Lieblingsfarbe?

HR. BLÖHMANN Grau ... aber nicht *so* grau ... mehr grüngrau ... ins Bräunliche. Eine Art Braungrau ... mit Grün ... ein Braungrüngrau ...

FRAU DR. K. *(notiert)* Braungrüngrau ...

HR. BLÖHMANN Es schadet auch nichts, wenn es ein bißchen ins Bläuliche hinüberspielt, Hauptsache, es ist grau ...

FRAU DR. K. *(notierend)* Danke ...

HR. BLÖHMANN ... Braungrau ...

FRAU DR. K. Vielen Dank, Herr Blöhmann ...

HR. BLÖHMANN Etwas Rot könnte auch anklingen ...

FRAU DR. K. Das genügt, Herr Blöhmann!

HR. BLÖHMANN Ein Braunrot ... im ganzen Grau ...

FRAU DR. K. Jaja ...

HR. BLÖHMANN Also ein grünlich-blaues ... Rotbraun-Grau ...

FRAU DR. K. Es kommt nicht *so* genau darauf an, Herr Blöhmann ...

HR. BLÖHMANN Dochdoch, Sie sehen nachher in so einer Tabelle nach, und da steht dann bei »Grau«: Herr Blöhmann schlägt seine Gattin oder etwas Ähnliches ...

FRAU DR. K. Herr Blöhmann, ich versichere Ihnen ...

HR. BLÖHMANN Neinnein, ich kenne diese modernen psychologischen Tricks…

FRAU DR. K. Herr Blöhmann…

HR. BLÖHMANN Man sagt irgendeine Farbe, und schon wird man schuldig geschieden!

FRAU DR. K. Ich möchte zunächst nur…

HR. BLÖHMANN …Aber haben Sie bemerkt, wie oft meine Gattin ihre Handtasche auf- und zuknipst und hineinguckt… Haben Sie das bemerkt? Ja? Wie? Was?… Nein! Natürlich nicht!

FR. BLÖHMANN Ich hätte…!

FRAU DR. K. Herr Blöhmann, Ihre Gattin kann ihre Handtasche auf- und zuknipsen und hineinsehen, sooft sie will!

FR. BLÖHMANN Siehste… *(guckt in die Handtasche und knipst sie zu)*

HR. BLÖHMANN Aber nicht 8 mal in 6 Minuten…

FR. BLÖHMANN Siehste … siehste … siehste … *(knipst und guckt)*

HR. BLÖHMANN Das sind im Jahr fast 350 000 mal geknipst und geguckt…

FRAU DR. K. Herr Blöhmann, vielleicht, daß *Sie* bei *sich* auch öfter mal irgendwas auf- und zumachen?

FR. BLÖHMANN Siehste… *(knipst und guckt)*

HR. BLÖHMANN Ja-ja, aber ich gucke nicht jedesmal hinein, nicht wahr!

FRAU DR. K. Darf ich jetzt in der Untersuchung fortfahren?

BLÖHMANNS *(gleichzeitig)* Bitte sehr …

FRAU DR. K. Ich zeige Ihnen jetzt …

FR. BLÖHMANN *(knipst und guckt)*

FRAU DR. K. Frau Blöhmann, würden Sie jetzt *einmal* das Knipsen und Gucken unterlassen!

HR. BLÖHMANN Siehste …

FRAU DR. K. Ich zeige Ihnen jetzt ein Bild …

HR. BLÖHMANN Siehste …

FRAU DR. K. Ich zeige Ihnen jetzt ein Bild, und Sie sagen mir, was es darstellt … *(läßt Rouleau nach oben. Das Rubenssche Gemälde »Der Raub der Töchter des Leukippos« wird sichtbar)* Zuerst Herr Blöhmann, bitte.

HR. BLÖHMANN *(mit halbgeöffnetem Mund das Bild betrachtend)* Tja …

FRAU DR. K. Was sagt Ihnen das Bild … ganz kurz …

HR. BLÖHMANN Reiter … zwei Reiter … und Pferde …

FRAU DR. K. Sonst nichts?

HR. BLÖHMANN Nein … ach ja … zwei Damen …

FRAU DR. K. Reiten die auch?

HR. BLÖHMANN Nein …

FRAU DR. K. Ihr Gesamteindruck …

HR. BLÖHMANN Zwei Herren … geben zwei Damen … Reitunterricht …

FRAU DR. K. *(notierend)* … und Frau Blöhmann, sind Sie anderer Meinung?

FR. BLÖHMANN Ja … das ist mehr so Urlaub … Abenteuerurlaub … mit Reiten …

HR. BLÖHMANN Die Herren sind den Damen irgendwie behilflich …

FRAU DR. K. Herr Blöhmann, helfen *Sie* Ihrer Gattin gelegentlich?

HR. BLÖHMANN Wir reiten nicht …

FR. BLÖHMANN Wir haben einen Wellensittich, ein entzückender kleiner Kerl … ich glaube, ich habe das Farbfoto mit …

FRAU DR. K. Frau Blöhmann, Sie *lassen* jetzt Ihre Tasche zu!

HR. BLÖHMANN Wie reden Sie denn mit meiner Frau?

FR. BLÖHMANN Ich wollte Ihnen nur eben Spatzis Farbfoto zeigen …

FRAU DR. K. Ihr Wellensittich interessiert jetzt nicht!

HR. BLÖHMANN Ach was!

FR. BLÖHMANN Er gibt mir jeden Morgen einen Kuß …

FRAU DR. K. Herr Blöhmann, küssen *Sie* Ihre Gattin gelegentlich?

HR. BLÖHMANN Weniger …

FRAU DR. K. Warum nicht?

HR. BLÖHMANN *(sieht seine Frau an)* … Es ist zeitlich immer etwas ungünstig …

FRAU DR. K. Und Sie, Frau Blöhmann?

FR. BLÖHMANN Mein Gott, ich habe auch meinen Haushalt...

FRAU DR. K. Ah ja ... Herr Blöhmann, darf ich Sie bitten, Ihre Gattin zu küssen...

HR. BLÖHMANN Was ist los?

FRAU DR. K. Der Kuß als Ausdruck menschlich-ehelicher Beziehung ist zur Behebung einer chronischen Kontaktschwäche von großer Bedeutung... bitte, küssen Sie jetzt Ihre Gattin...

HR. BLÖHMANN Wohin?

FRAU DR. K. Wo Sie wollen...

FR. BLÖHMANN *(öffnet die Tasche, betupft ihren Mund mit dem Taschentuch)*

HR. BLÖHMANN *(nach einem Blick auf seine Gattin)* Nein... neinnein...

FRAU DR. K. Dann müssen wir die Grundformen des Kusses ganz neu erarbeiten ... *(stellt einen Kunststoffkopf, der auf einer Spirale leicht hin und her pendelt, vor Herrn Blöhmann)* ... Sie nähern sich dem Partnermodell auf etwa 8 bis 12 Zentimeter und sagen »Hallo Schatz«... dann berühren Sie mit den Lippen die Mundpartie...

HR. BLÖHMANN Hallo Schatz ... *(küßt den Kußkopf)*

FRAU DR. K. Mehrmals bitte. *(Herr Blöhmann küßt)* ... Frau Blöhmann, Sie sollten Ihren Gatten öfter mal mit einer hübschen Bluse überraschen, einem anderen Lippenstift oder mit einer neuen Frisur ... Das genügt, Herr Blöhmann ... bitte Frau Blöhmann ...

FR. BLÖHMANN Auf'n Mund?

FRAU DR. K. Sie verhalten sich ganz passiv ... Sie *lassen* sich küssen *(biegt den Kopf mit der Spirale zurück, so daß er mehrfach auf die Lippen von Frau Blöhmann schnellt)*

HR. BLÖHMANN Was kostet denn so ein Gerät ...

FRAU DR. K. Das ist im freien Handel nicht erhältlich ...

HR. BLÖHMANN Auch nicht gebraucht?

FRAU DR. K. Nein ...

HR. BLÖHMANN Ach ...

FRAU DR. K. So ... für heute ist es genug ...

FR. BLÖHMANN Einmal noch!

FRAU DR. K. *(setzt es noch einmal in Bewegung)* ... Und nun üben Sie daheim weiter ... der leichte Kuß aus der Grundhaltung ... aneinander-miteinander ... täglich dreimal ... *(Alle gehen zur Tür)*

HR. BLÖHMANN Vor oder nach den Mahlzeiten?

FR. BLÖHMANN ... Komm jetzt!

FRAU DR. K. *(schließt die Tür, geht auf den Kußkopf zu, wirft sich über ihn und küßt ihn leidenschaftlich)*

# Silvester-Aussprache

Also, Hermann, du kannst dich über das alte Jahr nun wirklich nicht beklagen. Als die Waschmaschine kaputtging, waren wir sehr froh, daß wir uns endlich eine neue anschaffen konnten. Und wenn mir der Fernsehapparat nicht runtergefallen wäre, hätten wir heute immer noch kein Farbgerät.

Dann haben wir auch für den Mercedes sehr günstige Abzahlungsbedingungen bekommen, bloß weil ich mit dem Vertreter die zwei Wochen nach Paris gefahren bin.

Und es war ja ein Glück, daß dir der Führerschein für zwei Jahre entzogen worden ist. Jetzt trinkst du wenigstens nicht mehr, und ich brauche den Wagen sowieso dauernd, wenn ich zum Reiten muß oder in den Tanzkurs.

Und stell dir bitte vor, *ich* hätte das Magengeschwür bekommen und nicht du! Wer hätte wohl die ganzen Stellungsgesuche schreiben sollen, seit du Pleite gemacht hast!

Und außerdem hat deine Frau in die Scheidung eingewilligt, und wir können jetzt endlich heiraten. Ich weiß wirklich nicht, was du hast.

# Erwachsenenbildung

# Deutsch für Ausländer

*Ein Fernsehkurs*

In unserer 8. Lektion für die Mittelstufe behandeln wir zunächst den Unterschied zwischen dem unbestimmten Artikel und dem Possessivpronomen, wobei wir gleichzeitig das Konjugieren im Präsens üben.

*(Ein Herr und eine Dame liegen unbekleidet im Ehebett)*

ER Wie heißen Sie?
SIE Ich heiße Heidelore.
ER Heidelore ist ein Vorname.
SIE Ja, Schmoller ist mein Nachname. Mein Mann heißt Viktor.
ER Ich heiße Herbert.

Die Endungen der starken und schwachen Verben sind im Präsens gleich. Beachten Sie die Verwendung der Hilfsverben ›sein‹ und ›haben‹ und den richtigen Gebrauch der Zahlwörter.

SIE Wir besitzen ein Kraftfahrzeug. Mein Mann fährt mit der Bahn ins Büro.
ER Ich bin 37 Jahre alt und wiege 81 Kilo.

SIE Viktor ist fünf Jahre älter und ein Kilo schwerer. Sein Zug fährt morgens um 7 Uhr 36.

ER Mein Onkel wiegt 79 Kilo. Sein Zug fährt um 6 Uhr 45.

SIE Mein Mann ist fest angestellt. Er arbeitet bis 17 Uhr 30.

ER Ich habe drei Cousinen. Sie wiegen zusammen 234 Kilo.

... und nun bilden wir den Konjunktiv durch Umlaut aus dem Imperfekt des Indikativs und üben das bisher Gelernte.

SIE Wenn Viktor eine Monatskarte hätte, käme er um 18 Uhr 45.

ER Würde ich vier Cousinen haben, wögen sie 312 Kilo.

*(Der Ehemann betritt das Schlafzimmer)*

VIKTOR Ich heiße Viktor. Ich wiege 82 Kilo.

ER Ich heiße Herbert. Mein Zug fährt um 19 Uhr 26.

SIE Das ist mein Mann.

ER Das ist meine Hose.

VIKTOR Das ist meine Aktentasche.

# Anstandsunterricht

*In der Mitte eines kahlen Unterrichtsraumes steht ein länglicher, für drei Personen gedeckter Tisch. Davor befindet sich der Stuhl von Dr. Dattelmann, dem Leiter und einzigen Lehrer des Instituts zum Erlernen kultivierter Umgangsformen. Herr Blühmel ist Mitte Fünfzig und betont korrekt gekleidet.*

DR. DATTELMANN Darf ich bitten...

BLÜHMEL *(betritt unsicher den Unterrichtsraum, in dem zwei Damen stehen)*

DR. DATTELMANN Darf ich bekannt machen, das ist Herr Blühmel ... Frau Schuster, Frau Krakowski, zwei Mitarbeiterinnen unseres Instituts.

BLÜHMEL *(begrüßt beide linkisch mit Handschlag)* Guten Tag.

DR. DATTELMANN Herr Blühmel, Sie haben die Aufgabenstellung in unserem Lehrbuch theoretisch durchgearbeitet.

BLÜHMEL Jawohl.

DR. DATTELMANN *(setzt sich)* In der jetzt folgenden Lehrstunde haben Sie Gelegenheit, das theoretisch Erlernte in der Praxis anzuwenden. Es geht um das kultivierte Verhalten bei Tisch. Frau Schuster und Frau Krakowski stellen Ihre Gattin und eine Bekannte dar während der Einnahme einer gemeinsamen Mahlzeit. Die angebotenen Speisen und Getränke werden nur von Ihnen eingenommen. Es handelt sich um Aperitif, Vorspeise, Hauptgericht, Dessert und Champagner entsprechend Kapitel eins bis fünf unseres Lehrbuches. Wir beginnen mit dem korrekten Vorstellen. Darf ich bitten.

BLÜHMEL Na ja, die Damen kennen sich ja.

DR. DATTELMANN Herr Blühmel, die Damen kennen sich eben *nicht*!

BLÜHMEL Ach, die *kennen* sich nicht? Entschuldigung ... Frau Krakowski, darf ich Ihnen Frau Schuster vorstellen ...

DR. DATTELMANN Herr Blühmel, Frau Schuster ist doch Ihre Gattin!

BLÜHMEL Was? Ah so! Frau Krakowski, darf ich Ihnen meine Gattin, Frau Schuster, vorstellen ...?

FRAU SCHUSTER Angenehm.

FRAU KRAKOWSKI Angenehm.

DR. DATTELMANN *(schüttelt den Kopf, macht eine Notiz)* Den Aperitif bitte! *(Eine Angestellte bietet auf einem Tablett drei gefüllte Gläser an. Jeder nimmt ein Glas mit abgespreiztem kleinem Finger)*

DR. DATTELMANN Text!

BLÜHMEL Es ist etwas kühl für diese Jahreszeit.

FRAU KRAKOWSKI Dafür hatten wir im Mai drei schöne Tage.

FRAU SCHUSTER Man muß ja auch an die Landwirtschaft denken.

BLÜHMEL Zum Wohl! *(Blühmel trinkt, die Damen markieren)*

BLÜHMEL Vielleicht möchten Sie sich noch etwas frisch machen vor dem Essen?

FRAU KRAKOWSKI Vielen Dank.

FRAU SCHUSTER Dann darf ich zum Essen bitten. *(Blühmel nimmt zwischen den Damen Platz)*

DR. DATTELMANN Vorspeise: Hummercocktail mit Weißwein, Pökelzunge… Haupt-Hauptgericht… *(Die Angestellte serviert einen Hummercocktail sowie drei gefüllte Weißweingläser)*

BLÜHMEL Wäre ein Glas Weißwein angenehm?

FRAU KRAKOWSKI Ein Gläschen Mosel kann nicht schaden.

BLÜHMEL *(erhebt das Glas)* Meine Gattin und ich freuen sich, daß Sie, sehr verehrte gnädige Frau, uns heute abend die Ehre erweisen. Zum Wohl! *(Blühmel trinkt, die Damen markieren)*

FRAU SCHUSTER Zum Wohl.

FRAU KRAKOWSKI Zum Wohl. Ein gutes Tröpfchen.

FRAU SCHUSTER Köstlich!

BLÜHMEL *(das Glas gegen das Licht haltend)* Nicht zu schwer und nicht zu leicht. *(setzt ab und beginnt zu essen)*

DR. DATTELMANN Herr Blühmel…

BLÜHMEL Ja bitte?

DR. DATTELMANN Sie müssen jetzt mit der Konversation beginnen.

BLÜHMEL Jawohl… *(sieht starr geradeaus)* Gnädige Frau, ich habe einen…

DR. DATTELMANN Zu Frau Krakowski bitte!

BLÜHMEL *(zu Frau Krakowski)* Gnädige Frau, ich habe einen verwitweten Schwippschwager Ihres Namens in Elberfeld.

FRAU KRAKOWSKI Das ist interessant. In Elberfeld gibt es eine erstklassige Kunstgewerbeschule.

BLÜHMEL *(zu Frau Schuster)* Erstklassig

sind auch die Hummercocktails, meine Liebe…

FRAU SCHUSTER Als Hauptgang gibt es Pökelzunge in Burgunder mit Klößen … *(Die Angestellte serviert Herrn Blühmel einen gefüllten Teller und eine Flasche Rotwein mit eingedrehtem Korkenzieher)*

BLÜHMEL Das ist mein Leibgericht … ich glaube, da wäre eine Flasche Rotwein angebracht… *(versucht vergeblich, die Flasche zu entkorken)*

FRAU SCHUSTER Rotwein ist sehr bekömmlich … *(zieht für ihn den Korken heraus)*

FRAU KRAKOWSKI Sie sind ein Kenner…

BLÜHMEL *(riecht an Korken und Flasche, gießt ein, probiert und liest das Etikett)* Ein 64er Sch… *(sieht unsicher zu Dr. Dattelmann)* Sch…

DR. DATTELMANN Château Lafite.

BLÜHMEL Château Lafite… *(gießt den Damen ein, beginnt zu essen; erhebt sein Glas)* Ich trinke auf unseren verehrten Gast, die Hausfrau und das, was wir lieben… *(trinkt und ißt)*

FRAU KRAKOWSKI Mein Bekannter und ich waren im letzten Sommer auf einem Campingplatz bei Saarbrücken. Dort war es sehr sauber.

BLÜHMEL *(weiter essend)* Auf dem Campingplatz in Bozen liegen die Toiletten separat...

DR. DATTELMANN Waschräume, Herr Blühmel, Waschräume...

BLÜHMEL ... die Waschräume ... liegen die Waschräume separat...

FRAU SCHUSTER Ich dachte, die Waschräume auf ausländischen Campingplätzen seien weniger gepflegt als in Deutschland.

BLÜHMEL Mit Ihnen trinke ich am liebsten ... *(erhebt sein Glas, trinkt)* Wenn meine Gattin Klöße zubereitet, sind sie leicht und bekömmlich... *(ißt zu Ende)*

DR. DATTELMANN Kapitel vier, Obst. *(Ein Teller mit einem Pfirsich wird aufgetragen)*

FRAU SCHUSTER Köstlich.

FRAU KRAKOWSKI Wie erfrischend!

BLÜHMEL *(schält Pfirsich, teilt ihn, ißt ein Viertel)* Das Beste sitzt unter der Haut...

DR. DATTELMANN Champagner! *(Drei Gläser werden serviert)*

FRAU KRAKOWSKI Sie verwöhnen uns! *(erheben die Gläser)*

BLÜHMEL Meine Damen, es war mir ein Vergnügen ... *(trinkt sein Glas aus und sieht erwartungsvoll auf Dr. Dattelmann)*

DR. DATTELMANN Vielen Dank, Herr Blühmel, gar nicht schlecht, gar … nicht … so … schlecht! Es sind da noch einige Unebenheiten in der Konversation, aber das kriegen wir schon hin. Darf ich um den zweiten Durchlauf bitten?

BLÜHMEL *(irritiert)* Den zweiten …?! *(Blühmel erhebt sich mit den beiden Damen und ergreift den erneut angebotenen Aperitif)*

DR. DATTELMANN Sie können den Ablauf etwas rascher gestalten. Und bitte während der Konversation das Leeren des Tellers nicht vergessen!

BLÜHMEL Jawohl … Es ist etwas kühl für diese Jahreszeit …

FRAU KRAKOWSKI Dafür hatten wir im Mai drei schöne Tage.

FRAU SCHUSTER Man muß ja auch an die Landwirtschaft denken.

BLÜHMEL Zum Wohl! *(trinkt; die Damen markieren)*

BLÜHMEL *(leicht angetrunken)* Vielleicht möchten Sie sich noch etwas frisch machen?

FRAU KRAKOWSKI Vielen Dank.

FRAU SCHUSTER Dann darf ich zum Essen bitten. *(Alle drei nehmen Platz)*

DR. DATTELMANN Vorspeise, Hummercocktail mit Weißwein, Pökelzunge. *(Die Angestellte serviert drei Hummercocktails und drei Gläser Weißwein)*

BLÜHMEL Wäre ein Glas Weißwein angenehm?

FRAU KRAKOWSKI Ein Gläschen Mosel kann nicht schaden.

BLÜHMEL *(erhebt das Glas)* Meine Gattin und ich freuen sich, daß Sie, sehr verehrte gnädige Frau, uns heute abend die Ehre erweisen. Zum Wohl!

FRAU SCHUSTER Zum Wohl!

FRAU KRAKOWSKI Zum Wohl! *(Blühmel trinkt. Die Damen markieren)*

FRAU KRAKOWSKI Ein gutes Tröpfchen.

FRAU SCHUSTER Köstlich.

BLÜHMEL *(hält das Glas gegen das Licht)* Nicht zu schwer und nicht zu leicht... *(ißt und trinkt appetitlos) (zu Frau Krakowski)* Ich habe einen verwitweten Schwippschwager Ihres Namens in Elberfeld.

FRAU KRAKOWSKI Das ist interessant, in Elberfeld gibt es auch eine erstklassige Kunstgewerbeschule.

BLÜHMEL Erstklassig sind auch die Hummercocktails, meine Liebe.

FRAU SCHUSTER Als Hauptgang gibt es Pökelzunge in Burgunder mit Klößen. *(Das Essen wird aufgetragen und eine Flasche Rotwein mit Korkenzieher)*

BLÜHMEL Das ist mein Leibgericht... *(sieht auf das Essen, unterdrückt einen Schluckauf, entkorkt, riecht an Korken und Flasche)* Ich glaube, da wäre eine Flasche Rotwein angebracht.

FRAU SCHUSTER Rotwein ist sehr bekömmlich.

FRAU KRAKOWSKI Sie sind ein Kenner.

BLÜHMEL *(gießt sich ein, probiert)* Ein 64er Sch... Sch...

DR. DATTELMANN Château Lafite...

BLÜHMEL Château Lafite ... *(gießt den Damen ein, erhebt sein Glas)* Ich trinke auf unseren verehrten Gast, die Hausfrau und das, was wir lieben ... *(trinkt und ißt gequält)*

FRAU KRAKOWSKI Mein Bekannter und ich waren im letzten Sommer auf einem Campingplatz bei Saarbrücken. Dort war es sehr sauber.

BLÜHMEL *(das Sprechen beginnt ihm Schwierigkeiten zu machen)* Auf dem Campingplatz in Bozen liegen die Toiletten ... äh ... Waschräume ... die Waschräume separat.

FRAU SCHUSTER Ich dachte, die Waschräume auf ausländischen Campingplätzen seien weniger gepflegt als in Deutschland.

BLÜHMEL *(erhebt sein Glas)* Mit Ihnen trinke ich am liebsten ... *(trinkt; ißt mit starkem Widerwillen)* Wenn meine Gattin Klöße zubereitet, sind sie leicht und bekömmlich. *(Teller wird abgeräumt)*

DR. DATTELMANN Kapitel vier, Obst! *(Der Pfirsich wird aufgetragen)*

FRAU SCHUSTER Köstlich!

FRAU KRAKOWSKI Wie erfrischend!

BLÜHMEL *(schält den Pfirsich, der Pfirsich rutscht ihm aus der Hand in den Schoß und auf den Fußboden; er hebt ihn auf, ißt im Auftauchen)* Das Beste sitzt unter der Haut.

DR. DATTELMANN Champagner! *(Drei Gläser Champagner werden serviert)*

FRAU KRAKOWSKI Sie verwöhnen uns!

BLÜHMEL Meine Damen, es war mir ein Vergnügen. *(Blühmel trinkt aus und sieht Dr. Dattelmann verschwommen an)*

DR. DATTELMANN Ja ... Im großen ganzen nicht übel – nur vermisse ich noch beim Genuß der Speisen die Gewandtheit des passionierten Feinschmeckers. Das werden Sie jetzt beim dritten Durchlauf korrigieren...

BLÜHMEL Was... was werde ich... Sie meinen...?

DR. DATTELMANN Aperitif und Vorspeise bitte...

BLÜHMEL *(steht schwankend auf und leert den angebotenen Aperitif in einem Zug)* Es ist etwas kühl für diese Jahreszeit.

FRAU KRAKOWSKI Dafür hatten wir im Mai drei schöne Tage.

FRAU SCHUSTER Man muß ja auch an die Landwirtschaft denken.

BLÜHMEL *(mit schwerer Zunge)* Vielleicht möchten Sie noch etwas machen... frisch machen?

FRAU KRAKOWSKI Vielen Dank.

FRAU SCHUSTER Dann darf ich zum Essen bitten. *(Hummercocktails und drei Gläser Weißwein werden serviert)*

DR. DATTELMANN Vorspeise, Hummercocktail, Pökelzunge mit Klößen.

BLÜHMEL Wäre ein Glas Weißwein angenehm?

FRAU KRAKOWSKI Ein Gläschen Mosel kann nicht schaden.

BLÜHMEL *(erhebt sein Glas)* Meine Gattin und ich freuen sich, daß Sie, sehr verehrte gnädige Frau, uns heute abend die Ehre erweisen... zumwohljawohl...

FRAU SCHUSTER Köstlich!

FRAU KRAKOWSKI Ein gutes Tröpfchen!

BLÜHMEL *(ißt und trinkt angewidert. Spricht lallend)* Nicht zu schwer und nicht zu leicht... Übrigens! ... Ich habe da noch einen erstklassigen Schwippschwager Ihres Namens in Pökelfeld.

FRAU KRAKOWSKI Das ist interessant, in Elberfeld gibt es auch eine erstklassige Kunstgewerbeschule.

BLÜHMEL *(starrt mit glasigen Augen auf Frau Krakowski)*

DR. DATTELMANN Erstklassig...

BLÜHMEL ...

DR. DATTELMANN Herr Blühmel! Erstklassig...

BLÜHMEL Hä...?

DR. DATTELMANN *(scharf)* Erstklassig, Herr Blühmel, sind auch...

BLÜHMEL Erstklassig, Herr Blühmel, sind auch die Hummercocktails.

FRAU SCHUSTER Als Hauptgang gibt es Pökelzunge in Burgunder mit Klößen ...

*(Das Essen und eine Flasche Rotwein werden aufgetragen)*

BLÜHMEL *(gegen Trunkenheit und Ekel ankämpfend)* Das... das... das ist mein Leibgericht ... ich glaube, da wäre eine ... eine ... Flasche Rotwein angebracht ... *(singt leise vor sich hin)*

FRAU SCHUSTER Rotwein ist sehr bekömmlich.

FRAU KRAKOWSKI Sie sind ein Kenner.

BLÜHMEL *(entkorkt schwankend die Flasche)* Ein 64er Sch...

DR. DATTELMANN Château Lafite...

BLÜHMEL Schlafit... Ich trinke auf unseren verehrten Gast, die Hausfrau und das... *(Schluckauf)*... Hoppsa!...

FRAU KRAKOWSKI Mein Bekannter und ich waren im letzten Sommer auf einem Campingplatz bei Saarbrücken. Dort war es sehr sauber.

BLÜHMEL Ach was?!

DR. DATTELMANN Herr Blühmel!

BLÜHMEL Hm? ... äääh ... auf dem Campingplatz in Bozen liegen die Waschräume separat ... du fette Schnecke!

FRAU SCHUSTER Ich dachte, die Waschräume auf ausländischen Campingplätzen seien weniger gepflegt als in Deutschland.

BLÜHMEL *(spießt ein Stück Kloß auf die Gabel und tippt sich damit an die Brust)* Wenn *meine* Gattin Klöße zubereitet, sind *sie* leicht und bekömmlich.

DR. DATTELMANN Herr Blühmel, entschuldigen Sie, wenn ich hier unterbreche…

BLÜHMEL Bittebitte.

DR. DATTELMANN Das ist schon ganz hervorragend, Herr Blühmel. Leider hatte eben Ihre Haltung etwas nachgelassen. Darf ich den Verzehr des Hauptgerichtes noch einmal sehen?

BLÜHMEL *(mit erhobenem Zeigefinger lallend)* Nein – neinnein!

DR. DATTELMANN Das ist Ihr Einsatz, Frau Schuster.

BLÜHMEL *(steht taumelnd auf)* O… O… ohne mich…

FRAU SCHUSTER Als Hauptgang gibt es Pökelzunge in Burgundersoße mit Klößen. *(Essen und Rotweinflasche werden aufgetragen; Blühmel läßt sich auf seinen Stuhl fallen)*

BLÜHMEL *(schwer betrunken)* Das ist … das … das ist … mm … mein Leibgericht. Ich glaube … ich *glau… be,* da wäre eine Flasche Rotwein ange… angebracht. *(entkorkt die Flasche mit dramati-*

*scher Bewegung, riecht lange an Korken und Flasche, schläft ein)*

FRAU SCHUSTER Rotwein ist sehr bekömmlich!

FRAU KRAKOWSKI Sie sind ein Kenner!

DR. DATTELMANN Herr Blühmel!

BLÜHMEL *(schreckt auf, gießt planschend in sein Glas und den Damen über die Hände, die diese über ihre Gläser gehalten haben)* Das ist 64er Château Lafite! Ich trinke auf das Wohl von unserem verehrten Gast, die Hausfrau und das, was wir lieben … *(kämpft gegen Schluckauf)*

FRAU KRAKOWSKI Mein Bekannter und ich waren im letzten Sommer auf einem Campingplatz bei Saarbrücken. Dort war es sehr sauber.

BLÜHMEL *(gereizt)* Aber auf dem Campingplatz in Bozen liegt mein Schwippschwager parat, mein eingepökelter Schwippschwager!

FRAU SCHUSTER Ich dachte, die Waschräume auf ausländischen Campingplätzen seien weniger gepflegt als in Deutschland.

BLÜHMEL Hast du gedacht … was!? … und an die Landwirtschaft hast du mal wieder überhaupt nicht gedacht! … Hab ich mir gedacht, du sauberer gepflegter Campingkloß … ha!! … mit Euch … mit … mit Euch trinke ich am liebsten … wirklich … am alleralleraallerliebsten.

DR. DATTELMANN Vielen Dank, Herr Blühmel, darf ich Sie nun bitten, Ihr Diplom in Empfang zu nehmen.

# Der Vampyr

Meine Damen und Herren. Haben Sie sich schon einmal Gedanken darüber gemacht, daß es in unserem Wohlstandsstaat eine notleidende Bevölkerungsgruppe gibt, an der sogar die Reformpläne einer sozialistischen Regierung vorübergegangen sind?

Der Vampyr gehört in der Bundesrepublik zu einer Minderheit. Als Wähler ist er somit uninteressant. Noch vor wenigen Jahren in aller Munde, ist er heute nahezu in Vergessenheit geraten. Was wird für alternde oder unverschuldet in Not geratene Vampyre getan? Nichts! Im Gegenteil: wir werden unter Mißachtung des Grundgesetzes in der freien Ausübung unserer Lebensgewohnheiten vorsätzlich behindert.

Es sind Fälle bekannt, in denen unbescholtene Vampyre öffentlicher Verfolgung ausgesetzt wurden, weil sie nächtlichen Straßenpassanten, in netter Form, Blut entnommen hatten. Ein gesunder Vampyr benötigt pro Nacht ein bis zwei Liter frisches Damen- oder Herrenblut. Dafür verzichtet er aber auch auf Teigwaren, Obst, Käse und Gemüse.

Durch die ablehnende Haltung der Bevölkerung greifen schwere Depressionen und Ernährungsschäden gerade unter jugendlichen Vampyren in erschreckendem Maße um sich. Allein in Rheinland-Pfalz waren im Jahre 1970 mehr als 2000 Vampyre zwischen zwei- und dreihundert Jahren bettlägerig.

Was ist das für ein Staat, der in jedem Jahr Milliarden für die Rüstung ausgibt und keinen Tropfen Blut für seine Vampyre übrig hat. Da stimmt doch was nicht!

Es ist kurz vor 12. Wir wenden uns an die Öffentlichkeit. Wer spendet Blut, Särge, warme Decken und Zahnersatz? Wer nimmt junge Vampyre in den Ferien auf? Wer schnell hilft, hilft doppelt. Geldspenden erbeten auf Postscheckkonto Baden-Baden 22648.

[721]

## Die Jodelschule

*Etwa fünfundzwanzig Schüler im Alter zwischen dreißig und fünfzig Jahren sitzen im Unterrichtsraum eines Instituts für Erwachsenenbildung. Der Lehrer diktiert, die Schüler schreiben mit.*

LEHRER Holleri di dudl jö … *(langsam wiederholend)* Holleri di dudl jö …

DR. SUDERMANN Wie schreibt man »di dudl«?

LEHRER Wie man's spricht: Di-du-dl … *(fährt fort)* Diri di di dudl dö … *(langsam wiederholend)* Diri di di dudl dö …

LILIENCRON Du – del?

LEHRER Dl … dudl … *(fährt fort)* Hollera di dadl do … *(langsam wiederholend)* … Hollera di dadl do … Holleri du dödl di … *(langsam wiederholend)* … Holleri du dödl di … Diri diri dudl du … *(langsam wiederholend)* … Diri … diri dudl du … das genügt … Wir wollen versuchen, die bisher erarbeiteten Grundmotive des Erzherzog-Johann-Jodlers frei vorzutragen … bitte Herr Doktor Sudermann … Holleri …

DR. SUDERMANN *(langsam)* Holleri … di …

LEHRER Dudl …

DR. SUDERMANN Dudl …

LEHRER Jö …

DR. SUDERMANN Jö …

LEHRER Herr v. Liliencron … Hollera …

LILIENCRON Hollera di dadl do …

LEHRER Danke … Frau Hoppenstedt …

FR. HOPPENST. Hollera da didl …

LEHRER *(unterbricht)* Holleri …

FR. HOPPENST. Holleri di dudl du …

LEHRER *(unterbricht)* Du dödl di …

FR. HOPPENST. Äh … Holleri du dödl du …

LEHRER Du dödl di … im ganzen Satz …

FR. HOPPENST. Hollerö dö dudl dö …

LEHRER Du dödl di! Dö dudl dö ist zweites Futur bei Sonnenaufgang … Holleri du didl do …

FR. HOPPENST. *(verbessernd)* … Di dudl dö …

LEHRER Äh … du dödl di …

FR. HOPPENST. Hollahi …

LEHRER Holleri …

FR. HOPPENST. Holleri … dö didl …

LEHRER Du dödl …

FR. HOPPENST. Du dödl di …

LEHRER Und alle bitte …

SCHÜLER Holleri du dödl di … diri diri dudl dö …

LEHRER Danke, das war's für heute … Wir sehen uns wieder am Donnerstag um 15 Uhr 30 … *(Die Schüler verlassen den Schulraum. Reporter Schmoller vertritt Frau Hoppenstedt den Weg. Der Lehrer tritt dazu)*

SCHMOLLER Entschuldigen Sie, ich komme von Radio Bremen … würden Sie so freundlich sein und für unser Frauenjournal ganz kurz ein paar Fragen beantworten …?

FR. HOPPENST. Wenn es nicht zu lange dauert …

SCHMOLLER Wie ist Ihr Name?

FR. HOPPENST. Hoppenstedt …

SCHMOLLER Herr Dr. Vogler, wie erklären Sie sich den ständig wachsenden Zulauf Ihres Institutes?

LEHRER Ja, da haben Sie ganz recht … Herr … Schmoller … ich habe das Vogler-Institut … das Institut für modernes Jodeln … persönlich ins Leben gerufen … Das Jodeln … also das Diplomjodeln … das Jodeln mit Jodeldiplom … also mit Jodelabschluß … mit Jodeldiplomabschluß unterscheidet sich vom Jodeln ohne Jodeldiplom. Das Diplomjodeln ist also nicht zu vergleichen mit dem Normaljodeln ohne Diplom … Also ohne Jodelabschluß … Jodeldiplomabschluß …

LILIENCRON Entschuldigung, du dödl du?

LEHRER Du dödl di!

SCHMOLLER *(zu Frau Hoppenstedt)* Frau Hoppenstedt, was hat Sie als Frau veranlaßt, in eine Jodelschule einzutreten?

FR. HOPPENST. Da regt mich ja die Frage schon auf! Was heißt denn »Sie als Frau«?! Eine Berufsausbildung ist doch nicht grundsätzlich von Männern gepachtet!

SCHMOLLER ... Ich meine ja auch nicht...

FR. HOPPENST. ... Ich finde, gerade eine Hausfrau mit Familie sollte eine abgeschlossene Berufsausbildung haben. Wenn mal die Kinder aus dem Haus sind oder es passiert irgendwas ... dann habe ich nach zwei Jahren Jodelschule mein Jodeldiplom ... da hab ich was in der Hand... und ich habe als Frau das Gefühl, daß ich auf eigenen Füßen stehe... Da hab ich was Eigenes... da hab ich mein Jodeldiplom. Ich möchte auch als Frau eine sinnvolle Tätigkeit ausüben und nicht nur am Kochtopf stehen und meinem Mann die Hausschuhe hinterhertragen...

SCHMOLLER Ist Ihr Gatte auch dieser Ansicht?

FR. HOPPENST. Mein Mann möchte eine echte Partnerin haben, die ihre eigenen geistigen Fähigkeiten entwickelt … für die Familie, für die Gesellschaft…

SCHMOLLER Holleri du dödl do…

FR. HOPPENST. *(korrigiert)* Di dudl dö!

LEHRER *(korrigiert)* Du dödl di!

*Herr Hoppenstedt tritt dazu, um seine Frau abzuholen.*

FR. HOPPENST. Das ist mein Mann … Herr Schmoller…

HR. HOPPENST. Hoppenstedt…

SCHMOLLER Angenehm…

HR. HOPPENST. Angenehm … Sie jodeln mit meiner Frau?

SCHMOLLER Nein, ich bin von Radio Bremen…

HR. HOPPENST. Ach! … meine Frau jodelt beruflich…

FR. HOPPENST. Herr Schmoller hat gerade ein Interview für den Frauenfunk…

HR. HOPPENST. *(unterbricht)* … Sie studiert hier Jodeln an der Fachschule für Jodeln…

SCHMOLLER Ich habe gerade mit Ihrer Frau…

HR. HOPPENST. *(unterbricht)*… und macht dann in zwei Jahren ihr Jodeldiplom…

FR. HOPPENST. Das habe ich eben…

HR. HOPPENST. Dann ist sie selbständig … eine Frau sollte heutzutage eine abgeschlossene Ausbildung haben und auf eigenen Füßen stehen…

SCHMOLLER Ich habe das…

HR. HOPPENST. … Man braucht als Mann eine Partnerin… eine Frau mit eigenem Lebensbereich…

FR. HOPPENST. Jaja…

HR. HOPPENST. Sie muß ihre persönlichen Fähigkeiten entwickeln, damit sie was Eigenes hat…

SCHMOLLER Ja…

HR. HOPPENST. … Wenn die Kinder mal aus dem Haus sind, dann hat sie ihr Jodeldiplom … dann hat sie was Eigenes … *(betretenes Schweigen)*

SCHMOLLER Tja … dann also … *(verabschiedet sich durch Kopfnicken und entfernt sich)*

HR. HOPPENST. Die tun immer so, als wüßten sie alles…

FR. HOPPENST. Ich habe ihm das alles doch eben schon…

HR. HOPPENST. *(unterbricht)* … Du solltest mich vor allem nicht unterbrechen, wenn ich einem Herrn etwas mitzuteilen habe…

# Politik und Wirtschaft

## Frühstück und Politik

*Ein Ehepaar sitzt beim Frühstück.*

SIE Wir müssen Blöhmeiers mal wieder zum Essen einladen…

ER Mhmm… aber dann müssen *wir* ja wieder zu *Blöhmeiers*…

SIE Nein, erst müssen wir zu Müller-Lüdenscheidts…

ER Da waren wir doch gerade…

SIE Liebling, wir waren bei Koops…

ER Ach, dann müssen Koops wieder zu uns…

SIE Wir sehen ja Koops nächste Woche bei Meltzers…

ER …Ohne Blöhmeiers?

SIE Die sind an dem Abend bei Müller-Lüdenscheidts…

ER Warum waren denn Blöhmeiers neulich nicht mit bei Meltzers?

SIE Wieso bei Meltzers?

ER Äh… bei Koops… warum waren sie denn nicht mit bei Koops?

SIE Blöhmeiers hatten doch *Meltzers* zum Essen…

ER …und wann müssen *wir* zu Meltzers?

SIE Erst müssen *Blöhmeiers* zu *uns*… *(Pause)*

ER Was sagen eigentlich Meltzers über Blöhmeiers?

SIE Frau Meltzer sagt, Frau Blöhmeier ist eine intrigante Ziege…

ER …und Frau Meltzer ist ein altes Klatschmaul…

SIE Na, und was Herr Koop Herrn Blöhmeier über Frau Müller-Lüdenscheidt gesagt hat…!

ER Ha! – Weißt du eigentlich, was Strauß über Brandt gesagt hat?

SIE Nee…

ER Strauß hat gesagt: Brandt ist ein linker Schmierenkomödiant…

SIE Nein! Das hat er nicht gesagt!

ER Doch, hat er gesagt!… Und Brandt hat gesagt: Strauß ist ein politischer Umweltzerstörer…

SIE Denen sollte man doch…

ER Liebchen, du siehst das falsch … Sieh mal, die Parteiprogramme sind nicht leicht zu unterscheiden, und da sind die Politiker übereingekommen, gegenseitig ihre charakteristischen Merkmale herauszuarbeiten…

SIE Ah ja, das gibt es ja auch in anderen Berufen: Killer-Emil, Narben-Ede…

ER …und ein Schmierenkomödiant ist eben doch was ganz anderes als ein Umweltzerstörer … da fällt die Wahl einfach leichter…

SIE Hoffentlich finden die Politiker füreinander noch viele solcher Bezeichnungen …

ER Aber ja … Wehner könnte sich schon was ausdenken für die Herren Kiep und Albrecht. Vielleicht: »Die Provinzköter an der Leine« … und die könnten ihn dafür dann »Rote Ratte« nennen …

SIE Das klingt auch heiter und verletzt nicht …

ER Ich nehme an, daß man die Parteien als Ganzes auch etwas farbiger herausbringt: »Die grüne Jauchegrube« zum Beispiel … oder »die liberalen Stinktiere« …

SIE Da kann man sich doch wenigstens was drunter vorstellen …

ER Und was könnte man für die SPD …

SIE »Gottlose Vaterlandsverräter« …

ER Gut! … Und die CSU?

SIE »Die schwarze Pest« …

ER *(die Marmeladensemmel schnellt ihm aus der Hand. Er beschmiert sich das Gesicht)*

SIE Du ißt wie ein Schwein!

ER Wie bitte?

SIE Wie ein Schwein!

ER Monika!

# Bundestagsrede

MODERATOR Guten Abend, meine Damen und Herren, seit kurzem hat sich die Szene in Bonn verändert. Der zur Zeit parteilose Abgeordnete Werner Bornheim hielt eine Rede, die für einen neuen politischen Stil richtungweisend sein könnte. Werner Bornheim gehörte in der Weimarer Republik der Deutschen Volkspartei an, wurde nach dem Kriege Mitglied der L.A.P., wechselte 1952 aus Gewissensgründen zur CDU und stieß 1957 zur FDP. 1961 legte er jedoch sein Mandat nieder und wurde Landtagsabgeordneter der SPD. 1964 überwarf er sich mit dieser Partei und zog als CSU-Abgeordneter in den Bundestag ein. Danach war er noch je zweimal Abgeordneter der SPD und der CDU, bevor er aus Gewissensgründen vorerst die Parteilosigkeit wählte. Die Rede, die Werner Bornheim am vergangenen Montag im Bundestag hielt, stellt durch ihre Unbestechlichkeit und ihre politische Linie, so meine ich, alles in den Schatten, was man an Äußerungen von seiten der Regierung gehört hat.

W. BORNHEIM Meine Damen und Herren, Politik bedeutet, und davon sollte man ausgehen, das ist doch – ohne darum herumzureden – in Anbetracht der Situation, in der wir uns befinden. Ich kann meinen politischen Standpunkt in wenige Worte zusammenfassen: erstens das Selbstverständnis unter der Voraussetzung, zweitens, und das ist es, was wir unseren Wählern schuldig sind, drittens, die konzentrierte *Be-inhal-tung* als Kernstück eines zukunftweisenden Parteiprogramms.

Wer hat denn, und das muß vor diesem hohen Hause einmal unmißverständlich ausgesprochen werden. Die wirtschaftliche Entwicklung hat sich in keiner Weise... Das wird auch von meinen Gegnern nicht bestritten, ohne zu verkennen, daß *in* Brüssel, *in* London die Ansicht herrscht, die Regierung der Bundesrepublik habe da – und, meine Damen und Herren ... warum auch nicht? Aber *wo haben* wir denn letzten Endes, ohne die Lage unnötig zuzuspitzen?

*Da,* meine Damen und Herren, liegt doch das Hauptproblem. Bitte denken Sie doch einmal an die *Alters*versorgung. *Wer war* es denn, der seit 15 Jahren, und wir wollen einmal davon absehen, daß niemand behaupten kann, als hätte sich damals – so geht es doch nun wirklich nicht! Wir haben immer wieder darauf hingewiesen, daß die Fragen des Umweltschutzes, und ich bleibe dabei, wo kämen wir sonst hin, wo bliebe unsere Glaubwürdigkeit? Eins steht doch fest, und darüber gibt es keinen Zweifel. Wer das vergißt, hat den Auftrag des Wählers nicht verstanden. Die Lohn- und Preispolitik geht *von* der Voraussetzung aus, daß die mittelfristige Finanzplanung, und *im* Bereich der Steuerreform ist das schon immer von ausschlaggebender Bedeutung gewesen...
Meine Damen und Herren, wir wollen nicht vergessen, draußen im Lande, und damit möchte ich schließen. Hier und heute stellen sich die Fragen, und ich glaube, Sie stimmen mit mir überein, wenn ich sage ... Letzten Endes, wer wollte das bestreiten! Ich danke Ihnen...

# Staatsbesuch

*Ein Filmbericht über den Besuch des neuen Machthabers der Republik Olivia beim Bundespräsidenten.*

SPRECHER Seit dem erfolgreichen Putsch vom 29. Juni durch General Carlos Alberto Rodriguez Algeciras ist die südamerikanische Republik Olivia Militärdiktatur. Als neuer Staatspräsident machte General Algeciras heute vormittag mit seiner Gattin, Maria Mercedes Menendez Paz, einen ersten offiziellen Besuch in der Villa Hammerschmidt.

Das Spezialfahrzeug des Diktators stammt aus einer Untertürkheimer Automobilfabrik, wurde jedoch in Südamerika umgebaut. Eine 8 mm starke Panzerung, kugelsicheres Glas und einbruchsichere Stahlschlösser garantieren absolute Sicherheit gegen ein Attentat auf das Staatsoberhaupt. Das Fahrzeug ist eigens zum Bonner Besuch des Diktators in die Bundesrepublik eingeflogen worden.

Als zeitraubend erwies sich jedoch der

Umstand, daß die Limousine nicht protokollgerecht zu öffnen war.
Ein Versuch, den Fehler im Türverriegelungssystem auf handwerkliche Weise zu beheben, schlug fehl.
Als es auch durch energischen Einsatz der Polizeiorgane nicht gelang, die verklemmten Türen zu lockern, trafen auf Anordnung des Bundespräsidialamtes gegen 11.20 Uhr Mechaniker einer nahe gelegenen KFZ-Werkstätte mit Spezialgeräten ein.
Sie wurden ermächtigt, das gepanzerte Fahrzeug an seiner schwächsten Stelle, nämlich von unten, aufzuschweißen. In gut informierten Kreisen der Opposition ist man heute der Ansicht, daß diese übereilte Maßnahme nicht geeignet war, die Beziehungen zwischen der Bundesrepublik und den lateinamerikanischen Staaten zu vertiefen. Schon nach etwa acht Minuten wurden der Staatspräsident und seine Gattin unter den Klängen der Nationalhymne stark verschmutzt ins Freie gezogen. Wie aus gut unterrichteten Kreisen der Militärdiktatur verlautet, ist eine Säuberung des Präsidenten im Hinblick auf seine bevorstehende Erschießung nicht erforderlich.

## Der Staatsmann

*Der Ruf wurde immer lauter nach einem Mann, der das Vertrauen von Regierung und Opposition genießt, nach einem Mann ohne Feinde. Dieser Mann ist gefunden – Otto Bollmann. Heute nachmittag um 14 Uhr hat ihm der Bundestag sein Vertrauen ausgesprochen und ihn beauftragt, sämtliche Regierungen der Welt aufzusuchen, um die Lösung aller als hoffnungslos verfahren geltenden Probleme in die Hand zu nehmen. Kurt Rösner gelang das einzige Interview vor dem Abflug des Staatsmannes in Köln-Wahn.*

RÖSNER Herr Bollmann, Ihre Reise ist von entscheidender Bedeutung für die Lösung aller Probleme der Welt. Wo führen Sie das erste Gespräch?

BOLLMANN Jawohl – ja.

RÖSNER Aha. Und wohin fliegen Sie zunächst?

BOLLMANN Ich fliege zunächst nach äh, nach, nach Dings äh...

RÖSNER Aha. Und Sie sprechen dort mit wichtigen...

BOLLMANN *(winkt Bekannten zu)* Huuh-hu...

RÖSNER ...sprechen dort mit wichtigen Persönlichkeiten?

BOLLMANN Ich konferiere persönlich mit dem Präsidenten der Vereinigten Staaten, mit Präsident … äh … mit äh … na!

RÖSNER Mit …

BOLLMANN Nicht sagen … mit … äh … ich weiß schon … mit äh …

RÖSNER Und das Thema, ich meine, worüber sprechen Sie – worüber – sozusagen …

BOLLMANN Er fängt mit ›N‹ an …

RÖSNER Wieso?

BOLLMANN Nixon, Nixon heißt er … Ich weiß es genau …

RÖSNER Aha.

BOLLMANN Nixon … Nixon …

RÖSNER Aha.

BOLLMANN Nixon!

RÖSNER Und worüber …?

BOLLMANN *(winkt Bekannten zu)* Huuh-hu!

RÖSNER Und worüber konferieren Sie?

BOLLMANN Über die entscheidenden Probleme der Weltpolitik, nicht wahr.

RÖSNER Aha, aha.

BOLLMANN Ich soll dort Herrn Nixon mal ordentlich … in netter Form natürlich …

RÖSNER Natürlich …

BOLLMANN Natürlich … Und dann fahre ich zur Königin Elisabeth …

RÖSNER Ist es die Möglichkeit!

BOLLMANN … und zu ihrem Gatten, Herrn Heath …

RÖSNER Phantastisch! Und wer hat Sie…?

BOLLMANN Meine Gattin hofft zum Beispiel…

RÖSNER Wer hat Sie mit dieser…

BOLLMANN Meine Gattin…

RÖSNER … mit dieser Mission…

BOLLMANN Ich sagte, daß meine Gattin…

RÖSNER Ich meine, wer hat Sie mit dieser schweren, weltweiten Mission betraut?

BOLLMANN Die Vereinten Nationen, der Bundeskanzler und der Vorsitzende der CDU/CSU-Fraktion, mein lieber Freund Reinhard Brazel…

RÖSNER Barzel!

BOLLMANN Brazel oder Barzel – ich werde das feststellen lassen…

RÖSNER Aber wenn es ein Freund…

BOLLMANN Herr Rösner, ich habe mehr als 12 000 engste Freunde in aller Welt und kann mir nicht jeden Namen, nicht wahr…

RÖSNER Das ist Ihr Bier, Herr… äh…

BOLLMANN Bollmann.

## Olympia-Boykott 1980

*Fernsehstudio. Im Hintergrund befindet sich das Wahrzeichen der Olympischen Spiele in Moskau. Davor sitzt der Moderator, links Dr. Klemm, rechts Heidi Winkler.*

MODERATOR Guten Abend, meine Damen und Herren, in unserem Olympia-Studio haben wir heute Heidi Winkler zu Gast, die deutsche Meisterin im Zehnkampf und Führerin unserer Olympia-Damen-Mannschaft. Als Gesprächspartner begrüßen wir Herrn Ministerialdirigent Dr. Klemm, persönlicher Referent für Leibesübungen im Bonner Krisenstab. Herr Doktor Klemm … ich möchte einmal ganz direkt fragen: Eine bundesdeutsche Olympia-Mannschaft in Moskau … ja oder nein …

DR. KLEMM Das ist richtig, Herr Jensen …

MODERATOR Heidi, Sie gelten als sichere Anwärterin auf eine Medaille, was würden Sie dazu sagen, wenn Sie nicht nach Moskau fahren dürften?

HEIDI Spitze! Dann hätte ich bis zur nächsten Olympiade noch vier Jahre Zeit, meine Leistung zu steigern. Wir Leichtathleten sind ja sowieso erst mit Anfang 50 so richtig in Hochform…

MODERATOR Ach! Dann ist der Olympia-Boykott eigentlich eine kluge sportliche Entscheidung…

DR. KLEMM Ganz recht… außerdem hat die große gemeinsame Enttäuschung aller Nationen etwas sehr Völkerverbindendes…

MODERATOR Mehr als die Olympischen Spiele?

DR. KLEMM Ich bitte Sie, Herr Jensen, dieses verbissene Kämpfen, Schlagen und Siegen paßt einfach nicht mehr in unsere Welt des friedlichen Nebeneinanders…

HEIDI …Aber wenn die Russen in Afghanistan einmarschieren, können wir Sportler doch auch in Moskau einmarschieren…

DR. KLEMM Frau Winkler, wir wollen doch nicht zum letzten Mittel greifen, bevor wir nicht alle anderen Möglichkeiten zu einer friedlichen Lösung ausgeschöpft haben…

HEIDI Ich dachte, wir Sportler könnten dazu beitragen!…

MODERATOR Heidi meint, dazu könnten die Sportler beitragen…

DR. KLEMM Im Gegenteil, Frau Winkler, zur Zeit stören die Sportler den reibungslosen Ablauf der Weltpolitik…

MODERATOR Herr Dr. Klemm meint, daß die Sportler eher…

HEIDI Ach so… und wie soll die Olympiade in Zukunft…

DR. KLEMM Künftig werden die Wettkämpfe jeweils an einem kleinen unbekannten Ort ausgetragen, der geheimgehalten wird…

MODERATOR … Und wer nimmt daran teil?

DR. KLEMM Das wird ebenfalls geheimgehalten. Auch die Sieger bleiben geheim und alle Wettkampfergebnisse…

HEIDI Das ist Spitze…

DR. KLEMM … Und die klassische Olympische Idee, das friedliche Kräftemessen, das wird auf der politischen Ebene ausgetragen…

MODERATOR … Da geht es ja häufig auch um Sekunden…

HEIDI … Und wir Sportlerinnen freuen uns darauf, wenn wirklich die besten Männer der großen Politik aus den Vereinigten Staaten und der Sowjetunion zeigen, was sie können … wer ist als erster in Pakistan, wer marschiert schneller in Jugoslawien ein, wo sind die Agenten eher am Ball…

und wer gewonnen hat, steht auf dem Siegerpodest, und überall in der Welt müssen sie seine Nationalhymne singen…

MODERATOR *(gedämpft zu Dr. Klemm)*… Gibt es denn irgendwelche Pläne für den Fall, daß Sportler aus dem Westen an den Spielen teilnehmen wollen?

DR. KLEMM *(flüsternd)* … Ja … aber das ist vorläufig noch vertraulich… Es ist daran gedacht, die olympiawilligen Sportler aus den USA, der Bundesrepublik und anderen Nationen ohne viel Aufhebens nachts mit Hubschraubern in der Nähe von Moskau abzusetzen…

MODERATOR *(flüsternd)* … Ah … ja … vielen Dank…

## Der Wähler fragt

*Fernsehstudio. An einem länglichen Tisch sitzen die Vertreter der Parteien, ein älterer Herr und die Moderatorin.*

MODERATORIN Zu unserem ersten Gespräch »Der Wähler fragt – Politiker antworten« begrüßen wir vier prominente Politiker der im Bundestag vertretenen Parteien: Herrn Dr. Ziesemann von der CDU, Professor Ludwig Brommert, SPD, Herrn Dr. Langkofel, CSU, Claus-Hinrich Wöllner von den Freien Demokraten und als Wähler Herrn Wilhelm Hoppenstedt. Meine Herren, eine Wahl erinnert mich immer an die Ehe: Vorher wird viel versprochen, hinterher wenig gehalten ... *(sie lacht übertrieben, die Politiker fixieren sie eisig)* Heute hat nun ein Wähler Gelegenheit, Antwort auf seine Fragen zu erhalten. Gewissermaßen stellvertretend für viele Millionen Bundesbürger, die ähnliche Fragen auf dem Herzen haben.

Herr Hoppenstedt, stellen Sie nun Ihre erste Frage, und bitte nicht zu lang, damit wir heute abend möglichst viele Themen besprechen können.

HOPPENSTEDT *(sieht ratlos hin und her)* Können Sie die Frage noch mal wiederholen?

MODERATORIN Herr Hoppenstedt, *Sie* sollen diesen *Herren* eine Frage stellen!

HOPPENSTEDT Ach so ... *(zögert)* ... äh ... Was ist der Unterschied...

MODERATORIN Ein bißchen lauter...

HOPPENSTEDT ... zwischen einem Eichhörnchen und einem Klavier?

ZIESEMANN Ja wissen Sie, Herr Hoppenstedt, aus der Sicht der CDU...

MODERATORIN Wir hatten eigentlich mehr an eine Frage aus dem politischen Bereich gedacht...

HOPPENSTEDT Na ... denn ... was ist der Unterschied zwischen ... CDU und SPD?

MODERATORIN Herr Professor Brommert, vielleicht würden Sie...

BROMMERT Das ist ganz einfach. Die SPD, Herr Hoppenstedt, hat den Blick auf die Zukunft und den Fortschritt gerichtet, während die CDU/CSU sich noch völlig im weltanschaulichen Mustopf befindet...

LANGKOFEL Wos bin i?

ZIESEMANN Diese unqualifizierte Äußerung, Herr Brommert, entspricht noch ganz dem Hintertreppen-Niveau Ihres Wahlkampfes…

LANGKOFEL Gell…

ZIESEMANN Herr Hoppenstedt, die CDU garantierte jahrzehntelang Wohlstand, während die SPD seit hundert Jahren den Wählern Sand in die Augen streut!

LANGKOFEL Gell…

MODERATORIN … und die Freien Demokraten, Herr Wöllner?

WÖLLNER Im liberalen Sinne heißt liberal nicht nur liberal…

HOPPENSTEDT *(hebt den Finger)*

MODERATORIN Herr Hoppenstedt…

HOPPENSTEDT … und die Mädels … was is mit die Mädels?

MODERATORIN Herrn Hoppenstedt interessiert die Stellung der Frau in der Gesellschaft…

ZIESEMANN … und mich interessiert, was Sie veranlaßt hat, uns von 44,1 Millionen wahlberechtigten Bundesbürgern Herrn Hoppenstedt als typischen Durchschnitt zu präsentieren!

LANGKOFEL Gell…

MODERATORIN Wir haben in unseren Computer

zwanzigtausend Wählerfragebögen eingespeist, und der Computer hat Herrn Hoppenstedt ausgeworfen…

HOPPENSTEDT *(unkonzentriert)* Was? *(beginnt seinen Tascheninhalt vor sich auszubreiten und darin herumzusuchen)*

WÖLLNER Im liberalen Sinne heißt liberal nicht nur liberal…

MODERATORIN Herr Hoppenstedt, liegt Ihnen eine bestimmte Frage am Herzen?

HOPPENSTEDT Nee…

MODERATORIN … aus Politik, Wirtschaft und Kultur…

HOPPENSTEDT Nee…

MODERATORIN … wir haben ja auch Ihre erste Frage noch gar nicht beantwortet…

HOPPENSTEDT Mädels…

MODERATORIN Bitte, Herr Wöllner…

WÖLLNER Liberal heißt im liberalen Sinne…

ZIESEMANN *(unterbricht)* Herr Wöllner, steht Ihnen eigentlich keine andere Äußerung zur Verfügung?

WÖLLNER Nein… ehe ich dumme Sachen sage…

LANGKOFEL Wos bin i?

BROMMERT Herr Hoppenstedt, die Frau hätte in unserer Gesellschaft längst die ihr zukommende Stellung! Aber die CDU/CSU setzt sich ja über diese Frage wie ein Karnickel hinweg!

ZIESEMANN Wenn Sie das nicht *sofort* zurücknehmen, verlasse ich den Raum!

BROMMERT Ich denke nicht daran!

ZIESEMANN Sie nehmen das Kaninchen zurück!

BROMMERT Nö…

ZIESEMANN *(springt auf und verläßt seinen Platz)*

WÖLLNER Herr Dr. Ziesemann, zufällig habe ich das Protokoll der Ausschußsitzung vom 16. April 1968 zur Hand, es wird Sie interessieren, was Sie damals wörtlich gesagt haben, ich zitiere: … *(das Blatt fällt ihm unter den Tisch, er angelt mit dem Fuß danach und verschwindet dann völlig)*

LANGKOFEL Ich kann jederzeit ohne weiteres den TEE nach München nehmen…

MODERATORIN Herr Dr. Ziesemann…

LANGKOFEL … das bleibt mir völlig unbenommen…

MODERATORIN Herr Dr. Ziesemann, ich muß Sie bitten, sofort wieder Platz zu nehmen!

ZIESEMANN Erst wenn Herr Brommert vollinhaltlich das Kaninchen zurücknimmt!

BROMMERT Nö…

ZIESEMANN Dann nehmen Sie irgendwas zurück!

LANGKOFEL Gell…

MODERATORIN Herr Brommert!

BROMMERT Also gut, nicht ohne Bedenken nehme ich irgendwas zurück…

ZIESEMANN Mit Bedauern…

BROMMERT Nicht ohne Bedenken nehme ich mit Bedauern irgendwas zurück…

ZIESEMANN Na bitte … *(setzt sich auf seinen Platz)*

WÖLLNER *(taucht auf)*… Ich zitiere:…

MODERATORIN *(unterbricht)*… Und jetzt hat Herr Hoppenstedt Gelegenheit für sein Schlußwort…

HOPPENSTEDT *(entfaltet einen kleinen Zettel)* … Ich grüße meine Schwester und meinen Schwager aus Recklinghausen, meine Nichten Susi, Hilde und Ingeborg, meinen Cousin in Hannover und Tante Erika in der DDR. Wir wünschen uns die Melodie »Alte Kameraden«!

MODERATORIN *(winkt entsetzt ab)*

*(Marschmusik, Hoppenstedt dirigiert mit und schlägt der Moderatorin begeistert auf die Schulter)*

## Das Wahlplakat

*Fotoatelier. Der Fotograf steht hinter der Kamera, neben ihm die Stylistin. Sie reden auf einen Herrn ein, der vor der Kamera auf einem Drehstuhl sitzt.*

STYLISTIN Herr Fröbel, bitte machen Sie ein zielbewußtes Gesicht, und denken Sie an »Sicherheit für Deutschland«...

FRÖBEL *(grimassiert)*

FOTOGRAF Nicht grinsen, Herr Fröbel, lassen Sie doch die Mundwinkel fallen...

FRÖBEL *(grimassiert)*

FOTOGRAF *Fal-len-las-sen!*... Nein, nein, nein!!

STYLISTIN Herr Fröbel, ich erkläre es Ihnen noch mal: Wir machen hier ein gemeinsames Wahlplakat für die drei großen Parteien, und *Sie* verkörpern *den* sympathischen, vertrauenerweckenden Politiker. Jeweils mit einem anderen Gesichtsausdruck, entsprechend dem Wahlmotto der SPD, der CDU/CSU und der FDP.

FOTOGRAF Wieso eigentlich immer derselbe Mann?

STYLISTIN Die Parteien wollen gemeinsam die Wahlkosten senken. Außerdem soll keine Partei durch einen besonders gut aussehenden Politiker irgendwelche Vorteile haben.

FOTOGRAF Aber dieser Mann *ist* überhaupt kein Politiker!

STYLISTIN Auf einem Wahlplakat geht es um Krawatte, Brille, Frisur und Ausdruck. Um nichts anderes. Bitte, Herr Fröbel, wir machen jetzt das SPD-Plakat. Denken Sie an »Sicherheit für Deutschland«. Nehmen Sie das Kinn etwas höher, und lassen Sie die Mundwinkel fallen…

FOTOGRAF Mit *der* Unternehmerbrille kriegt Herr Fröbel überhaupt keinen sozialistischen Arbeitnehmer-Ausdruck…

STYLISTIN Die SPD ist ja auch keine Partei für einfache Leute…

FOTOGRAF Aber ansprechen müssen wir sie doch…

STYLISTIN Gut… Also, Herr Fröbel, nehmen Sie die Brille ab, und denken Sie an gar nichts! »Sicherheit für Deutschland!« *(hält SPD-Emblem ins Bild)*

FOTOGRAF Ja!… Ja! *(blitzt)*

STYLISTIN Danke… Herr Fröbel… und jetzt das Wahlplakat für die CDU/CSU…

FOTOGRAF Da kann er doch gleich so bleiben…

STYLISTIN Nein, dann kann er eben *nicht* so bleiben … der Wahlspruch der CDU/CSU lautet »Für Frieden und Freiheit«…

FOTOGRAF Das ist doch alles dasselbe…

STYLISTIN Mein Gott, die SPD ist für *Sicherheit*, also *nicht* für *Frieden und Freiheit …*

FOTOGRAF Ach so …

STYLISTIN … Und die CDU/CSU ist für Frieden und Freiheit … also *nicht* für Sicherheit … das ist ein völlig anderes Programm!

FOTOGRAF Also dann den Scheitel nach rechts … das Taschentuch raus … und die randlose Brille …

STYLISTIN Herr Fröbel, lächeln Sie … lächeln … nicht so intelligent … ganz unverbindlich … für Frieden und Freiheit … *(hält CDU/CSU-Emblem ins Bild)*

FOTOGRAF Und! … Denken Sie an Ihren Wohnwagen … Ja! … Ja! *(blitzt)* … Danke!

STYLISTIN … Und jetzt die FDP …

FOTOGRAF Was haben die denn für'n … für'n Dingsda … äh …

STYLISTIN »Diesmal geht's ums Ganze …«

FOTOGRAF Um was?

STYLISTIN Ums Ganze!

FOTOGRAF Toll … ganz toll … und um *was* geht es?

STYLISTIN Ums Ganze!

FOTOGRAF Toll!

STYLISTIN Herr Fröbel, sehn Sie mal wild aus … *(sie verwüstet seine Frisur, öffnet das Hemd)*

FOTOGRAF Wild, Herr Fröbel, nicht doof!

FRÖBEL *(fletscht die Zähne)*

FOTOGRAF *(zur Stylistin)*... Also, es geht nicht um Sicherheit oder Frieden und Freiheit?

STYLISTIN *Nein*, ums Ganze!

FOTOGRAF Was is'n das?

STYLISTIN Nu drück schon drauf! *(hält FDP-Emblem ins Bild)*

FOTOGRAF *(blitzt)* Tausend Dank, Herr Fröbel...

STYLISTIN ...Wir hätten anschließend ganz gern noch ein Werbefoto für einen Markenartikel gemacht, Sie können gleich so sitzen bleiben...

FOTOGRAF ... Und worauf kommt's jetzt an?

STYLISTIN *(hält eine Markenwurst ins Bild)*... das ist Wurst...

FOTOGRAF *(blitzt)* Danke!

## Das Wahlkampfabkommen

*Eine Reporterin des Fernsehens interviewt Herrn Professor Klöbner im Politologischen Institut Flensburg.*

FRAU BERGNER *(in die Kamera)* Vor kurzem haben die Generalsekretäre der vier großen Parteien das sogenannte Wahlkampfabkommen unterzeichnet. Herr Professor Klöbner vom Politologischen Institut Flensburg hat an der Formulierung der insgesamt 29 Paragraphen mitgearbeitet und sich bereit erklärt, uns einige Fragen zu beantworten. *(zu Prof. K.)* Herr Professor Klöbner, was ist Sinn und Zweck des Wahlkampfabkommens?

PROF. KLÖBNER In erster Linie, Frau … äh … Bergner, haben die vier großen Parteien, vertreten durch Herrn Bahr, Herrn Geißler, Herrn Stoiber und Herrn Verheugen, sich verpflichtet, einen fairen Wahlkampf zu führen.

FRAU BERGNER Wie wird sich dieses Abkommen

auf das Verhalten der Politiker auswirken?

PROF. KLÖBNER Laut Vertrag werden die Herren darauf verzichten, sich zu beleidigen, zu verleumden, zu lügen oder strafbare Handlungen zu begehen, sondern sich statt dessen sauber und anständig verhalten.

FRAU BERGNER Haben die Politiker denn nicht schon vor Jahren Gesetze verabschiedet, nach denen es verboten ist, sich zu beleidigen?

PROF. KLÖBNER Gesetze werden von Politikern erlassen ... nicht gelesen.

FRAU BERGNER ... und woher kommt es, daß viele ... Normalbürger glauben, sich auch ohne spezielle Verträge gut benehmen zu können?

PROF. KLÖBNER Politiker, Frau Bergner, sind eben keine Normalbürger, sondern Spezialisten ohne Privatleben, mit einer aufreibenden Tätigkeit für Staat und Gesellschaft ... ein ernsthafter Politiker, Frau ... Bergner, *kann* keine Zeit gehabt haben, ein Gefühl für Anstand zu entwickeln.

FRAU BERGNER Ah ... ja ... aber nun *müssen* die Herren sich laut Vertrag *monate*lang anständig benehmen, ohne es gelernt zu haben!

PROF. KLÖBNER Es sind Schnellkurse unter der Leitung eines Bundeswehrgenerals vorgesehen, um die am Wahlkampf beteiligten Politiker mit den einfachsten Grundregeln menschlicher Umgangsformen vertraut zu machen.

FRAU BERGNER ... Zur Vermeidung von Beleidigungen ...

PROF. KLÖBNER Nicht nur ... die Kurse setzen überall dort an, wo Mängel zu beheben sind ... also unsaubere Fingernägel, Sprechen mit vollem Mund, das Entwenden fremder Brieftaschen im Wahlkampfgedränge und ähnliches ...

FRAU BERGNER Aber Herr Strauß und Herr Schmidt werden sich doch wohl nicht gegenseitig die Brieftaschen ...

PROF. KLÖBNER Ich bitte Sie, Frau Bergner, wir rechnen ja auch mit Beleidigungen, Verleumdungen und anderen strafbaren Delikten ... Es ist Wahlkampf, und Politiker sind auch Menschen ...

FRAU BERGNER Ach! ... Herr Professor Klöbner, befürchten Sie nicht, daß der Wahlkampf zu oberflächlich wird, wenn *alles* verboten ist?

PROF. KLÖBNER Nicht alles, Frau Bergner, der Tritt in das Gesäß ist vertraglich nicht erfaßt...

FRAU BERGNER *(sieht starr geradeaus)*

PROF. KLÖBNER ... Natürlich, wenn auch diese Form der Auseinandersetzung überhandnehmen sollte, müßte sowohl der Tritt als auch ... äh ... das Gesäß durch einen ... äh...

FRAU BERGNER ... Vertrag...

PROF. KLÖBNER ... ja, durch ein Zusatzabkommen geregelt werden.

FRAU BERGNER Herr Professor, was gilt als Verleumdung im Sinne des Wahlkampfabkommens?

PROF. KLÖBNER Eine nachweislich unwahre Behauptung in der Absicht, den politischen Gegner verächtlich zu machen...

FRAU BERGNER ... Also wenn Herr Geißler Herrn Bahr einen alten Quatschkopf nennen würde...

PROF. KLÖBNER ... Dann wäre das eine Verleumdung... Herr Bahr ist nachweislich unter 65, also nicht alt...

FRAU BERGNER ... Und wenn Herr Bahr zu Herrn Stoiber »Blöder Hund« sagt...

PROF. KLÖBNER Ich bitte Sie, Frau Bergner, ein Hund geht auf vier Beinen und kann nicht sprechen, Herr Stoiber geht aufrecht ... das ist eine Verleumdung...

FRAU BERGNER ... Aber angenommen, Herr Genscher ginge auf allen vieren und würde dabei nicht sprechen, darf dann Herr Stoiber »Blöder Hund« zu Herrn Genscher sagen?

PROF. KLÖBNER Solche Fälle entscheidet das Schiedsgericht unter dem Vorsitz von Herrn Bischof Kunst.

FRAU BERGNER Ich danke Ihnen für dieses Gesäß... äh... für dieses Gespräch...

## Politik und Fernsehen

MODERATORIN Es wird immer wieder behauptet, das Fernsehen beeinflusse durch seine Berichterstattung den Wahlkampf und damit auch das Wahlergebnis. Wir haben heute zwei prominente Funktionäre der beiden großen Parteien zu uns ins Studio gebeten, um über diesen sehr ernsten Vorwurf sachlich zu diskutieren. Herr Graupner gehört zum inneren Führungsstab der SPD ... Herr Müller-Meisenbach ist leitender Wahlkampf-Koordinator der CDU/CSU, und ich als Redakteurin einer Dokumentarabteilung vertrete das Fernsehen.

M.-MEISENBACH Frau Dr. Plötzmann, ehe Sie mir gleich das Wort abschneiden, ich möchte in aller Deutlichkeit folgendes feststellen: Erstens wird die CDU/CSU diese Wahl gewinnen, zweitens liegt es mit Sicherheit an der verzerrten Berichterstattung des Fernsehens, wenn wir diese

Wahl *nicht* gewinnen, außerdem möchte ich...

MODERATORIN *(unterbricht)* ... Niemand wird Ihnen hier das Wort abschneiden, Herr Müller-Meisenbach...

GRAUPNER Ich möchte da etwas richtigstellen: Die *SPD* wird diese Wahl gewinnen, und zwar *trotz* der Unausgewogenheit des Fernsehens...

M.-MEISENBACH Ich bitte Sie, Herr Graupner, ich habe die Statistik zufällig bei mir... *(liest ab)*... In den letzten 14 Tagen wurden die Politiker der SPD/FDP 41mal im Fernsehen gezeigt mit insgesamt 502 Sekunden, die CDU/CSU-Politiker dagegen 40mal mit 484 Sekunden, also 18 Sekunden weniger, das sind fast drei Minuten!

GRAUPNER Sekunden, Herr Müller-Meisenbach, Sekunden!

M.-MEISENBACH 18!... 18 Sekunden, also drei... na, wir müssen ja nicht kleinlich werden... jedenfalls profitiert die *Regierungskoalition* von dieser skandalösen Unausgewogenheit der Berichterstattung...

GRAUPNER Profitieren? Haha! Frau Dr. Plötzmann, vielleicht können *Sie* mir erklären, warum Sie während des

SPD-Parteitages Ihre Kamera 14 Sekunden auf den Genossen Kriegel gerichtet haben, der grade seinen Finger an der Nase hatte.

MODERATORIN *In* der Nase, Herr Graupner, *in* der Nase, und das waren die einzigen 14 Sekunden des SPD-Parteitages, mit denen wir unsere Zuschauer nicht gelangweilt haben.

M.-MEISENBACH Aha! 14 Sekunden für die SPD! Und warum haben Sie in Ihrem Filmbericht über die Europäische Energiekonferenz die Delegierten der CDU/CSU nur *12* Sekunden gezeigt?

MODERATORIN Weil die Herren schliefen, Herr Müller-Meisenbach. Dadurch wirkten sie auf einmal *so ungewohnt sympathisch*, daß die SPD außer sich geraten wäre, wenn wir die schlummernden CDU-Funktionäre länger als *12* Sekunden gezeigt hätten!

M.-MEISENBACH Natürlich! Kaum wirken CDU/CSU-Politiker mal sympathisch, schon schaltet das Fernsehen ab!

GRAUPNER *(sieht auf die Uhr)* ... Frau Dr. Plötzmann, ich möchte Sie darauf hinweisen, daß Herr Müller-Meisenbach in dieser Sendung bisher etwa dreimal so lange im Bild gewesen ist wie ich. Ich bestehe daher darauf, den Kernsatz des sozialdemokratischen Wahlkampfes jetzt ungestört über den Bildschirm verbreiten zu dürfen…

MODERATORIN Aber gern, Herr Graupner, Sie haben 4 Sekunden Zeit … und … bitte!

GRAUPNER *(in die Kamera)* … Sicherheit für Deutschland!…

M.-MEISENBACH Ich protestiere energisch dagegen, daß hier ein zwangloses Gespräch parteipolitisch mißbraucht wird…

MODERATORIN Herr Müller-Meisenbach, ich kann Ihnen noch 3 Sekunden für den Wahlspruch der CDU geben… und bitte!

M.-MEISENBACH *(in die Kamera)* Für Frieden und Freiheit!…

MODERATORIN Das war zu lang … Herr Graupner, Sie dürfen Ihr letztes Wort ganz kurz wiederholen…

GRAUPNER Deutschland?

MODERATORIN Ja, aber viel kürzer … bitte!

GRAUPNER *(in die Kamera)* … Dtschland…

MODERATORIN Das war eine Winzigkeit zu lang…

GRAUPNER *(in die Kamera)* … Dschld!…

MODERATORIN Herr Müller-Meisenbach, Sie haben jetzt noch eine Drittelsekunde für Frieden und Freiheit ... bitte!

M.-MEISENBACH *(in die Kamera)* ... Ff...

MODERATORIN *(in die Kamera)* ... Und damit wünschen wir Ihnen einen ausgewogenen guten Abend ...

# Autofrei

*Weite, hügelige Landschaft zwischen Hannover und Kassel. Auf einem Feldweg hastet mit letzter Kraft ein Herr von etwa 50 Jahren. Er trägt einen Koffer in der Hand und einen Mantel über dem Arm. Seine ursprünglich korrekte Kleidung hat stark nachgelassen. Kurz vor einer Wegegabelung erblickt er eine Radfahrerin.*

HERR Halt! ... Halten Sie! ...

RADFAHRERIN *(bremst, steigt ab, dreht sich um)*

HERR Fahren Sie nach Essen? *(erreicht sie atemlos)*

RADFAHRERIN Nach Essen?

HERR Ich komme vom Deutschen Katholikentag in Berlin und möchte zum SPD-Parteitag nach Essen ...

RADFAHRERIN *(will weiterfahren)* ... Ich fahre nur in die Apotheke ...

HERR *(hält sie fest)* ... Da könnten Sie doch über Essen fahren ... das sind keine 250 Kilometer ... und ich könnte auf Ihrem Gepäckständer ...

RADFAHRERIN Warum fahren Sie denn nicht mit'm Auto?

HERR Warum fahren *Sie* denn mit dem *Fahrrad*?

RADFAHRERIN Weil ich kein Auto *habe*...

HERR Nein, weil heute Autofreier Sonntag ist!

RADFAHRERIN Wieso?

HERR Auf Anordnung des Bundesinnenministers, Herrn ... äh ... Born ... nein, wie heißt er ... Baum ... des Herrn Bundesinnenministers Baum ist heute ein Autofreier Sonntag auf freiwilliger Basis...

RADFAHRERIN Das finde ich prima...

HERR ...Und wir probieren jetzt alternative Möglichkeiten der Fortbewegung aus ... unter dem Motto: »Autofrei – Spaß dabei!«

RADFAHRERIN Auf meinem Fahrrad?... Fahren Sie doch mit der Bahn oder mit dem Bus...

HERR Wissen Sie, öffentliche Verkehrsmittel sind nicht jedermanns Sache ... ich fahre sonst ein Mercedes-Coupé...

RADFAHRERIN Toll...

HERR Aber heute möchte ich mit gutem Beispiel vorangehen ... Also, geben Sie mir nun dieses Fahrrad oder nicht?

RADFAHRERIN Nein...

HERR Ich bitte Sie, heute verlassen neunundsiebzigtausend Katholiken Berlin, sechzigtausend Feuerwehrmänner fahren zum Feuerwehrtag nach Hannover, Tausende von Genossen fahren zum SPD-Parteitag nach Essen, und *Sie* wollen Ihr Fahrrad für *sich* behalten?

RADFAHRERIN Tausende von Feuerwehrmännern, Katholiken und Sozialdemokraten brauchen ausgerechnet *mein* Fahrrad?!

HERR *(enerviert)* Nein, es werden Hunderttausende von Fahrrädern gebraucht!

RADFAHRERIN Aber ich habe doch nur das eine!

HERR Sie brauchen mir ja auch nur dieses *eine* Fahrrad zu überlassen. Damit beweisen Sie sowohl dem deutschen Katholikentag als auch dem SPD-Parteitag Ihre Solidarität…

RADFAHRERIN Aber ich muß in die Apotheke!

HERR Dann setze ich mich hintendrauf, und wir fahren erst in die Apotheke und dann zum Parteitag nach Essen…

RADFAHRERIN Warum marschieren Sie denn nicht zum Feuerwehrtag nach Hannover, das sind nur 100 Kilometer…

HERR Mein Gott, weil ich kein Feuerwehrmann bin, sondern Delegierter des SPD-Parteitages...

RADFAHRERIN Das ist doch alles dasselbe...

HERR Na hören Sie mal! In Hannover geht es um Brandbekämpfung, in Essen nicht!

RADFAHRERIN Ach was! Überall hocken diese Männer auf ihren Kongressen und Parteitagen zu Tausenden zusammen, erzählen sich immer dieselben Geschichten und belasten die Umwelt...

HERR Bitte?

RADFAHRERIN ... Hopsen *Sie* mal lieber schön umweltfreundlich nach Hause, mähen Sie Ihren Rasen und helfen Mutti beim Abwasch...

HERR *(mit erhobener Stimme)* Ich fordere Sie hiermit im Namen der Sozialdemokratischen Partei und der katholischen Kirche letztmalig auf, mir zur Ausübung meiner öffentlichen Pflichten im Dienste der Umwelt und der Bundesrepublik Deutschland Ihr Fahrrad zu überlassen...

RADFAHRERIN Hiiilfee!

# Steuerermäßigung

MODERATOR Nach den neuen Gesetzen zur Entlastung mittelständischer Arbeitnehmer beträgt die Steuerermäßigung bei einem monatlichen Einkommen von 1200,– DM für einen 30jährigen Angestellten mit zwei Kindern 846,– DM pro Jahr. Infolge der progressiven Staffelung kann ein 97jähriger Angestellter mit 53 Kindern und einem Einkommen von 1400,– DM künftig mit einer Steuerermäßigung von jährlich 386 000,– DM rechnen. Die gleiche Summe ergibt sich rein rechnerisch für einen fünfjährigen Angestellten mit 126 Kindern.

## Kleinsparer

*Fernsehstudio. Drei Herren sitzen an einem Tisch, in der Mitte Viktor Schmoller, der Moderator.*

SCHMOLLER Meine Damen und Herren, ganz besonders bangt der Kleinsparer um seine Rücklagen, und viele Veröffentlichungen über die komplizierte Materie tragen vollends zu seiner Unsicherheit und Verwirrung bei. Wir haben heute bei uns im Studio Herrn Ministerialdirigent Oldenburg …

OLDENBERG Oldenberg.

SCHMOLLER … Oldenberg … vom Bundesfinanzministerium und Herrn Lauenfeld, den Aufsichtsratsvorsitzenden der Bank für Christliche Sozialwirtschaft. Meine Herren, unser Gespräch soll die Gesamtsituation einmal ganz ungeschminkt darstellen, wie sie ist. Auch der Laie kann sich dann einen klaren Überblick verschaffen und über die vernünftigste Anlage seiner Ersparnisse selbst entscheiden. Herr Oldenhoff …

OLDENBERG Oldenberg …

SCHMOLLER Herr Oldenberg, hat der Kleinsparer als solcher, oder besser gesagt, glaubt der Kleinsparer der Institution als solcher – oder hat…

OLDENBERG Herr Schmoller, wenn man einmal von der Ertragsstabilität als restriktiver Notenbankpolitik im Sinne der Verminderung des realen Volumens der industriellen Bruttoanlageinvestitionen, die derzeit 5 ¾ Prozent unter dem Dow-Jones-Index liegen, absieht, kann ohne Wechselkursfreigabe oder stabilitive Selbstfinanzierungsmöglichkeit keine echte Kapazitätsauslastung ohne Inanspruchnahme paritativer Lombardkredite diskontiert werden…

SCHMOLLER Mit anderen Worten … Herr Offenberg…

OLDENBERG Oldenberg…

SCHMOLLER Herr Oldenberg, der Kleinsparer…

LAUENFELD Der Kleinsparer, Herr Offenburg…

OLDENBERG Oldenberg…

LAUENFELD Herr Oldenberg, der Kleinsparer spart beim Abrutschen der Nettoselbstfinanzierungsquote auf dem Liquiditätsüberhang ohne Investitionsanreiz … nicht wahr.

OLDENBERG Das Development Boom-Baisse-Hausse-Passe…

LAUENFELD Ich meine, daß eine…

OLDENBERG Boom-Baisse-Hausse-Passe...

SCHMOLLER Meine Herren – ich fasse zusammen: der Kleinsparer spart also...

LAUENFELD Aber Herr Oldendorf...

OLDENBERG Oldenberg...

LAUENFELD Herr Oldenberg, Sie werden doch nicht sagen wollen, daß mündelsichere Diskontreservesicherungen ohne jede...

OLDENBERG Ich meine, unvermündelte Diskontsekrete oder vielmehr diskontierte Mündelgewinne bleiben ohnehin bis zur Mehrwerthalbierung unvermündelt.

LAUENFELD Aber Herr Offenbach...

OLDENBERG Offenberg... äh... Oldenberg...

SCHMOLLER Wer mündelt aber die unvermündelten... die mündelunsicheren Mündelgewinne. Das interessiert doch den Kleinsparer... Wer verunmündelt denn den kleinen ... den ... unsicheren ... klein... Mündel?

LAUENFELD Aber Herr Mündel...

OLDENBERG Oldenberg...

LAUENFELD Herr Eulenberg, das Stabili...

OLDENBERG Herr Lauenburg, Sie als...

LAUENFELD Das Stabili...

OLDENBERG Sie als Vorsitzender der...

LAUENFELD Das Stabilitätsprinzip der Sparverbände garantiert dem Kleinsparer folgende Sicherheiten...

SCHMOLLER Meine Damen und Herren, unsere Sendezeit ist momentan überschritten … Zusammenfassend … kann ich … zusammenfassend denke ich … danke ich Ihnen für dieses … für dies und das …

# Marzipankartoffeln

*In einer Fabrikhalle der Schwerindustrie interviewt der Reporter Schmoller einen der Direktoren. Beide Herren tragen Schutzhelme. Sie stehen neben Hunderten von Stahlarbeitern, die damit beschäftigt sind, Marzipankartoffeln in Geschenkpackungen abzufüllen.*

SCHMOLLER Wir befinden uns hier in der Halle 3 der Rhein-Ruhrstahl AG Duisburg-Ruhrort. Dieser Betrieb ist der zweitgrößte Lieferant auf dem Spezialgebiet gepanzerter Gefechtsfahrzeuge und der fünftgrößte Rohstahlproduzent der Welt. Herr Direktor Benzheimer, das Weihnachtsfest hat Sie veranlaßt, die Produktion vorübergehend umzustellen. Was wird hier im Rhein-Ruhrstahl-Zentralwerk zur Zeit produziert…

BENZHEIMER Marzipankartoffeln…

SCHMOLLER Marzipankartoffeln… Herr Direktor, das ist sehr interessant. Was war ausschlaggebend für die Entscheidung, von Schützenpanzerwagen auf Marzipankartoffeln umzusteigen?

BENZHEIMER Die Nachfrage, Herr Schmoller, die Nachfrage. Sie werden verstehen, daß der Schützenpanzerwagen MS 08-72 auf dem Gabentisch, auch in netter Form, nicht gern gesehen ist. Unsere Herren im Außendienst haben festgestellt, daß seit Anfang Dezember grade in Bundeswehrkreisen das Interesse an gepanzerten Gefechtsfahrzeugen stark zurückgegangen ist, während im gleichen Zeitraum die Nachfrage nach Marzipankartoffeln um mehr als das Dreifache zugenommen hat.

SCHMOLLER Aber waren da nicht rein technisch gesehen gewisse Schwierigkeiten zu … äh …

BENZHEIMER Herr Schmoller, rein produktionstechnisch besteht zwischen dem Gefechtsfahrzeug MS 08-72 und einer hochqualifizierten Marzipankartoffel kein nennenswerter Unterschied. Es ist letzten Endes einfach eine Geschmacksfrage …

SCHMOLLER Ah ja … aber wenn ich richtig informiert bin, hat die Marzipankartoffel im Ernstfall einen geringeren Kampfwert als der Schützenpanzer MS 08-72.

BENZHEIMER Sehr richtig, die Marzipankartoffel läßt sich natürlich nicht so ohne weiteres in das westliche Verteidigungssystem eingliedern. Aber das darf an den Feiertagen selbstverständlich keine Rolle spielen.

SCHMOLLER Nein, nein. Wie hoch ist zur Zeit Ihre Tagesleistung?

BENZHEIMER Herr Schmoller, gegenüber 35 Schützenpanzern im Monat November haben wir jetzt einen Ausstoß von 48 Marzipankartoffeln *pro Tag.* Diese enorme Produktionssteigerung war nur möglich durch den zusätzlichen Einsatz von fast 2000 Gastarbeitern. Unsere Belegschaft ist damit bis kurz vor den Feiertagen auf rund 6000 angewachsen.

SCHMOLLER Phantastisch – und haben Sie den Eindruck, daß die Marzipankartoffel der Duisburger Ruhrstahl AG den Produkten anderer Süßwarenkonzerne gleichwertig gegenübersteht?

BENZHEIMER Herr Schmoller, ich kann Ihnen versichern, daß unser Angebot sogar die Lübecker Ware qualitativ übertrifft. Außerdem ist die Rhein-Ruhrstahl-Marzipankartoffel natürlich rostfrei.

SCHMOLLER Ah ja, aber die Produktion pflegeleichter Süßware ist offensichtlich nicht ungefährlich …

BENZHEIMER Das ist eine gute Frage – Herr Schmoller – beim Abstich der Marzipanmasse, die mit 2000 Grad den Hochofen verläßt, ist äußerste Vorsicht geboten. Die Männer sind verpflichtet, den Augenschutz zu tragen.

SCHMOLLER Und Helme...

BENZHEIMER Jawohl. Die Helme bieten in der Montagehalle, auch gegen herabfallende Marzipankugeln, ausreichend Schutz.

SCHMOLLER Herr Direktor, wann wird der Schützenpanzer MS 08-72 wieder in Produktion gehen?

BENZHEIMER Das regelt die Nachfrage, Herr Schmoller. Wir können in 24 Stunden umstellen.

SCHMOLLER Ist daran gedacht ... ich meine ... wäre es denkbar, äh... daß der Schützenpanzer ... der MS 08-72 ... künftig weniger als Stahlkonstruktion, sondern vielmehr ... äh ... mehr auf Marzipan-Grundlage ... ich weiß nicht, ob ich mich da richtig ausdrücke...

BENZHEIMER Gewiß, Herr Schmoller, das Marzipan als Ausgangsmaterial für Panzerfahrzeuge *hat* seine Vorteile, nur haben wissenschaftliche Nachforschungen internationaler Friedenskommissionen ergeben, daß Marzipan in großen Mengen ebenso unbekömmlich ist wie Schützenpanzerwagen –

aber bitte, Herr Schmoller, greifen Sie doch zu...

SCHMOLLER Oh, sehr freundlich ... Herr Direktor Benzheimer, ich danke Ihnen für dieses Gespräch...

# Humor und Wirtschaftskrise

*Ein Kommentar von*
*Professor Klaus-Günther Weber*

Meine Damen und Herren,

es muß in der Bundesrepublik bestürzen, daß der deutsche Humor, als Qualitätserzeugnis einst auf dem Weltmarkt führend, heute kaum 0,02 Prozent der Exportquote ausmacht – aber trägt hieran allein der Bandeskunz – Entschuldigung – der Bundeskanzler Schuld...?

Wo liegt noch die Garantie für eine gesunde Wachstumsrate des Humorprodukts, wenn laut Statistik jede neunte norddeutsche Hausfrau mehrfach täglich über zweitklassige, teils anstößige Witze lacht? 18,6prozentige Steigerung des Humorkonsums in Baden-Württemberg, 21,2 Prozent in Rheinland-Pfalz gegenüber 1928 – – und in dieser Zahl sind Witze über sexuelle Dinge und die Berliner Mauer nicht mit einbegriffen.

Nicht zuletzt auch besteht die Regierung der Vereinigten Staaten im laufenden Wirtschaftsjahr auf der Abnahme von rund 3800 veralteten US-Witzen. Die Last trägt der Steuerzahler...

So – meine Damen und Herren – kann und darf es nicht weitergehen.

Nichts gegen ein gelegentliches Lächeln im engsten Kreise – aber wenn in einem führenden Unternehmen der Stuttgarter Damenoberbekleidung allein im Monat Januar nachweislich 286 Witze – von denen man nicht einmal weiß, ob und inwieweit – falls der Aufsichtsrat – der seinerseits ja zwischenzeitlich der Gewerkschaft – auch durch den Betriebsrat innerbetrieblich informiert – – – hätten – müssen – sollen – äh – könnten – wissen müssen –

Guten Abend – – –

# Wissenschaft, Technik und Verkehr

## Kaninchen

*Der Frauenüberschuß ist in den letzten 10 Jahren zu einem bedrückenden Problem geworden. Es ist zwar verschiedentlich gelungen, Frauen in Männer umzuwandeln. Aber auch hierdurch ist man der Lösung der Frage nicht entscheidend nähergekommen. Professor Mutzenberger, dessen Name in diesem Zusammenhang ein Begriff geworden ist, hat ein Verfahren entwickelt, das es auch in Zukunft gestattet, die Anzahl der Frauen in vernünftigen Grenzen zu halten. Es befriedigt uns, daß das Lebenswerk Mutzenbergers jetzt durch die Verleihung des Nobelpreises in angemessener Form gewürdigt wurde. Die sensationellen Einzelheiten seiner Methode erfuhr Chefreporter Kurt Rösner anläßlich der Verleihungsfeierlichkeiten in Stockholm.*

RÖSNER Herr Professor Mutzenberger. Sie sind mit dem Nobelpreis ausgezeichnet worden für die erste gelungene Umwandlung einer Frau in ein Kaninchen.

MUTZENBERGER 1953 glückte es mir, den Kopf einer vierzigjährigen Postangestellten auf ein zweijähriges Kaninchen umzusetzen, nicht wahr. Die Dame verrichtete noch jahrelang Schalterdienst…

RÖSNER Hm…

MUTZENBERGER … heiratete dann ein älteres Wildkaninchen und lebt heute nach ihrer Scheidung zurückgezogen in einer Heidelberger Kleintierhandlung.

RÖSNER Ah-ja…

MUTZENBERGER Herr… äh… Rösner. Die Frau als solche muß in ihrer derzeitigen Form seit langem als überholt betrachtet werden, nicht wahr…

RÖSNER Natürlich…

MUTZENBERGER Ganz abgesehen von dem bedrohlich anwachsenden Frauenüberschuß einerseits und einem spürbaren Mangel an hochwertigen Kaninchen andererseits, nicht wahr.

RÖSNER Herr Professor, wenn…

MUTZENBERGER Und nicht zuletzt ist es eine bekannte Tatsache, daß über 70 Prozent aller Ehemänner lieber mit einem Kaninchen zusammenleben würden, nicht wahr…

RÖSNER Natürlich… Ist das auf Ihrem Arm Ihre Gattin?

MUTZENBERGER Nein. Das ist die Lebensgefährtin

des Aufsichtsratsvorsitzenden der Duisburger Rohstahl AG.

RÖSNER Ah-ja…

MUTZENBERGER Ich empfinde sie als besonders geglückt, nicht wahr.

RÖSNER Herr Professor, wie kann man eigentlich echte Kaninchen von künstlichen Frauen, oder nein, ich meine echte Frauen von künstlichen Kaninchen…

MUTZENBERGER Sie meinen…

RÖSNER Ich meine, ob man ein widernatürliches weibliches Kaninchen…

MUTZENBERGER Sie meinen, ob man ein von einer Frau in ein Kaninchen verwandeltes Kaninchen…

RÖSNER … irgendwie von einer, von einem ganz normalen natürlichen Kaninchen…

MUTZENBERGER … und ein richtiges Kaninchen-Kaninchen…

RÖSNER … irgendwie an irgend etwas unterscheiden…

MUTZENBERGER … rein äußerlich auseinanderhalten kann, nicht wahr.

RÖSNER So?! … Herr Professor Mutzenberger, soviel ich weiß, stellte sich Ihre Frau Gemahlin für die ersten Versuche zur Verfügung. Hat sie, ich meine, ist sie…

MUTZENBERGER Leider ist dieser Versuch unbefriedigend verlaufen, nicht wahr. Sie bekam kräftigere Schneidezähne, sehr lange Ohren und einen kleinen Puschel … äh … Puschelschwanz.

RÖSNER Ah-ja!

MUTZENBERGER Ja. Wir haben dann für ihren Puschelschwanz ein kleines Loch, nicht wahr …

RÖSNER Vielen Dank für Ihre Ausführungen, Herr Professor. Guten Abend.

## Das Medium der Verinnerlichung

*Fernsehstudio. Hoimar von Ditfurth moderiert seine wissenschaftliche Sendereihe.*

DITFURTH Seit es uns Menschen gibt, streben wir nach wissenschaftlichen Großtaten, versuchen wir, geistig über uns hinauszuwachsen. Warum? Dazu müssen wir uns einmal unsere Situation vor Augen führen. Hier sehen Sie einen Teil des Universums, und dies ist unser Planet, die Erde … aus der Nähe betrachtet sieht das dann so aus: *(tritt an die Modelle)*

Sonne, Mond und Erde. Das sind natürlich nur Modelle. Aber die ungeheure Größe der Himmelskörper wird deutlich, wenn Sie zum Vergleich einen Stecknadelkopf betrachten *(hält eine Stecknadel neben die Modelle)*

Und hier auf der Erde leben wir Menschen. Auch wenn man mit der Kamera noch so nahe herangeht – wir sind nicht zu erkennen. Wir sind zu klein.

Aus diesem Bewußtsein entsteht immer wieder der unstillbare Wunsch, unsere körperliche Winzigkeit im All durch geistige Größe auszugleichen. Und so gelang unter anderem auch einer der bedeutendsten kulturellen Fortschritte unseres Jahrhunderts: das Fernsehen als Medium der Verinnerlichung im Streben nach geistiger Vollkommenheit.

Wir wollen das durch ein Experiment verdeutlichen.

*(Er stellt sich hinter ein Ehepaar, das teilnahmslos nebeneinander sitzt. In Reichweite auf einem Tischchen steht ein Becher mit Salzstangen, eine Flasche Bier und zwei halbgefüllte Gläser)*

Diese Ehepartner sind daran gewöhnt, sich spätestens ab 18 Uhr auf ihr Fernsehgerät zu konzentrieren. Jetzt vermissen sie ihren Bildschirm… sie wirken verstört… lassen die angebotenen Genußmittel unberührt … zeigen keine Reflexe *(bewegt seine Hand vor ihren Augen)* und sind nicht ansprechbar. *(Er hockt sich vor das Ehepaar)* Guten Abend … guten Abend, meine Damen und Herren… *(Das Ehepaar reagiert nicht)* Auch farbige optische Reize bleiben ohne

Reaktion ... *(bewegt einen bunten Ball vor ihren Augen hin und her)* Das ändert sich in dem Augenblick... *(schiebt die Attrappe eines Fernsehgerätes in ihre Blickrichtung)*... wenn sie die Umrisse eines Fernsehgerätes wahrnehmen. Jetzt liegt in ihren Augen schon so etwas wie eine interessierte Bereitschaft ... und wenn ich den Einschaltknopf für ein simuliertes Sendegeräusch betätige... *(drückt auf einen Knopf, es rauscht)*... belebt sich das Mienenspiel... die Nahrung wird angenommen ... *(Das Ehepaar greift mechanisch in die Salzstangen)*... die Versuchspersonen wirken ansprechbar... Und nun wiederhole ich das Experiment von vorhin.

*(Er hockt sich hinter den Bildschirm)* ... Guten Abend, meine Damen und Herren... *(Das Ehepaar stößt sich an)* ... Schon jetzt beweisen die Reflexe geistige Mitarbeit... und die farbigen Objekte... *(nimmt einen Ball und ein Plüschhäschen)* ... vorhin völlig wirkungslos, können nun im Rahmen des Gerätes von der Netzhaut der Versuchspersonen optisch erfaßt und intellektuell verarbeitet werden *(zeigt Ball)*

EHEFRAU Ball…

EHEMANN Ball…

DITFURTH *(zeigt Plüschhasen)*

EHEFRAU Häschen…

EHEMANN Hase… Hase…

*(Beide kichern schwachsinnig)*

DITFURTH *(steht auf)* Schon das ist ein eindrucksvolles Ergebnis … *(schaltet Knopf aus. Das Ehepaar versinkt in Teilnahmslosigkeit)*… und *noch* sind nicht *alle* Möglichkeiten des Fernsehens zur geistigen Vervollkommnung der Menschheit voll ausgeschöpft.

## Der K 2000

*In der drangvollen Enge eines Betonbunkers, dessen Innenmaße etwa 80 Zentimeter in der Höhe, Tiefe und Breite betragen, hockt eine Reporterin neben dem Direktor der Herstellerfirma.*

FRAU BERGNER Meine Damen und Herren, seit Monaten werden wir mit schlechten Nachrichten überhäuft. Heute haben wir eine gute: Der Bau von Luftschutzbunkern hat wieder Hochkonjunktur. Herr Dr. Rosenheim, Sie sind einer der führenden Unternehmer der Zivilschutzbranche. Wie erklären Sie sich dieses Phänomen?

DR. ROSENHEIM Durch ... äh ... gewisse Besonderheiten der politischen Weltlage ist die Nachfrage nach strahlensicheren Luftschutzräumen enorm gestiegen. Wir sind da in eine echte Marktlücke gestoßen.

FRAU BERGNER Der zweisitzige Kompaktschutzraum K 2000, in dem wir hier sitzen, war ja der Renner auf der Hannover-Messe. Aber er wirkt nicht so geräumig wie vergleichbare Modelle aus den vierziger Jahren…

DR. ROSENHEIM Das ist richtig. Der moderne Kunde ist anspruchsvoller geworden. Er bevorzugt die raumsparende Kompaktbauweise, denken Sie nur an Stereoanlagen und Taschenrechner.

FRAU BERGNER Sind alle Modelle so eng?

DR. ROSENHEIM Nicht eng, Frau Bergner … kompakt! Es war ja unsere Absicht, einen Schutzraum zu erstellen mit einer betont privaten Atmosphäre, in der man sich wohl fühlt. Die niedrige rustikale Decke erhöht die Stabilität, und das bedeutet Sicherheit und Selbstvertrauen für die kritischen … die kritischen Wochen.

FRAU BERGNER Wie stark kann dieser Schutzraum belastet werden?

DR. ROSENHEIM Praktisch unbegrenzt. Durch einen nuklearen Volltreffer gerät der K 2000 allenfalls in eine ruhige erdnahe Umlaufbahn, verglüht jedoch nicht beim Wiedereintauchen in die Erdatmosphäre…

FRAU BERGNER Nicht… aha… und landet weich…

DR. ROSENHEIM Äh… sportlich… er landet sportlich…

FRAU BERGNER Ah – ja … und schon kann man den Schutzraum wieder verlassen…

DR. ROSENHEIM *Wenn* das Umfeld strahlenfrei ist. Das kann eine knappe Woche, aber auch zweitausend Jahre dauern…

FRAU BERGNER Befürchten Sie nicht, Herr Dr. Rosenheim, daß auch zufriedene Besitzer nach so vielen Jahren plötzlich keine Freude mehr an ihrem K 2000 haben könnten?

DR. ROSENHEIM Ich bitte Sie, Frau Bergner, wenn draußen ganze Kontinente unbewohnbar werden, dann sitzt man hier ganz ungestört im K 2000 und hat sein privates kleines Reich, das einem keiner nehmen kann…

FRAU BERGNER Es ist ja auch alles in freundlichen Farben gehalten…

DR. ROSENHEIM …gegen Aufpreis lieferbar in Russischgrün, Schilf, Eierschale und Mauve…

FRAU BERGNER Bitte?

DR. ROSENHEIM Mauve, ein blasses Lila…

FRAU BERGNER …Und wie ist es mit der Verpflegung?

DR. ROSENHEIM An Bord genügt eine Tagesration an Speisen und Getränken. Sie … äh … zirkuliert…

FRAU BERGNER Zirkuliert? … Ach ja, natürlich … und der Preis, was kostet der K 2000?

DR. ROSENHEIM Dieser Schutzraum kostet nicht mehr als ein Geschirrspülautomat. Aber wir hoffen, daß durch weitere bedrohliche Krisenherde die Nachfrage steigt und wir dadurch den Preis noch konsumfreundlicher gestalten können…

FRAU BERGNER … Und was ist, wenn sich die politische Lage plötzlich entspannt?

DR. ROSENHEIM Na, wir wollen ja nun nicht gleich mit dem Schlimmsten rechnen…

FRAU BERGNER Neinnein … vielen Dank, Herr Dr. Rosenheim…

## Die H.S. zwo

*Nächtlicher Großbrand.*
*Die Löscharbeiten der Feuerwehr sind in vollem Gange. Verstörte Einwohner versuchen Leben und Besitz zu retten. Ein notdürftig bekleideter Vater mit Kind stürzt auf die Straße.*

VATER *(ruft nach oben)* Mutti! ... Laß die Koffer stehn und komm ... es brennt schon im zweiten Stock!

FEUERWEHRMANN *(hantiert an Schlauch und Spritze)* ... Gehn Sie da weg, Sie sind in der Wasserschußlinie!

VATER Meine Frau ist noch oben ...

KIND Mutti!!

VATER *(erregt)* ... Da oben ... im dritten Stock ... da wo die Flammen aus dem Fenster schlagen ... und wenn erst die Gardinen im Schlafzimmer Feuer fangen ... na dann gute Nacht ...

FEUERWEHRMANN *(werkelt an der Spritze)* ... Moment!

VATER ... und versuchen Sie die Treppe frei zu halten, sonst kommt da kein Mensch mehr raus ... Claudia, halt die Puppe fest! Meine Frau kommt da nicht mehr durch!! Mein Gott, bringen Sie doch Ihre Spritze in Gang!

FEUERWEHRMANN Das ist die neue H.S. zwo!

VATER Was?!

FEUERWEHRMANN Die neue Hochdruck-Spritze zwo Strich 75 ...

VATER Na, dann drehn Sie das Ding doch auf, Mann!

FEUERWEHRMANN Aufdrehen ... einfach so aufdrehen ... die ist vollautomatisch!

VATER Aber es funktioniert ja nicht!

FEUERWEHRMANN Die funktioniert nicht?!

VATER Na, es kommt doch nichts raus ...

FEUERWEHRMANN Kann ja auch nicht ... ich muß doch erst die Drucksperre lösen ... *(Die Flammen drohen auf das Nachbarhaus überzugreifen)*

VATER Na, dann tun Sie das doch, mein Gott!

FEUERWEHRMANN Die H.S. zwo arbeitet elektronisch mit sechs verschiedenen Programmen, die vorher wahlweise eingespeist werden ...

VATER *(enerviert)* ... Was für Programme?

FEUERWEHRMANN Wasserdruck, Temperatur, Enthärter, Spareinstellung, Zielautomatik und Strahlkrümmung…

VATER Strahlkrümmung?

FEUERWEHRMANN Normalerweise geht der Strahl geradeaus, wenn ich ihn krümmen will, verstelle ich hier Wasserdruck und Strömungswinkel…

VATER *Was* verstellen Sie da?

KIND Mutti!!!

FEUERWEHRMANN Wasserdruck und Strömungswinkel! … Hier an der Drehskala… und dem Kipphebel…

VATER *(mit beginnendem Interesse)* Und das?… Was ist das?

FEUERWEHRMANN Das ist der Enthärter für kalkhaltiges Wasser … da kann man auch verschiedene Möbelpflegemittel beigeben…

VATER Ach…!

FEUERWEHRMANN Hier … sehen Sie … Was haben Sie denn für Möbel?

KIND Mutti!!

VATER Pscht! … Die Schrankwand ist Eiche furniert und die Polstergarnitur… das ist so Schaumstoff … rustikal bezogen…

FEUERWEHRMANN Normalerweise brennt das wie Zunder…

VATER So!

FEUERWEHRMANN … Und mit klarem Wasser quillt das Furnier auf … da nehmen wir also Möbelpflege CM 96 halbmatt … *(legt einen Schalter um)*

VATER Halbmatt …

FEUERWEHRMANN … und mit der Strahlkrümmung komme ich überall ran …

VATER Aber nicht automatisch?!

FEUERWEHRMANN *Voll*automatisch … *(Der Dachstuhl stürzt ein. Funken und Qualm wirbeln über die Szene)*

KIND Mutti!!

VATER Komm, geh schön spielen! *(schiebt das Kind weg)*

FEUERWEHRMANN Die H.S. zwo arbeitet mit elektronischer Zielvorrichtung … die trifft die Flamme im Flug …

VATER Das ist ja phantastisch!

EIN HERR *(atemlos)* Herr Lohmeier, haben Sie meine Frau gesehen?

VATER *(sieht nur kurz auf)* Nein … *(Der Herr stürzt davon)*

FEUERWEHRMANN … und hier haben wir die hydropneumatische Drosselklappe, das macht den Strahl weich für Ölgemälde und Geschirr …

VATER Mit Zusatz für *Möbel*pflege?

EIN HERR *(atemlos)* Ist *Ihre* Frau denn schon raus?

VATER *(uninteressiert)* Neinnein …

FEUERWEHRMANN Der Möbelpflegezusatz schaltet sich automatisch ab bei Auftreffen auf Geschirr…

EIN HERR Jetzt brennt schon das Treppenhaus… *(verschwindet im nächtlichen Chaos)*

VATER *(sieht kurz hin)*

FEUERWEHRMANN Vor allen Dingen liegt das Gerät gut in der Hand… Möchten Sie mal?

VATER Wenn es keine Umstände macht…

FEUERWEHRMANN Bitte schön…

VATER *(nimmt die Spritze in die Hand und hält sie auf den Feuerwehrmann)*

FEUERWEHRMANN Nicht auf Menschen! … immer nach unten halten!

KIND Ich will auch mal!

VATER Das ist nichts für Kinder! *(Kind läuft in das nächtliche Chaos)*

FEUERWEHRMANN Rechte Hand hinter die Drucksperre, linke Hand unter den Rohrstutzen… *(führt dem Vater die Hände)*… jetzt mit dem Daumen der linken Hand die Wasserdruckvorwahl… nein… andersrum…

MUTTI *(von weitem)* Kurt!

KIND Mutti!

VATER *(dreht sich nur kurz um)* ... mit der *rechten* Hand?

FEUERWEHRMANN Nein, mit der linken ... und mit der rechten Hand den Strömungswinkel auf 45 Grad...

MUTTI *(taucht mit Kind rußgeschwärzt aus einer Qualmwolke auf)* Kurt! ... Ich bin raus!

VATER Schau mal, Elsbeth ... die neue H.S. zwo ... mit Wasserdruckvorwahl ... und Weichmacher!

FEUERWEHRMANN ... Enthärter!

VATER Äh ... Enthärter ... alles elektronisch gesteuert ... *(zum Feuerwehrmann)* ... und bei den alten Spritzen lief das Wasser einfach so raus?

FEUERWEHRMANN Jawohl...

MUTTI Ach ... *(Verschreckte Einwohner bleiben stehen)*

FEUERWEHRMANN Bitte, meine Herrschaften, gehen Sie doch weiter ... Sie stören die Löscharbeiten! *(zur Mutter)* Das vorzeitige Ausströmen des Wassers verhindert die Drucksperre ... ich habe es dem Herrn schon erklärt...

VATER Entschuldigen Sie, das ist meine Gattin ... Herr, äh...

FEUERWEHRMANN Hertwig...

VATER ... und das ist Brandmeister Hertwig...

FEUERWEHRMANN ... Oberbrandmeister...

VATER ... Oberbrandmeister Hertwig...

MUTTI Angenehm...

FEUERWEHRMANN Angenehm ... wie gesagt ... ich habe es Ihrem Gatten schon erklärt, das ist die neue H.S. zwo mit Strahlkrümmer und automatischer Möbelpflege...

MUTTI Wir haben keine Möbel mehr...

VATER Elsbeth!

FEUERWEHRMANN Ölgemälde oder Geschirr?

MUTTI Nichts...

FEUERWEHRMANN Dann entfällt automatisch der Pflegezusatz ... soll ich mal einschalten auf vollen Strahl?

VATER Gern...

FEUERWEHRMANN *(schaltet)* ... Wasserdruck ... Temperatur ... Enthärter ... Zielautomatik ... Strahlkrümmer ... und Drucksperre ... Achtung! *(ein dünner, müde gekrümmter Strahl tritt aus der Spritze)* ... der Strahl ist vorläufig noch zu stark gekrümmt...

VATER Ach...

MUTTI ... und wann wird er steif ... gerade meine ich?

VATER Elsbeth!
FEUERWEHRMANN Das regelt sich elektronisch…
MUTTI Das ist ja drollig…
FEUERWEHRMANN Drollig?!
VATER Meine Frau versteht nichts von Technik…

# Der neue 1500 TM

*Ein Verkaufsschlager der internationalen Automobilausstellung in Frankfurt a. M.*

Mein Herr, abgesehen von der unauffälligen Eleganz ist der 1500 TM rein technisch gesehen ein Automobil für dynamische Menschen, die den Blick auf das 21. Jahrhundert gerichtet haben. Der geruchsarme 4,5-Zylinder-¾-Takt-Motor aus handgetriebenem Silberamalgam wiegt, unfrisiert, nur 950 Gramm. Das ist nicht viel, wenn Sie bedenken, daß der Hubraum zwei großen Koffern und einer kompletten Campingausrüstung für vier Personen Platz bietet.

Mit Rücksicht auf Kinder und Jugendliche geben wir keine Einzelheiten über das Verdichtungsverhältnis bekannt. Jedenfalls ist die bisher fünffach gelagerte Kurbelwelle nun herausnehmbar, und Sie können sie lagern, sooft und wo auch immer Sie wollen. Vorn und hinten je zwei doppeltkohlensaure Hydrostabilisatoren von insgesamt zwölf querliegenden, jedoch einzeln aufgehängten Drehstab-Teleskop-Stoßverstärkern in kurzhubigem McGregor-Federbein-System garantieren die Straßenoberflächentreue des Fahrgestells, verstehen Sie: Schlagloch bleibt Schlagloch.

Der 1500 TM läßt sich infolge der drehfreien Zahnstangenlenkung mit Servounterstützung mühelos aus jeder Kurve tragen. Sie können die Höchstgeschwindigkeit auch in kritischen Situationen voll ausfahren. Bei Aufprall auf harte Gegenstände zerlegt sich das Fahrzeug in aseptische Einzelteile von Erbsengröße. – Eine Probefahrt wird Sie überzeugen.

## Parkgebühren

*Ein Herr mit Aktentasche tritt an seinen Wagen, der an einer Parkuhr abgestellt ist. Eine Politesse kontrolliert die Parkzeit.*

HERR Was is' denn?

POLITESSE *(ihren Formular-Block ziehend)* Sie haben die Parkzeit überschritten. Sind Sie mit einer Verwarnung einverstanden? *(sieht nach der Wagennummer und vergleicht die Uhrzeit)*

HERR Das ist gar nicht möglich, ich habe ja grade erst ein Zehnpfennigstück eingeworfen! Dann war ich drüben in der Bank und bin sofort wieder zurück…

POLITESSE Dann hat es wohl ein bißchen länger gedauert… *(schreibt)*

HERR Neinnein … ich habe nur einen Umschlag abgeholt…

POLITESSE … Die zulässige Parkzeit ist überschritten, da die rote Kontrollscheibe seit 20 Minuten im Sichtfenster der Parkuhr sichtbar ist…

HERR Dann ist die Parkuhr kaputt…

POLITESSE *(sieht ruhig auf den Herrn)*

HERR Sie muß kaputt sein…

POLITESSE Das ist ja festzustellen… *(greift in die Tasche, entnimmt Portemonnaie und Münze)* Wenn die Uhr nach Einwurf der Münze zurückrastet, ist sie nicht beschädigt. *(wirft die Münze ein, die Uhr springt zurück. Sie überreicht den Verwarnungsschein)* Die Parkuhr ist *nicht* beschädigt! Sind Sie mit einer Verwarnung einverstanden?

HERR Ja … ich … *(sieht ratlos auf die Parkuhr, dann in den Wagen)* Halt! … Das ist überhaupt nicht mein Wagen… *(zeigt auf einen anderen)* Da!… *Das* ist mein Wagen! Ich war im Moment ganz … ist ja auch dasselbe Modell! *(sieht kurz hinein und zeigt auf die Parkuhr)* … und erst 10 Minuten abgelaufen! *(steigt ein und fährt ab)*

POLITESSE *(sieht verblüfft von einem Wagen zum anderen und steckt die Verwarnung hinter den Scheibenwischer)*

*Ein Ehepaar geht auf den ersten Wagen zu.*

POLITESSE Sind Sie die Wagenbesitzer?

GATTE Jawohl…

POLITESSE Sie haben die Parkzeit überschritten. Sind Sie mit einer Verwarnung einverstanden?

GATTIN Wir haben nur ganz schnell ein paar Einkäufe gemacht…

GATTE Hier in der unmittelbaren Umgebung… Es kann gar nicht länger als eine Viertelstunde gedauert haben…

POLITESSE Wenn die rote Kontrollscheibe im Sichtfenster sichtbar wird, ist die Parkzeit mindestens um 10 Minuten überschritten…

GATTIN Wo ist eine rote Kontrollscheibe?

POLITESSE Hier im Sichtfenster…

GATTIN Da ist keine rote Scheibe…

GATTE Na, bitte!

POLITESSE Ja, jetzt natürlich nicht … es ist ja eine Münze eingeworfen…

GATTE Dann ist doch alles in Ordnung…

POLITESSE Neinnein … *Sie* haben ja keine Münze eingeworfen…

GATTE Ha, wer denn sonst?

POLITESSE Ich…

GATTE Bitte? *(Zwei Polizisten treten dazu)*

POLITESSE *(zu den Polizisten)* Diese Herrschaften haben die zulässige Parkzeit überschritten…

POLIZIST *(zum Gatten)* Darf ich mal Ihren Führerschein und die Wagenpapiere sehen?

GATTE *(holt sie aus der Tasche)*

GATTIN Wir waren nur 5 Minuten weg…

POLIZIST Wenn die rote Kontrollscheibe im Sichtfenster sichtbar wird, ist die Parkzeit überschritten…

GATTE Aber die rote Kontrollscheibe ist eben *nicht* im Sichtfenster sichtbar!

POLITESSE *(zu den Polizisten) Ich* habe eine Münze eingeworfen!

DIE POLIZISTEN *(sehen verblüfft auf die Politesse)*

GATTE Ach was!…

POLITESSE *(zu den Polizisten)* Ein unbekannter Verkehrsteilnehmer wollte sich mit diesem Wagen entfernen … er hatte jedoch in die andere Parkuhr eine Münze eingeworfen…

POLIZIST Wo hatte der Herr eine Münze eingeworfen?

POLITESSE In die andere Parkuhr … in die andere dort… *(Passanten treten dazu)*

GATTIN … Und er wollte mit unserem Wagen fahren…?

POLIZIST *(zur Politesse)* Kennen Sie den unbekannten Verkehrsteilnehmer?

POLITESSE Nein, der unbekannte Verkehrsteilnehmer hatte nur irrtümlich angenommen, die Parkuhr sei beschädigt…

POLIZIST Welche?

POLITESSE Diese…

POLIZIST Aber der Verkehrsteilnehmer hatte sein Parkgeld ordnungsgemäß in den Münzeinwurf der *anderen* Parkuhr eingeworfen…

POLITESSE Jawohl…

POLIZIST … Und hatte dann irrtümlich angenommen, der Münzeinwurf *dieser* Parkuhr sei beschädigt…

POLITESSE Er hatte unrichtig behauptet, in *diese* Parkuhr die Parkgebühr ordnungsgemäß entrichtet zu haben, und wollte sich irrtümlich mit *diesem* Fahrzeug entfernen…

GATTE *(erregt)* Irrtümlich, haha!

POLIZIST Bitte, bewahren Sie Ruhe, Ihr Fahrzeug befindet sich ja in Ihrem Besitz … *(zu den gedrängt stehenden Passanten)* Gehen Sie doch weiter, meine Herrschaften.

POLITESSE Es war so: Ich habe eine Münze in den für den Münzeinwurf bestimmten Münzeinwurf eingeworfen, weil der Verdacht bestand, daß der unbekannte Verkehrsteilnehmer die Parkmünze nicht ordnungsgemäß in den Münzeinwurf der Parkuhr eingeworfen hatte. Der unbekannte Verkehrsteilnehmer hatte unrichtig auf die Beschädigung *dieser* Parkuhr hingewiesen, in die er ordnungsgemäß keine Parkmünze eingeworfen hatte, da er in den für den Münzeinwurf bestimmten Münzeinwurf der *anderen* Parkuhr ordnungsgemäß eine Münze eingeworfen hatte. Die bei versäumter rechtzeitiger Nachzahlung im Sichtfenster sichtbare rote Kontrollscheibe dieser Parkuhr war daher sichtbar…

DIE POLIZISTEN *(sehen starr auf die Politesse)*

POLITESSE *(irritiert)* Die Behauptung, die Münzautomatik dieser Parkuhr sei beschädigt, erwies sich als unrichtig, da der unbekannte Verkehrsteilnehmer ordnungsgemäß die Münze nicht in den hierfür bestimmten Münzeinwurf eingeführt hatte. Er wollte sich mit diesem Fahrzeug entfernen, unterließ es jedoch, da es ihm nicht gehörte…

DIE POLIZISTEN *(sehen starr auf die Politesse)*

POLITESSE *(in zunehmender Verwirrung)* … Durch die deutlich sichtbare rote Kontrollscheibe im Sichtfenster der Parkuhr war ersichtlich, daß der Einwurf der Münze in den für den Münzeinwurf bestimmten Münzeinwurf der Park… der Münzparkautomatik im Sinne des § 13, Absatz 1 der Straßenverkehrsordnung nicht erfolgt war. Eine Verwarnung des unbekannten Verkehrsteilnehmers brauchte nicht zu erfolgen, da er im Begriff war, sich dieses Fahrzeug *irrtümlich* anzueignen. *(Das Ehepaar starrt die Politesse an)*

POLIZIST *(zum Ehepaar)* Sie können Ihr Fahrzeug jetzt mitnehmen … *(Das Ehepaar steigt verblüfft ein und fährt ab)*

POLITESSE *(hysterisch kichernd)* … Nach Einwurf der Münze in den für den Münzeinwurf bestimmten Münzeinwurf und Zurückrasten der im Sichtfenster sichtbaren roten Kontrollscheibe war der Fahrzeughalter der ordnungswidrigen Unterlassung des rechtzeitigen Münzeinwurfs in den für den Münzeinwurf bestimmten Münzeinwurf …

*Die Polizisten nehmen die weiterredende Politesse behutsam, aber fest zwischen sich und gehen mit ihr davon.*

# Fluggepäck

*Gepäckförderband in einem Flughafen. Unter den Fluggästen, die den herangleitenden Gepäckstücken entgegensehen, befinden sich fünf Herren des gehobenen Managements. Sowohl ihre Kleidung als auch ihre Flugkoffer sind von der üblichen, verblüffenden Ähnlichkeit.*

HERR I *(greift nach dem Koffer 1)*

HERREN II UND III *(greifen auch zu)*

HERR II Entschuldigen Sie, aber Sie haben da wohl versehentlich meinen Koffer…

HERR I Oh, Pardon…

HERR III Wenn Sie erlauben, ich glaube, das ist meiner…

HERR II Also, ich kenne doch meinen Koffer! *(nimmt Koffer)*

HERR I Ach, da kommt meiner schon! *(Koffer 2 fährt heran)*

HERR IV *(greift auch zum Koffer 2)* Verzeihen Sie, aber dies ist…

HERR I *(greift zu, nimmt den Koffer vom Band)* Neinnein, ich habe schon den anderen durchgelassen…

HERR IV Aber ich versichere Ihnen…

HERR I Sie müssen sich irren…

HERR IV Ah ja, Sie haben recht … ich bitte um Verzeihung… *(greift zum Koffer 3)*

HERR V *(greift auch zum Koffer 3 und nimmt ihn)* Entschuldigen Sie…

HERR IV Moment… ich habe grade den anderen Koffer diesem Herrn überlassen…

HERR V Das mag schon sein, aber ich müßte mich schon *sehr* irren, wenn *das* nicht *mein* Koffer ist.

HERR III Wenn Sie erlauben, ich sehe grade, Sie haben da versehentlich meinen Koffer…

HERR V Ach!

HERR IV *(nach rechts)* Entschuldigen Sie…

HERR II *(will mit Koffer 1 gehen)*

HERR I *(will mit Koffer 2 gehen)*

HERR IV *(zum Herrn II)*… könnte es wohl sein, daß Sie meinen Koffer…

HERR II Oh, das täte mir leid… *(gibt Koffer 1 an Herrn IV)* Aber dann… Hallo… *(Herr I bleibt stehen)* Darf ich mal Ihren Koffer sehen?

HERR I *(bleibt stehen)* Ja, bitte schön…

HERR V *(gibt Koffer an Herrn III, sieht Koffer 4 kommen)* Ach, dann ist *das* jetzt meiner! *(ergreift Koffer 4)*

HERR I *(greift auch nach Koffer 4)* Also, meinen erkenne ich ganz leicht…

HERR V *(hat Koffer 4 in der Hand)* Tja… Jawohl … Das muß er sein!

HERR I Pardon … sehen Sie die Druckstelle … daran erkenne ich ihn unter Tausenden … es tut mir leid, aber …

HERR V Oh, bitte … *(zu den Herren II und IV, die sich grade entfernen wollen)* Ach, entschuldigen Sie, aber wäre es möglich, daß einer der Herren den falschen Koffer …

HERR III Nein … nein, ich fliege seit Jahren mit diesem Koffer …

HERR IV Wie sieht Ihrer denn aus?

HERR V So etwa wie diese …

HERR IV Etwa?

HERR V Genau … etwa genau …

HERR II *(tritt mit Koffer 2 heran)* Verzeihung, ich bin doch nicht ganz sicher *(zu Herren I und V)* …

HERR I Merkwürdig.

HERR V *(zu Herrn II) Das* könnte meiner sein! Ja, *das* ist er!

HERR II Was haben *Sie* denn für einen?

HERR V Im Moment überhaupt keinen!

HERR II Ja *dann* kann ich Ihnen diesen auch nicht geben …

HERR V Aber ich bitte Sie!

HERR III Da kommt ja noch einer! *(Herr V ergreift den letzten Koffer. Alle Herren vergleichen ihre Koffer)*

HERR V Meiner ist verhältnismäßig schwer …

HERR I Ich habe einen ziemlich langen …

HERR IV Na, kürzer ist meiner auch nicht! *(Der Koffer von Herrn I öffnet sich überraschend, der Inhalt fällt halb heraus)*

HERR II Ah... ja! *(Blick auf teils schmutzige, teils saubere Wäsche sowie einige gewagte Herrenjournale)*

HERR III Ist das Ihr Koffer?

HERR I Es ist alles so durcheinander... ich glaube nicht...

HERR III *(zu Herrn IV)* Darf ich mal in diesen Koffer hineinsehen?

HERR IV Bitte sehr... *(Sie öffnen gemeinsam den Koffer)*

HERR I *(zu Herrn V)* Ich hätte ganz gern mal einen Blick in diesen hineingeworfen...

HERR V Gern... *(sie öffnen einen anderen Koffer)*

HERR I *(greift unsicher in den Inhalt)*... Tja... *(sieht von einem Koffer zum anderen)*

HERR III *(zu Herrn I)* Das war Ihr Koffer?

HERR I Ja...

HERR II Darf ich mal ganz kurz...?

HERR I Oh, bitte... *(Herr II wühlt im Inhalt. Mehrere Herrenjournale werden deutlich sichtbar)*

HERR IV *(öffnet mit Herrn III dessen Koffer)* Sind das Ihre Zeitschriften?

HERR III Neinnein... aber diese Hemden!...

HERR V *(betrachtet gemeinsam mit Herrn II, der vom Koffer des Herrn I kommt, den Inhalt dessen Koffers)* Ich hatte noch eine saubere Unterhose und einen hellblauen Slip, das weiß ich genau.

HERR I Dieser hier?

HERR V Nein! *(wühlt in vielen getragenen)* … Da! Das ist er… *(behält ihn in der Hand, nimmt auch die schmutzigen hoch)*

HERR II Sind Sie sicher?

HERR V Ganz sicher… aber dieser Kulturbeutel gehört mir nicht…

HERR I Zeigen Sie mal…

HERR IV *(zu Herrn V)* Gehören Ihnen diese Magazine?

HERR V *(betrachtet verlegen die Titelseiten)* Neinnein … aber ich vermisse noch etwas Leibwäsche … *(sieht die Hemden auf dem Arm von Herrn III)*… oh, Verzeihung, Sie haben da freundlicherweise meine Hemden… sehen Sie… mit Namenszeichen!

HERR III Ach, das ist mir sehr unangenehm…

HERR V Aus welchem Koffer waren die?

HERR III Da bin ich momentan überfragt…

HERR IV *(zu Herrn III)* Gehören diese Zeitschriften Ihnen?

HERR III Nein … aber sind in Ihrem Koffer getragene Socken … getragene halblange graue Socken…

HERR IV Wenn Sie selbst nachsehen wollen…

HERR I Wenn die Herren irgendwo ein braunes Reisenecessaire … *(nimmt es irgendwo heraus und sieht hinein)* … das könnte es…

HERR II Könnte es dieses sein? *(hat 6 Hemden und ein braunes Necessaire)*

HERR I Erlauben Sie bitte … *(nimmt das Necessaire)* … Ich bin da grade im Zweifel … *(sieht hinein)*…

HERR II Bitte sehr…

HERR I Hatten Sie eine weiße Zahnbürste? *(hält beide Zahnbürsten vor Herrn II)*

HERR II Das kann ich sehr schlecht sagen … *(sieht in das Necessaire von Herrn I)*… aber das ist mein Aftershave…

HERR I Sind das vier getragene und zwei saubere Hemden?

HERR II Zählen Sie doch mal nach…

HERR I *(zählt)*

HERR II *(zu Herrn V)* Jetzt fehlen mir noch Hemden…

HERR V Ich kann Ihnen drei von diesen geben…

HERR III *(hat einen Haufen graue und schwarze Socken auf dem Arm. Zu Herrn IV)* Aber ich hatte doch nicht *nur* Socken… da waren noch verschiedene Hemden, ein Necessaire, Unterhosen und ein kurzärmeliger Pullover…

HERR IV Und diese Hefte…?

HERR III Eins vielleicht ... aber nehmen Sie mir doch ein paar Socken ab ... *(Sie tauschen)*

HERR IV *(geht zu einem Koffer, an dem Herr V steht. Herr IV packt Socken und Hefte ein)* Ich glaube, so stimmt es ...

HERR V *(hat noch seine Hemden auf dem Arm)* Nur dieses karierte Taschentuch ... erlauben Sie? *(nimmt es)*

HERR I Oh, bitte sehr ...

HERR V *(geht zu einem anderen Koffer und wirft die Sachen hinein)*

*Die Herren schließen je einen Koffer, greifen unsicher nach den Duty-Free-Tüten, verlassen das Transportband, gehen durch den Ausgang und treffen dort auf ihre fünf Gattinnen, die kaum zu unterscheiden sind.*

# Mondgestein

*Die Älteren unter Ihnen werden sich noch daran erinnern, daß im Juli des Jahres 1969 der erste Mensch den Mond betrat. Schon jetzt steht dieses Ereignis im Schatten einer Sensation, deren Folgen für die Menschheit nicht abzusehen sind.*

*Heute gegen 13.00 Uhr erschien bei uns in der Redaktion einer der führenden deutschen lunarbiologischen Forscher, Professor Carlo Schlettenbach. Bei sich trug er die ihm von der* NASA *zur Verfügung gestellte Mondgesteinsprobe. Er teilte uns eine Entdeckung mit, die uns den Atem verschlug.*

*Herr Professor Schlettenbach befindet sich in diesem Augenblick im Studio. Hören Sie, was er der Öffentlichkeit mitzuteilen hat. Kurt Rösner führt das Gespräch.*

RÖSNER Herr Professor Schlettenbach, die Menschheit verdankt Ihnen eine Entdeckung von unabsehbarer Tragweite.

SCHLETTENBACH Wie? Was?… Ach ja!

RÖSNER Als Leiter des lunar-biologischen Instituts in Husum untersuchten Sie Proben des von Armstrong und Aldrin gesammelten Mondgesteins. Sie haben als erster darauf Leben entdeckt.

SCHLETTENBACH Äh-ja!

RÖSNER Und…

SCHLETTENBACH Was »und«?

RÖSNER Was haben Sie beobachtet?

SCHLETTENBACH Ich bin mit Hilfe des Elektronenmikroskops auf Lebewesen gestoßen. Zunächst auf Fußspuren, Zigarettenstummel, Speisereste etc., etc. und dann auf die Mondbewohner selbst.

RÖSNER Speisereste… ah… Und wie sehen sie aus, diese… hm… diese…

SCHLETTENBACH Was denn? Die Mondbewohner? Sie sehen aus wie Menschen.

RÖSNER Aha.

SCHLETTENBACH Natürlich kleiner, nicht wahr, kleiner, viel kleiner.

RÖSNER Aha.

SCHLETTENBACH Mit unbewaffnetem Auge ist der Mondmensch nicht zu sehen. Hier auf diesem Stein leben etwa 44 000 in zwei Kleinstädten und 16 dörflichen Gemeinden.

RÖSNER Hm.

SCHLETTENBACH Das Zusammenleben von Erd- und Mondbewohnern bietet übrigens vom Standpunkt des Wissenschaftlers kein ernstes Problem.

RÖSNER Neinnein!

SCHLETTENBACH Auch gegen die Aufnahme eheähnlicher Beziehungen zwischen Erd- und Mondbewohnern bestehen keine Bedenken.

RÖSNER Neinnein!

SCHLETTENBACH Ja – der körperliche Größenunterschied erfordert allerdings eine gewisse quantitative Angleichung.

RÖSNER Natürlich.

SCHLETTENBACH Ja – meines Erachtens kann beispielsweise eine gesunde Frau verlangen, daß ihr Lebensgefährte ohne Mikroskop erkennbar ist.

RÖSNER So!?

SCHLETTENBACH Ja – sie hätte nach vorsichtiger Schätzung also Anspruch auf, warten Sie … 100 000 bis 120 000 lunare männliche Ehepartner. Eng zusammengestellt erreichen dieselben etwa Erbsengröße. Der Gatte ist mit bloßem Auge sichtbar, dürfte aber wohl nicht als störend empfunden werden. Ein durchaus befriedigendes Ergebnis.

RÖSNER Vielen Dank, Herr Professor!

## Der Astronaut

*Fernsehstudio. Dem Moderator Schmoller sitzt ein Herr mittleren Alters gegenüber.*

SCHMOLLER Die drei amerikanischen Astronauten Perdy, Elden und Brown sind zu dieser Stunde Gäste des Bundespräsidenten. Ab morgen werden sie auf einer Tournee die größten Städte der Bundesrepublik besuchen. Da keiner der drei Astronauten für ein Interview zur Verfügung stand, baten wir Raumpilot Major Gary Wickliff zu uns ins Studio, der sich seit 1964 bereits zweimal auf einer Mondumlaufbahn befand. Wir möchten ihm Fragen stellen, die uns weniger der technischen als der menschlichen Seite der Raumfahrt näherbringen sollen. Mr. Wickliff, you are, I understand, an astronaut with considerable experience in deep space flight and have in fact been twice around the moon…

W. Wie bitte?

SCHMOLLER Oh – Sie sprechen Deutsch?

W. Jawohl…

SCHMOLLER Ja, dann ist ja alles viel einfacher! Also – Sie waren bereits zweimal auf einer Mondumlaufbahn…

W. Nein.

SCHMOLLER Nicht, aha, ah-so, aber schließlich sind Sie ja Astronaut, nicht wahr?

W. Nein.

SCHMOLLER Nicht. Aber nach meiner Information … äh … Sind Sie sicher, daß Sie nicht Astronaut sind?

W. Ja.

SCHMOLLER Aha – und Sie sind nicht früher mal Astronaut gewesen?

W. Nein, ich bin Verwaltungsinspektor.

SCHMOLLER Bitte?

W. Ich bin Verwaltungsinspektor.

SCHMOLLER Ah ja! Verwaltungsinspektor, Herr…

W. Wieland.

SCHMOLLER Herr Wieland… Verwaltungsinspektor, das ist ein erregender, abenteuerlicher Beruf…

W. Jaaa-eh…

SCHMOLLER Um als… Verwaltungsinspektor unter Tausenden von Bewerbern in die engere Wahl zu kommen, mußten Sie sich ungewöhnlich harten körperlichen Tests unterziehen.

W. Nein.

SCHMOLLER Nicht – aha – und die Schwerelosigkeit ist auch wohl nicht das Hauptproblem der… des Verwaltungsapparates…

W. Nein.

SCHMOLLER Herr Wieland, was war bisher die äußerste Beschleunigung, der Sie ausgesetzt waren?

W. Ja, alles in allem, in 18 Sekunden auf 100… Mein Wagen…

SCHMOLLER Und Ihr Kreislauf hat bisher nicht darunter gelitten?

W. Nein.

SCHMOLLER Nicht… aha… das… das ist erstaunlich… Herr Wieland, Sie sind verheiratet…

W. Ja.

SCHMOLLER Sie haben nicht den Eindruck, daß Ihr Beruf für Ihre Gattin eine unzumutbare Belastung darstellt…

W. Nein.

SCHMOLLER Sie vertreten also auch nicht die Ansicht, daß Verwaltungsbeamte grundsätzlich unverheiratet bleiben sollten…

W. Nein.

SCHMOLLER Nicht… hm-hm… ja… was war bisher die äußerste Entfernung von der Erdoberfläche, in der Sie gearbeitet haben?

W. Ja, wir arbeiten jetzt im… äh… dritten Obergeschoß.

SCHMOLLER Mhm, mhm … haben Sie jemals befürchtet, einmal von dort oben nicht mehr zurückzukehren?

W. Nein.

SCHMOLLER Nicht … aber trotzdem können Sie wohl fest damit rechnen, daß Ihnen nach dem… daß Ihnen nach dem Ausscheiden aus der… aus dem… aus dem Verwaltungsdienst eine repräsentative Stellung in der Industrie angeboten wird?

W. Was?!

SCHMOLLER Herr Wieland, wir danken Ihnen für dieses Gespräch.

## Professor E. Damholzer

WALLNER Herr Professor Damholzer, Sie wissen, daß vor drei Jahren der Versuch Ihres Kollegen, Professor Mutzenberger, Frauen in Kaninchen zu verwandeln, zwar geglückt ist, aber doch, zumindest in wissenschaftlichen Kreisen, auf Bedenken stieß. Was hat Sie bewogen, dennoch an einer weiteren Mutation zu arbeiten, in diesem Fall an einer starken körperlichen Verkleinerung lebender Menschen?

DAMHOLZER Herr … Wallner, zunächst einmal ist zum Mutzenbergerschen Versuch zu sagen, daß der Gedanke einer drastischen Einschränkung des derzeitigen Frauenüberschusses durchaus zu begrüßen war. Nur hat die massenweise Verwandlung von Frauen in Kaninchen ein neues, ernstes Problem aufgeworfen: die Kaninchenplage.

WALLNER Herr Professor, Sie meinen also …

DAMHOLZER Ich konnte nachweisen, daß man die Frau als solche auch in Massen kaum noch als Belästigung betrachtet, wenn sie kleiner ist als 10 Zentimeter. Ich bewies darüber hinaus, daß durch biochemische Größenkorrektur, also künstliche Ver-klei-ne-rung aller Menschen – auch der Männer –, sämtliche Umweltprobleme zu lösen sind.

WALLNER Herr Professor, gestern ist Ihnen der Nobelpreis verliehen worden für die erste gelungene Verkleinerung eines niedersächsischen Ministerialrats von 1 Meter 78 auf 0 Komma 002 Millimeter. Können Sie uns, in vereinfachter Form, erklären, wie das gelang?

DAMHOLZER Natürlich... Mit Hilfe von lauwarmer Askorbinsäure in Verbindung mit polarisiertem Diamethylentetramin.

WALLNER Natürlich ... Herr Professor, ist daran gedacht, sämtliche Ministerialräte stark zu verkleinern?

DAMHOLZER Nein, Herr Wallner, neinnein, es wird erwogen, alle Kraftfahrzeugbesitzer auf eine Durchschnittsgröße von 0 Komma 8 Millimeter zu bringen. Zunächst auf freiwilliger Basis.

WALLNER Befürchten Sie da für den Autofahrer nicht Schwierigkeiten beim Lenken des Kraftfahrzeugs?

DAMHOLZER Nun, Herr Wallner, einmal ist das wohl eine Gewohnheitssache und zum andern ein Problem der Automobilindustrie. Für uns ist entscheidend, daß rund fünfzigtausend Personen bequem in einem Mittelklassewagen Platz finden. Das heißt, daß sämtliche Einwohner der Bundesrepublik in etwa 200 Automobilen nach Italien reisen könnten.

WALLNER Herr Professor...

DAMHOLZER Das heißt, daß in dieser Streichholzschachtel alle Bundestagsabgeordneten zu einer Plenarsitzung Platz nehmen könnten, ohne daß ihre geistige Regsamkeit merklich nachlassen würde.

WALLNER Herr Professor, es wäre also möglich...

DAMHOLZER Es wäre möglich, auf Geburtenregelung völlig zu verzichten und einer lustbetonten, natürlichen Fortpflanzung weitere zwei Millionen Jahre ihren Lauf zu lassen, da unser Planet rund 146 Trilliarden Kleinstmenschen mühelos ernähren könnte. Allein der derzeitige Weltvorrat an Blattspinat böte eine ausreichende Sättigungsgrundlage für mehrere Millionen Jahre.

WALLNER Die Wissenschaft wäre demnach in der Lage...

DAMHOLZER Die Wissenschaft garantiert den Fortschritt *und*... die einzigen möglichen

Auswege aus drohenden Katastrophen. Wissenschaft bedeutet Verantwortung. Über Wohl und Wehe der Menschheit entscheiden in Zukunft nicht die Politiker *(hebt Streichholzschachtel hoch)*, sondern wir Wissenschaftler.

WALLNER Herr Professor, wären Sie bereit, uns Ihre Entdeckung hier praktisch zu… äh… praktisch vorzuführen?

DAMHOLZER Selbstverständlich… *(trinkt aus einem Reagenzglas… sieht nach der Uhr… verschwindet plötzlich)*

WALLNER *(sieht ratlos auf dem Tisch hin und her, entdeckt etwas sehr Kleines, schlägt mit der Hand drauf und sieht verstört in die Kamera)*

# Das Tier als solches

# Vier Beine insgesamt

»Von allen Seiten schön«, heißt die Ausstellung im Alten Museum. Ein Titel, wie er im Hinblick auf eine Mopshündin nicht treffender sein könnte. (Hier ist nicht der Ort, den Begriff »schön« zu definieren. Natürlich ist auch die Venus von Milo schön. Aber die hat eben doch nur zwei Beine, von den Armen ganz zu schweigen.) Die Mopshündin ist seit einigen Jahrhunderten in Kassel beheimatet, stammt jedoch mit ziemlicher Sicherheit aus München. Gefertigt um das Jahr 1600, steht sie auf der Nahtstelle eines bedeutenden kulturellen Umbruchs. Während die Hinterbeine sich anschicken, die Renaissance zu verlassen, sträuben sich die Vorderbeine, das Barock zu betreten. Vier Beine also insgesamt. Ein Zeugnis für die ungewöhnlich präzise Beobachtungsgabe des Künstlers, der das Tier während der Arbeit offensichtlich vor Augen hatte. Die Füße der Möpsin sind in höfischer Tradition leicht auswärts gestellt. Ein Hinweis auf längeren Aufenthalt in fürstlichen Familien, wenngleich im übrigen keine weitere aristokratische Degenerationserscheinung zum Ausdruck kommt. Lediglich die Ansicht von hinten gemahnt an ein seit Jahrhunderten tradiertes Schönheitsideal: der Schwanz bleibt in straff geschlossener Spirale bei gleichzeitiger Freigabe der rückwärts gerichteten

Darmöffnung ganztägig erhoben. Am anderen Ende befindet sich der Kopf. Ein Arrangement, das sich im Lauf der Zeiten als zweckmäßig erwiesen hat. Im ganzen gesehen ist das Bildwerk zehn Zentimeter höher und länger als alle bekannten Möpse. Mit dieser Monumentalisierung wird eine Besonderheit der Gattung Mops verdeutlicht: irrtümlich halten sich Möpse selbst für groß.

Aus gutem Grund ist der Name der Möpsin nicht überliefert. Man weiß, daß Möpse infolge ihres hohen Intelligenzgrades niemals auf die Nennung ihres Namens reagieren, was auch für das besprochene Exemplar zutrifft.

Man kann so viel lernen von Möpsen.

[721]

## Der sprechende Hund

*Fernsehinterview. Ein Reporter spricht mit Herrn Dr. Sommer und seinem Hund. Es handelt sich um ein großes, dickes, langhaariges Tier, das zwischen den beiden Herren sitzt.*

REPORTER Guten Abend, meine Damen und Herren… als Gast im Studio begrüßen wir heute Herrn Dr. Sommer, den Gründer und Leiter der Tierpädagogischen Hochschule in Cuxhaven, und seinen besten Freund und Schüler…

HUND *(macht ein unanständiges Geräusch mit der Zunge)*

REPORTER Herr Dr. Sommer, Sie erteilen diesem Hund seit Jahren Sprechunterricht…

DR. SOMMER Jawohl…

REPORTER In deutscher Sprache…

DR. SOMMER Richtig…

REPORTER … Und Ihre Bemühungen hatten Erfolg…

DR. SOMMER So ist es…

REPORTER Der Hund kann also sprechen?

DR. SOMMER Jawohl…

REPORTER Richtig sprechen wie ein Mensch?

DR. SOMMER Ja…

REPORTER Das ist sen-sa-tio-nell! Wie heißt denn das Tier?

DR. SOMMER Bello…

REPORTER …Und was kann er sprechen?

DR. SOMMER Was Sie wollen…

REPORTER Ja, was denn so zum Beispiel?

DR. SOMMER Na, sagen Sie irgendwas…

REPORTER Ich soll was sagen?

DR. SOMMER Ja…

REPORTER Äh… *(denkt nach)*… mein Gott, *ich kann* doch sprechen! Der *Hund* soll irgendwas sagen!

DR. SOMMER Jaja, aber sagen *Sie* doch, was er sagen soll!

REPORTER Äh… na zum Beispiel den Namen von irgendeinem berühmten Schauspieler…

DR. SOMMER … Und welchen?

REPORTER … Irgendeinen… wie heißt denn dieser Blonde?

DR. SOMMER Heinz Rühmann…

REPORTER Nein, der andere…

DR. SOMMER Curd Jürgens…

REPORTER Neinnein… irgendwas mit »F«…

DR. SOMMER Mit »F«…

REPORTER … oder »P«…

DR. SOMMER Marlene Dietrich…

REPORTER So ähnlich…

DR. SOMMER Hat er nicht in dem Film mitgespielt?

REPORTER In welchem?

DR. SOMMER … von diesem italienischen Regisseur … ich komme jetzt nicht auf den Namen…

REPORTER … mit »I«?

DR. SOMMER Er heißt so ähnlich wie eine Autofirma…

REPORTER BMW…

DR. SOMMER Neinnein … äh … dieser Fußballspieler fährt so einen…

REPORTER Welcher Fußballspieler?

DR. SOMMER … Der das Tor in dem Endspiel geschossen hat…

REPORTER Wo? In Hamburg?

DR. SOMMER Nein…

REPORTER In Bremen?

DR. SOMMER Nein … äh…

REPORTER Herr Dr. Sommer, mit welcher Methode haben Sie dem Hund Sprechen beigebracht, und wie lange hat es gedauert?

DR. SOMMER Über vier Jahre habe ich das Tier täglich acht Stunden unterrichtet, durch langsames Vorsprechen, Zungenübungen und intensive Atemtechnik…

HUND *(macht ein unanständiges Geräusch mit der Zunge)*

REPORTER Sen-sa-tio-nell! Herr Dr. Sommer, könnte der Hund jetzt mal irgendwas sprechen?

DR. SOMMER Gern … *(zum Hund)* … Bello! … Sag mal »Wo«…

HUND Ho...

REPORTER Ah... ja... Jetzt vielleicht etwas Längeres...

DR. SOMMER ... Und was für ein Thema hätten Sie gern...

REPORTER Das ist ganz egal...

DR. SOMMER Vielleicht etwas Politisches...

REPORTER Neinnein...

DR. SOMMER ... Oder aus dem kirchlichen Bereich?

REPORTER Ach nein...

DR. SOMMER Ja, was denn nun?

REPORTER Irgendwas Nettes, Normales...

DR. SOMMER Bitte sehr... *(zum Hund)*... Bello... sag mal... Otto holt große, rote Rosen...

HUND Hoho ho hoho hoho hoho...

REPORTER Man muß schon sehr genau hinhören!

DR. SOMMER Botanische Themen liegen ihm nicht so...

REPORTER Also meinetwegen etwas aus dem kirchlichen Bereich...

DR. SOMMER Gern... *(zum Hund)* Bello... sag mal ... Neun Nonnen holen Kohlen zum Kohleofen...

HUND Ho hoho hoho hoho ho hohohoho...

REPORTER Ich weiß nicht, Herr Doktor, ich weiß nicht, ob das Tier diesem Thema gewachsen ist... Vielleicht sollten wir religiöse Bereiche überhaupt ausklammern...

DR. SOMMER Wie Sie wünschen ... dann eventuell doch noch eine politische Äußerung?

HUND *(macht ein unanständiges Geräusch mit der Zunge)*

REPORTER Neinnein...

DR. SOMMER ... Oder etwas aus der Wirtschaft?

REPORTER Ja bitte...

DR. SOMMER ... Über Atomstrom...

REPORTER Nein, das sagt er nicht! Politische Äußerungen von Hunden sind auf dem Bildschirm unerwünscht...

DR. SOMMER Aber ich versichere Ihnen, das...

REPORTER Neinnein...

DR. SOMMER Ich versichere Ihnen, das Tier äußert sich rein privat ... ohne jeden politischen Aspekt...

REPORTER Atomstrom *ist* ein politischer Aspekt...

DR. SOMMER Na wenn schon...

REPORTER ...Und nicht Hunde, sondern Politiker haben darüber zu sprechen!

DR. SOMMER Bello hat das Recht, über Atomstrom zu sprechen ... wie ein Politiker!

HUND *(macht ein unanständiges Geräusch mit der Zunge)*

REPORTER Aber er weiß ja nicht, wovon er spricht!

DR. SOMMER ... wie ein Politiker!

REPORTER Also gut ... aber nicht länger als eine Minute...

DR. SOMMER Bello ... sag mal ... Herr Otto Mohl

fühlt sich unwohl am Pol ohne Atomstrom …

HUND Ho Hoho ho ho ho hoho ho ho hoho hohoho …

REPORTER Solche Äußerungen heizen die Diskussion wieder ganz unnötig an …

DR. SOMMER Also gut … Bello … sag mal … Otto Kohl fühlt sich wohl bei der Oberpostdirektion …

HUND Hoho ho ho ho ho hoho Hohohohohoho …

REPORTER Na, das hat ja nun wieder überhaupt keinen aktuellen Bezug! Kann er nichts aus dem Themenkreis des Fernsehprogramms …

DR. SOMMER … Bello … sag mal … Talkshow …

HUND Hoho …

REPORTER Herr Dr. Sommer, darf ich offen sprechen?

DR. SOMMER Na und …?

REPORTER Der Hund *kann* überhaupt nicht sprechen!

DR. SOMMER Das ist eine unverschämte Behauptung!

REPORTER Der Hund beherrscht nur einen einzigen Buchstaben … so etwas wie »O« …

HUND *(stößt einen langgezogenen, jaulenden Klagelaut aus)*

REPORTER Was hat er denn jetzt wieder gesagt?

DR. SOMMER Fischers Fritze fischt frische Fische …

HUND *(macht ein unanständiges Geräusch mit der Zunge)*

## Die weiße Maus

*Ein korrekt gekleideter, älterer Herr steht etwas ratlos in einer Kleintierhandlung.*

HERR *(sieht in ein Aquarium)* ... Ich hätte gern einen Vogel oder so was...

VERKÄUFER Wie wär's denn mit'm Meerschweinchen?

HERR Jaa... aber es sollte mehr wie eine Ente sein...

VERKÄUFER *(tonlos)* Eine Ente...

HERR Nur nicht zu klein...

VERKÄUFER ...Und ein Zwergpudel... ein Riesenzwergpudel?

HERR Haben Sie nicht irgendwas ohne Haare?

VERKÄUFER Einen Fisch wollen Sie keinen?

HERR Doch... auch... aber vielleicht sind Fische nicht so anschmiegsam ... wissen Sie, ich bin unverheiratet... ich lebe allein... und da dachte ich, eine Ente...

VERKÄUFER Eine Ente...

HERR So als guter Kamerad, mit dem man so richtig durch dick und dünn... wissen Sie...

VERKÄUFER Ja... aber ich habe keine Ente...

HERR Überhaupt keine?

VERKÄUFER *(sieht in einen kleinen Karton)* Nein!

HERR Schade ... *(betrachtet ein Terrarium mit weißen Mäusen)* ... und das hier?

VERKÄUFER Das sind weiße Mäuse ...

HERR Ach, *das* sind weiße Mäuse!!

VERKÄUFER Ganz frische Ware ...

HERR Ich denke, es gibt gar keine weißen Mäuse!

VERKÄUFER *(sieht den Herrn starr an)*

HERR ... ich dachte, »weiße Mäuse« ist mehr so ein geflügeltes Wort!

VERKÄUFER *(unsicher)* Das ist mir neu ...

HERR Goldig ... aber wieder ganz anders als Enten, gell?

VERKÄUFER Will ich nicht sagen ...

HERR Aber die huschen so ... die watscheln nicht!

VERKÄUFER ... die watscheln nicht? ...

HERR Mein Gott, das sieht man mit bloßem Auge ... Sie sind doch Zoologe ...

VERKÄUFER Wollen Sie lieber 'n Papagei? ... der watschelt!

HERR Neinnein ... jetzt will ich eine Maus ... aber nicht so nervös wie diese ... haben Sie keine anderen?

VERKÄUFER Nein ... leider ...

HERR Führen Sie wirklich nur diese *nervöse* Sorte?

VERKÄUFER *(unsicher)* Ich hätte da noch ein Einzelstück ... aber das wird Ihnen auch nicht gefallen … *(holt unter dem Ladentisch eine tote Maus hervor und legt sie auf den Ladentisch)*

HERR Goldig … die ist nicht so nervös wie die andern, gell …

VERKÄUFER Neinnein …

HERR Ich liebe Tiere … aber sie müssen charakterlich in Ordnung sein. Vor allen Dingen sauber. Ich kaufe nämlich keine Katze im Sack …

VERKÄUFER So!

HERR Macht die viel Schmutz?

VERKÄUFER Nein, überhaupt nicht …

HERR Laufen weiße Mäuse im allgemeinen gern?

VERKÄUFER Ja … den ganzen Tag!

HERR Ich gehe nämlich täglich zwei Stunden spazieren … Diese ist doch nicht *zu* lebhaft?

VERKÄUFER Momentan weniger …

HERR Aber sie bewegt sich so gut wie überhaupt nicht!

VERKÄUFER Dooooch … *(bewegt die tote Maus mit dem Zeigefinger)* … aber wenn Sie lieber eine von den nervösen hätten …

HERR Neinnein …

VERKÄUFER Is auch tadellos im Fell …

HERR … Und charakterlich?

VERKÄUFER Sehr anständig …

HERR Wissen Sie, Tiere müssen gehorchen

können, sonst muß man hart durchgreifen, ganz hart! Schnarcht die?

VERKÄUFER Nein... wolln Sie sie nun mitnehmen?

HERR Na schön...

VERKÄUFER *(beginnt die tote Maus einzuwickeln)*

HERR ... Aber vielleicht hätte ich doch lieber so eine bewegliche...

VERKÄUFER *(wickelt die Maus enerviert wieder aus)*

HERR ... Aber wenn Sie meinen...

VERKÄUFER *(wickelt sie wieder ein)* Das ist erstklassige Ware ... tadellos im Fell ... Dreiachtzig... *(schiebt das Päckchen rüber)*

HERR *(zahlt)* Machen weiße Mäuse eigentlich irgendwas?

VERKÄUFER Wie... machen?

HERR Ich meine, können die was nachpfeifen oder nachsprechen oder so?

VERKÄUFER Piepen... die piepen...

HERR Ach, die piepen ... *(hält das Päckchen ans Ohr)* Piept die?

VERKÄUFER Nein... im Moment nicht...

HERR *(mit dem Päckchen am Ohr)* Goldig...

# Der wilde Waldmops

Der Mops genießt heute einen zweifelhaften Ruf als ringelschwänziges Schoßtier. Das war nicht immer so. Rekonstruktionen nach jüngsten Knochenfunden beweisen, daß der Mops durch blinden Züchter-Ehrgeiz in den letzten 500 Jahren nicht nur seine Nase völlig eingebüßt hat. Wenn wir die Entwicklung einmal zurückverfolgen, stoßen wir schon im 16. Jahrhundert auf einen Mops, dessen edler Körperbau das Herz des Tierfreundes höher schlagen läßt. Als Herr des Waldes durchstreifte der Mops einst Europa zwischen Ural und Fichtelgebirge. Heute weiden nur wenige wilde Möpse in unbewohnten Waldungen Nordschwedens.

Ende des 16. Jahrhunderts galten die mächtigen Mopsschaufeln noch als beliebte Jagdtrophäe. Im Lauf des 17. Jahrhunderts hat man sie jedoch rücksichtslos zurückgezüchtet, da sich 14-Ender im Schoße älterer Damen als hinderlich erwiesen hatten. Der Mops wurde gefahrlos und damit konsumgerecht.

In Deutschland hat lediglich der scheue Waldmops die freiheitliche Würde seiner Vorfahren bewahrt. Er führt zwar ein zurückgezogenes Höhlendasein, richtet jedoch im deutschen Wald jährlich pro Kopf Schaden von rund 40 000,– DM an. Auf Nahrungssuche verwüstet er Quadratkilometer wertvollen Waldbestandes, nimmt Vogelnester aus, reißt Rotwild und stellt Singvögeln nach, wobei ihm sein kurzes, aber kräftiges Gehörn wertvolle Dienste leistet.

Den Winter verbringt der Waldmops mit Hunderttausenden seiner Artgenossen in Südafrika, während er im Frühjahr die Wesermündung aufsucht, um sich dort zu paaren. Die rasch ausschlüpfenden Jungen streben eiligst dem Wasser zu, um den gierigen Schnäbeln der Kohlmeisen zu entgehen. Wer überlebt, schwimmt nach rätselhaften uralten Naturgesetzen stromaufwärts, um an den Laichplätzen der Lachse schwere Schäden anzurichten. Wir meinen, daß falsch verstandene Romantik hier fehl am Platze ist.

# Die Steinlaus
*und*
*Professor Grzimek*

*Guten Abend, meine lieben Freunde…*

…heute habe ich Ihnen eine Steinlaus mitgebracht, das kleinste Nagetier unserer Heimat. Bis auf wenige Exemplare in einigen zoologischen Gärten Europas ist es wahrscheinlich ausgestorben. Wie schon so viele Geschöpfe auf unserer Erde hat der Mensch auch diesen possierlichen kleinen Kerl durch übertriebene Hygiene und den rücksichtslosen Gebrauch von Spray-Flaschen so gut wie ausgerottet.

Mit bloßem Auge ist die Steinlaus nicht erkennbar. Erst unter dem Mikroskop in vieltausendfacher Vergrößerung sehen wir den gefräßigen kleinen Nager mit dem kräftigen Gebiß, das ihm zum Zerkleinern der steinharten Nahrung willkommene Dienste leistet.

Bis vor einigen Jahren lebte die Steinlaus noch zu Tausenden in den Wohn- und Geschäftshäusern unserer Großstädte und ernährte sich von allerlei Baumaterial, wobei sie gelegentlich auch einen Eisenträger nicht verschmähte. Da konnte es dann schon mal passieren, daß ein Bauwerk im Ganzen etwas nachgab. Der Appetit einer geschlechtsreifen Steinlaus ist erstaunlich. Etwa 28 Kilogramm Beton und Ziegelsteine benötigt das Männchen zur täglichen Sättigung ... während der Schwangerschaft verzehrt ein Weibchen fast das Doppelte. Natürlich konnten die kleinen Tierchen nicht unterscheiden, ob ein Haus noch benutzt wurde oder nicht. Darunter litten allerlei öffentliche Gebäude, hier und da auch mal ein Gotteshaus.

Die städtischen Behörden zeigten für die Lebensbedürfnisse der Steinlaus immer weniger Verständnis, und innerhalb von wenigen Jahren wurden auch die letzten großen Steinlaus-Bestände durch den Menschen vernichtet.

Heute gibt es, nach sorgfältiger Aufzucht, schon wieder mehr als fünfzig Exemplare. Aber es wird noch Jahrzehnte dauern, bis die Steinlaus wieder in unseren Großstädten heimisch wird, wo tierliebende Architekten in jüngster Zeit reichliche Nahrung für Tausende von Steinlausfamilien bereitgestellt haben...

# Film und Fernsehen

*Für den Fall, daß an Ihrem Fernsehgerät aufgrund atmosphärischer Umweltbelastungen Bild- und Tonstörungen auftreten, können Sie diese mühelos selbst beheben. Nach Entfernen des astigmatischen Ablenkfeldindikators setzen Sie dem Hypertrophalcoder einfach ein 2. Fluminanzsignal zu und justieren am Mikroswitch den differenziellen Paraboloidphasenfehler durch Twisten des hightouchable Autikon-Transistors. Die restliche Feinabstimmung erfolgt wie üblich durch Trigiminalverschiebung im Korrekturbereich der Horizontalfrequenz. Wir wünschen guten Empfang.*

## Studiointerview

*Professor Häubl und ein Interviewer sitzen in einem Fernsehstudio vor den Kameras und warten auf das Zeichen zum Beginn ihres Interviews.*

INTERVIEWER *(in die Kamera)* … Ist unser Interview jetzt dran? … *(zu Häubl)* … Ich weiß nicht, wann wir im Bild sind … das Rotlicht an der Kamera funktioniert nicht … *(zur Kamera)* … Halloo … hört mich jemand in der Regie? … Halloo … *(zu Häubl)* … Ist da irgendwas mit der Technik?

HÄUBL *Mich* dürfen Sie da nicht fragen …

INTERVIEWER Wie meinen Sie?

HÄUBL Das dürfen Sie *mich* nicht fragen …

INTERVIEWER Wieso …? Ich habe nur nicht verstanden, was Sie gesagt haben …

HÄUBL Ich sagte, daß Sie *mich* da nicht fragen dürfen …

INTERVIEWER Ja, *das* habe ich verstanden … aber davor … was Sie davor gesagt haben …

HÄUBL Nichts … und Sie … was hatten Sie gesagt?

INTERVIEWER Ich habe bloß nicht verstanden, was Sie gesagt haben…

HÄUBL Nein … zuerst, was Sie ganz zuerst gesagt haben…

INTERVIEWER … ob da was mit der Technik nicht in Ordnung ist…

HÄUBL Na, das dürfen Sie mich eben nicht fragen…

INTERVIEWER … Wie bitte?

HÄUBL Darf ich Sie höflich darauf aufmerksam machen, daß in einer Stunde mein Zug geht?

INTERVIEWER Sowie ich das Zeichen von der Regie…

HÄUBL Wenn Sie also Wert darauf legen, mich zu interviewen…

INTERVIEWER Ich warte nur auf das Rotlicht, sowie ich das Zeichen von der Regie bekomme, fangen wir an. Ich arbeite seit Jahren mit diesem Sender und habe so etwas noch nicht erlebt!

HÄUBL Jedenfalls habe ich nicht die Absicht, hier im Studio zu übernachten!

INTERVIEWER So?! … *(lange Verlegenheitspause)* … Meine Frau ist ein Steinbock…

HÄUBL Ich habe einen Langhaardackel…

INTERVIEWER Ich bin ein Fisch … Steinbock und Fisch geht ganz gut…

HÄUBL Früher hatte ich zwei Langhaardackel, das ging überhaupt nicht…

INTERVIEWER Es kommt natürlich auch auf die Aszendenten an...

HÄUBL ... die brauchen ihren Auslauf, müssen täglich gebürstet werden und haben dauernd was mit den Ohren...

INTERVIEWER Steinböcke sind im Grunde sehr eigensinnig ... möchten Sie mal ein Foto von meiner Frau sehen?

HÄUBL Nein danke... Sind wir jetzt dran?

INTERVIEWER *(zur Kamera)* ... Ich weiß nicht ... Halloo ... *(zu Häubl)* ... Nein, ich glaube nicht...

HÄUBL Hm... *(klopft mit der Hand auf seine Sessellehne. Pause)*

INTERVIEWER Kennen Sie eigentlich Bilinsky?

HÄUBL Nein...

INTERVIEWER Günther Bilinsky?

HÄUBL Nein...

INTERVIEWER Mit dem war ich in einer Klasse ... 1938 ... er zog dann nach Böblingen und hat da geheiratet...

HÄUBL Ach...

INTERVIEWER Waren Sie mal in Böblingen?

HÄUBL Nein...

INTERVIEWER Überhaupt nicht?

HÄUBL Nein...

INTERVIEWER Kennen Sie Hartmut Schöttel?

HÄUBL Nein...

INTERVIEWER Der ist jetzt auch schon Anfang Fünfzig...

HÄUBL Ach…

INTERVIEWER Aber sehr amüsant… ich bin ihm nur einmal begegnet…

HÄUBL Ach…

INTERVIEWER … in Krefeld … *(Pause)* … Kennen Sie Heinz Riedel?

HÄUBL Nein, kennen Sie Professor Duwe?

INTERVIEWER Nein…

HÄUBL Sehen Sie! *(Pause)* Da … da ist das Rotlicht…

INTERVIEWER Wo?

HÄUBL Da!

INTERVIEWER Wo? … Ah ja! … Herr Professor Häubl…

HÄUBL Jetzt habe ich keine Lust mehr…

INTERVIEWER Herr Professor Häubl, Sie sind Inhaber des Lehrstuhls für plasmatische Pneutologie…

HÄUBL Pneumatische Plastologie…

INTERVIEWER Was versteht man unter plasmatischer Pneutologie?

HÄUBL Die pneumatische Plastologie beruht auf neuen Erkenntnissen im psychosomatischen Bereich.

INTERVIEWER Sa-gen-haft! … Und was ist das? … so ungefähr…

HÄUBL Atemtechnik.

INTERVIEWER Genau! … und?

HÄUBL Was … und?

INTERVIEWER Und was? … Atemtechnik und was?

HÄUBL Ich habe einfach keine Lust mehr, Ihnen das zu erklären!

INTERVIEWER *(nach kurzem erschrecktem Umsehen)* Herr Professor, wir sind auf Sendung, und Sie befinden sich in einer rechtlichen öffentlichen Anstalt...

HÄUBL Na und?

INTERVIEWER Dies ist ein öf-fent-liches Haus!

HÄUBL Toll!

INTERVIEWER *(in die Kamera)* Abschalten!

HÄUBL Ha!

INTERVIEWER Schaltet doch eure dämliche Kamera ab!

HÄUBL Erst sagen Sie mir am Telefon, das Interview dauert nur fünf Minuten, dann sitze ich hier den ganzen Abend rum, und jetzt belästigen Sie mich mit dieser impertinenten Fragerei!

INTERVIEWER *(hysterisch)* Hahahaha ... jeder andere wäre froh, wenn er seinen Quatsch über den Bildschirm verbreiten dürfte!

HÄUBL *(klopft nervös mit der Hand auf die Sessellehne)* Also gut... die pneumatische Plastologie ermöglicht durch Atemtechnik plastische Veränderungen am eigenen Körper... Punkt.

INTERVIEWER Ah... ja!

HÄUBL Unter der Voraussetzung äußerster Konzentration!

INTERVIEWER Können Sie das hier demonstrieren?

HÄUBL Selbstverständlich!

INTERVIEWER Dann seien Sie doch so freundlich!

HÄUBL Ich bitte um äußerste Ruhe... *(er hält den Atem an. Preßt. Sein Kopf rötet sich. Sein Zeigefinger wird etwa 30 cm lang und 8 cm dick)*

INTERVIEWER Sa-gen-haft! ... Ist es ... geht das ... ich meine, können Sie das mit jedem Körperteil?

HÄUBL Natürlich...

INTERVIEWER Ach...

HÄUBL Passen Sie auf...

INTERVIEWER Neinnein *(schneller Blick zur Kamera)* Vielleicht ist es besser...

HÄUBL *(gepreßt)* ... Ich bitte um äußerste Ruhe *(sein Kopf rötet sich, und seine Ohren vergrößern sich auf das Zehnfache)*

INTERVIEWER Sa-gen-haft! ... Aber wozu ist das nützlich?

HÄUBL Nützlich? Herr... äh...

INTERVIEWER Gilling...

HÄUBL Herr Gilling, der Wissenschaftler arbeitet uneigennützig im Dienste der Menschheit... Wissenschaft ist keine Frage der Nützlichkeit, sondern des Fortschritts!

INTERVIEWER Ah ja... aber es sieht so... so unschön aus!

HÄUBL Natur ist überall schön!

INTERVIEWER Herr Professor Häubl, könnte beispielsweise auch ich persönlich mich durch konzentrierte Atemtechnik plastologisch verändern?

HÄUBL Natürlich...

INTERVIEWER Jetzt gleich?

HÄUBL Halten Sie die Atmung an ... heben Sie das Zwerchfell ... konzentrieren Sie sich auf einen Körperteil... Pressen Sie leicht... jetzt stärker...

INTERVIEWER *(preßt. Sein Kopf rötet sich, und seine Nase wird etwa 20 cm lang und 15 cm dick)*

HÄUBL Na bitte!

INTERVIEWER Sa-gen-haft ... und jetzt wieder zurück!

HÄUBL Warum?

INTERVIEWER Unsere Sendezeit ist um!

HÄUBL Ach so... *(atmet kräftig aus, sein Finger wird wieder normal)*

INTERVIEWER Und ich?

HÄUBL Atmen Sie kräftig aus... Entspannen Sie das Zwerchfell...

INTERVIEWER Ja!

HÄUBL ... entspannen!

INTERVIEWER Ja doch!

HÄUBL Noch mehr!

INTERVIEWER Mehr kann ich nicht!

HÄUBL Nicht verkrampfen!

INTERVIEWER Neinnein...

HÄUBL Mein Gott, tun Sie doch, was ich sage!

INTERVIEWER Tue ich ja!

HÄUBL Sie stellen sich aber sehr ungeschickt an!

INTERVIEWER Ich mache genau, was Sie sagen!

HÄUBL Aber das Ding wird nicht kleiner!

INTERVIEWER Das sehe ich auch!

HÄUBL Denken Sie an was Kaltes!

INTERVIEWER Mir fällt nichts ein!

HÄUBL Dann kommen Sie Ende August in meine Sprechstunde!

INTERVIEWER Ich danke Ihnen für dieses Gespräch!

HÄUBL Bitte...

## Inhaltsangabe

ANSAGERIN *(mit gewinnendem Lächeln)* Guten Abend, meine Damen und Herren!

Heute sehen Sie die achte Folge unseres sechzehnteiligen englischen Fernsehkrimis ›Die zwei Cousinen‹.

Zunächst eine kurze Übersicht über den Handlungsablauf der bisher gesendeten sieben Folgen.

Auf dem Landsitz North Cothelstone Hall von Lord und Lady Hesketh-Fortescue befinden sich außer dem jüngsten Sohn Meredith auch die Cousinen Priscilla und Gwyneth Molesworth aus den benachbarten Ortschaften Nether Addlethorpe und Middle Fritham, ferner ein Onkel von Lady Hesketh-Fortescue, der neunundsiebzigjährige Jasper Fetherston, dessen Besitz Thrumpton Castle zur Zeit an Lord Molesworth-Houghton, einen Vetter von Priscilla und Gwyneth Molesworth, vermietet ist.

Gwyneth Molesworth hatte für Lord Hesketh-Fortescue in Nether Addlethorpe einen Schlipth … Verzeihung … einen Schlips besorgt, ihn aber bei Lord Molesworth-Houghton in Thrumpton Castle liegenlassen. Lady Hesketh-Fortescue verdächtigt ihren Gatten, das letzte Wochenende mit Priscilla Molesworth in Middle Fritham verbracht zu haben. Gleichzeitig findet Meredith Hesketh-Fortescue auf einer Kutschfahrt mit Jasper Fetherstone von Friddle … äh … Fiddle Mith … Middle Fritham nach North Cothelstone Hall in Thrumpton Castle den Schlipth aus Nathel … Naddle … Entschuldigung … Nether Addlethorpe …

Nach einer dramatischen Auseinandersetzung zwischen Lady Hesketh-Fortescue und Priscilla Molesworth in North Cothelstone Hall eilt Gwyneth Molesworth nach dem zwei Meilen entfernten South Thoresby, um ihre Tanten Amelie Hollingworth und Lucinda Satterthwaite aufthuthu … aufzusuchen.

Diese sind jedoch nach North Thurston zu ihrem Schwager Thomas Thatcham gefahren, der als Gärtner in Thrumpton Castle bei Lord Molesworth-Houghton arbeitet.

Gwyneth Molesworth fährt nach North Cothelstone Hall zurück, aber nicht über Maddle ... Middle Addlethorp, thondern über North Thurston, Thrumpton Castle, Middle Fritham und Nether Addlethorpe. Dort triffth thie Priscilla Molesworth, die mit Lord Molesworth-Houghton noch nachth von Naddle ... Thaddle Nather ... Thoddle Nether... Noddle... *(verzweifelter Blick in die Kamera. Abblende)*

# Sollen Hunde fernsehen?

*Eine Festrede*

Meine sehr verehrten Damen und Herren,

zwangsläufig sehe ich hin und wieder ein erbarmungsloses Auge auf mich gerichtet: das Objektiv der Kamera im Studio 3 des Süddeutschen Rundfunks. Aber das wirkt doch recht verträumt im Vergleich zu den 250 Augenpaaren, auf deren Netzhäuten sich bereits so etwas wie die Umrisse eines kalten Buffets abzeichnen.

Wenn ich dennoch ungerührt in meinen Ausführungen fortfahre, zeugt das für die Rücksichtslosigkeit, mit der ein Fernsehschaffender von heute die Wünsche des Publikums mißachtet, um die Gelegenheit zu eitler Selbstdarstellung zu nutzen.

Bevor ich mich genötigt sehe, weitere ernste, ja bestürzende Dinge zur Sprache zu bringen, möchte ich einer Pflicht genügen, die mir ebenso angenehm wie ehrenvoll erscheint. Es ist der Dank im Namen aller derjenigen, die heute mit der Goldenen Kamera ausgezeichnet wurden, an alle diejenigen, die sie gestiftet und vergeben haben. An den Verleger und die Jury der größten deutschen Fernsehillustrierten – die nicht genannt sein möchte.

Meine Damen und Herren, wir wollen eine Frage an den Anfang stellen, deren ständig wachsender Bedeutung wir uns nicht länger verschließen können: Ist es ratsam, dem deutschen Säugling die Bedienung eines Fernsehgerätes zu gestatten, solange er noch gestillt wird? –

Aber lassen wir die Frage zunächst im Raum stehen und überprüfen wir einmal die gegen das Fernsehen gerichteten Argumente auf ihre Stichhaltigkeit. Gewiß, die ersten Farbfernsehgeräte wiesen noch kleine Anfangsmängel auf, was mehrmaligen, oft täglichen Hin- und Hertransport erforderlich machte.

Aber zahllose Hausherren erhielten hierdurch eine ausdrucksvolle Oberarmmuskulatur, viele Hausfrauen eine straffe Büste. Es ist wohl richtig, daß in Zeiten optimal koordinierter Fernsehprogramme manche Dinge liegenbleiben, es wird kaum noch gegessen, wenig geschlafen. Aber denken wir andererseits doch auch an die Millionen glücklicher Fernsehteilnehmer, die nach sechs- und mehrstündiger Bestrahlung durch das eingeschaltete Gerät nun die ›Hör zu‹ im milden Schein ihres radioaktiv aufleuchtenden Brustkorbs ohne Hilfe der Nachttischlampe zu lesen imstande sind.

Wohl wird durch attraktiv gestaltete Fernsehunterhaltung die zwischenmenschliche Beziehung, sagen wir es offen: das Liebesglück, gelegentlich verschoben, wenn nicht gänzlich verhindert. Aber in der gegenwärtigen Ära überlasteter Erotik kann dieser Umstand nur als wohltuend empfunden werden.

In diesem Zusammenhang sehe ich mich genötigt, ein Thema anzuschneiden, auf das ich bereits mehrfach öffentlich hingewiesen habe.

Sollen Hunde fernsehen?

Es häufen sich die Fälle, in denen Hunde nach mehrstündigem abendlichen Fernsehen schlecht einschlafen, schwer träumen oder tagelang stottern. Hier liegen zweifellos seelische Störungen vor, an denen man nicht mehr achtlos vorübergehen darf.

Die Programme der Fernsehanstalten sind in der Regel besser geeignet für mittelgroße langhaarige Hunde als für kleine kurzhaarige. Dicke Hunde wiederum neigen erfahrungsgemäß zu politischen und allgemeinbildenden Beiträgen, während dünne sich mehr von Unterhaltungssendungen angesprochen fühlen. Das heißt jedoch nicht, daß nicht auch gelegentlich große dicke kurzhaarige oder kleine dicke langhaarige Hunde Freude an Sendungen für kleine lange kurzhaarige und kurze dicke langhaarige haben können.

Leider sind in den Programmzeitschriften die Sendungen hinsichtlich ihrer Eignung für unsere vierbeinigen Freunde noch nicht deutlich genug gekennzeichnet. Es muß also vorerst dem Gutdünken des Hundehalters überlassen bleiben, ob er dem Drängen des Tieres zu täglichem Fernsehgenuß nachgibt oder nicht.

Grundsätzlich ist jedoch zu warnen vor Filmen

brutaler oder anstößiger Art. Robuste Hunde reagieren mit Kopfschmerzen, zartere mit Schwerhörigkeit und hartem Stuhl.

Abzuraten ist ferner von der Anschaffung eines Zweitgerätes für den Hundeplatz. Das Tier vereinsamt und spricht im Schlaf. Auch politische Sendungen sind oft ungeeignet. Ein Düsseldorfer Bernhardiner litt nach der Übertragung einer Bundestagssitzung zwei Wochen unter Schwindel und Schluckauf.

Zusammenfassend kann gesagt werden: kleine dicke oder große lange Hunde und kleine dünne langhaarige oder dicke kurzhaarige sollten nicht nach 21 Uhr, langohrige dicke, kurzohrige dünne und Hunde zwischen zwei und acht Jahren nur unter ärztlicher Aufsicht fernsehen.

Von hier ist es nur ein Schritt zum deutschen Kleinkind. Der Test eines bekannten Meinungsforschungsinstitutes hat mit überraschender Eindeutigkeit ergeben, daß bundesdeutsche Kleinkinder durchschnittlich begabten Haushunden ebenso moralisch wie geistig überlegen sind. Einschränkungen, die Programmauswahl und Sendezeit betreffend, erübrigen sich also. Anlaß zur Besorgnis gibt jedoch ein immer wieder auftretender Fernsehüberdruß des Kindes. Das Kleine widmet sich dann meist – eine bedauerliche Begleiterscheinung – in bedrohlichem Maße der Schularbeit. Es sind Fälle bekanntgeworden, in denen Kinder gesunder Eltern schon gegen 23 Uhr einen noch laufenden amerikanischen Spielfilm verließen, um mehrstellige Multiplikationsaufgaben zu lösen. Jedes Kind mit normalen Reflexen wird hingegen 45 Minuten Internationalen Frühschoppen den Vorzug geben gegenüber dem Besuch von 31 Wochenstunden Schulunterricht.

Die Eltern schwieriger, zur Opposition neigender Kinder sollten nicht verzweifeln. Durch konsequenten Entzug des Schulunterrichts wird das Kind zunächst wieder auf das Familienleben konzentriert und dann, ebenso behutsam wie nachdrücklich, an seine eigentliche Bestimmung, an das Fernsehgerät, herangeführt.

Die anfänglich gestellte Frage beantwortet sich nun von selbst: Jeder Säugling sollte sich so früh und so gründlich wie möglich mit einem Fernsehgerät beschäftigen, denn später hat er ja auch nichts anderes.

Lassen Sie mich abschließend noch einmal auf den Anlaß des heutigen Festaktes zurückkommen.

Nach meiner letzten *Cartoon*-Sendung erhielt der Süddeutsche Rundfunk einen Zuschauerbrief, den ich auszugsweise vorlesen möchte:

»Was bezwecken Sie mit solchen Sendungen? Wer ist dafür verantwortlich? Was werden Sie tun, damit solcher Dreck nicht nochmals ausgestrahlt wird? Ich bitte um umgehende Stellungnahme. Oder ist es Ihnen lieber, wenn ich mich an ›Bild‹ wende?«

# Farbfernsehen

*Mit der Ausstrahlung farbiger Programme hat ein neuer Abschnitt in der Geschichte des Fernsehens begonnen. Anläßlich der Eröffnungsfeierlichkeiten der Berliner Funkausstellung hielt der künstlerische Farbberater der ARD, Herr Dietmar Pohle, vor einem kleinen ausgewählten Kreis von Fachleuten ein beachtenswertes Referat. Um auch Ihnen eine intimere Kenntnis der Materie zu vermitteln, haben wir diese Ansprache mitgeschnitten.*

Meine Damen und Herren.

Vorweg ein Wort an die Hausfrau. An der Unterseite des Fernsehgerätes heraustretende Farbreste sind für Mensch und Tier völlig unschädlich und lassen sich aus Haargarn und Bettwäsche mit etwas Zitrone mühelos entfernen.

Meine Damen und Herren. Als künstlerischer Farbberater des Deutschen Fernsehens erlaube ich mir, Sie in unsere Programmgestaltung einzuführen. Um erst gar keine Eintönigkeit aufkommen zu lassen, senden wir jeweils am Montag in einem ganz, ganz zarten Himmelblau; für Dienstag haben wir uns ein wunderhübsches blasses Grün ausgedacht; für Mittwoch ein aufregendes Beige mit entzückendem Streifen in Aubergine, passend zu jedem Gerät; der Donnerstag ist in einem tollen, also wirklich ganz, ganz tollen Rosé gehalten; am Freitag gibt es ein sehr, sehr schickes Lila in störungsfreiem Changeant; am Sonnabend senden wir gebrochenes Weiß; und am Sonntag empfangen Sie ab 11 Uhr vormittags ein festliches warmes Schwarz mit dezentem Nadelstreifen, etwas für vollschlanke Fernsehfreunde. Natürlich kann man es trotz subtilstem farbpsychologischem Einfühlungsvermögen nicht jedem recht machen. Für alle diejenigen Farbfernsehteilnehmer, deren Geschmack sich nicht mit dem unsrigen deckt, senden wir Dienstag von 14 Uhr 30 bis 15 Uhr 45 und Freitag von 16 Uhr 15 bis 17 Uhr aus einem Seitenkanal ein ganz, ganz scheußliches Braun. Guten Abend!

# Filmanalyse

*Eine Fernsehdiskussion. Der Moderator sitzt in der Mitte, Herr Kriegel links, Professor Lemmer rechts.*

MODERATOR Zu unserem Filmspektrum haben wir heute zwei intime Kenner der Materie ins Studio gebeten … Den Filmkritiker der »Offenbacher Rundschau«, Herrn Heiner Kriegel, und den Leiter der Hochschule für Film und Fernsehen in Bebra, Herrn Professor Wolf Lemmer. Wir wollen heute anhand eines betont heiteren Filmes auch einmal die Unterhaltung zu ihrem Recht kommen lassen, die leichte Film-Muse sozusagen…

KRIEGEL Entschuldigen Sie, wenn ich unterbreche…

MODERATOR Oh, bitte…

KRIEGEL Es handelt sich hier um eines der entscheidenden Werke der Filmgeschichte. Begriffe wie ›Leichte Muse‹ oder ›Unterhaltung‹ sind da völlig fehl am Platze.

MODERATOR Ja … das habe ich grade sagen wollen…

LEMMER Dieser Streifen ist ... im Bereich der Filmkunst ... die erste ernsthafte Auseinandersetzung mit der drohenden psychischen Isolierung des Menschen durch die Technik ... im Stil der klassischen griechischen Tragödie ...

MODERATOR Eben!

KRIEGEL Oh, nein, Herr ... Lemmer, wir begegnen hier ganz zweifellos einer filmischen Symbolisierung der Ausbeutung unterprivilegierter Volksschichten durch die besitzende Klasse. Das ist doch keine Tragödie!

MODERATOR Richtig ... aber ich würde sagen, bevor wir weiterdiskutieren, sollten wir den Film erst einmal zeigen. Film ab!

*Der Film läuft: Buster Keaton erhebt sich senkrecht aus einem fahrbaren Mülleimer, dessen Deckel auf dem Kopf balancierend, verliert das Gleichgewicht und kippt in die Horizontale. Die Szene dauert etwa fünf Sekunden.*

MODERATOR Herr Lemmer, vielleicht beginnen Sie ...

LEMMER Zunächst eine sehr interessante Frage ... haben Sie bemerkt, wie kurz dieser Film ist?

KRIEGEL Nein...

MODERATOR Nein...

LEMMER Sehen Sie! Der komprimierte Inhalt, die Fülle von Informationen auf engstem Raum täuschen normale Spielfilmlänge vor, die er in Wahrheit nicht hat...

MODERATOR Ach...

LEMMER ... aber an diesem Film ist eben auch zweieinhalb Jahre gearbeitet worden ... der ist nicht so hingeschludert, wie das heute allgemein üblich ist...

KRIEGEL Herr Lemmer...

LEMMER Diese unerwartete Drehung um neunzig Grad in die Horizontale – ohne Zwischenschnitt –, das hat Filmgeschichte gemacht! Noch heute arbeiten bedeutende Regisseure nach dieser Grundidee. Denken Sie nur an Bergman, Sinkel, Fellini ... Können wir das noch mal sehen...

MODERATOR Ja bitte ... Film ab!

*Der Film wird wiederholt.*

LEMMER Das ist gran-di-os gemacht... Verstehen Sie, was ich meine?

KRIEGEL Nein...

MODERATOR Ich habe mal einen zauberhaften Film gesehen mit ... äh ... mit ... äh...

KRIEGEL Herr Lemmer, ich muß sagen, mir ist die Mache ziemlich schnuppe ... es geht doch um das politische Anliegen des Films...

MODERATOR Mickymaus ... jetzt weiß ich's wieder, es war ein Film mit Mickymaus...

KRIEGEL Der Mensch im Abfallbehälter... das ist doch das Volk im Abfall jener Konsumgüter, deren Produktionsstätten sich im Besitz des Großkapitals befinden ... das wird doch mehr als deutlich! Bitte Film ab!

MODERATOR Film ab!

*Der Film wird wiederholt.*

KRIEGEL Haben Sie verstanden, was ich meine?

MODERATOR Ja.

LEMMER Nein... Der Mensch ist eingeschlossen in den komplizierten Mechanismus unserer Zivilisation, der bei der geringsten falschen Bewegung aus dem Gleichgewicht gerät...

KRIEGEL Herr Lemmer...

LEMMER ...und wenn der Mann den Deckel dieses Mechanismus lüftet... sieht er sich allein gelassen... von jeder Seite ... auch von links, Herr Kriegel ... auch von links! Bitte Film ab!

MODERATOR Film ab!

*Der Film wird wiederholt.*

LEMMER Das ist eine menschliche, völlig unpolitische Konfliktsituation ... vielleicht verstehen Sie jetzt, was ich mit ›Tragödie‹ meine...

KRIEGEL Nein...

MODERATOR Herr Lemmer meint das mehr irgendwie menschlich...

KRIEGEL Herr Lemmer, der Film ist eminent politisch! Dieser Mann signalisiert Systemveränderung! Das kommt doch auch in dieser repressiven Kopfbedekkung zum Ausdruck, von der er sich – im Sturz! – befreit... Bitte Film ab!

MODERATOR Film ab!

*Der Film wird wiederholt.*

KRIEGEL Das ist nie ergreifender inszeniert worden!... Da erhebt sich das ausgebeutete Individuum aus dem Untergrund und bietet seinen Unterdrükkern die Stirn!

MODERATOR In diesen Mickymaus-Filmen kam doch auch immer irgendeiner irgendwo raus...

LEMMER Herr Kriegel, es muß auch eins noch

gesagt werden ... neben seiner grandiosen dynamischen Präsenz hat der Sturz des Mannes – im Rahmen der Tragödie – auch so etwas wie eine ... heitere Attitüde ...

KRIEGEL *(fassungslos)* Heitere Attitüde? In der Tatsache, daß eine mißhandelte Kreatur um ihre Freiheit kämpft, sehen Sie eine ›heitere Attitüde‹? Ist Ihnen entgangen, daß der Mann den Verschluß seines Gefängnisses wie eine Krone trägt? Film ab!

MODERATOR Film ab!

*Der Film wird wiederholt.*

KRIEGEL ... Sagten Sie ›heiter‹, Herr Professor?

LEMMER *(erregt)* Herr Kriegel, es kann Ihnen doch nicht entgangen sein, daß der Sturz dieses Mannes mit der Tonne in gewisser Weise das Gebiet der Komik streift, womit die Gefahr der *Unterhaltung* nicht ganz auszuschließen ist!

KRIEGEL *(erregt)* Ein Mensch, der auf der Suche nach Licht und Freiheit strauchelt, dient Ihrer Unterhaltung?!

LEMMER Das haben *Sie* gesagt!

KRIEGEL *(schlägt mit der Hand auf den Tisch)*

MODERATOR *(der etwas eingenickt war, schreckt auf)* Möchten Sie den Film noch mal sehen?

LEMMER Nein…

KRIEGEL Nein…

MODERATOR Ach…

# Der Jungfilmer

*Hartwig Hummel sprach mit dem deutschen Jungfilmer Eduard Geigendorfer über seinen Film »Ludwig II.«.*

HUMMEL Herr Geigendorfer, das tragische Leben Ludwigs II. wurde in jüngster Zeit mehrfach zum Inhalt großer Filmwerke. Was hat Sie als Jungfilmer veranlaßt, dieses Thema aufzugreifen?

GEIGENDORFER So ist es.

HUMMEL Und was... ich meine... wie haben Sie...

GEIGENDORFER Die Bedeutung meines Filmes liegt zunächst in seiner dokumentarischen Aufrichtigkeit. Wir haben zwei Jahre gründlich recherchiert, bevor wir mit den Dreharbeiten begannen.

HUMMEL Hat nicht auch Visconti...

GEIGENDORFER Visconti ist *nicht* unbegabt, aber sein Film ist, historisch gesehen, völlig bedeutungslos. Denken Sie doch nur an das Dreiecksverhältnis Ludwig, Susi und Beethoven. Das hat Visconti einfach unterschlagen.

HUMMEL Aber damals war Beethoven doch schon 50 Jahre tot!

GEIGENDORFER Sehen Sie, so geht es schon los! Neinneinnein ... ich sehe das Leitmotiv in Ludwigs unerfüllter Liebe zu seiner Tante Susi ... bevor sie Kaiserin von Ostpreußen wurde ...

HUMMEL Wer?

GEIGENDORFER Susi.

HUMMEL Sissi!

GEIGENDORFER Susi oder Sissi – denken Sie doch an die Susi-Filme mit Frau Schneider ...

HUMMEL War das nicht seine Cousine? Ich habe Romy Schneider als Kaiserin von Ostpreußen nicht mehr so deutlich in Erinnerung.

GEIGENDORFER Daran sehen Sie, wie unzureichend diese Filme historisch informieren. Tatsache ist doch, daß die Familie Schneider seit dem 16. Jahrhundert in Ostpreußen ansässig war und daher kaum noch Ansprüche auf den bayrischen Thron besaß. Daß Ludwig II. eine Verbindung der Dynastie Wittelsbach mit dem Hause Schneider im Auge hatte, kam Beethoven sehr ungelegen.

Hier liegt doch die Wurzel der Tragödie. Zumal Beethoven infolge eines Ohrenleidens von Susi schon seit Jahren nichts mehr gehört hatte.

HUMMEL So!

GEIGENDORFER Und hier, Herr Hummel, setzt mein Film ein. Der Ausschnitt, den Sie sahen, stellt den Höhepunkt des Werkes dar. Die historische Szene … der tragische, durch äußere Umstände bewirkte Verzicht … Bewußtmachung, Aussage und Anliegen. Das ist es, Herr Hummel.

HUMMEL Vielen Dank, Herr Geigendorfer!

## Das Filmmonster

*Neureich-kultivierter Wohnraum. Eine Reporterin des Fernsehens sitzt einem Herrn gegenüber, dessen elegante Kleidung in bestürzendem Kontrast steht zu seinem grauenerregenden Gesicht.*

REPORTERIN Meine Damen und Herren, das Prominenteninterview im Rahmen unseres Magazins ›Für die Frau‹ kommt live aus dem Heim von Vic Dorn, einem der profiliertesten Darsteller des internationalen Horrorfilms ... Vic Dorn, oder Victor Dornberger, wie Sie mit bürgerlichem Namen heißen, wo stammen Sie her, und wie kamen Sie zum Film?

DORNBERGER Mein Vater war Kirchendiener in Westfalen ... meine Mutter ist unbekannt ...

REPORTERIN *(lacht geziert)* Köstlich ... und wie wurden Sie Schauspieler ... wie kamen Sie dazu, immer das Monster zu spielen?

DORNBERGER Mein Vater hatte mich für die mittlere gehobene Beamtenlaufbahn vorgesehen ... aber da kam ein Regisseur aus Amerika … der hieß … der hieß … der hat mich entdeckt … dann kam ich nach … nach Hollywood, und da habe ich immer dieselbe Rolle gespielt …

REPORTERIN … Und wir finden es besonders reizend, daß Sie heute abend für unsere Zuschauer Ihre berühmte, unverwechselbare Horrormaske angelegt haben! … Wer hat sie entworfen … oder war das Ihre eigene Idee?

DORNBERGER Wie … Entworfen? … Was für eine Maske?

REPORTERIN *(lachend)* … nun mal im Ernst, Victor, unsere Zuschauer möchten gern wissen, wie Sie in Wirklichkeit aussehen … dieses phantastische, scheußliche Gesicht ist doch … ist doch …

DORNBERGER *(lauernd)* Was?

REPORTERIN Einmal, Victor … ein einziges Mal sollten Sie uns zeigen, wie Sie wirklich aussehen … und wenn es nur ganz kurz ist …

DORNBERGER *(sieht sie düster an)*

REPORTERIN *(nach starrem Zögern)* … Oder ist es zu kompliziert, die Maske abzunehmen?

DORNBERGER Wie … was … abnehmen?

REPORTERIN Mein Gott … *(versucht vergeblich, ihr Entsetzen zu verbergen)* das tut mir … das ist mir sehr … ich … *(zün-*

*det sich zitternd eine Zigarette an)*... Und nun die Fragen, die besonders uns Frauen interessieren... haben Sie gelegentlich private Beziehungen zu Ihren Film-Partnerinnen?

DORNBERGER Nein...

REPORTERIN Sie sind durch Ihre Filme wohlhabend und prominent geworden, warum haben Sie nie geheiratet?

DORNBERGER Ich bin vielleicht etwas wählerisch...

REPORTERIN Ach ja ... aber ich könnte mir denken, daß es der Wunschtraum vieler Frauen ist, mit einem prominenten, internationalen Filmschauspieler zuzusammen ... zusammenzuleben...

DORNBERGER Ach!

REPORTERIN ...Und Ihr Lieblingsessen ... was ist Ihr Leibgericht?

DORNBERGER *(sehr düster)* Kartoffelpuffer...

REPORTERIN Herr Dornberger, wären Sie lieber Politiker geworden?

DORNBERGER Wenn man mir ein gutes Angebot gemacht hätte ... vielleicht...

REPORTERIN Aber dann hätten Sie eine andere Ausbildung gebraucht...

DORNBERGER Nein... Schauspieler und Politiker haben vieles gemeinsam ... Wir wollen Hauptrollen spielen, wir pflegen die Kunst der Täuschung und haben eine starke menschliche Ausstrahlung...

REPORTERIN ... und Sie haben ja auch als prominenter Schauspieler großen Einfluß auf die Wähler ... Sie brauchen nur öffentlich zu äußern, mit welcher politischen Partei Sie sympathisieren, und Millionen werden sich Ihrer Meinung anschließen, denn ein Mann wie Sie hat natürlich einen ganz anderen politischen Überblick!

DORNBERGER Jawohl!

REPORTERIN Eine letzte Frage, Herr Dornberger ... warum haben Sie in den letzten Jahren keine Angebote mehr aus Hollywood?

DORNBERGER *(sieht sich scheu um)* Ich weiß nicht... vielleicht bin ich denen einfach zu deutsch...

# Letzte Meldung

SPRECHER Guten Abend, meine Damen und Herren.
*Washington.* Die sensationelle Entführung des Präsidenten der Vereinigten Staaten und des sowjetischen Parteichefs, die sich beide zu einem Gedankenaustausch im Wochenendhaus des Präsidenten befanden, hat ihr Ende gefunden. Die beiden Spitzenpolitiker wurden auf freien Fuß gesetzt, nachdem man sich mit den Entführern über die Zahlung eines angemessenen Lösegeldes geeinigt hatte. Die Summe betrug umgerechnet 12 Mark 50.

# Korrespondenz

# Heiratsantrag eines Filmschauspielers

Lugano, den 11. November 19..

Verehrtes Fräulein Renate!

Seit langer Zeit schon wollte ich Ihnen meine geheimsten Wünsche offenbaren. Aber angeborenes Taktgefühl, gepaart mit Schüchternheit und der starken Hemmung, etwas von meinem Inneren zu zeigen, ließen mich bisher schweigen. Um es kurz zu machen: ich liebe Sie.

Ich will ganz offen sprechen. Seit dem Faschingsfest bei Dambronskis im letzten Frühjahr, das uns eine kurze intime Beziehung schenkte (erinnern Sie sich?), habe ich mehrfach an Sie gedacht, und ich frage mich, was einer Eheschließung noch im Wege steht.

Meine Affäre mit Dora C. ist mit Bestimmtheit bis dahin abgeklungen. Die von der Presse unglücklicherweise sehr entstellte Liaison mit Pamela K. wäre im Ernstfalle kein Hindernis. Sie weiß, daß sie mir nur wenig davon geben kann, was ich von einer Lebensgefährtin erwarte. Wenn ich Ihnen ferner versichere, wie wenig mir meine Kolleginnen Geraldine M., Tina K. und Maria Pf. bedeuten, denen ich teils wegen einer derzeitigen gemeinsamen Arbeit, teils aus Gefälligkeit und zudem nur rein körperlich näher stehe, müssen Sie von meiner Aufrichtigkeit überzeugt sein.

Unsere Zukunft ist auch finanziell gesichert, seit ich die Unterhaltszahlungen an meine erste Frau eingestellt habe und sich meine derzeitige Gattin für den Scheidungsfall mit einer einmaligen Abfindung einverstanden erklärt hat. Ich hoffe auf eine baldige gute Nachricht und bleibe bis dahin

Ihr treuer
Gerd

# Abschlägige Antwort an einen Lustmörder

Gelsenkirchen, den 8. August 19..

Sehr geehrter Herr Maierbehr,

Sie kennen meine Gefühle und Sie wissen, daß es mir nicht leichtfällt, etwas so Zartes zu zerstören, wie es unsere junge Liebe war. Es muß jedoch sein. Papa kann sich nun einmal nicht mit Ihrem Beruf befreunden. Eine Ehefrau, sagt Papa, müsse in der Lage sein, ihrem freischaffenden Gatten hin und wieder beruflich zur Seite zu stehen.

Wir haben in dieser Hinsicht so wenig Gemeinsames. Oft habe ich versucht, Gefallen an Ihrer Arbeit zu finden. Es wollte mir nicht gelingen. Eine gewisse Erregung während der Tat ist alles, was ich verspürte. Schon dem anschließenden Zerlegen der Leiche konnte ich keinen Geschmack abgewinnen, und nur mit Unlust erinnere ich mich an das Tragen der schweren Pakete und das stundenlange Graben im Stadtrandgebiet.

Ich liebe Musik und Literatur, auch male ich selbst ein wenig. Muß ich nicht befürchten, daß in unserer Ehe diese Saite meines Wesens selten zum Klingen käme?

Als am 28. Juli unsere Herzen zueinander sprachen, ließ mich Ihre starke Persönlichkeit vergessen, was uns trennt. Mein Entschluß, mich von Ihnen zu lösen, steht unabänderlich fest.

Anbei erhalten Sie Ihre Geschenke (6 Taschenmesser mit deutschen Städtebildern) zurück.

Ich wünsche Ihnen beruflich viel Erfolg. Leben Sie wohl.

Ihre unglückliche
Christa Prenzel

# Zusagende Antwort an einen Bundeskanzler

Positano, den 28. Mai 19..

Sehr geehrter Herr Bundeskanzler!

Noch kann ich mein Glück nicht fassen! Ich kam gerade aus dem Lichtspieltheater, als Ihr Eilbrief mich erreichte. Darf ich es glauben? Was mag Sie bewogen haben, unter Millionen gesunder Frauen mich zur Gattin zu bestimmen? Viele meiner Freundinnen sind reicher an Schönheit und Erfahrung, manche gepflegter und aus besserem Hause.

Noch erinnere ich mich unserer ersten Begegnung auf dem Königsplatz, wo ich Ihnen als Vertreterin der Landesgruppe Süd ein Sträußchen Feldblumen überreichte. Konnte ich ahnen, daß es mehr als Güte war, als Sie mir über das Haar strichen? Auch als wir uns dann jeden Mittwoch in den städtischen Anlagen trafen, glaubte ich annehmen zu müssen, daß ich diese Gunst mit noch anderen teile.

Aber nun ist alles anders, und ich beantworte Ihre Frage aus übervollem Herzen mit »Ja«!

Eine Ungewißheit läßt mich jedoch nicht ruhen: was wird das Volk dazu sagen? Ferner möchte ich die angebotene Verleihung des Bundesverdienstkreuzes erst annehmen, wenn ich Ihnen einen Nachfolger geschenkt habe.

Es sieht mit Ungeduld und freundlichen Grüßen unserer Vereinigung entgegen

Ihre Hannelore

PS: Ich werde, entgegen Ihrer Annahme, nicht am 10., sondern erst am 12. Oktober dieses Jahres fünfzehn.

## Brief eines Ehemannes an den Verehrer der Gattin

Tübingen, den 3. Oktober 19..

Geehrter Herr!

Sie werden mir nicht vorwerfen können, daß ich ein altmodischer Mensch sei. Als Mann von Bildung scheint mir nun das Maß jedoch voll! Ich räume durchaus ein, daß Ihre Verehrung meiner Frau stets von den besten Absichten begleitet gewesen sein mag. Auch bewiesen mir Ihre gemeinsamen Kartengrüße aus Paris, Stockholm, Bangkok, Singapur, Travemünde, Wladiwostok, Santiago, St.-Tropez, Taormina, Westerland und von anderen Geschäftsreisen, an denen Sie meine Frau freundlicherweise teilnehmen ließen, wie nahe ich Ihnen stand.

Um so unverständlicher erscheint es mir, daß Sie, ein gewandter Gesellschafter, es bisher nicht ein einziges Mal für nötig befunden haben, bei uns Besuch zu machen. Es ist kaum anzunehmen, daß Sie sich seit Mai 1948 (!) nicht eine halbe Stunde hierfür hätten frei machen können.

Ich bin nicht bereit, Ihren Formfehler länger zu

entschuldigen, und muß Sie bitten, von weiteren Kartengrüßen abzusehen.

Mit dem Ausdruck vorzüglichster Hochachtung

Otmar Lüdenscheidt

# Brief eines Astronauten an die ferne Geliebte

Im All, den 15. Juni 19..

Geliebte!

Meine dritte Stufe hat sich soeben gelöst, und ich befinde mich auf der errechneten Umlaufbahn. Die Geschwindigkeit beträgt achtundzwanzigtausend Stundenkilometer. O, flöge ich Dir an die Brust –

Jetzt ist es einsam um mich. Auch die Funksprechverbindung mit den Kameraden der Bodenstation läßt mich nicht vergessen, wie sehr Du mir fehlst. Längst habe ich aufgegeben, die Instrumente abzulesen. Was schert mich Raum und Zeit? Warum bist Du nicht bei mir? In dieser Kapsel ist Platz für zwei! Ich wünschte, Helm an Helm mit Dir ins Unbekannte vorzustoßen und infolge eines Fehlers im Lenkungsmechanismus in das Gravitationsfeld der Venus einzuschwenken, um auf ewig den Stern der Schönheit zu umkreisen!

O Lisbeth, ich bin nicht unvermögend, und auch Du hast etwas zurückgelegt – die Hochzeitsreise in eigener Kapsel ist in greifbare Nähe gerückt.

Laß mich schließen. Die Bremsraketen haben gezündet, das Thermometer in meinem Raumanzug zeigt zweiundneunzig Grad Celsius und steigt rasch weiter. Ich hoffe, beim Eintritt in die Erdatmosphäre vor Sehnsucht zu verglühen –

dennoch verbleibe ich mit Astronautengruß
Dein Eberhard

# Liebesbrief an einen Beamten

Hannover, den 2. Februar 19..

Innigstgeliebter Kurt!

Nun bin ich wieder daheim, und es ist schon acht Tage her, daß ich Dich in Stuttgart während der Amtszeit besuchte. Ich weiß, Du liebst es nicht, aber ich sehe Dich so gern an Deiner Wirkungsstätte.

Was Du in Deinem Brief, Teil III, Ziffer 2c, schreibst, finde ich kühn, aber es hat mich glücklich gemacht! Bezüglich Teil II entspreche ich Deiner Bitte und schicke ihn Dir gegengezeichnet zurück.

Mir macht das Ordnen und Ablegen Deiner inniggeliebten Briefe viel Freude. Mein neues Lochsystem in Verbindung mit einem Stichwortverzeichnis erleichtert wesentlich das Auffinden meiner Lieblingsstellen. Ich kann sie immer wieder und wieder lesen.

Der Gedanke, daß unsere Liebe einmal ein Ende haben könnte, ist mir unerträglich, aber ich will schon dankbar sein, wenn ich den dritten Jahrgang voll habe – – – und wenn Du die Arme um mich legst, fühle ich Deine Ärmelschoner im Nacken. Das gibt mir neue Kraft!

Mit der Bitte, diese Zeilen wie immer vertraulich zu behandeln, bin ich

mit freundlichem Gruß
*Deine Dich liebende*
*Hertha*

# Kultur und Literatur

## Literaturkritik

*Der Literaturkritiker einer Fernsehanstalt erscheint auf dem Bildschirm und beginnt mit der Geziertheit des intellektuellen Fernsehschaffenden zu sprechen.*

Die Frankfurter Buchmesse liegt nun drei Monate zurück, aber diese Zeit war erforderlich, das Angebot zu sichten, Wesentliches von Überflüssigem zu trennen, Bedeutendes von Unbedeutendem zu scheiden.

Lassen Sie mich aus der Fülle der wichtigen Neuerscheinungen ein Werk herausgreifen. Hier werden Dinge in einer Eindringlichkeit und Präzision beschrieben, die bisher in der schöngeistigen Literatur nicht zu finden waren. Der Autor zieht es vor, anonym zu bleiben. Das überrascht, denn bei aller Offenheit zeigt das Werk eine ungewöhnliche Reinheit der Sprache, und man sollte nicht zögern, es gerade der heranreifenden Jugend in die Hände zu legen, um sie mit den ganz natürlichen Vorgängen des Lebens vertraut zu machen. Keine deutsche Fernsehanstalt hat es bisher gewagt, eine Leseprobe der zu Unrecht umstrittenen Stellen zuzulassen. Aber bitte urteilen Sie selbst. Ich beginne auf Seite 294:

| | |
|---|---|
| Germersheim ab | 12.36 Uhr |
| Westheim | 12.42 Uhr |
| Lustadt an | 12.46 Uhr |

Schon diese Stelle ist ein kleines Meisterwerk. Ein nur scheinbar harmloses Zeugnis für die bestürzende Sachkenntnis des Verfassers. Und kurz darauf steigert sich das Werk zu einem seiner vielen dramatischen Höhepunkte:

| | |
|---|---|
| Landau ab | 12.32 Uhr |
| Anweiler | 12.47 Uhr |
| Pirmasens an | 13.13 Uhr |

Das ist fein beobachtet. Jedermann weiß, wie peinlich solche Stellen gerade bei Literaten minderer Qualität wirken können.

Mit den Worten »in Saarbrücken Hauptbahnhof kann mit Anschluß nicht gerechnet werden« schließt das Werk. Es sollte in keinem Bücherschrank fehlen.

# Literatur

Plötzliche Regenfälle können zum Betreten einer Buchhandlung zwingen. Meistern Sie Ihre Unsicherheit in der ungewohnten Umgebung. Beim Blättern in Büchern Handschuhe und Fäustlinge (auch nasse) anbehalten, um Verschmutzung der teils wertvollen Werke durch die bloße Hand zu vermeiden. Das Herausreißen einzelner Seiten verrät geistige Regsamkeit. Merke: *Nicht auf die Bücher spucken.*

# Weiße Mäuse

Dramatische Werke soll es seit etwa zweitausendfünfhundert Jahren geben. Das kann stimmen, es gab in Berlin schon Theateraufführungen, als ich noch ein Kind war. Man spielte damals Stücke von Shakespeare, Molière, Lessing, Goethe, Schiller, Kleist, Ibsen, Strindberg, Hauptmann und ähnliches. Heute sind die genannten Autoren unbekannt und ihre Werke in Vergessenheit geraten. Das Publikum ist anspruchsvoller geworden. Es erwartet die dramatische Verarbeitung von Problemen aus dem eigenen Lebensbereich.

Infolge mannigfaltiger Belastungen durch Beruf, Familie und Freizeit ist der moderne Mensch jedoch kaum noch imstande, sich auf ein mehrstündiges Bühnenwerk zu konzentrieren. Aus diesem Grunde überschreitet so gut wie keines meiner Dramen eine Länge von fünf Minuten. Damit sind sie dem biologischen Rhythmus von Menschen und weißen Mäusen angepaßt.

Nur der Bildschirmzuschauer hat die Möglichkeit, während der Vorstellung flüssige und feste Nahrung zu sich zu nehmen, zu telefonieren oder sich auf andere Weise frisch zu halten. Das Fernsehen bietet somit den geeignetsten Rahmen zur Begegnung mit zeitgenössischem Bildungsgut.

# Satire im Fernsehen

Das deutsche Wesen ist zwiespältig und daher besonders wertvoll. Wo sonst in der Welt wird beispielsweise so gründlich über Unterhaltung nachgedacht, wo sonst ist aber auch das Verhältnis zu dieser so gebrochen wie im Sprachraum Goethes und der Gebrüder Grimm. Wir sind eben mit unserem Kulturgut seriös verheiratet und schämen uns der Freundin.

Da kein Begriff diskutabel ist, auf dessen Bedeutung man sich nicht geeinigt hat, hier eine (gekürzte) Definition aus dem *Brockhaus* des Jahres 1895:

»Die Aufgabe der Satire ist es, den Widerspruch der Wirklichkeit mit dem Ideal, also die Nichtigkeit sowohl der gesellschaftlichen Zustände als auch der Irrungen und Verkehrtheiten des Staatslebens und der politischen Parteien in ihrer ganzen Blöße darzustellen und so auf deren Besserung und Veredelung einzuwirken.«

Wir Satiriker sollen bessern und veredeln, also eine Art Gartenarbeit leisten. Man braucht nur einen Blick auf die Gartenpflege zu werfen, und der ganze destruktive Charakter dieses Veredelungsauftrags wird deutlich. Da wird ausgerupft, abgeschnitten, abgesägt und weggeworfen, verbrannt und sogar getötet. Der Gärtner bedient sich hierzu waffenähnlicher Werkzeuge.

Auch die Satire ist eine Waffe. Zweischneidig durch Witz und Ironie. Weder Witz noch Ironie haben positive oder konstruktive Aspekte. Also ist zwangsläufig auch die Satire, wie jede Waffe, destruktiv und zersetzend. Gott sei Dank. Sie baut ab, wo das Fundament nicht stimmt, sie zersetzt, was falsch zusammengewachsen ist.

Es hat sich so eingeschlichen, Eigenschaften wie »destruktiv« und »zersetzend« als krank zu empfinden, wie Pest und Pocken etwa, ohne danach zu fragen, *was* destruiert, *was* zersetzt wird. Ein aus der Angst geborenes bürgerliches Mißverständnis.

Es mag darin begründet sein, daß die Satire gelegentlich etwas Entscheidendes vermissen läßt: den Humor. Dabei brauchte sich der engagierte Satiriker dessen nicht zu schämen. Auch Humor ist immer zersetzend. Wehe dem Satiriker, der glaubt, auf ihn verzichten zu müssen. Er begibt sich eines entscheidenden Wirkungsfaktors.

Die geglückte humoristische Satire stößt nur auf schwachen Widerstand. Sie läßt ihr Opfer jubilieren, nicht obwohl, sondern weil es sich getroffen fühlt. Nur so verwandelt sich die verletzende Unterhaltung zum Phänomen der unterhaltsamen Verletzung.

Allerdings gehört die Satire zu einem der überflüssigsten literarischen Produkte, wenn sie nicht veröffentlicht wird. Das Fernsehen hat Unterschlupf geboten, teils froh, teils mit Bedenken oder ohne Sympathie. Es gibt da Probleme.

Zum ersten Mal in der Geschichte der Menschheit ist es möglich, einem Millionen zählenden Publikum mehrmals täglich, vor und nach den Mahlzeiten, sogar während derselben, eine Droge zu verabreichen, ohne daß es eine wirkliche Chance hätte, sich dagegen zu wehren. Ein Buch kann man in die Ecke werfen, das Theater in der Pause verlassen, die Zeitung abbestellen. Aber der Hinweis auf den Abschaltknopf des Fernsehgerätes ist zynische Theorie. Der moderne, verbildete Mensch ist nach festen Rhythmen auf das eingeschaltete Gerät programmiert und genußbereit.

Es gibt zwei ungleiche Schwestern, die, wie alle Geschwister, eng verwandt und daher geborene Gegner sind: Politik und Satire. Ihr gemeinsamer Geliebter ist das Fernsehen, pikanterweise ein Neutrum, was das Geschlecht betrifft. Werfen wir also einen Blick auf diese widernatürliche Beziehung zu dritt, um vergleichend zu klären: Wer darf was?

Das Neutrum Fernsehen sollte unverführbar sein. Seltsamerweise ist es das nicht. Und so erliegt es gelegentlich dem Charme der Politik. Hier bedarf es sorgfältiger Unterscheidung, wenn wir Standort und Möglichkeiten der Satire in ihrem Umfeld klären wollen.

Der Berufspolitiker vertreibt auf ehrliche Managerart sich und seine Partei als Markenartikel. Er kann geistreich, humorig, ernst oder schwachsinnig sein, niemand wird ihm das Recht nehmen wollen, seine Überzeugung via Bildschirm zu verbreiten. Er mag sogar die Unwahrheit sagen, wenn er sie brillant formuliert. Das lockert angenehm die Sitten und trägt zur Unterhaltung bei. Er darf alles.

Aber dann gibt es die anderen, die treuherzigen Bildschirmpolitiker, die das Brandmal ihrer Partei keusch hinter dem Schein der Überparteilichkeit und Objektivität verborgen halten, sich jedoch lieber die Zunge abbeißen würden, als ihren Parteifreunden die Suppe zu versalzen. Leider hat sich noch keiner die Zunge abgebissen, und die Suppe ist trotzdem versalzen.

Warum hat eigentlich noch niemand öffentlich darauf hingewiesen, daß ein Fernsehschaffender, der seine Arbeit auf dem Bildschirm in den Dienst einer bestimmten politischen Richtung stellt, fortgesetzte Schleichwerbung betreibt, was doch wohl zu den Todsünden der Mattscheibe gehört? Man muß sich fragen, warum dieser Herr nicht auch ein Glas seiner Lieblings-Delikateßgurken vor sich auf dem Tisch hat, mit dem Etikett zur Kamera. Man wundert sich, daß er nicht beiläufig zu verstehen gibt, seine Unterwäsche sei Dash-gepflegt und daher so hautfreundlich. Zur Rede gestellt, würde er wahrscheinlich antworten, diese objektive Betrachtung aus der Sicht seiner Unterwäsche diene lediglich der Information, auf die der Zuschauer Anspruch habe.

Seltsamerweise wird dem Satiriker im Fernsehen eine ähnlich großzügige Auslegung seines Freiraumes nicht immer zuteil. Woran liegt das? Zunächst am Zuschauer, erst in zweiter Linie am Fernsehen.

Hier sei eine Verallgemeinerung erlaubt. Das deutsche Bürgertum neigt zu großer Aufgeschlossenheit, wenn Weltanschauung ernsthaft vorgetragen wird. Auch der gefährlichste Unsinn, gleichgültig, aus welcher Richtung – mit Würde vorgetragen –, wird disziplinierte Zuhörer finden, auch wenn diese anderer Meinung sein sollten.

Der Satiriker dagegen wird leicht als ungezogenes Kind empfunden, das den Erwachsenen mit seinem Geschrei auf die Nerven geht. Es bekommt daher ein pflegeleichtes Ställchen, wo es sich ganz frei bewegen kann. Und das goldene Wort von den Kindern und Narren steht in *Meiers Hausschatz für die Familie*, gleich rechts auf der Anrichte, zwischen Fotoalbum und Shell-Atlas.

Es ist sicher unrichtig, zu behaupten, die Deutschen hätten weniger Humor als andere. Richtig ist wahrscheinlich, daß wir ein leichter zu verletzendes Selbstbewußtsein haben. Das macht uns empfindlich, wenn wir uns nicht ernst genommen fühlen. Die Engländer sind da weniger heikel. Sie haben ja auch weniger Prügel bezogen.

Daher wird bei uns die Wahrheit im Gewande der Satire oft schwerer ertragen als eine seriöse Lüge. Dieser Hang zu einer unausgewogenen Ernsthaftigkeit treibt sowohl in der Familie als auch in der Fernsehpraxis bizarre Blüten. So entscheidet, wie man weiß, nicht etwa ausschließlich die fachliche Eignung, sondern auch die politische Überzeugung bei der Besetzung eines leitenden Fernsehpostens.

Schon das erschiene skandalös und als gefundenes Fressen für die Satire, wenn nicht die Wurzel dieses Vorgangs sehr viel böser wäre: eben jener tödliche Ernst, frei von Fairness und Gelassenheit, eine allgemeine, nahezu totale Humorlosigkeit, mit der bei uns politisch gedacht und leider auch gehandelt wird.

Die Satire ohne Humor wird nicht akzeptiert, da sie verletzend und würdelos sei. Warum ist Politik ohne Humor akzeptabel? Diese politische Verbissenheit mag dem Berufspolitiker zähneknirschend verziehen werden; den Gestalter von Fernsehprogrammen sollte sie disqualifizieren.

Zum Berufsethos eines Fernsehmachers der gehobenen Gehaltsklasse müßte auch der Ehrgeiz gehören, aus seiner politischen Überzeugung ein Rätsel zu machen. Nur zwischen sämtlichen Stühlen ist sein Platz. Wie schnell würden wir dann unser Proporzsystem mit seiner zwanghaften Ausgewogenheit als ebenso lächerlich wie unwürdig empfinden.

Mit Proporz sollten doch wohl nichts anderes als Vernunft und das Verständnis für eine andere Überzeugung gemeint sein. Der Proporz hat also in uns selber stattzufinden. Wenn nicht, ist die Möglichkeit zum Gespräch vertan.

An diesem Punkt findet die moderne Satire ihre Aufgabe und eine Chance. Die Satire vergangener Epochen hatte leicht erkennbare Ziele. Die Macht saß oben in Staat und Gesellschaft. Ein attraktiver Gegner, der nicht zu verfehlen war. Man traf mit geschlossenen Augen und war sich der Sympathie einer Mehrheit sicher. Das ist vorbei. Die politische Macht sitzt nur scheinbar oben, und die gesellschaftliche Macht ist durch ihre Schichten nach unten gerutscht.

Da die Satire stets auf die Macht zielt, hat sich die Schußrichtung geändert. Der Pfeil weist auf den, der für die Zustände verantwortlich ist, in denen wir leben. Das sind der Wähler, der Konsument, der Zuschauer, der Autobesitzer, aber auch der Fernsehmacher, der Gewerkschaftler, der Werbefachmann, der Vertreter, kurz, der Mann und die Frau auf der Straße oder draußen im Lande, wie es immer heißt. Sie haben die Macht und tragen im Grunde die Verantwortung. Damit werden sie zum Ziel der Satire.

Gewiß bleiben Regierung und Opposition in der Schußlinie. Aber eben nur als Abhängige jener Millionen Sympathisanten, in deren Auftrag sie zu funktionieren haben. Von gewissen spektakulären politischen Fehlleistungen abgesehen, sind sie für den Satiriker eigentlich nur insoweit interessant, als sie dieselben menschlichen Schwächen zeigen wie jeder andere Mensch in unserer Gesellschaft.

Es sollte zur Aufgabe der Satire gehören, die entartete Politisierung unseres Lebens der Lächerlichkeit preiszugeben. Gemeint ist nicht die engagierte politische Überzeugung, sondern der Umgang mit ihr. Wenn das politische Gebaren eben jene Charaktereigenschaften kastriert, die allein das Leben in einer Gesellschaft erträglich machen, entwickeln wir uns zurück.

Wir Satiriker wissen um unseren schwachen Wirkungsgrad. Es spricht daher für eine gewisse Weltfremdheit, wenn wir beispielsweise bemüht sind, durch unsere Art von Pädagogik der Politik wieder zu jener Glaubwürdigkeit zu verhelfen, die sie im Begriff ist zu verlieren. Als bescheidene Gegengabe sollte sie uns uneingeschränkte Freiheit garantieren. Sonst ist ihr nicht zu helfen.

Nach meiner letzten Sendung war in der *Deutschen Wochenzeitung*, Rosenheim, zu lesen, ich betriebe durch die Schilderung eines Gattenmordes in Verbindung mit dem Weihnachtsfest seelische Zersetzung, und es gehöre zu der Welt, in der wir leben, daß durch diesen Skandal kein Staatsanwalt aufgeweckt würde. Der Artikel schloß mit dem Absatz:

»Um uns den Kontrast zwischen dem von allen Menschen ersehnten Weihnachtsfrieden und der rauhen Wirklichkeit klarzumachen, brauchen wir keinen Loriot, denn das wirkliche Leben ist keine Karikatur.«

Da schließe ich mich der Meinung des Schreibers an. Nur in einem Punkt muß ich ihn korrigieren: Unser wirkliches Leben *ist* eine Karikatur.

[721]

# Konzertbesuch

*Konzertsaal kurz vor Konzertbeginn. Herr I drängt sich durch eine gefüllte Reihe zu einem leeren Klappsitz in der Mitte und nimmt Platz.*

HERR I *(zu seinem rechten Nachbarn)* Ach, entschuldigen Sie, was gibt's heute hier eigentlich?

HERR II Bitte?

HERR I Ich meine ... nur Musik ... oder noch irgendwas? *(holt knisternd eine Bonbontüte aus der linken Tasche)*

HERR II Sie befinden sich in einem Konzert...

HERR I A...ha! *(steckt einen Bonbon in den Mund, lutscht beim Sprechen)* Wissen Sie, ich habe nämlich in einem Preisausschreiben ... *(Da Herr II in seinem Programmheft liest, wendet er sich an die Dame zu seiner Linken)* ich habe in einem Preisausschreiben von der Firma Salamo ... Salamo Bratfett ... habe ich die richtige Lösung eingesandt...

DAME I Ach...

HERR I ... Brat fettlos mit Salamo ohne... *(bietet ihr einen Bonbon an)* Möchten Sie einen?

DAME I Nein danke...

HERR I … Und die Preise Nummer 50 bis 100 waren je eine Eintrittskarte für eine kulturelle Veranstaltung…

DAME I Aha…

HERR I … Man mußte die Silben in die richtige Reihenfolge bringen… da stand nämlich … oh mo ne la Sa mit los fett Brat… oder so ähnlich, und das mußte dann heißen: brat fettlos mit Salamo ohne… gar nicht einfach … nein, warten Sie, es mußte heißen… brat ohne Fett mit Salamo Bratfett ohne… aber es stand da… mo la Sa mit ohne los fett Fett brat Brat … oder Brat brat ohne los mit mit…

DAME I *(betrachtet ihn sprachlos)*

HERR III *(drängt sich durch die Reihe, bleibt vor Herrn I stehen)*
Entschuldigen Sie, könnte es sein, daß Sie sich im Platz geirrt haben…

HERR I Nein … Platz Nummer 9, sehen Sie … *(zeigt seine Karte)* Nummer 9!

HERR III Aber Reihe 14! Dies ist Reihe 15! *Das* ist Ihr Platz … *(zeigt auf den freien Sitz in der Reihe vor ihm)*

HERR I Ach so… *(steht auf und sieht unschlüssig die Reihe hinunter)* Ja dann…
*(Die Inhaber der benachbarten Plätze machen Anstalten, sich zu erheben)*
Ach behalten Sie nur Platz, ich steige einfach so hinüber … *(Herr I schwingt ein*

*Bein über die Lehne des Platzes vor ihm und bleibt mit dem Hosenboden an etwas hängen. Er steht nun mit dem linken Bein in Reihe 14, mit dem rechten in Reihe 15)*

HERR IV *(der links neben diesem Platz sitzt)* Würden Sie wohl die Güte haben, Ihren Platz jetzt einzunehmen?

HERR I Ich hänge an etwas fest ... *(greift sich an die Hose)*

HERR IV Wo?

HERR I Im Schritt ...

HERR IV Na, dann machen Sie irgendwas ...

HERR I Wie ... machen?

HERR IV Hier ... *(greift hin)*

HERR I Neinnein ... nicht ... bitte nicht ... es ist schon etwas eingerissen ...

*In diesem Augenblick betritt der Pianist das Podium. Applaus. Stille. Der Pianist beginnt zu spielen. Herr I verbleibt in seiner mißlichen Lage. Der folgende Dialog findet im Flüsterton statt.*

HERR IV Bleibt Ihr Bein jetzt so liegen?

HERR I Das hängt von meiner Hose ab ...

HERR III Entschuldigen Sie, könnten Sie sich wohl etwas kleiner machen?

HERR I *(bückt sich, wobei er mit dem Kopf auf die Schulter der Dame zu seiner Rechten gerät)*

DAME II *(gedämpft, ohne den Pianisten aus den*

*Augen zu lassen)* Was *machen* Sie eigentlich hier?

HERR I Ich bin Preisträger des Salamo-Preisausschreibens... Salamo Bratfett... Brat fettlos mit Salamo ohne ... Man mußte die Silben in die richtige Reihenfolge bringen... es stand da... mo ne la Sa bra Brat fett Fett... oder nein, warten Sie...

DAME II Sie setzen sich jetzt *sofort* auf Ihren Platz!

HERR I Es geht nicht... wenn Ihre Hose irgendwo hängt, können Sie auch nicht so einfach weg!

DAME II Sie essen bei Brahms?!

HERR I Das ist ein Fruchtbonbon ... mit Vitamin C...

*(Starker Akkord des Pianisten; Herr I verschluckt sich an seinem Bonbon und ringt halberstickt nach Luft)*

DAME III *(der Musik lauschend zu Herrn IV)* Ist das Schubert?

HERR IV Nein, irgend jemand von einem Bratfett-Preisausschreiben...

DAME III Ach...

HERR I *(ringt nach Luft)*

DAME II Pschscht!

HERR I *(zeigt auf seinen Kehlkopf)* Bon... bon... *(Zweiter starker Akkord. Herr I hustet erschreckt. Der Bonbon wird frei und klebt Dame II auf der dekolletierten*

*Schulter)*
Hoppsa!

DAME II Machen Sie das sofort weg!

HERR I *(entfernt den Bonbon und steckt ihn in den Mund)*
Möchten Sie einen frischen?

DAME II Ich *bitte* Sie!

HERR I Moment!

*Bei dem Versuch, die Bonbontüte aus der Jackettasche zu nesteln, prasselt ihr Inhalt zwischen die Parkettreihen. Herr 1 verliert im Nachgreifen mit dem Kopf nach unten das Gleichgewicht, wodurch sich seine Hose gewaltsam von der Lehne löst. Durch eine ebenso unwürdige wie zufällige Bewegung seines ganzen Körpers fällt er genau mit dem Schlußakkord des Pianisten auf seinen Sitzplatz. Im einsetzenden Applaus erhebt sich Herr 1 und verbeugt sich nach allen Seiten.*

## Das Beethoventrio

HERR BÖCK *(Bratsche)* Ich dachte eben, was Beethoven wohl gedacht hat, als er das gemacht hat … ich meine, als er das komponiert hat, was er sich gedacht hat … ich meine, was er sich *gedacht* hat, wenn er's schon nicht gehört hat …

PROF. PAHLKE *(Violine)* Nicht gehört? 1796, beim Opus 3 hatte Beethoven Ohren wie ein Falke!

HERR BÖCK Wie ein Falke? Falken haben doch keine Ohren … ich meine …

PROF. PAHLKE Falken haben keine Ohren? … Na hören Sie mal …

HERR BÖCK Jaja …

PROF. PAHLKE Falken hören aus 500 Meter Höhe eine Maus!

HERR BÖCK So? Aber schließlich konnte Beethoven ja nicht fliegen!

PROF. PAHLKE Was Sie nicht sagen! Jedenfalls, das Andante aus dem Es-Dur-Trio hat der Meister deutlich gehört!

HERR POCHLOW *(Cello)* *Wer* hat *was* gehört?

## An der Opernkasse

*Ein Herr tritt an den Schalter und spricht durch das niedrige Schiebefenster. Hinter ihm seine Gattin, dann 2. und 3. Herr, weitere Wartende.*

GATTE Ich hätte gern für zwei Personen – für »Siegfried« – am Donnerstag...

KASSIERER Donnerstag ist ausverkauft...

GATTE Ach...

GATTIN Was is?

GATTE Donnerstag ist ausverkauft ... *(zum Kassierer)* Völlig ausverkauft?

KASSIERER Völlig... seit zwei Wochen...

GATTE *(zur Gattin)* Seit zwei Wochen völlig ausverkauft ... *(zum Kassierer)* Auch nicht ganz hinten oder im Rang?

KASSIERER Nein, leider...

GATTE ... Oder so zwölfte Reihe, Mitte?

KASSIERER Nein...

GATTIN ...Und im Rang oder ganz hinten ... frag doch mal...

GATTE ...Wieso ist denn gerade »Siegfried« ausverkauft?

KASSIERER »Siegfried« ist nicht ausverkauft...

GATTE Aber Sie sagten doch gerade, »Siegfried« ist ausverkauft...

KASSIERER Nein, Donnerstag ... ich sagte Donnerstag...

GATTE Jawohl ... »Siegfried« am Donnerstag...

KASSIERER Donnerstag ist ausverkauft ... »Siegfried« ist heute, Donnerstag ist »Martha«.

GATTE Wieso Martha?

GATTIN Was is?

GATTE Donnerstag ist »Martha«.

GATTIN Nee, Martha kommt heute...

KASSIERER Heute ist »Siegfried«...

GATTE *(zum Kassierer)* Martha ist meine Schwägerin...

KASSIERER Ach?

GATTIN Was is?

GATTE Martha ist meine Schwägerin...

GATTIN Mein Gott, *das* weiß ich auch, und was ist mit »Siegfried«?

GATTE »Siegfried« is heute...

GATTIN *(zum Gatten)*... aber heute geht nicht wegen Martha...

KASSIERER Entschuldigen Sie, ich werde jetzt abgelöst. Mein Kollege bedient Sie gleich weiter... *(schließt das Kassenfenster)*

GATTE Ah ja...

2. HERR Sehen Sie, da haben Sie's!

GATTE Wieso?

2. HERR Jetzt ist er weg, und in einer halben Stunde fängt die Vorstellung an...

GATTE Na und…

2. HERR Da möchte ich nämlich noch rein, wenn Sie nichts dagegen haben…

KASSIERER *(öffnet die Kasse)* Bitte, wer ist der nächste?

2. HERR Ich hätte meine Karte längst, wenn *Sie* wüßten, was Sie wollen…

GATTE *(macht Platz)* Bitte sehr, bitte sehr, wenn Sie es so eilig haben…

GATTIN Unerhört!

2. HERR *(drängt an die Kasse)*… Ich hätte gern fünf Plätze für heute abend, so sechste bis neunte Reihe Mitte…

KASSIERER *(sieht nach)* … Tut mir leid, ich habe noch vier in der dritten und einen hinten…

2. HERR Aha…

KASSIERER Oder zwei in der ersten und drei in der elften.

2. HERR … Und weiter vorn?

KASSIERER … Drei in der zwoten, einen in der vierten und einen in der neunten.

2. HERR … Und fünf in der sechsten?

KASSIERER Nein… leider…

2. HERR Es gingen auch zwei in der sechsten, zwei in der siebten und einer in der achten.

KASSIERER Nein, aber zwo in der ersten, einen in der zwoten und zwo in der zehnten…

2. HERR Hm…

KASSIERER Sie können es sich ja noch überlegen, damit wir hier weiterkommen...

2. HERR *(nachdenklich)* Tja... *(tritt beiseite)*

GATTE Ich hatte mit Ihrem Kollegen alles schon besprochen, vielleicht könnten Sie uns...

GATTIN Laß mich mal *(drängt sich an den Schalter)* ... eigentlich hätten wir gern zweimal »Siegfried« für Donnerstag...

KASSIERER »Siegfried« ist heute ... Donnerstag ist »Martha«...

GATTE Das ist meine Schwägerin...

KASSIERER Bitte?

GATTIN Wir können wegen meiner Schwester heute nicht in »Siegfried«...

GATTE Aber den Drachen hätte ich doch ganz gern gesehen...

GATTIN Wir lieben Opern mit Tieren...

KASSIERER Ach...

3. HERR Ich habe einen Riesenschnauzer, wenn ne Oper im Fernsehen is, dann hält der immer den Kopf schief...

GATTE Goldig... *(zur Gattin)*... gibt es eigentlich eine Oper mit Hunden?

GATTIN Ich weiß nicht... *(zum Kassierer)* Gibt es Opern mit Hunden?

KASSIERER Nein...

GATTIN Die ganze Woche nicht?

KASSIERER Nein ... und nächste Woche auch nicht...

2. HERR Entschuldigen Sie … darf ich mal?

GATTIN Bitte sehr …

2. HERR Ich hätte jetzt gern für heute abend fünf Plätze im ersten Rang, erste Reihe Mitte …

KASSIERER *(sieht nach)* … Da kann ich Ihnen nur noch drei Plätze im zwoten Rang, vierte Reihe Mitte anbieten und zwo im dritten Rang, erste Reihe Seite.

2. HERR … und zwo im ersten Rang, vierte Reihe Mitte und drei zwote Reihe Seite?

KASSIERER Nein …

2. HERR Na, dann in Gottes Namen fünf Plätze vierter Rang, erste Reihe Mitte …

KASSIERER Da habe ich noch zwo erste Reihe Seite und drei vierte Reihe Mitte …

2. HERR Tja …

GATTE Entschuldigen Sie, daß ich mich einmische, aber wenn meine Gattin sich Ihnen vielleicht anschließen dürfte, wo Sie doch schon mehrere sind …

GATTIN Was?!

GATTE Dann gehst du heute in »Siegfried« und ich Donnerstag mit Martha in »Martha« …

2. HERR *(sieht die Gattin prüfend an)* Bitte schön … *(zum Kassierer)* … Also dann hätte ich jetzt gern zwo Plätze erste Reihe Mitte …

GATTIN *(zum Gatten)* Aber *du* wolltest doch den Drachen sehen…

GATTE Neinnein, ein Hund wäre mir sowieso lieber gewesen…

3. HERR Sie können sich ja gern mit Ihrer Schwägerin meinen Riesenschnauzer ansehen…

GATTE *Das* wäre *sehr* liebenswürdig! Wenn ich Sie dafür in die Oper einladen dürfte…

3. HERR Ach, keine Ursache…

GATTE Aber ich bitte Sie!

3. HERR Na, dann morgen in die »Zauberflöte«.

GATTE *(zum Kassierer)*… Ich hätte gern für die »Zauberflöte« erste Reihe Mitte… vier Plätze… drei Erwachsene und ein Riesenschnauzer…

# Bayreuther Pausengespräch

Ich weiß nicht, wie Sie zu Wagner stehen, Verehrteste, aber ich kenne einen Erwin Wagner, der auch sehr gut Gitarre spielt, nur eben viel gefälliger und niemals über zweieinhalb Stunden hintereinander.

Auch rhythmisch ganz anders und ohne Gesang. Er hat seinerzeit in Wanne-Eickel einen Patentstöpsel für gebrauchte Flaschen erfunden und die Vertretung für Süddeutschland selbst übernommen. Der Wagner-Stöpsel, wissen Sie, hat sich ja weitgehend durchgesetzt.

Wir haben uns vor acht Jahren im Speisewagen im Rheingold-Expreß kennengelernt. Wir hatten schon Zukunftspläne gemacht – aber im Bahnhofsgedränge haben wir uns dann leider wieder aus den Augen verloren. Erst kürzlich traf ich ihn in einem Gartenrestaurant in Bochum wieder. Sind die Wanne-Eickeler Wagners nicht verwandt mit Rudolf Wagner, der sich hier in Bayreuth als Hals-Nasen-Ohren-Arzt einen Namen gemacht hat? Ich habe mich zwei Tage vor *Lohengrin* von ihm mal durchblasen lassen und hörte bereits im ersten Akt sechs ganz neue Leitmotive.

## Was ist ein Wagnerianer?

Sehr verehrter Herr Schreiber,

wir hatten telefoniert und, wie ich glaube, über *Wagneriana* gesprochen. Was man heute darunter verstehe, und ich solle mich schriftlich dazu äußern. Also da hat sich in den letzten hundert Jahren eigentlich nichts geändert. Das waren immer schon Manschettenknöpfe, gesammelte Schriften, Bildpostkarten der Rheintöchter aus dem Festspielsommer 1912, der Kopf des Meisters in Marzipan und ähnliches.

Für den Fall jedoch, daß ich mich verhört haben sollte und es sich mehr um *Wagnerianer* handelte, wird es komplizierter. Die Endung »ianer« kennzeichnet in der Regel bedingungslose Anhängerschaft in Verbindung mit einer gewissen Trotzhaltung gegenüber Andersdenkenden. Zum Beispiel Freudianer, Kantianer. Das ist jedoch nur bedingt richtig: Schon Persianer und Indianer sind auf diese Weise schwer zu definieren. Hier sind die Gründe dafür zu suchen, warum alle Deutungen des Begriffes bisher so wenig befriedigen. Noch am interessantesten erscheint mir die Ansicht, für einen Wagnerianer gehörten der *Don Giovanni*, die *Matthäuspassion* und Beethovens späte Streichquartette auf das Feld der leichten Muse, obgleich ihm die *Götterdämmerung* kurzweiliger erscheint als eine *Nacht in Venedig*.

Mit freundlichen Grüßen

[722]

## Der Fragebogen

Was ist für Sie das größte Unglück?
*Bayreuth (Abfahrt).*
Wo möchten Sie leben?
*Tristan-, Ecke Isoldenstraße.*
Was ist für Sie das vollkommene irdische Glück?
*Bayreuth (Ankunft).*
Welche Fehler entschuldigen Sie am ehesten?
*Siegmunds und Sieglindes Bund.*
Ihre liebsten Romanhelden?
*Wagner hat keinen Roman geschrieben.*
Ihre Lieblingsgestalt in der Geschichte?
*Wagner.*
Ihre Lieblingsheldinnen in der Wirklichkeit?
*Birgit Nilsson, Gwyneth Jones, Hildegard Behrens, Jeannine Altmeier, Catherina Ligendza.*
Ihre Lieblingsheldinnen in der Dichtung?
*Brünnhilde, Waltraute, Sieglinde, Isolde.*
Ihre Lieblingsmaler?
*Wagner hat nie gemalt.*
Ihr Lieblingskomponist?
*Wagner.*
Welche Eigenschaften schätzen Sie bei einem Mann am meisten?
*Des Helden heilige Not.*

Welche Eigenschaften schätzen Sie bei einer Frau am meisten?

*Weibes Wonne und Wert.*

Ihre Lieblingstugend?

*Dunkel tönt mich der Sinn.*

Ihre Lieblingsbeschäftigung?

*Mächtigste Minne.*

Wer oder was hätten Sie sein mögen?

*Mime, mein Mops.*

Ihr Hauptcharakterzug?

*Hält nicht in Nibelheim.*

Was schätzen Sie bei Ihren Freunden am meisten?

*Ihre Existenz.*

Ihr größter Fehler?

*Meine Fehler sind alle gleich groß.*

Ihr Traum vom Glück?

*Bayreuth 1982–83–84–85–86–87–88–89–90–91–92–93–94–95–96–97–98–99–2000 – usw…*

Was wäre für Sie das größte Unglück?

*Bayreuths Ende.*

Was möchten Sie sein?

*Genial.*

Ihre Lieblingsfarbe?

*Wotans grämliches Grau.*

Ihre Lieblingsblume?

*Die Wagnolie.*

Ihr Lieblingsvogel?

*Der wonnige Laller.*

Ihr Lieblingsschriftsteller?

*Wagner.*

Ihr Lieblingslyriker?
*Wagner.*
Ihre Helden in der Wirklichkeit?
*Max Lorenz, Fritz Windgassen, Peter Hofmann, René Kollo, Fritz Hübner.*
Ihre Heldinnen in der Geschichte?
*Amalie Materna, Malvine Schnorr v. Carolsfeld, Lotte Lehmann.*
Ihre Lieblingsnamen?
*Ortlinde, Schwertleite, Helmwige, Grimgerte, Roßweiße.*
Was verabscheuen Sie am meisten?
*Gekürzte Wagneropern.*
Welche geschichtlichen Gestalten verachten Sie am meisten?
*Alle (außer Wagner).*
Welche militärischen Leistungen bewundern Sie am meisten?
*Den Walkürenritt.*
Welche Reform bewundern Sie am meisten?
*Der Ring an 1 Abend.*
Welche natürliche Gabe möchten Sie besitzen?
*Einen Heldentenor.*
Wie möchten Sie sterben?
*Morgendlich leuchtend im rosigen Schein.*
Ihre gegenwärtige Geistesverfassung?
*Müde.*
Ihr Motto?
*Heiahaheiahaheiaha…*

[722]

# Die Opernsprengung

*Eine Diskussion auf der Bühne des Cuvilliés-Theaters zu München am 18. Februar 1973.*

DR. GÜNTHER RENNERT
Staatsintendant der Bayerischen Staatsoper;

KURT MEISEL
Staatsintendant des Bayerischen Staatsschauspiels;

AUGUST EVERDING
Intendant der Münchner Kammerspiele;

DR. JOACHIM KAISER
Musik-, Theater- und Literaturkritiker der *Süddeutschen Zeitung;*

OBERBRANDMEISTER SEDLMAYR
Branddezernat München II/Innenstadt;

VIKTOR SCHMOLLER
Diskussionsleiter.

SCHMOLLER Meine Damen und Herren, zu unserem ersten Gespräch in der Reihe ›Kultur und Gesellschaft‹ begrüße ich den Staatsintendanten der Bayerischen Staatsoper, Herrn Dr. Rennert, den Staatsintendanten des Bayerischen Staatsschauspiels, Herrn Kurt Meisel, dessen Wort als neutraler Beobachter und ›Anlieger‹ der Staatsoper von Bedeutung ist, den Intendanten der Münchner Kammerspiele und künftigen Intendanten der Hamburgischen Staatsoper, Herrn August Everding, den Musik-, Theater- und Literaturkritiker der *Süddeutschen Zeitung*, Herrn Dr. Joachim Kaiser, und Oberbrandmeister Sedlmayr vom Branddezernat München zwo/Innenstadt.

SEDLMAYR *(springt auf)*

SCHMOLLER Vielen Dank, Herr Sedlmayr. *(Sedlmayr setzt sich)* Nun zum Thema unserer heutigen Diskussion. Der bedeutende Komponist und Dirigent Pierre Boulez antwortete vor einiger Zeit auf die Frage, wie er sich die Bewältigung der Probleme des modernen Opernschaffens vorstelle, mit den Worten: Die eleganteste Lösung wäre, alle Opernhäuser der Welt in die Luft zu sprengen. Das ist ein ungewöhnlicher Vorschlag, so meine ich, aber er verdient es, auf seine Brauchbarkeit hin untersucht zu werden. Herr Dr. Rennert, Sie sind der Leiter des hiesigen Opernhauses. In welcher Form haben Sie die Boulezsche Anregung aufgenommen?

DR. RENNERT Herr Schmoller, zunächst einmal möchte ich sagen, daß ich die künstlerische Potenz des Dirigenten Boulez bewundere. Aber weiß der eigentlich, wie schwer sich so was in den laufenden Spielplan einbauen läßt? Ich war in den letzten Wochen allein schon durch die Vorbereitungen für die Festspiele so in Anspruch genommen, daß mir für eine derart komplizierte Aufgabe, wie es die Sprengung eines Opernhauses ja nun einmal ist, einfach keine Zeit blieb.

SCHMOLLER Das heißt also ... *(Herr Everding hebt die Hand...)* Ja, bitte, Herr Everding...

HERR EVERDING Ich bin doch sehr überrascht, Herr Dr. Rennert, daß der Intendant der Bayerischen Staatsoper offensichtlich keine prinzipiellen Einwände hat gegen die Vernichtung der ihm anvertrauten Bühne!

DR. RENNERT Aber Herr Everding, wir wollen doch nicht grundsätzlich gegen progressive Ideen sein, nur weil sie nicht in unser traditionelles Denkschema passen.

HERR MEISEL *(ärgerlich)* Ich verstehe ja nichts von Musik, aber die Herren scheinen zu vergessen, daß ich im Residenztheater nur ungern inszeniere, wenn mir dabei von hinten die Oper um die Ohren fliegt!

DR. KAISER Ach was!?

SCHMOLLER Meine Herren, lassen Sie uns doch weniger emotionell argumentieren und mehr die praktische Seite des Problems beleuchten. Wir haben hier im Studio eine Modellsprengung vorbereitet. Herr Sedlmayr *(Sedlmayr springt auf)* ach bitte, behalten Sie doch Platz, vielleicht können Sie uns etwas sagen über technische Voraussetzungen und mögliche Folgen einer kulturpolitischen Operndetonation.

SEDLMAYR Wie meinen?

SCHMOLLER Wir meinen, wie wird gesprengt und was passiert?

SEDLMAYR Jawohl. Wir sprengen mit 2500 kg doppelt-kohlensaurem Trinitrotoluol in Verbindung mit 800 kg ungekämmter Kollodiumwolle ohne Zusatz von Bikarbonat. Das Bikarbonat beinhaltet eine stärkere Granulierung, hat aber nachteilige...

SCHMOLLER Vielen Dank, Herr Sedlmayr, würden Sie uns nun bitte an diesem kleinen Modell der Staatsoper die Wirkungsweise der Sprengung demonstrieren.

SEDLMAYR Jawohl! Aber ich möchte gleich sagen, in echt wäre es schöner! *(sucht nach Streichhölzern. Dr. Rennert reicht ihm sein Feuerzeug. Es funktioniert nicht)* Entschuldigen Sie, aber momentan... ist da etwas...

SCHMOLLER Nun ... dann wollen wir zunächst in der Diskussion fortfahren. Ich glaube, Herr Dr. Kaiser wollte...

DR. KAISER Es ist mir unbegreiflich, warum man die Opernsprengung offensichtlich nur als lästige kulturelle oder inszenatorische Pflichtaufgabe betrachtet. Im Gegenteil: Durch eine Detonation des Hauses im richtigen Moment erscheint eine schwache Inszenierung möglicherweise akzeptabel!

DR. RENNERT Also wenn bei jeder schwachen Inszenierung die Oper explodiert...

HERR EVERDING Na, dann brauche ich gar nicht erst nach Hamburg zu gehen... du lieber Gott...

DR. RENNERT Das ist kein religiöses Problem, Herr Everding!

HERR MEISEL Ich sehe da noch eine andere Gefahr: Angenommen, die Sprengung ist ein Erfolg, die Kritiken sind schlecht, das Publikum gewöhnt sich dran … und die Sänger …!? Ich bin *sehr* im Zweifel, ob Frau Nilsson sich für die *Walküre* verpflichten ließe, wenn sie damit rechnen muß, im zweiten Akt zu detonieren!

DR. KAISER Jedenfalls wäre sie im dritten dann wohl ziemlich indisponiert.

DR. RENNERT Aber wo sehen Sie denn einen dritten Akt, wenn sich das ganze Ensemble noch stundenlang in einer Detonationswolke über München befindet?

SCHMOLLER Auf das Problem der Luftverschmutzung kommen wir später zurück. Herr Sedlmayr, *(Sedlmayr springt auf)*, wenn wir jetzt die Modellsprengung sehen dürften?

SEDLMAYR Jawohl! Aber ich weise noch einmal darauf hin, daß die Detonation in echt viel eindrucksvoller ist. *(Dr. Rennert reicht sein Feuerzeug. Es funktioniert nicht)*

SCHMOLLER Ja … äh … Wichtig erscheint mir zunächst noch die Zuschauerfrage. Gesprengt wird doch mit vollem Haus. Ist das nun eine reine Abonnementvorstellung oder freier Kartenverkauf oder eventuell nur Presse? Oder wie oder was?

DR. RENNERT Nur mit der Presse wäre es mir am

liebsten, aber ich fürchte, wir kriegen das Haus nicht voll.

DR. KAISER Das hängt davon ab, was an dem Abend im Fernsehen ist.

HERR MEISEL Entschuldigen Sie... Musik ist ja nicht mein Fach ... aber angenommen, die Publikumsfrage ist gelöst, die Premiere war ein Erfolg, die Oper ist explodiert. Wann ist die nächste Vorstellung?

HERR EVERDING Das ist eine gute Frage. Bei starkem Publikumsandrang sind eventuell zwei oder drei Sprengungen nötig. Und München hätte dank seines hervorragend ausgestatteten Opernhauses die Chance, eine Opernsprengung von wirklich hohem Niveau durchzuführen. Immerhin gilt ja die Münchner Oper als eines der schönsten Häuser der Welt.

DR. RENNERT Wenn wir voraussetzen, daß die Explosion der Staatsoper aus kulturpolitischen Gründen in jeder Vorstellung stattfindet, könnte – bei ständigem Wiederaufbau der Oper in Rekordzeit – bestenfalls alle drei Jahre eine Vorstellung stattfinden.

HERR MEISEL Aber dieses System würde sich ja wohl ungünstig auf die Eintrittspreise auswirken.

DR. RENNERT Gewiß, der billigste Platz würde pro Abend etwa 250000 DM kosten. Allerdings würden die Freunde des Nationaltheaters, die ja ohnehin zu Premieren kaum Karten kriegen, nun wenigstens finanziell herangezogen werden. Eine

Opernsprengung von wirklichem Niveau ist in der gegenwärtigen Theatersituation eine Sache der Privatinitiative.

HERR MEISEL Ich nehme ja auch an, daß Herr Stadtrat Baumann durch Wohltätigkeitsveranstaltungen, Tombolas undsoweiterundsoweiter immer wieder größere Beiträge zur Verfügung stellen wird.

DR. RENNERT Im Zusammenhang mit der finanziellen Frage ist da noch ein anderes Problem: der neue Giebel von Professor Brenninger über dem Hauptportal. Apoll und die neun Musen in bulgarischem Muschelkalk. Es ist absolut ausgeschlossen, nach jeder Explosion ein Werk von gleicher künstlerischer Bedeutung in Auftrag zu geben.

HERR EVERDING Ich bin zwar kein Staatsintendant, aber da schlage ich doch vor, ihn jedesmal vor der Sprengung abzunehmen und irgendwo unterzustellen. Das Deutsche Museum beispielsweise ist ja immer interessiert an alten Giebeln. Aber abgesehen von dekorativen Einzelheiten ist die Oper rein architektonisch ja sowieso umstritten.

DR. RENNERT *(erregt)* Herr … äh …

HERR EVERDING Everding …

DR. RENNERT Herr Everding, mir gefällt jedenfalls die explodierende Staatsoper immer noch besser als die frischgestrichenen Kammerspiele!

HERR EVERDING Aber ich bitte Sie, Herr Dr. Rennert, wie können Sie eine derartige Äußerung ... Aber auch rein privat ... also ich muß sagen...

HERR MEISEL ...wir wollen doch nicht persönlich werden. Schließlich geht es hier um etwas ganz anderes. Die Öffentlichkeit hat ein Recht auf unpolemische Information.

DR. KAISER Ha... ha... ha... ha...

SCHMOLLER Aber meine Herren, ich bitte Sie... Ich glaube, Herr Dr. Kaiser hat hierzu noch etwas zu sagen.

DR. KAISER Neinnein. Ich hatte da nur noch eine Frage. Wo befindet sich eigentlich nach der Detonation meine Garderobe?

SCHMOLLER Diese Frage kann uns vielleicht Herr Sedlmayr beantworten.

SEDLMAYR *(springt auf)* Für Garderobe ist das Branddezernat nicht zuständig. Es muß jedoch nach der Sprengung mit einer Garderobenstreuung für Hüte und Mäntel im Radius von 6 km gerechnet werden.

DR. KAISER Na, ich weiß nicht, wie meine Kritiken aussehen, wenn ich nach jedem *Rigoletto* meinen Hut in Obermenzing abholen muß!

HERR MEISEL *(in höchster Erregung)* Herr Dr. Kaiser, ich bitte Sie, Obermenzing ist doch wieder einmal völlig aus der Luft gegriffen. Aber so ist die Presse, so sind sie alle! Da gibt man sich eine blödsinnige Mühe, inszeniert eine Weltklasse-Opernexplosion, und was steht in der *Süddeut-*

*schen?* Herr Dr. Kaiser hat seinen Hut in Obermenzing geholt!

DR. KAISER Also gut … in Pullach. Aber interessieren würde mich ja nun der musikalische Aufbau der Operndetonation. Wenn Isolde in C-Dur arbeitet, kann nicht gleichzeitig in As-Dur gesprengt werden. Das klingt einfach scheußlich!

DR. RENNERT Warum muß denn in As-Dur gesprengt werden?

DR. KAISER Explosionen sind immer in As-Dur. Außer beim Bürgerbräukeller. Das war in g-Moll. Aber davon spricht ja heute auch kein Mensch mehr …

SCHMOLLER Ach was?!

HERR EVERDING … und vom Umweltschutz spricht ja wohl auch niemand! So eine detonierte Staatsoper steht doch tagelang als Rauchpilz über München und verpestet die Innenstadt!

SCHMOLLER Um das zu überprüfen, haben wir ja eben Herrn Oberbrandmeister Sedlmayr gebeten, eine maßstabgerechte Sprengung am Modell der Oper durchzuführen. Herr Oberbrandmeister, darf ich nun bitten.

SEDLMAYR Sehr wohl … *(zündet, es erfolgt eine winzige Detonation des kleinen Modells der Staatsoper. Sedlmayr sieht verlegen zu Boden)*

DR. RENNERT Ist das alles?

SEDLMAYR Jawohl …

ALLE *(verächtlich)* Ha … –

*Donnerschlag und Blitz. Bei gleichzeitig einset-*

*zendem Finale der ›Götterdämmerung‹ detoniert die Bühne samt Diskussionsrunde.*

SCHMOLLER *(im Fliegen)* Ich danke Ihnen für das Gespräch.

[722]

# Der kleine Opernführer

## Leonard Bernstein

# Candide

Natürlich haben Sie es wieder mal versäumt, sich auf diesen Abend vorzubereiten.

Noch wäre Gelegenheit, den Raum unauffällig zu verlassen ... bevor Sie entweder dem Reiz des gefährlichen Pessimisten Voltaire unterliegen oder Anschluß bei überzeugten Optimisten finden, die Orkane, Erdbeben, Mord und Totschlag als himmlische Prüfungen betrachten und behaupten, »alles, was geschieht, ist gut«.

Letzteres konnte Voltaire, der grade Zeitzeuge einer Naturkatastrophe geworden war, nicht auf sich sitzenlassen.

Sein Roman *Candide*, eine haarsträubende Liebesgeschichte, überrascht durch eine Aktualität, die, wie der tägliche Blick auf den Bildschirm lehrt, kaum zu überbieten ist. Und doch trösten uns schließlich die Herren Voltaire und Leonard Bernstein mit ironischer Zuversicht auf ein erlaubtes Glück.

Ouvertüre

Die Geschichte beginnt in Westfalen, einem Land, von dem Voltaire, wie jeder gebildete Franzose, annimmt, es liege in der Nähe Bulgariens und sei ein touristisch noch weitgehend unerschlossener Landstrich, in dem man ganzjährig Schweine ißt und daher eine unverständliche Sprache spricht.

Das einzig nennenswerte kulturelle Ereignis ist ein Auftritt des Heimatgesangvereins Westfalia 1750.

CHORAL

Wir befinden uns im Schloß des korpulenten Barons Thunder-Ten-Tronck und seiner gleichermaßen übergewichtigen Gattin. Beide sind abwesend, da sie nichts zu sagen oder zu singen haben.

Anwesend sind hingegen Maximilian, der eitle, von seinem unwiderstehlichen Liebreiz überzeugte Sohn des Hauses, seine appetitliche, blauäugige Schwester Baroneß Cunigunde, sodann die knackige Kammerzofe Paquette, die allabendlich das Privileg genießt, die Baronin zu entkleiden, gelegentlich auch den Baron. Und schließlich Candide, ein unehelicher, nicht standesgemäßer Neffe mit starker Neigung zu Cunigunde.

Die jugendlichen Herren und Damen versichern lautstark, sie seien gradezu wahnsinnig glücklich, da das Leben so köstlich sei.

LIFE IS HAPPINESS INDEED

Das immense Glücksgefühl der jungen Leute ist übrigens das Verdienst ihres verehrten Hauslehrers, des genialen deutschen Pädagogen Dr. Pangloss. Seine Philosophie gipfelt in Lektion XI, Lehrsatz sieben, welcher lautet:

»Dies ist die beste aller möglichen Welten. Alles, was geschieht, ist gut.« Wir nehmen am Unterricht teil.

The Best of All Possible Worlds

»Noch einmal im ganzen Satz … und etwas langsamer und leiser, bitte…«

Universal Good

Als Candide und Cunigunde nach dem Unterricht im Park lustwandeln, um das Gelernte zu vertiefen, fällt ihr Blick unversehens auf den hochverehrten Lehrkörper des Dr. Pangloss, der sich anschickt, der Kammerzofe Paquette im Gebüsch eine sehr eindringliche Nachhilfestunde zu erteilen.

Dieser Anblick weckt in Candide und Cunigunde eine bisher verborgene Leidenschaft. Erregten Sinnes träumen sie von einem gemeinsamen Liebesnest. Allerdings mit unterschiedlichen Ansichten im Hinblick auf die optimale Nutzung der erotischen Immobilie.

Oh, Happy We

Das Glück des jungen Paares wird von der Familie denkbar ungünstig aufgenommen. Rasend vor Zorn befördert Baron Thunder-Ten-Tronck Candide an die Luft, um seine Tochter Cunigunde dem Zugriff dieses unerwünschten Vetters zu entziehen.

Candide fliegt raus, jedoch beflügelt durch den von Meister Pangloss erlernten Optimismus, wonach jeder Rausschmiß auch sein Gutes hat: Erst woanders nämlich trifft man wirklich nette Leute.

It Must Be So

Die Hoffnung auf nette Leute im Ausland trügt. Nach unkomfortabler Nachtruhe in einer Ackerfurche wird Candide von feindseligen Soldaten wachgerüttelt und zum Wehrdienst verpflichtet. Er desertiert, wird wieder eingefangen und – juristisch völlig korrekt – zum Spießrutenlaufen verurteilt. Kaum ist er wieder auf den Beinen, marschiert er mit dem Feind in Westfalen ein.

Die Ereignisse überstürzen sich.

Der Baron und seine Familie sind in die Schloßkirche geeilt, um mit der Gemeinde eine ziemlich aufgeblasene vaterländische Hymne auf den Sieg Westfalens abzusingen. Die Feinde warten bis zum letzten Ton taktvoll vor der Tür, bevor sie mit einem Aufschrei aus allen, aber auch aus allen Rohren feuern.

Choral · Battle Music

Man hat sie alle gemeuchelt: den Baron, Maximilian, Paquette und Dr. Pangloss. Die übergewichtige Baronin wird, ich sage es ungern, von einer gutgelaunten berittenen Eliteeinheit in handliche Stücke zerlegt, während Cunigunde auf sehr ungezogene, lustbetonte Weise ihr Leben läßt. (Wie das bei solchen Gelegenheiten schon mal vorkommen kann.)

Candide irrt auf der Suche nach der Geliebten über das Schlachtfeld, singt aber sehr schön.

Candide's Lament

Monate später trifft Candide, nun doch schon ziemlich verwahrlost, auf einen Bettler. Kaum zu glauben, aber es ist Dr. Pangloss, der sein eigenes Ableben auf Schloß Thunder-Ten-Tronck offenbar vergessen hat.

Allerdings hat er infolge einer galanten Erkrankung seine Nase und anderes eingebüßt. Was ihn nicht hindert, beharrlich seine Lehre vom Optimismus zu verkünden: jeder Schmerz sei eine willkommene Würze in dieser besten aller möglichen Welten.

Er wird unterstützt vom Herrenchor der westfälischen Bettler-Genossenschaft.

Dear Boy

Ein sympathischer Schiffseigner ermöglicht den beiden Herren eine Traumreise nach Lissabon. Auf offener See erweist sich dann ein Orkan einschließlich Schiffsuntergang mit knapper Rettung auf Treibholz als im Angebot inbegriffen. Auch der in Lissabon stattfindende Landgang ist durch ein verheerendes Erdbeben kein reines Vergnügen.

Um die schwergeprüfte Bevölkerung aufzuheitern, hat der ortsansässige Großinquisitor eine öffentliche Verbrennung von Ketzern anberaumt. Im Lauf der volksfestähnlichen, fröhlichen Veranstaltung geraten Candide und Dr. Pangloss als unerwünschte Ausländer unter allgemeinem Beifall in die Mühle christlicher Schnelljustiz.

Kein Wunder also, daß man Voltaires Roman seinerzeit öffentlich einäscherte und er selbst – jedenfalls noch bis vor kurzem – in der Hölle briet.

AUTO-DA-FÉ

Wieder einmal haucht Dr. Pangloss sein Leben aus. Diesmal mit dem Strick um den Hals. Candide wird, wie immer, kräftig mit dem Stock gezüchtigt und meint, es müsse wohl an ihm selbst liegen, wenn er die Annehmlichkeiten dieser großartigen Welt nicht so recht zu empfinden vermöge.

IT MUST BE ME

Inzwischen in Paris:

Umschwärmter Mittelpunkt der Pariser Herrenwelt ist in diesen Tagen eine geheimnisvolle Schöne, die – gegen beachtliche Entlohnung – ihre körperlichen Vorteile jeden Dienstag, Donnerstag und Sonntag den Herren von Regierung und Opposition zur Nutzung überläßt, um dann montags, mittwochs und freitags alleinstehende Würdenträger aller Konfessionen einzugliedern.

Trotz dieser starken beruflichen Inanspruchnahme fühlt sich die Dame kulturell nicht ausgelastet und belegt nebenher einen Abendkurs in Koloraturgesang. Daran könnte sich manche Hausfrau ein Beispiel nehmen!

GLITTER AND BE GAY

Sie ahnen es: Die Femme fatale heißt Cunigunde, stammt aus Westfalen und wurde seinerzeit wohl nur oberflächlich umgebracht.

Da trifft es sich gut, daß – rein zufällig – auch Candide in Paris auftaucht. Glücklich vereint fällt sich das Liebespaar um den Hals, wobei Cunigunde die Frage, was sie denn so die ganze Zeit gemacht habe, geflissentlich überhört.

YOU WERE DEAD, YOU KNOW

Wenn Sie geglaubt haben, die Angelegenheit nehme nun eine einigermaßen erträgliche Wendung, muß ich Sie enttäuschen.

Zwei Liebhaber Cunigundes geraten mit Candide so heftig aneinander, daß dieser sich genötigt sieht, beide Herren zu erstechen. Dergleichen ist in guten Familien nichts Außergewöhnliches, wird aber behördlicherseits nicht gern gesehen.

Candide und Cunigunde fliehen außer Landes nach Cadiz, begleitet von Cunigundes Gesellschafterin, einer älteren Dame mit bizarrer Vergangenheit. Als bei der Ankunft in Spanien Cunigunde ihres gesamten, so fleißig erarbeiteten Schmuckes beraubt wird, gibt die famose Alte im Tangotakt ihre polnischen Jugenderinnerungen an Rovno Gubérnija zum besten, um die deprimierte Touristengruppe wieder aufzumöbeln.

I AM EASILY ASSIMILATED

Zum Abschütteln seiner französischen Häscher wählt Candide eine einfache Methode, die auch Steuerflüchtigen empfohlen wird: Man tritt in die spanische Armee ein, überquert mit dieser den Atlantik und taucht bei Auftreten von Einreiseschwierigkeiten in Uruguays Dschungel unter. Das ist alles.

Nun steht also Candide mit einer älteren Dame und seiner nicht mehr ganz frischen Freundin an der Reling des Truppentransporters. Vom Bariton des Kapitäns unterstützt, jubiliert das Quartett aus vollem Halse der neuen Welt entgegen. Soweit die Herren Voltaire und Bernstein.

Während die Gesangsgruppe dann – gegen Seekrankheit kämpfend – für längere Zeit in der Koje liegt, sind Sie, meine Damen und Herren, in die Pause entlassen, um Ihr Entsetzen hinunterzuspülen.

QUARTET FINALE

Nach einer erstaunlich glatt verlaufenen Schiffsreise geht Candide mit Cunigunde und ihrer Hausdame in Buenos Aires von Bord.

Sie machen einen Höflichkeitsbesuch beim Gouverneur, einem passionierten Verführer, der sogleich in verblüffender Direktheit sein körperliches Interesse an Cunigunde durchblicken läßt... Erstaunlich, wie doch in einer rein konzertanten Aufführung die Phantasie geschult wird...

Cunigunde wittert eine willkommene Altersversorgung und lockt den triebhaften Gouverneur in ein Eheversprechen. Übrigens hört dieser auf den einprägsamen Rufnamen Don Fernando D'Ibara y Figueora y Mascarenes y Lampourdos y Sousa.

My Love

Cunigundes Gesellschafterin hat den verwirrten Candide mit der Falschmeldung, die Pariser Polizei sei ihm erneut auf den Fersen, in den Urwald geschickt, während Cunigunde ungestört ihre Chance nutzt, den Gouverneur einzuwickeln.

Und nun feiern die Damen den Triumph des weiblichen Geschlechts mit einer schamlosen Selbstgefälligkeit, die das Vertrauensverhältnis zwischen Mann und Frau wieder einmal ganz unnötig belastet.

We Are Women

Inzwischen wühlt sich Candide mit seinem farbigen Diener Cacambo durch den südamerikanischen Urwald, wo es damals kurzweiliger zuging als heute. Beispielsweise treffen sie auf Frauen, die ihre Männer verließen, um lieber mit Schimpansen zusammenzuleben, und lernen Feinschmecker-Kannibalen kennen, die vorzugsweise gedünstete Missionare verzehren.

Gleich um die Ecke treffen sie auf eine Missionsstation. Und – um die hanebüchene Geschichte auf die Spitze zu treiben – sie erkennen in den Gewändern des Abtes und der Äbtissin... na wen?... den dümmlichen Maximilian und das Dienstmädchen Paquette aus dem 1. Akt... Sie erinnern sich?... Gemeinsam singen sie mit dem äußeren Missionschor eine mehrstrophige Cantate.

THE PILGRIMS' PROCESSION
ALLELUIA

Als man sich nach Absingen der Cantate gemeinsam der schönen Tage in Westfalen erinnert, unterläuft Candide ein schwerwiegender Fehler: Er berichtet vom Überleben Cunigundes und seiner Absicht, sie in Kürze zu heiraten. Die Stimmung ist im Eimer, Maximilian schäumt und greift zur Waffe. Auch Candide zieht blank und entleibt, eher versehentlich, seinen zukünftigen Schwager.

Kurzer Szenenwechsel nach Buenos Aires. Im Palast des Gouverneurs wartet Cunigunde mit ihrer Gesellschafterin nun schon seit drei Jahren darauf, geheiratet zu werden. Gelangweilt quengeln die Damen. Der Gouverneur wirkt wie bereits verheiratet: Er liest Zeitung und reagiert gereizt.

QUIET

Da Buenos Aires im Augenblick keine weiteren interessanten Katastrophen zu bieten hat, wenden wir uns zurück in den Dschungel, in dem Candide und sein Diener Cacambo die Orientierung verloren haben. Wie gut, daß Urwälder heute so übersichtlich gerodet werden…

Die beiden verbrachten gerade Tag und Nacht in einem herrenlosen Boot, von Stromschnellen durchnäßt, im Halbdunkel unterirdischer Höhlengewölbe, mit dem festen Vorsatz, den nächsten Urlaub doch lieber nach Westfalen zu buchen, als sie plötzlich in gleißender Helligkeit die beste Adresse anlaufen, die Südamerika zu bieten hat: Eldorado!

Nein, nicht das gleichnamige Stundenhotel. Es handelt sich vielmehr um ein sagenhaftes Land, das bisher kein Fremder betrat. Es gibt keine Polizei, weder Steuer noch Justiz, alle Bewohner sind reich, aber glücklich, die Straßen sind mit Smaragden gepflastert, aus Gold ist auch der Restmüll. Kein Vergleich zu Westfalen.

Introduction to Eldorado

Trotz oder gerade wegen der Entdeckung dieses irdischen Paradieses wirkt Candide deprimiert. Die Trennung von seiner Verlobten verkorkst ihm die ganze Reise.

Schließlich beruhigt er sich durch den Vortrag einer romantischen Ballade im 5-Achtel-Takt für Tenor und Orchester mit gemischtem Chor in Es-Dur und Fis-Dur.

The Ballad of Eldorado

Candide und sein Diener ziehen weiter, reich beschenkt mit einer Herde goldbeladener Hammel.

Wer sich zu strapaziösen Urwaldmärschen Gold aufladen läßt, muß schon ein Hammel sein. Jedenfalls strecken Candides Goldhammel binnen kurzem alle viere von sich. Bis auf zwei. Den vorletzten schickt Candide in Obhut des Dieners zum Gouverneur nach Buenos Aires, gewissermaßen per Nachnahme, um seine Verlobte freizukaufen.

Mit dem letzten Hammel macht sich Candide allein auf den Weg. Als Treffpunkt ist Venedig ins Auge gefaßt. Warum, weiß kein Mensch.

Nach Durchwandern von Niederländisch-Surinam trifft er in der Hafenstadt Paramaribo auf Martin, einen begeisterten Pessimisten. Mit wollüstigem Ekel beschwört Martin die vorgeblich sinnlose Leere dieser schlechtesten aller möglichen Welten. Voltaire in Hochform!

WORDS, WORDS, WORDS

In der Auswahl seiner Bekanntschaften hat Candide offensichtlich keine glückliche Hand. Er wird von einem reichen holländischen Reeder namens Vanderdendur übers Ohr gehauen, der ihm im Tausch gegen den letzten Goldhammel ein undichtes Segelboot andreht.

Aber Candide wähnt sich wieder mal als Glückspilz in dieser besten aller möglichen Welten und sticht mit Freund Martin in See. Am Pier winkt und singt schadenfroh Herr Vanderdendur und der Schulchor von Paramaribo.

BON VOYAGE

Ich sage es gleich, damit keine falsche Fröhlichkeit aufkommt: Der undichte Segler ist mit Mann und Maus gesunken, wobei wir das Abhandenkommen des Nichtschwimmers Martin zu beklagen haben, während Candide sich als zäher Brustschwimmer erweist.

Und was Sie interessieren wird: Der üble Mijnheer Vanderdendur wird kurz darauf gleichfalls ein Opfer der Seefahrt, aber sein erschwindelter Goldhammel strampelt sich tapfer durch den ungemütlichen Atlantik zurück zu seinem Herrchen Candide.

Dann geschieht etwas, das schiffbrüchigen Schwimmern relativ selten widerfährt: Candide und sein Hammel werden aufgenommen von einem Floß, auf dem sich fünf entthronte Monarchen befinden, darunter ein seekranker. Es sind dies: Zar Ivan, Prinz Edward, König Stanislaus, König August und Sultan Achmet. Sie diskutieren über ihre bürgerliche Zukunft. Der Mann am Ruder, ein begabter älterer Galeerensklave, hat die Leitung des Gesprächs übernommen. Es ist... jawohl... der häufig totgeglaubte Dr. Pangloss!

THE KINGS' BARCAROLLE

Meine Damen und Herren, lassen Sie sich nicht entmutigen, das Ende ist in Sicht!

Mit leichter Verspätung legt das Floß mit Candide, Dr. Pangloss, einem Goldhammel und fünf Königen in Venedig an. Candides umgehende Suche nach seiner Verlobten bleibt ergebnislos, denn es regiert Karneval in Venedig. Mit Maskenzwang!

Candide kann nicht ahnen, daß Cunigunde und die Alte im Spielcasino einen Halbtagsjob als betrügerische Animierdamen angetreten haben und Paquette auf horizontaler Ebene Meisterhaftes leistet. Der Croupier eröffnet die Bank. Die Touristen an den Spieltischen trällern frohgemut ihrem finanziellen Ruin entgegen.

MONEY, MONEY, MONEY

Im Büro des Casinodirektors treffen wir den bereits mehrfach verstorbenen Maximilian wieder, nun als korrupten Polizeipräsidenten. Neben ihm unsere heruntergekommenen Damen in Gesellschaft eines Ganoven.

Seltsamerweise herrscht Krisenstimmung im Hinblick auf die Unvereinbarkeit von Gewinnoptimierung und Moral. Im Raum steht eine Frage, die sich jedem Aktionär irgendwann stellt: Was soll das alles?!

WHAT'S THE USE

Gegen Abend betreten Candide, Dr. Pangloss und der Hammel maskiert das Spielcasino. Wie nicht anders zu erwarten, sprengt Dr. Pangloss die Bank, worauf sich die beiden Damen unter vollem Einsatz ihrer Reize an die leichtsinnigen Herren heranmachen. Das funktioniert allerdings nur bis zur Demaskierung.

THE VENICE GAVOTTE

NOTHING MORE THAN THIS

Meine Damen, lassen Sie Ihren Tränen freien Lauf. Candide hatte seine Braut noch in der Unschuld des ersten Aktes in Erinnerung. Nun aber haben sich Frisur, Make-up und Moral doch sehr nachteilig verändert. Hinzu kommt die Enttäuschung Candides über die Lehre seines starrsinnigen Erziehers Dr. Pangloss, dem übrigens in Tübingen ein Lehrstuhl sicher ist.

Wo ist sie nun, die beste aller möglichen Welten? ... Da gibt auch der Laienchor von San Marco keine klare Antwort.

UNIVERSAL GOOD

Tagelang schweigen Candide und Cunigunde verbockt. Aber dann, an einem Dienstag gegen 14 Uhr 30, sieht sich Candide seine Verlobte noch einmal genauer an, überwindet eine aufkommende Abneigung und sagt:

»Cunigunde, wir heiraten, bauen uns ein Reihenhaus, graben den Garten um, essen unser naturbelassenes Gemüse und stellen den Fernseher an.«

»Ja«, sagt Cunigunde, »dann hat das Leben endlich einen Sinn!«

MAKE OUR GARDEN GROW

Noch Fragen?

[722]

GEORGES BIZET

## Die Perlenfischer

Nach einer Aufführung dieses musikalischen Bühnenwerkes ist man gut informiert über manches bisher Unbekannte aus fernöstlichen Kulturen. Man weiß jetzt: Auch Perlenfischer haben den Wunsch, sich fortzupflanzen, und geraten hart aneinander, wenn sie dieselbe Braut begehren.

Vor längerer Zeit, Sri Lanka hieß noch Ceylon, verbissen sich dort zwei eng befreundete junge Perlenfischer in dasselbe Mädchen, retteten mit Ach und Krach ihre Freundschaft und schworen, künftig lieber mehr Perlen zu fischen, als nach derselben Frau zu angeln.

Das ging dann natürlich schief, aber der gemeinsame Schwur der jugendlichen Liebhaber blieb bis auf den heutigen Tag eine Perle unter den musikalischen Einfällen von Georges Bizet.

## Carmen

In dieser Oper opfert der spanische Sergeant Don José militärische Karriere und gesicherten Pensionsanspruch für Carmen, eine Dame aus der Zigarettenindustrie mit zweifelhaftem Ruf und häufigem Partnerwechsel. Das ist auch für Nichtraucher ein interessanter Fall im Rahmen der weltweiten Gefährdung des Mannes durch die Frau.

Don José hat für die Geliebte eine Haftstrafe wegen Fluchthilfe abgesessen und ist bereit, sich in eine neue Tätigkeit als ungelernter Schmuggler einzuarbeiten. Überwältigt von der Bedeutung des Augenblicks besingt er die Rose, die ihm Carmen einst zugeworfen hatte. Er trug sie in der Zelle vier Wochen auf der Brust und stellt nun fest, daß sie nichts von ihrem Duft verloren habe. Das spricht für die hygienische Betreuung in spanischen Haftanstalten.

Leider tritt ein Torero an die Rampe, dessen körpernahe Degenführung Carmen mehr imponiert als Don Josés schlapper Säbel.

Das in launigen Versen gereimte Couplet des Stierkämpfers, mit wechselndem Stand- und Spielbein vorgetragen, erzählt von der Lust, spanisches Rindvieh umzubringen.

## Alfredo Catalani

# La Wally

Um das Jahr 1800 wird in der Ötztaler Bergwelt weder skigelaufen noch gerodelt.

Statt dessen belauschen mißgelaunte Dörfler ohne Toilette, Lift und Liegestuhl den Brunftschrei der Hirsche und pflegen hochalpine Eifersucht.

In Alfredo Catalanis Alpendrama *La Wally* atmen wir Bergluft, wie sie wirklich ist.

Ein Fräulein Stromminger – genannt La Wally – gerät oberhalb der Baumgrenze zwischen einem Herrn Gellner und Herrn Hagenbach in einen erotischen Interessenkonflikt. Zum Finale obsiegt Herr Hagenbach. Gemeinsam mit Fräulein Stromminger donnert er in einer Lawine zu Tal.

Und alles mit Musik!

# Francesco Cilea

## L'Arlesiana

Zur Feier des Abends sitzen wir nun festlich gekleidet neben dem Kuhstall eines kleinbäuerlichen Betriebes in Südfrankreich.

Die alleinerziehende Landwirtin hat einen schwachsinnigen Sohn, dessen älterer Bruder sich vom Heuboden stürzt, weil ihn das Verhältnis seiner Bekannten mit dem Stallknecht stört.

Ja, das singt sich schön!

## Adriana Lecouvreur

Diese Oper bewegt sich in der zügellosen Gesellschaft einer europäischen Metropole.

Es geht um Schauspieler und Prinzen, Eifersucht, Betrug, Ehebruch und andere gehobene Unterhaltung, die einer Großstadt ihren Glanz verleiht. Nein, leider nicht Berlin. Wir befinden uns in Pariser Hochadelskreisen und in erregender Nähe der umschwärmten Schauspielerin Adriana Lecouvreur.

Diese findet als Opfer der Eifersucht schon nach zweieinhalb Stunden ihr frühes Ende im Duft eines vergifteten Veilchensträußchens. Also durch die

Nase, ein Sinnesorgan, mit dem sie überhaupt nicht gerechnet hatte.

# Gaetano Donizetti

## Anna Bolena

Meine sehr verehrten Damen und Herren,

auch anläßlich eines Opernabends kann, nach einem Seitenblick auf Ihren Partner, die Überlegung Raum gewinnen, wie diesem sinnentleerten Lebensbund wirksam zu entkommen sei.

Ohne Ihrer Phantasie vorgreifen zu wollen, verweise ich da auf den englischen Monarchen Heinrich VIII., der sein Eheproblem mehrfach auf rigorose Weise löste.

Eine der betroffenen Damen, Anna Bolena, wurde noch nach ihrem vorzeitigen, gewaltsamen Ableben Titelheldin in Donizettis gleichnamiger Oper. Dies nur als Anregung.

## Der Liebestrank

*Der Liebestrank* ist so was Ähnliches wie *Tristan und Isolde,* nur in netter Form und halb so lang. Hier wie dort geht es um ein Getränk, nach dessen Genuß der dringende Wunsch entsteht, sich fortzupflanzen.

Bei Wagner stammt die riskante Mixtur bezeichnenderweise aus dem Medizinschränkchen von Isoldens Mutter. In Donizettis Oper werden dem Landwirt Nemorino von einem fahrenden Quacksalber zwei Flaschen dünnen Rotweins angedreht. Aber anders als Tristan behält Nemorino Leben, Lust und Libido, was letzten Endes gegen Mütter und für Rotwein spricht.

## La Favorita

Es dreht sich da um einen Skandal, den heutzutage die Medien aus Gründen vereinbarter Diskretion nicht ausschlachten würden. Hier der einfache Sachverhalt im Rahmen zeitgenössischen Musiktheaters:

Ein noch in der Ausbildung befindlicher Gottesmann verliebt sich auf dem Kirchentag in eine unbekannte Blondine und erfährt zu spät, es handele sich um die Freundin des Bundespräsidenten. Verwirrt verläßt der Novize sein Kloster und wird Bundeswehroffizier.

Schließlich ist die Blondine verblichen, der Offizier wird befördert, und der Präsident bleibt im Amt.

Klar.

## Anton Dvořák

# Rusalka

Die Teichnixe Rusalka – nach Nixenart halb Frau, halb Fisch – empfindet im Hinblick auf eine ersehnte Liebschaft mit dem ortsansässigen Prinzen ihren Unterleib als unzweckmäßig.

Nach Rücksprache mit einer sachkundigen Hexe und Umwandlung in eine Menschenfrau versucht sie, dem Prinzen Appetit zu machen. Doch diesem, einem Mann mit feiner Zunge, ist nicht nach Fisch, und Rusalka plumpst mit Schwanz in ihren Teich zurück.

Von dort bezaubert sie uns – nun gewissermaßen als Verflossene – mit ihrem Lied: »Du lieber Mond«. Übrigens wird das Werk in der Originalsprache gesungen, aber soviel tschechisch werden Sie ja wohl noch können.

UMBERTO GIORDANO

## Andrea Chenier

Eine Oper, die sich mit der Französischen Revolution beschäftigt, hat ein Problem: die Enthauptung des Titelhelden.

Denn auch für Sänger ist der Kopf ein wichtiger Körperteil, ohne den die Stimme sich nur mangelhaft entfaltet.

Aus diesem Grunde singt in Giordanos Musikdrama der Tenor seine letzte Arie schon bevor sein Haupt in die Kulisse rollt.

Aus Gründen der Ausgewogenheit kommt auch sein politischer Gegner zu Wort: Gérard, Revolutionär und ehemaliger Hausdiener, unterschreibt das Todesurteil.

Mit Personal hat man eben nur Ärger.

## Charles Gounod

# Faust

Diese Oper vertont die Geschichte des gealterten, wenn auch gelifteten Dr. Faust, der für eine zweite Jugend an der Seite eines Teenagers seine Seele dem Teufel verkauft.

Bejahrte Männer, die mit Eintritt in den Ruhestand einen erneuten Ausbruch des alten erotischen Jagdfiebers erwarten, sind, das können Sie mir glauben, auf den Pakt mit dem Teufel oder Tabletten angewiesen.

Von Goethe, einem der wenigen bekannten Autoren, die bisher keinen Literaturpreis erhalten haben, gibt es die ganze Affäre in einer weitschweifigen, seltener gespielten Bearbeitung ohne Musik.

GEORG FRIEDRICH HÄNDEL

## Caesar in Ägypten

Zu Beginn der Oper erhält der verblüffte Caesar das vom Rumpf getrennte Haupt des Feldherrn Pompejus als Geschenk verpackt.

Caesar empfindet das als ungehörig, zumal Frau Pompejus, die ahnungslose Gattin des Geköpften, grade auf einen Tee vorbeigekommen ist.

Nach zweieinhalb Stunden Barockmusik liegen die Schuldigen in ihrem Blut, Kleopatra wird Königin von Ägypten und Freundin Caesars.

Ein normaler globaler Alltag also.

## Saul

An einem festlichen Abend wie diesem zeigt sich die Bedeutung der Oper keineswegs nur im Genuß. Vor allem schließt sie Lücken unserer Allgemeinbildung. Zum Beispiel Israel.

Kennen Sie die erregende Geschichte von König Saul, seinen Töchtern Michal und Merab, Sohn Jonathan und David, der Goliath den Kopf entfernte?

Nicht? Sie sollten mehr in der Bibel lesen als in

der Fernsehzeitung… 1. Buch Samuel, Kapitel 17 bis 31…

Im Oratorium Saul des Londoner Komponisten hören Sie die Arie des David: »O Lord, whose mercies numberless«, »O Herr, unendlich ist Deine Gnade«.

Es beten die Opernhäuser.

## Agrippina

Der folgende Beitrag dient der kritischen Betrachtung einer Frau in leitender Position.

Schon 1200 Jahre nach Ableben der persischen Königin Semiramis macht die römische Kaiserin Agrippina von sich reden. Nach ihr ist sowohl die Oper des Komponisten Georg Friedrich Händel als auch eine Schweizer Versicherungsgesellschaft benannt.

Nicht zuletzt gebar Agrippina den Thronfolger, der als nachmaliger Kaiser Nero unter dem Namen Peter Ustinov bis heute den Ruhm des römischen Reiches mehrte.

Beachten Sie Kaiser Neros Arie, vorgetragen in einer Musikalität und Höhenlage, wie man sie aus der Brust seiner Majestät wohl erst beim Brand von Rom erneut bewunderte.

## Franz Lehár

### Das Land des Lächelns

Um es gleich vorwegzunehmen: *Das Land des Lächelns* ist keine Umschreibung der Bundesrepublik. Es ist vielmehr der Titel einer nach China verlegten Operette von Franz Lehár. Ihr entnehmen wir die Bravourarie »Dein ist mein ganzes Herz«.

Leider wird nicht klar, an wen sich diese Beteuerung richtet. An die Hausangestellte ... an die Gattin etwa ... oder den Hund?

### Giuditta

Wer täglich die wichtigsten Kommentare in der Presse gelesen, die Meldungen der Rundfunksender gehört und die abendlichen Nachrichten des Fernsehens durchlitten hat, benötigt zwei doppelte Cognacs, eine psychotherapeutische Behandlung und geistlichen Beistand. Dann geht ihm das Auftrittslied des Octavio aus der Operette *Giuditta* von Franz Lehár wieder leicht von den Lippen: »Freunde, das Leben ist lebenswert!«

## Ruggiero Leoncavallo

# Bajazzo

Ehetragödien ohne Gesang werden heute kaum noch ernst genommen. Wirklich erschütternde Auseinandersetzungen dieser Art bleiben der Opernbühne vorbehalten.

In Leoncavallos *Bajazzo* erwischt Canio, der Inhaber und Hauptdarsteller einer dörflichen Wanderbühne, seine Gattin in flagranti mit einem gewissen Silvio. Einer der seltenen Fälle, in denen der Tenor gegen einen Bariton den kürzeren zieht.

Canio beginnt seine verzweifelte Arie mit den Worten: »Recitar! Mentre preso dal delirio – Jetzt spielen, wo mich Wahnsinn umkrallt…«, in einer Stimmung also, die unter Bühnenkünstlern weit verbreitet ist.

## Wolfgang Amadeus Mozart

# Die Entführung aus dem Serail

Dieses Singspiel spielt in der Türkei, wo sich seinerzeit viele Türken aufhielten.

Man erlebt zunächst einen spanisch-katholischen Gärtner, dem es gelingt, einen strenggläubigen türkischen Hausmeister zu alkoholisieren, um zwei christlichen Damen die Flucht zu ermöglichen. Sodann, eine Arie später, schwört der ernüchterte Moslem Rache.

Es spräche vieles dafür, Nahostkonflikte auch heute durch das Absingen von Arien auszutragen.

# Figaros Hochzeit

In Mozarts Werk beharrt der (verheiratete) Vorgesetzte des Bräutigams auf dem Jus primae noctis, dem Recht nach Gutsherrenart auf die erste Nacht mit der Braut, und eröffnet damit ein ebenso chaotisches wie kostspieliges Musiktheater.

In dem dreistündigen Eifersuchtsdrama wird zwar mehr gesungen, als es bei ehelichen Auseinandersetzungen sonst üblich ist, aber im Grunde hat sich in diesem Punkt bis heute kaum was geändert. Nur macht man eben nicht jedesmal eine Oper draus.

## Don Giovanni

Bei Don Giovanni handelt es sich um jenen Kavalier, der zur Abbuße seiner erotischen Sünden zur Hölle fuhr.

Es bleibt die Frage offen, ob sich für ihn die Sache nicht doch gelohnt hat. In Spanien allein waren es 1003 vollzogene Liebschaften.

Da kann auch ein fleißiger deutscher Pauschalreisender nicht mithalten. Es ist zu bezweifeln, ob unter diesen Umständen noch von Erholung die Rede sein kann.

## Così fan tutte

Die Oper *Così fan tutte* des in Österreich sehr bekannten Komponisten Mozart ist derart unanständig, daß sie in Deutschland meist italienisch gesungen wird.

Ein erfahrener älterer Mann wettet mit zwei jüngeren, daß ihre beiden Bräute – wie alle Frauen – durch andere Männer jederzeit verführbar seien. Die Wette gilt.

Beide Herren verabschieden sich von ihren Verlobten mit der Behauptung, die Pflicht riefe sie auf einen fernen Kriegsschauplatz. Zwanzig Minuten später kehren sie mit angeklebten Bärten als zugereiste Ausländer zurück und bedrängen die Damen, was das Zeug hält. Ich sage es ungern, aber noch vor Ende der Oper haben beide Liebhaber, unterstützt von der Kammerzofe, jeweils die Braut des anderen rumgekriegt.

Man versteht die Äußerung des empörten Beethoven, ihm wäre zu dieser unpassenden Geschichte keine Note eingefallen. Aus heutiger Sicht sieht die Sache allerdings anders aus: Die Damen haben nur bewiesen, daß sie nichts gegen Ausländer haben.

## Titus

Unter Cineasten hält sich der Irrtum, es seien die meisten römischen Kaiser eigentlich amerikanische Filmschauspieler gewesen wie Rex Harrison und Peter Ustinov. Das ist zumindest ungenau. Titus beispielsweise war hauptberuflich Kaiser.

Im Jahre 79 wäre er fast einem Racheakt zum Opfer gefallen, als er auf der Suche nach einer neuen Gespielin eine paarungsfreudige Dame aus besserer Gesellschaft verschmähte. Wir wissen das durch die Oper *La Clemenza di Tito* von Wolfgang Amadeus Mozart, dem Fachmann für schlüpfrige Operntexte.

Die Attentäter werden gefaßt, aber die Affäre endet gut. Monarchen haben in solchen Dingen einfach mehr Übung.

## Jacques Offenbach

# Hoffmanns Erzählungen

Hoffmann, ein in der Provinz wirkender Erzähler und Verfasser volkstümlichen Liedguts, liebt Stella, eine lokale Operngröße.

Diese ist entschlossen, sich Herrn Hoffmann nach der Vorstellung hinzugeben. Leider bringt Herr Hoffmann während ihrer Darbietung seine eigenen launigen Verse im benachbarten Biergarten angetrunken zum besten.

Die Künstlerin ist empört und beschließt, sich künftig von Hoffmann nichts mehr erzählen zu lassen.

Wir sind da weniger empfindlich und lauschen der Geschichte von Klein-Zack aus Eisenack.

## Carl Orff

# Carmina Burana

Die *Carmina Burana* von Carl Orff beruhen auf einer Sammlung mittelalterlicher Lyrik und werden daher lateinisch und mittelhochdeutsch gesungen. Zum besseren Verständnis tragen sie den Untertitel *Cantiones profanae cantoribus cantandae collitantibus instrumentis atque imaginibus magicis.*

Ja, da weiß man doch, woran man ist!

# Giacomo Puccini

## Manon Lescaut

Vor 200 Jahren wurde Amerika sinnvoll genutzt als Strafkolonie für kriminelle Europäer.

Im Verlauf des Musikdramas wird eine straffällige Dame von Frankreich nach Amerika deportiert und gerät dort Ende des vierten Aktes in eine der Wüsten des Landes – zwar mit ihrem Geliebten, aber ohne Auto und Handy.

Wie erwartet, äußert Madame Lescaut ihren Unmut durch eine Arie.

## La Bohème

Es gibt keine Oper, in der ergreifender gefroren, geliebt und gehustet wird. Man weiß von Aufführungen, in denen sich die Leiden der Bühne ins erschütterte Parkett fortsetzten.

Wir leben anderthalb Stunden in einer armseligen Pariser Künstlerwohngemeinschaft und trösten uns mit der Tatsache, daß Immobilien dieser Art inzwischen längst mit Lift und Zentralheizung ausgestattet sind.

Im zweiten Akt ist die Welt noch in Ordnung.

Die Freunde haben grade gutgelaunt zwei Tische vor dem Café Momus besetzt, oder – in anderen Inszenierungen – auf einer Aluminiumleiter Platz genommen, als Musette, die verflossene Geliebte Marcellos, am Arm eines alten, aber wohlhabenden Liebhabers das Café betritt.

Der rüstige Verehrer wird von ihr als Mumie bezeichnet, wofür ich übrigens – und da teile ich wohl die Ansicht meiner anwesenden Altersgenossen – nicht das geringste Verständnis habe.

## Tosca

Sängerinnen haben gelegentlich das Bedürfnis, sich auch außerhalb ihres Berufes nützlich zu machen. Die bekannte Sopranistin Tosca, beispielsweise, erstach während der Bürozeit den triebhaften Polizeipräsidenten mit einem Brieföffner.

Kurz vor der Tat hadert Tosca mit dem lieben Gott, der sie, wohl versehentlich, in diese scheußliche Lage gebracht hat.

Natürlich darf dieser Fall nicht zur Regel werden, immerhin gibt es mehr Soprane als Polizeipräsidenten.

## Madama Butterfly

Die Oper *Madama Butterfly* berichtet von den Folgen einer Vergnügungsreise per Schiff.

Ein gewisser Pinkerton, US-Amerikaner auf Kreuzfahrt durch die Inseln Ostasiens, nutzt den Landgang in Nagasaki, um eine fünfzehnjährige Japanerin spaßeshalber zu heiraten. Er begibt sich unter Hinterlassung anderer Umstände in die Staaten zurück, heiratet dort eine höhere Tochter und ankert drei Jahre später wieder in Nagasaki, um sein japanisches Kind abzuholen. Die Kindsmutter entleibt sich.

Ich denke, so was ist bei jeder Pauschalreise im Fahrpreis inbegriffen, und man soll auch nicht an allem herumnörgeln, was der Unterhaltung dient.

## Gianni Schicchi

Die jungen Liebesleute Lauretta und Rinuccio haben im Kreise einer hysterischen Großfamilie um Erlaubnis gebeten, sich vermählen zu dürfen.

Das darauf einsetzende empörte Gezeter führt zu Laurettas verzweifelter, wenn auch melodiöser Drohung an ihren Vater, sie spränge jetzt in den Landwehrkanal … Das junge Ding kann ja nicht wissen, daß der verzweifelte Sprung in ein städtisches Gewässer im allgemeinen nicht *vor,* sondern irgendwann *nach* der Eheschließung erwogen wird.

## Turandot

Die Kenntnisse des Durchschnittsdeutschen von den Geheimnissen Chinas beschränken sich auf Frühlingsröllchen. Diese allein erklären die historische Bedeutung des Riesenreiches jedoch nur unvollkommen.

Der Italiener Puccini kommt mit seiner letzten Oper einer sensationellen Erkenntnis auf die Spur.

Turandot, als heiratsfähige Tochter des Kaisers von China, gibt den Bewerbern um ihre Hand drei Rätsel auf. Schon *eine* falsche Antwort hat die Enthauptung des Kandidaten zur Folge.

Dieser natürlichen Auslese bei der Gattenwahl ist unsere schlappe westliche Erotik einfach nicht gewachsen.

# Gioacchino Rossini

## Barbier von Sevilla

Der Friseur nimmt als Handwerker eine Sonderstellung ein, denn sein Arbeitsbereich befindet sich – anders als beim Klempner – am Körper der Kundschaft.

Der Gedanke an ausschweifende Vertraulichkeiten des Haarkünstlers beflügelte die Phantasien lüsterner Opernkomponisten.

Gioacchino Rossini, vor allem geschätzt als Vater des nach ihm benannten Rinderfilets auf Toast mit Gänseleber, verwickelt in seiner Oper *Der Barbier von Sevilla* einen überanstrengten Herren- und Damenfriseur in ein Chaos libidinöser Zweideutigkeiten.

## Semiramis

Vor etwa 4000 Jahren lebte im fernen Babylon eine Königin, die gewisse häusliche Schwierigkeiten in einer Weise löste, die heute überall auf Verständnis stößt.

Sie brachte ihren Gatten um und nutzte den entstandenen Freiraum zur Selbstverwirklichung bei eigenwilliger Gartenarbeit.

Wir verdanken ihr eines der sieben Weltwunder, das auch ihren Namen trägt: die hängenden Gärten der Semiramis. Zügeln Sie Ihre Phantasie.

## Camille Saint-Saëns

# Karneval der Tiere

Niemand hätte die beschwerliche Reise und den ungewohnten Kostümzwang auf sich genommen, wenn es sich nicht um ein kulturelles Ereignis von erregender Einmaligkeit handelte: den Karneval der Tiere.

Eine nicht mehr ganz junge Waldameise tippt dem vor ihr sitzenden Erdferkel auf die Schulter. »Entschuldigen Sie, ich kann nichts sehen, wenn Sie den Hut aufbehalten.« Mürrisch nimmt das Erdferkel seinen Kopfputz ab, ein sperriges Flechtwerk aus Spargelkraut und Hühnerfedern. Die Ameise bedankt sich und läßt den Blick über die Urwaldlichtung schweifen. 4791 seltsam kostümierte Tiere zählt sie allein auf den Sitzplätzen der Arena, ganz zu schweigen von unzähligen Affen und Vögeln, die sich in den überlasteten Wipfeln der Bäume drängen.

Soeben kommt eine leichte Unruhe auf, denn der Mond löst sich zum Zeichen des Beginns aus den Ästen des Mangobaumes. »Ich glaube, ich höre etwas«, sagt eine Taube, und sie hat so unrecht nicht, denn dort drüben neben dem Eingang, in den Zweigen der kahlen Eiche, setzen 64 Uhus ihre Instrumente an … und jetzt hebt der Marabu den Taktstock … die beiden Eichhörnchen an den Klavieren greifen in die Tasten ... und da tritt er in die Arena, mit der ganzen königlichen Verwandtschaft, seine Majestät, der Löwe ...

*Königlicher Marsch der Löwen*
Andante maestoso – Allegro non troppo – Piu allegro

Der Löwe hat unter mäßigem Beifall zwei Runden abgeschritten und gelangweilt in die Menge gewinkt. Sodann hat er sich samt seiner Gattin, seinen drei Söhnen, einer Tochter, fünf Vettern und Cousinen sowie einer fehlfarbenen Tante auf den Ehrenplätzen niedergelassen und die Augen geschlossen.

»Kommen jetzt die Hühner?« fragt der Fuchs seine Lebensgefährtin. »Nimm dich zusammen«, will sie sagen, aber es verschlägt ihr die Sprache. Eine kunstvolle, fünf Meter hohe Pyramide aus 77 gutgewachsenen braunen Hühnern trippelt herein ... auf ihrer Spitze balanciert ein Hahn im Kostüm des Kaisers Napoleon!

*Hühner und Hähne*
Allegro moderato – Animato

Die Hühner eilen erhitzt dem Ausgang zu, der Hahn nimmt starren Auges den Applaus entgegen ... und da stürmen sechs wilde Esel in die Manege ...

*Wilde Esel*
Presto furioso

»Bravo«, applaudieren die Säugetiere, auch alle Fische, Vögel und Insekten. Nur ein auffällig nackter

Mehlwurm schüttelt den Kopf und sagt: »*Ich* bevorzuge das Pariser Schildkröten-Ballett ... oh, sie kommen ... sie kommen ... seht nur, wie taktvoll sie die Beine heben!«

*Schildkröten*
Andante maestoso

Der Mehlwurm wirft den Schildkröten Kußhändchen zu. »Toll«, sagt er. Sein Nachbar, ein afrikanischer Elefant mit angeklebtem Schnurrbart, teilt diese Ansicht nicht: Einer Schildkröte fehle zum Tanz die nötige Anmut, meint er von oben herab und fügt hinzu, er kenne überhaupt nur eine einzige lebende Tänzerin von Format, seine Gattin nämlich ... und da schwingt sie auch schon herein, in wehende weiße Schleier gehüllt, Kopf und Rüssel stolz erhoben, die Augen halb geschlossen in verhaltener Leidenschaft.

*Der Elefant*
Allegretto pomposo

»Na, was sagen Sie nun?« Der Elefant sieht dem Mehlwurm scharf ins Auge. Dieser möchte weder lügen noch den empfindlichen Elefanten unnötig reizen, und so sagt er: »Tja ...« Der Elefant hat eine Erwiderung auf der Zunge, aber ganz unerwartet hüpfen Känguruhs mit weißen Häubchen zwischen die Reihen, um Erfrischungen anzubieten.

*Känguruhs*
Moderato

Ein verspätetes Nilpferd findet seinen Sitz in der elften Reihe von einem Krokodil belegt, das zu schlafen scheint. Einen Augenblick belauscht das Nilpferd die gleichmäßigen Atemzüge des Krokodils und nimmt dann vorsichtig auf dem unteren Ende des länglichen Tieres Platz.

Inzwischen haben vier Esel ein kugeliges Aquarium in die Manege getragen. Sieben lachsfarbene japanische Schleierschwänze schwimmen darin im Kreise und lassen silberne Bläschen steigen, wobei sie zu lächeln versuchen.

*Das Aquarium*
Andantino

...Und während die Esel das Aquarium samt Schleierschwänzen von dannen tragen, singen sie eine alte Weise von Liebe, Lust und Leid.

*Persönlichkeiten mit langen Ohren*
Tempo ad libitum

Ein Murmeltier hat sich die Ohren zugehalten. »Heute singt auch jeder Esel«, sagt es und beäugt den Kuckuck im schlecht sitzenden Federkleid, der für seine Gesangsdarbietung im höchsten Wipfel des Affenbrotbaumes Platz genommen hat.

*Der Kuckuck*
Andante

Der Kuckuck ist verstummt, und es herrscht tiefe Stille. Das Erdferkel hat verweinte Augen. Auch der

Elefant ... auch das Nilpferd und der Fuchs ... die Ameise und der Mehlwurm auch...

»Kommt jetzt der Schwan?« fragen drei junge Katzen. »Nein ... die Kolibris«, sagt die alte Katze... »Seht nur ... 2000 Kolibris!«

*Das Vogelhaus*
Moderato grazioso

Und ... husch ... wie sie kamen, schwirren sie davon... schräg durch die kahle Eiche, daß die 64 Uhus sich ducken müssen ... »Kommt jetzt der Schwan?« fragen die jungen Katzen. »Sitzt grade und haltet den Schnabel«, sagt die Alte ... »Schaut! ... Die beiden Eichhörnchen geben zwei Wasserschweinen Klavierunterricht!«

*Die Pianisten*
Allegro moderato

Noch während die Eichhörnchen und Wasserschweine zierliche Verbeugungen machen, tritt ein dicklicher Biber in die Runde.

Leider, so sagt er, finde der Gesang der Fossilien nicht wie vorgesehen statt. Das hohe Alter des einst weltberühmten Gesangsquartetts – man spreche von mehreren Millionen Jahren – habe es an der Reise gehindert. Zum Glück jedoch seien die 64 Uhus bereit, die Fossilien-Schlager auf ihren Instrumenten vorzutragen. Er wünsche angenehme Unterhaltung.

»Kommt jetzt der Schwan?« fragen die jungen Katzen. »Pscht!« sagt die Alte.

*Die Fossilien*
Allegro ridìcolo

Nach freundlichem Beifall, vornehmlich aus den Reihen älterer Leguane, Nashörner und Schildkröten, nähert sich das Fest dem Höhepunkt: 29 Maulwürfe haben ein Bachbett vom nahen Urwaldsee bis zum Rande der Manege gewühlt … und nun löst der Biber das versteckte Wehr … gänzlich unerwartet wächst ein Teich inmitten der verblüfften Festgemeinde … und da kommt der Schwan hereingeglitten … im Mondlicht silberweiß … geschmückt mit duftenden Hibiskusblüten …

»Ein eitler Schwachkopf«, sagt der Fuchs. Doch niemand hört es.

*Der Schwan*
Andantino grazioso

»Da capo!« applaudiert ein gesprenkeltes Kaninchen … aber das Fest ist zu Ende. Schon gibt der Löwe das Zeichen zum Aufbruch. Der Marabu hebt noch einmal den Taktstock … die Eichhörnchen greifen in die Tasten … die Uhus fallen ein … der Löwe schreitet dem Ausgang zu … und mit ihm die Elefanten und Erdferkel, die Biber, Ameisen, Mehlwürmer, Maulwürfe, Känguruhs, Katzen und Schildkröten, die Esel, Hühner, Füchse und Kolibris …

hüpfend und tirilierend entschwinden sie hinter Bäumen und Bergen, woher sie gekommen waren.

*Finale*

Molto allegro

[722]

## Samson und Dalila

Der Komponist entnahm den Inhalt für seine Oper dem Alten Testament ... wie wir alle wissen: dem Buch der Richter, Kapitel 16, Vers 4 bis 30.

Gegen die übermenschliche Körperkraft Samsons sind seine Feinde machtlos. Man weiß jedoch um seine Schwäche für attraktive Frauen. Also wird die stadtbekannte Schönheit Dalila auf ihn angesetzt mit dem Auftrag, herauszufinden, wo die Wurzel seiner Kraft zu suchen sei.

Dalila muß nicht lange suchen. Nach dem Vorspiel, übrigens in b-Moll, entdeckt sie das Gesuchte in den Locken ihres Gastes. Noch schlafend wird Samson geschoren und mühelos überwältigt.

Daß Samson dann auch nach dem Verlust seiner Locken den Tempel der Philister mit bloßen Händen zum Einsturz bringt, mag ein Trost sein für alle, die den Verlust ihres Hauptthaares zu beklagen haben.

## Richard Strauss

# Salome

Ein Opernproblem.

Salome (Sopran), die Stieftochter des Königs Herodes (Tenor), fühlt sich gedemütigt durch einen Staatsgefangenen, den Propheten Jochanaan (Bariton), der es abgelehnt hatte, sich von ihr küssen zu lassen.

Der König, als Stiefvater mit nicht ganz astreiner Neigung zu seiner Tochter, bittet Salome um einen Ausdruckstanz, bei dem sie auch den letzten Schleier fallen zu lassen pflegt.

Eine dankbare Aufgabe ohne Gesang für hemmungslose Soprane.

Salome tanzt gegen das Versprechen der Intendanz, ihr werde nach dem Auftritt jeder Wunsch erfüllt, und sie erhält auf einer Silberschüssel, was sie verlangt: den Kopf des Jochanaan.

Solche Verträge sind der Ruin jedes Opernhauses.

## Der Rosenkavalier

Dieses Werk hat ein ungewöhnliches Verdienst: es zeigt die Männer als solche von ihrer dämlichsten Seite. Nur der jugendliche Liebhaber hat unsere Sympathie, und den singt eine Frau!

Sonderbar: Man gewöhnt sich an alles...

## Die ägyptische Helena

Im Gegensatz zum heutigen üblen Gerangel um Macht, Geld, Grenzen, Öl und Glaubensfragen kämpfte man im Altertum nur um wirklich wesentliche Dinge. Zum Beispiel um eine Frau.

Vor 3000 Jahren hatte Paris, ein Nachwuchspolitiker aus Troja, Helena, die Gattin des Königs von Sparta und schönste Frau der Welt, geraubt und nach Troja verbracht.

Nach zehn Jahren Krieg weilt Helena wieder an der Seite ihres königlichen Partners, der sie aus Ärger über den kostspieligen Feldzug auf einer gemeinsamen Urlaubsreise zu töten beabsichtigt.

Im letzten Augenblick verhindert die Zauberin Aithra die Untat, holt die verdrossenen Eheleute an Land und verabfolgt ein Spezialgetränk. Das umgehend wieder verknallte Paar vergißt die schon vor Jahren vollzogene Vermählung und genießt kostenlos eine zweite Hochzeitsnacht.

Fragen Sie Ihren Arzt oder Apotheker.

## Ariadne auf Naxos

In unseren Tagen ermöglicht allabendlich die sogenannte Fernbedienung durch raschen Knopfdruck ein abwechslungsreiches Bildschirmprogramm.

Schon vor 100 Jahren glückte Richard Strauss ein ähnlicher Effekt mit der Verbindung zwischen einem leichtfertigen Lustspiel und Ariadne, der klassischen Tragödin, wohnhaft auf Naxos.

Leider fällt die Letztere im Hinblick auf die bedrohlichen Auswüchse moderner Unterhaltung in tiefe Depression.

Beachten Sie die Arie: »Es gibt ein Reich«, von Ariadne ohne Werbeunterbrechung vorgetragen.

## Giuseppe Verdi

Seit die »Vereinigten Dienstleistungsgewerkschaften« sich unter der Kurzform »ver.di« vereinigt haben, hat dieser Name nun auch in Deutschland einen gewissen Bekanntheitsgrad. Jedenfalls unter Gewerkschaftern.

Um den gleichnamigen italienischen Opernkomponisten vor der Vergessenheit zu bewahren, bringen wir Glanzlichter aus dem Werk des Künstlers zu Gehör.

### Nabucco

Aus aktuellem Anlaß wird eine Oper vorgestellt, die sich mit dem Nahostkonflikt befaßt.

Das Werk spielt in biblischer Zeit unter Hebräern und Hebräerinnen und Babyloniern und Babylonierinnen... Irakern und Irakerinnen also.

Der babylonische Diktator, der sich »Nebukadnezar« – unter Freunden »Nabucco« – nennt, zürnt seiner Tochter, die sich in einen Hebräer verguckt hat, verwüstet Jerusalem und versichert, es sei nicht böse gemeint.

Die dort wohnhaften Bürgerinnen und Bürger hebräischer Sprache, die sich in den tausend Jahren seit ihrem Umzug aus Ägypten hier gut eingelebt haben, geraten vorübergehend in babylonische Gefangenschaft und bringen dort in italienischer Sprache den seither populären Gefangenenchor zu Gehör.

Für die politische Korrektheit des Textes haftet das 1. Buch Mosis.

## Ernani

*Ernani* hat als Verdi-Oper mit sechs Buchstaben einen gewissen Bekanntheitsgrad bei Rätselfreunden.

Es geht in diesem Werk um drei Herren, die alle an einem Knochen nagen: an Fräulein Elvira. Als besonders verbissen erweist sich ein gewisser Don Ruy Gomez de Silva, Elviras Onkel. Das könnte einem angesichts der Probleme, die zur Zeit die Welt bewegen, ja ziemlich egal sein, wenn nur der Onkel nicht so schön sänge.

## Attila

Im Jahre 452 fielen die Hunnen unter König Attila in Oberitalien ein. Als sie zu Tausenden mit ihren Pferden die Straßen verstopften und in den Trattorien kein Platz mehr frei war, schlug die Geburtsstunde des modernen Fremdenverkehrs.

Leider ließ Attila seinerzeit das nötige Fingerspitzengefühl vermissen: Er begehrte Fräulein Odabella, die Tochter des einheimischen Landrates, zur Frau und wurde Opfer eines nächtlichen Überfalls durch Foresto, Odabellas pingeligen Verlobten, der seine Braut auch in der Hochsaison mit keinem Hunnenkönig zu teilen wünschte.

## Macbeth

Bekanntlich sind Frauen, was die abwägende Vernunft betrifft, dem Mann als solchem überlegen.

In Verdis Oper *Macbeth* bemängelt Lady Macbeth die Karriere ihres Ehemanns und rät ihm, seine Konkurrenten kaltzumachen.

Es erfolgt die Tötung des Vorgesetzten, Ermordung des hinderlichen Kollegen, Abschlachtung der Ehefrau eines guten Bekannten und ihrer schulpflichtigen Kinder. Das Ganze allerdings ohne Liebesakt, daher jugendfrei ab sechs Jahren.

Es ist dieser angeborene Sinn für das Praktische, der die Frau auch auf ihrem Platz in Politik und Wirtschaft unentbehrlich macht.

## Rigoletto

Die Tragödie *Rigoletto* vollzieht sich am herzoglichen Hofe von Mantua, einer oberitalienischen Kleinstadt in der Po-Ebene.

Sie erreichen Mantua auf der A 22 über Brixen, Bozen, Verona, wählen vor Mantua die nördliche Ausfahrt und halten sich in der Altstadt links.

Dort finden Sie den herzoglichen Palast. Der Herzog selbst paart sich mit jeder attraktiven Touristin.

Soviel zu *Rigoletto.*

## La Traviata

In dieser Oper läuft ein junger Mann Gefahr, sich an der Seite einer ebenso lebenslustigen wie leidenschaftlichen Gespielin zu verzetteln. Auch das Eingreifen des Vaters macht die Sache nur noch schlimmer.

Interessant, wie sich im Lauf der Generationen ein Problem verschiebt:

Heute haben junge Menschen, wenn sie im richtigen Alter an einem PC mit Pentium-4-Processor, 500 Megahertz, ISDN-online-Adapter und geräumiger Festplatte sitzen, nicht einmal Zeit zur Paarung!

# Ein Maskenball

Wir beobachten einen verheirateten Sopran namens Amelia auf der Suche nach Kräutern gegen verbotene Liebeslust.

Zuvor aber hören wir Renato, Amelias Ehemann, der seine Gattin eines Seitensprungs mit dem Chef verdächtigt. Zu Unrecht. Ein seltener Fall.

# Die Macht des Schicksals

Wir hätten da noch einen weiteren Fall trostloser Familienverhältnisse.

Leonora, eine aufmüpfige Tochter aus bester spanischer Gesellschaft, entflieht dem Elternhaus und folgt ihrem Geliebten, einem Gelegenheitsarbeiter zweifelhafter Herkunft. Vater, Bruder und sie selbst finden ein mörderisches Ende.

Wir erkennen hier die Spätfolgen verfehlter antiautoritärer Erziehung. Bei herkömmlicher Pädagogik wäre Leonora jetzt mehrfache Mutter und, als Gattin eines pensionierten Toreros, längst geschieden.

# Don Carlos

»Sie hat mich nie geliebt«, klagt der König von Spanien. Er meint Elisabeth, die Verlobte seines Sohnes, der seinerseits eine Prinzessin Eboli nie geliebt hat, die ihn jedoch liebt, wohl weil der König sie nie geliebt hat.

Auf Grund ihres intriganten Verhaltens wird Frau Eboli von Elisabeth nicht mehr geliebt, und leider wird im Verlauf einer verfehlten Europapolitik weder Don Carlos vom Vater noch der Vater vom Sohn geliebt. Nur Don Carlos' besten Freund, einen Marquis Posa, hat vorübergehend jeder lieb, zumal er sein Leben läßt.

Die Geschichte ist eindrucksvoll, aber mit Musik eben doch wohl besser als ohne.

# Othello

Nur wenige Feldherren haben das Glück, lediglich durch die Erdrosselung der eigenen Gattin in die Geschichte einzugehen. Schade, möchte man sagen.

Der Bundesverteidigungsminister bemerkt hierzu, es habe sich seinerzeit um eine veraltete Methode gehandelt, die keine Rückschlüsse zulasse auf die heutige Schulung verheirateter Berufsoffiziere.

# Falstaff

Es ist kaum zu begreifen, warum sich gegen die diffamierende Darstellung des Mannes auf der Opernbühne noch kein Protest erhoben hat.

Es geht dabei nicht so sehr um Männer der Tat wie Othello, Bajazzo oder Don José, die sich jeweils ihrer Lebensgefährtin gewaltsam entledigen. Das ist ja zu verstehen und hat eine gewisse Größe.

Ganz anders aber liegt der Fall in Verdis letztem Werk, der Oper *Falstaff.* Hier besteht das gesamte männliche Ensemble fast ausnahmslos aus Betrügern, gehörnten Ehemännern, ungeschickten Verführern und korrupten Angestellten.

Schlimmer noch: Der übergewichtige englische Edelmann Sir John Falstaff beleidigt die Ehre im allgemeinen und seine eigene im besondern durch einen schamlosen Monolog. Die Ehre sei nichts als zwei Silben, man könne sie nicht einmal essen und daher gut auf sie verzichten. Diese Haltung ist schon empörend genug … muß dazu auch noch gesungen werden?

## Richard Wagner

### Rienzi

Vor Jahren gewinnt in Rom ein parteipolitisch geschulter Jurist namens Rienzi die Wahl zum Volkstribun.

Der begabte Volksredner und friedliebende Sozialist setzt sich umgehend an die Spitze einiger Bataillone und vernichtet die ungeliebte kapitalistische Oberschicht.

Danach fleht Rienzi beim Allmächtigen um die Gunst, in Bayreuth auftreten zu dürfen. Diese Bitte wurde bis heute nicht erhört.

### Tannhäuser

Es geht da um einen Berufssänger namens Heinrich aus dem anderen Teil Deutschlands, der sich davongemacht hatte, um sich anderweitig zügellosem Wohlleben hinzugeben, während Elisabeth, die Dame seines Herzens, in Eisenach verblieben war.

Unverhofft erfährt sie von seiner Absicht, heimzukehren, um anläßlich eines Minneliederabends wieder in Eisenach aufzutreten.

Voller Vorfreude eilt Elisabeth in die Halle, in

der sie den Geliebten so oft hat singen hören. Sie hängt so ihren Gedanken nach, wobei ihr auch die überhöhten Baukosten des Kulturzentrums in den Sinn kommen: »Dich, teure Halle, grüß ich wieder.«

## Lohengrin

Elsa von Brabant, eine Dame der oberen Gesellschaftskreise, wird beschuldigt, ihren kleinen Bruder beseitigt zu haben.

Da sich unter den Anwesenden am Ufer der Schelde kein Volljurist befindet, wird der Einfachheit halber ein Gottesgericht anberaumt.

In letzter Minute besinnt sich Elsa auf einen virtuellen Rechtsbeistand, der ihr kürzlich im Traum erschienen war, leider ohne Angaben über Name, Adresse, Alter und Geschlecht zu hinterlassen.

Auf ihre dringliche, im Freien als Arie vorgetragene Bitte erscheint dann Lohengrin auf dem Wasserwege. Ein in der deutschen Justiz selten gewordener Prozeßverlauf.

Kein Wunder, daß Lohengrin sich jede Frage nach seiner Herkunft verbittet und in der Brautnacht einfach behauptet, er komme aus Glanz und Wonne. Eine halbe Stunde später erfährt man dann, er sei in Monsalvat zu Hause. Wem käme das nicht spanisch vor.

## Die Meistersinger von Nürnberg

So nennt sich ein mittelalterlicher Handwerkerverein, der nach Feierabend selbstkomponiertes Liedgut pflegt. Ein schrecklicher Gedanke. Die Laienkünstler singen zudem solo nach derart verstaubten Regeln, daß Neulingen jeder Ton im Halse steckenbleibt. Glücklicherweise hat sich Richard Wagner der Sache angenommen.

In nur viereinhalb Opernstunden verhilft ein älterer Schuster der modernen Gesangskunst zum Durchbruch und verzichtet auf eine sympathische Blondine. Dies tut er, wenn ich das Finale richtig verstanden habe, für Deutschland.

## Der Ring des Nibelungen

Die Täter im gewaltigsten Drama der Musikgeschichte sind eigentlich ganz nette Leute. Nur eine gemeinsame Leidenschaft wird ihnen zum Verhängnis: Sie wollen mehr besitzen, als sie sich leisten können, mehr Macht, als ihnen zusteht. In blindem, lieblosem Gewinnstreben vernichten sie sich selbst und ihre Welt.

Zum Glück gibt es ja dergleichen nur auf der Opernbühne.

## *Das Rheingold*

Der erste Teil der Tetralogie beginnt in jener vorgeschichtlichen Zeit, in der es noch möglich war, im Rhein zu baden. Getragen von 136 Takten in Es-Dur versinken wir über den Grund des Flusses an den Ursprung der Welt.

Mit dem Auftauchen der Rheintöchter, drei unbekleideten, passionierten Schwimmerinnen, ist das Ende der Unschuld vorprogrammiert. Das bekannte Gesangstrio singt ebensogut unter wie über Wasser und hört auf die Künstlernamen Woglinde, Wellgunde, Floßhilde. Unverantwortlicherweise sind die Damen mit der Bewachung eines hochbrisanten Wertobjektes, des sogenannten Rheingoldes, betraut, ohne im mindesten hierfür geeignet zu sein. Sie lassen sich vor Ort ansprechen von einem gewissen Alberich aus Nibelheim.

Die Damen wittern willkommene Kurzweil und treiben mit dem zwergenwüchsigen Voyeur ein aufreizendes, übles Spiel, wobei sie seinen Stolz als Liebhaber empfindlich verletzen. Schließlich geben sie in Kicherlaune auch noch das Betriebsgeheimnis preis: Maßlose Macht über die Welt fällt demjenigen zu, der das Rheingold zu einem Ring zu schmieden vermag und dafür zeitlebens auf Liebe verzichtet.

Kein Wunder: Alberich fühlt sich ohnehin um den erotischen Erfolg betrogen und greift statt dessen nach der Weltmacht. Er flucht auf die Liebe, raubt das Gold und verschwindet in Richtung Nibelheim. Das Unheil nimmt seinen Lauf.

Wenn die Rheintöchter, sagen wir mal ... etwas entgegenkommender gewesen wären, hätte man sich drei weitere aufwendige Opern sparen können. Das sollte zu denken geben.

Szenenwechsel an die Erdoberfläche, in die noblen Regionen der Götter. Im Hintergrund erhebt sich ein Felsmassiv. Sein Gipfel hat durch einen voluminösen Neubau seine natürliche Schönheit eingebüßt.

Auf einer Wiese im Vordergrund schläft der Bauherr. Neben ihm erwacht seine Gattin Fricka und eröffnet mit den Worten »Wotan, Gemahl, erwache« eine dieser klassischen ehelichen Auseinandersetzungen, die dem Ehemann keine Chance bieten. Natürlich ist die Ehefrau im Recht ... leider macht sie das nicht sympathischer. Was war geschehen?

Wotan ließ durch die Firma Fasolt & Fafner den aufwendigen Familiensitz Walhall errichten als Festung gegen die zerstörenden Mächte des Bösen, ohne seine Frau über eine skandalöse Besonderheit dieses Bauvorhabens zu informieren.

Hatte er doch – in Ermangelung des nötigen Kapitals – den Brüdern Fasolt und Fafner die Göttin Freia, seine eigene Schwägerin, als Honorar zugesichert. Eine Regelung, die auch im harten Geschäftsleben unserer Tage eher zu den Ausnahmen gehört.

Die Gebrüder Fasolt und Fafner, zwei Bauunternehmer mit der Schuhgröße 58, treffen ein, um vertragsgemäß die Göttin Freia abzuholen. Diese hat nicht die mindeste Lust, ihr Leben künftig an der Seite zweier Monster zu verbringen, und protestiert energisch bei ihrer Familie. Leider vergeblich. Ein Augenblick von hoher Peinlichkeit.

Da erscheint in letzter Minute der mißliebige Feuergott Loge, der seinerzeit den unseligen Vertrag mit ausgehandelt hatte. Als amoralischer Intellektueller ist er der einzige, der Wotan noch aus der Patsche helfen kann.

Loges Lösung ist verblüffend einfach, wenn auch außerhalb der Legalität: Man brauche nur in einer Nacht-und-Nebel-Aktion nach Nibelheim zu fahren, Alberich seiner immensen Goldrücklagen zu berauben und diese den Riesen im Austausch gegen Freia anzubieten. Der Vorschlag wird mit Erleichterung aufgenommen und sofort in die Tat umgesetzt.

In Nibelheim, einem unterirdischen Großbetrieb, der das Tageslicht scheut, treffen Wotan und Loge auf Alberich und seinen Bruder Mime. Alberich ist es gelungen, aus Teilen des Rheingoldes den weltbeherrschenden Ring zu schmieden. Aber die neue Machtfülle ist ihm offensichtlich nicht gut bekommen, denn seine geistige Entwicklung hat mit dem Kapitalzuwachs nicht Schritt gehalten. Ein Symptom, das ihn eng mit uns verbindet.

Alberich fällt auf einen üblen Trick herein: Arglistig meint Loge, Alberich könne vieles, aber sich in eine Kröte verwandeln könne er wohl nicht ... das mag Alberich nicht auf sich sitzenlassen, und schon führt er mit Hilfe eines von Mime geschmiedeten Tarnhelms das Kunststück vor.

Blitzschnell bringen Wotan und Loge die Kröte in ihre Gewalt. Der wieder sichtbare Alberich wird des Tarnhelms beraubt, gefesselt ans Tageslicht geschleppt und gezwungen, alle dem Rhein entnommenen Wertgegenstände auszuliefern, mit der fadenscheinigen Begründung, er habe sie ja auch nur gestohlen.

Als letztes reißt Wotan dem unglücklichen Alberich den Ring vom Finger. Erst dann erhält der Nibelung seine ärmliche Freiheit zurück. Fast ist man auf seiner Seite, wenn er den Ring und seine Träger als Zeichen liebloser Weltmacht, für alle Zeiten verflucht.

Die göttliche Gesellschaft läßt sich von Alberichs Fluch nicht die Stimmung verderben. Auch die Übergabe des Rheingoldes an Fasolt und Fafner erfolgt ohne Zwischenfälle.

Aber dann fordert der Riese Fasolt auch noch den Ring des Nibelungen an Wotans Finger. Die Krise ist da, das Tauschgeschäft droht zu platzen, Freia scheint verloren.

Da erhebt sich aus der Tiefe der Unterbühne die allwissende Erda. Mit wohlklingender Altstimme rät sie Wotan in cis-Moll, auf den verfluchten Ring zu verzichten. Andernfalls sei eine Götterdämmerung nicht zu vermeiden. Wotan ist vom klugen Charme dieser Frau fasziniert und wirft gehorsam den Ring zum Lösegeld.

Sekunden später trifft Alberichs Fluch das erste Opfer. Fafner erschlägt seinen Bruder Fasolt im Streit um den Ring. Die Götter sind noch einmal davongekommen und beziehen frohgemut ihr monströses Walhall.

Nur Loge mag den neuen Lebensstil der High-Society nicht teilen. Lustvoll malt er sich ihr unrühmliches Ende aus. Und in der Tiefe jammern die törichten Töchter des Rheines.

## *Die Walküre*

In den Jahren zwischen *Rheingold* und *Walküre* muß Wotan in Hochform gewesen sein. Damen aus den besten Kreisen schenkten ihm acht gesunde Töchter. Vor allem blieb der weitere Gedankenaustausch mit Erda nicht ohne Folgen. Das gemeinsame kräftige Kind heißt Brünnhilde und ist seine Lieblingstochter.

Wotan bildete sie mit ihren acht Halbschwestern zu Walküren aus, einer berittenen weiblichen Eliteeinheit zur Verteidigung Walhalls. Es handelt sich um Gerhilde, Helmwige, Waltraute, Schwertleite, Ortlinde, Siegrune, Grimgerte, und Roßweiße. Auch fand der erstaunlich potente Gott unter dem Decknamen »Wälse« Zeit für eine leidenschaftliche Affäre mit einer Menschenfrau. Sie gebar ihm die Wälsungen Siegmund und Sieglinde, ein Zwillingspaar, das sich allerdings bald aus den Augen verlor.

Mit diesen Lustbarkeiten verfolgt Wotan offensichtlich nur ein Ziel: den Ausbau einer vertrauenswürdigen Hausmacht. Leider bleibt das alles verlorene Liebesmüh, solange der Ring des Nibelungen sich im Besitz von Fafner befindet. Aber Wotan kann sich illegale Gewaltakte und Vertragsbrüche nicht mehr leisten. Er wäre als oberste Instanz für Recht und Ordnung ein für allemal erledigt. Doch wie alle Politiker weiß Wotan in jeder hoffnungslosen Lage einen gottgewollten Ausweg.

Ein anderer nämlich – kein Gott –, ein ahnungsloser, freier Mensch müßte ohne Auftrag, wenn auch unmerklich geführt, in aller Unschuld also, diesen lebensgefährlichen Ring in seine Gewalt bringen und ihn – wenn es denn sein muß – mit freundlichen Grüßen den Rheintöchtern zwecks Entsorgung zurückerstatten. Da kommt nur einer in Frage: Siegmund, Wotans außerehelicher Sohn, den er hinter Frickas Rücken für diese Aufgabe erzogen hat.

Wenn sich der Vorhang zum 1. Akt der *Walküre* öffnet, fällt der Blick auf einen meterdicken Eschenstamm, der das Dach eines rustikalen Wohnraumes trägt. In Griffhöhe steckt ein Schwert namens Nothung. Wotan stieß es gelegentlich hinein, um es Siegmund unauffällig zuzuspielen. Und wie es sich so trifft: Nur sein Sohn verfügt über eine ausreichende Muskulatur, um es termingerecht herauszuziehen.

Nach kurzem Vorspiel taumelt ein erschöpfter Flüchtling ins Haus der Eheleute Hunding. Der Hausherr, ein schwerer Baß, erkennt in dem Fremden einen Heldentenor, seinen Todfeind, fordert ihn zum Duell bei Tagesanbruch und geht zu Bett. Vorsorglich verabreicht die Hausfrau dem Gatten das gewohnte Beruhigungsmittel in etwas stärkerer Dosis als gewöhnlich.

Allein gelassen, ist das junge Paar nicht mehr zu halten. Der Fremdling zieht mühelos das Schwert aus dem Stamm, und wir erleben die Wiedervereinigung der Zwillingsgeschwister Siegmund und Sieglinde. Es handelt sich dabei um Inzest und Ehebruch. Man ist begeistert.

Nur Hunding verschläft eine der eindrucksvollsten Liebeserklärungen der Opernbühne.

Bis jetzt klappte eigentlich alles vorzüglich. Siegmund besitzt seine Wunderwaffe und wäre gegen Fafner einsatzbereit. Davor liegt allerdings noch das Duell gegen Hunding. Das könnte zwar als ungefährliches Training betrachtet werden, aber Götter scheuen das Risiko. Wotan befiehlt also der Walküre Brünnhilde, seiner Lieblingstochter, Siegmund im Kampf gegen Hunding zu unterstützen. Brünnhilde ist glücklich über diesen Auftrag des Vaters und galoppiert aufjauchzend davon. Frau Fricka betritt die Bühne.

Sie neigt bekanntlich dazu, Dinge zu verurteilen, die anderen Freude machen. Zum Beispiel Ehebruch. Wie alle Ehemänner nimmt Wotan Verfehlungen dieser Art von der heiteren Seite, solange es nicht die eigene Frau betrifft. Nicht so Fricka. Als Wahrerin der sittlichen Ordnung verlangt sie von ihrem Mann den Eid, die schamlosen Vorgänge um Siegmund und Sieglinde zu beenden.

Das bedeutet Siegmunds Tod und für Wotan vorerst keine Hoffnung auf ein passables Happy-End. Aber er befürchtet eine zweite Ehekrise und gibt nach. Seine Autorität zu Hause ist eben doch bescheidener als beim Geländeritt mit den Walküren.

In tiefer Resignation erklärt Wotan seiner Tochter die Gründe für den geänderten Befehl, nicht Siegmund, sondern Hunding den Sieg zu sichern. Sich selbst wünscht er nur eines noch: das Ende.

Brünnhilde glaubt, nicht recht gehört zu haben, fügt sich aber zunächst dem Vater. Noch in derselben Nacht erscheint sie Siegmund, um in rührender, fast zärtlicher Behutsamkeit ihm das bevorstehende Ende leichtzumachen.

Siegmund ist also von der Verheißung eines ewigen Heldenlebens in Walhalls Glanz und Gloria ohne Sieglinde nicht im mindesten beeindruckt. Brünnhilde, die einen derartigen Liebesbeweis von Männern ihres eigenen Bekanntenkreises noch nicht erlebt hat, ist überwältigt … und sie mißachtet den Befehl des Vaters: Als wenige Augenblicke später Hunding auf den Kampfplatz stürmt, feuert Brünnhilde den Wälsung an: »Triff ihn, Siegmund! Traue dem Schwert!«

Das hätte sie besser nicht getan. Außer sich fährt Wotan dazwischen, zerschmettert Siegmunds Waffe und sorgt so für das unrühmliche Ende seines Sohnes, auch wenn ihm, weiß Gott, nicht danach zumute ist.

Im nächtlichen Chaos sammelt Brünnhilde geistesgegenwärtig die Bruchstücke des Schwertes, flieht mit Sieglinde zu ihren Schwestern und erbittet Schutz vor dem wütenden Vater. Die Walküren singen zunächst ein bekanntes Konzertstück und empfehlen dann Sieglinde, sich in einem ostwärts gelegenen Wald zu verbergen.

Als Sieglinde tief deprimiert am Sinn ihres Lebens zweifelt, zeigt sich Brünnhilde besser informiert. Sieglinde habe keinen Grund zur Klage. Schon in einem dreiviertel Jahr werde sie Mutter eines Helden, wie ihn die Welt noch nicht gesehen habe. Der werde das Schwert wieder zusammenschmieden, und einen Namen habe sie auch schon: Siegfried.

Getröstet rafft Sieglinde die Teile des Schwertes zusammen und flieht in die Nacht. Die vor Angst schreienden Walküren nehmen Brünnhilde in ihre Mitte, um sie vor dem Zorn des Vaters zu schützen.

Wotans in ungewohnter Lautstärke vorgetragene Wut treibt Brünnhilde aus ihrem Versteck: »Hier bin ich, Vater, gebiete die Strafe.«

Und wieder ist dieser Gott nicht frei in seiner Entscheidung. Soll die staatliche Ordnung aufrechterhalten bleiben, gibt es auch für seine Tochter keine Ausnahme.

Das bedeutet für Brünnhilde nicht nur Ausschluß aus der Ehrenlegion der Walküren und Verlust aller göttlichen Eigenschaften. Sie wird auch noch dazu verurteilt, als sterblicher Mensch, schlafend auf freiem Feld, dem ersten besten zu gehören, der sie haben möchte.

Auf ihre verzweifelte Bitte gewährt der Vater eine Milderung: Er wird einen Ring aus Feuer um seine Tochter legen, um sie vor unwürdiger Willkür zu schützen. Wenigstens Furchtlosigkeit soll ein fremder Mensch beweisen, bevor er sie berühren darf. Dann vergessen Vater und Tochter alle Regeln der Staatsräson. Sie fallen sich in die Arme und nehmen für immer voneinander Abschied.

## *Siegfried*

Es mag sein, daß Ihnen die Pause kurz vorgekommen ist. Wie man sich doch täuschen kann: In Wahrheit liegt Brünnhilde nun schon seit 20 Jahren im Tiefschlaf.

Den Riesen Fafner hat sein immenses Kapital stark verändert. In einer umwaldeten Höhle verwandelte er sich in ein wurmartiges Scheusal und wälzte sich über seine Vermögenswerte. Ganz in der Nähe hat sich auch Alberichs Bruder, der Zwerg Mime, angesiedelt, um Fafner bei der geringsten Unvorsichtigkeit das Kapital samt Ring wieder abzunehmen.

Eines Nachts taumelte Sieglinde – unangemeldet – in Mimes Behausung und machte ziemliche Umstände. Sie genas eines Knaben, und Mime sah sich genötigt, bei der Entbindung behilflich zu sein, was die Wöchnerin allerdings nicht überlebte. Ihre einzige Hinterlassenschaft bestand außer dem Kind in einem zertrümmerten Schwert. Seitdem ist der gelernte Schmied Mime vergeblich bemüht, die einzige Waffe zu schmieden, mit der Fafner zu erledigen ist.

In dieser asozialen Umgebung wächst der kleine Siegfried auf. Aus dem Säugling ist ein sympathischer Modellathlet geworden, ein unbekümmerter, fröhlicher Naturbursche, wenn auch mit schlechten Manieren. Das Gegenteil also von seinem Großvater Wotan.

Zu Beginn des Dramas *Siegfried* haben die zwischenmenschlichen Beziehungen in der veralteten Waldschmiede ihren Tiefpunkt erreicht. Mime heuchelt väterliche Liebe, Siegfried verabscheut seinen Ziehvater mit der ganzen Taktlosigkeit antiautoritärer Kinder. In einer gereizten Aussprache fordert Siegfried die Wahrheit über seine eigene unerfreuliche Herkunft.

Mit Siegfrieds Daumen an der Kehle wird Mime gesprächig. Widerwillig berichtet er vom Ableben Sieglindes und nörgelt über den schwachen Lohn, den er für Mühe, Kost und Pflege des Neugeborenen erhalten habe: nur das kaputte Schwert.

Siegfried reagiert mit einem Ausbruch kindlicher Lebenslust. Sofort habe ihm Mime dieses Schwert zu reparieren. Dann werde er sich hinausschwingen in die Welt und allen zeigen, was eine Harke ist. Er enteilt ins Unterholz und läßt einen Mime zurück, der zutiefst beklagt, keinerlei Kenntnisse im Schmieden moderner Kampfschwerter zu besitzen.

Da tritt der große Unbekannte über die Schwelle. Ein Wanderer, einäugig, mit Schlapphut und Speer, auch von den hintersten Parkettreihen unschwer als Wotan auszumachen. Der Göttervater hatte sich nach der durchlittenen Katastrophe aus Ehe- und Berufsleben resigniert zurückgezogen, um nur noch das zu tun, was seine Frau immer am meisten geärgert hat: herumzuschweifen.

Aber er wäre kein Gott im Ruhestand, würde er den Gang der Dinge nicht weiter im Auge behalten, um im Bedarfsfall vorsichtig nachzuhelfen. Nun hat er ja mit seinem Enkel Siegfried wieder ein Eisen im Feuer. Er kommt also ganz zufällig mal vorbei und verwickelt den enervierten Mime nach Quizmasterart in ein gegenseitiges Ratespiel mit hohem Einsatz. Eine falsche Antwort kostet den Kopf. Wotan amüsiert sich.

Zunächst geht alles glatt. Aber dann gerät Mime in tödliche Verlegenheit. Auf die letzte, entscheidende Frage Wotans: Wer schmiedet das Schwert Nothung neu? weiß Mime keine Antwort und verspielt sein Zwergenhaupt. Im Gehen gibt Wotan dem verzweifelten Mime einen Tip: Wer das Fürchten nie gelernt hat, der schmiedet Nothung neu … und dem überlasse er auch Mimes Kopf!

Mime ist nicht zu beneiden. Einerseits braucht er

ein Schwert und einen furchtlosen Drachentöter. Andererseits verliert er seinen Kopf an Siegfried, wenn der nicht in Bälde das Fürchten lernt.

Jedenfalls zeigt Siegfried bei der Schilderung des gefährlichen Riesenwurms Fafner nicht die geringste Furcht. Im Gegenteil: Frohlockend wittert der Jüngling eine Heldentat.

Schon ist er mit allen Finessen des höheren Schmiedehandwerks vertraut, hämmert Nothungs Einzelteile zusammen und singt dazu auswendig zwei mehrstrophige Lieder.

Das fertige Werkstück läßt Siegfried übermütig auf den Amboß sausen. Leider zerfällt dieser schon während des Ausholens in zwei Teile. Auch der Vorhang fällt rasch.

Der zweite Akt spielt vor der Höhle des Riesenwurms Fafner. Zunächst schleichen zwei alte, verfeindete Interessenten um den heißen Brei, Wotan und Alberich, die sich nur darin einig sind, daß ein anderer die Kastanien aus dem Feuer holen wird.

Eine Viertelstunde später erscheinen Siegfried und Mime. Nach kurzem Gespräch weiß der Zwerg, daß der furchtlose Siegfried den Saurier schlachten wird. Auch gut. Denn der Held wird durstig sein nach der Tat, und mit einer vergifteten Erfrischung wäre der eigene Kopf zu retten und das Fafnersche Vermögen! Mime geht nach links ab.

Siegfried lagert sich unter einer Linde, wo ihn Wagner zwölf Jahre sitzen läßt, um schnell mal *Die Meistersinger* und den *Tristan* zwischendurch zu komponieren. Erst dann beginnt Siegfried, über seine Eltern nachzugrübeln.

Auf einen Wink Wagners vollzieht sich nun endlich die populärste Szene des deutschen Sagenschatzes: Siegfried erschlägt den Drachen. Nach dem Genuß einiger Blutstropfen des Ungeheuers versteht er unversehens die Sprache eines Waldvogels, der ihm – wie das Waldvögel so machen – einen Rat erteilt. Siegfried dürfe sich von den Nibelungenschätzen vor allem Ring und Tarnhelm nicht entgehen lassen.

Ohne die geringsten Anzeichen von Neugier stapft Siegfried in die Schatzkammer, findet Ring und Tarnhelm, kommt lustlos wieder ans Tageslicht und begegnet Mime, der ihm eine sehr unbekömmliche Erfrischung reicht. Siegfried riecht den Braten, und das ist das Ende der Beziehung. Von Siegfrieds Schwert nur leicht touchiert, haucht Mime sein Leben aus.

Schon ist das Waldvöglein wieder zur Stelle und verheißt nun Siegfried etwas, das er noch nie gesehen hat: eine Frau! Siegfried ist entzückt, er kann ja nicht ahnen, was das bedeutet. Unter der Führung des Waldvögleins stürmt er jubilierend in sein Verhängnis.

Eine Stunde später trifft er auf seinen Großvater, der sich nicht zu erkennen gibt. Wotan hatte gerade eine letzte, sehr unangenehme Auseinandersetzung mit seiner Ratgeberin – Sie erinnern sich? – und will sich nur noch davon überzeugen, daß dieser junge

Mann in aller Unschuld das Zeug dazu hat, Rechte und Pflichten des zusammenbrechenden Götterregimes zu übernehmen. Aber dann geht es Wotan eben doch gegen den Strich, so sang- und klanglos den Weg zu seiner Tochter und das Feld zu räumen.

Mit seinem Speer pariert er den ziemlich unverschämten Siegfried. Der aber greift zum Schwert und zertrümmert das göttliche Machtsymbol. Eine Szene, die Väter, Großväter und Schwiegerväter nicht gerne sehen.

Nach dieser letzten Auseinandersetzung mit der jungen Generation hat Wotan die Bühne der Oper und des Weltgeschehens für immer verlassen. Siegfried dagegen bläst munter sein Horn und durcheilt die Feuersbrunst. Auf sonniger Höh' stößt er auf einen schlafenden Krieger, dessen Atmung offensichtlich durch seinen Brustpanzer beeinträchtigt wird.

Kaum hat Siegfried das schwere Oberteil geöffnet, wölbt sich ihm der Busen eines hochdramatischen Soprans entgegen. Nachdem sich der Held etwas erholt hat, macht er eine durchaus richtige Beobachtung: »Das ist kein Mann!«

Zum ersten Mal in seinem Leben empfindet er nackte Furcht und verhält sich wie alle jungen Männer in dieser Situation: Er schreit nach seiner Mutter. Wenig später erwacht Brünnhilde, an der die zwanzig Jahre spurlos vorübergegangen sind, und ein gesunder Eros bricht sich Bahn.

Im Vorspiel der *Götterdämmerung* äußern sich drei Damen unterschiedlicher Stimmlage ziemlich deprimiert über das drohende Ende der alten Welt. Es sind Nornen, Schicksalsgöttinnen also, die beruflich mit diesen Dingen zu tun haben.

Um so schlimmer, daß ihnen der Schicksalsfaden reißt, an dem sie schon des längeren spinnen. Schicksalsfäden sind eben auch nicht mehr das, was sie mal waren. Zum Glück wird das Stimmungstief von einem Orchesterzwischenspiel überbrückt. Als Morgendämmerung erhebt es sich vom kleinen Klarinetten-Thema ins Fortissimo des Sonnenaufgangs. Es scheint ein strahlender Tag zu werden.

### *Götterdämmerung*

Siegfried und Brünnhilde, die Jungvermählten, sind bester Laune. Das überrascht insofern, als Siegfried grade seine Sachen packt, um ohne seine Frau eine zeitlich unbegrenzte Abenteuerreise anzutreten. Die Neigung zu derartigen Eskapaden liegt ja seit Großvater Wotan leider in der Familie. Immerhin läßt Siegfried, als Unterpfand der Treue, sein wertvollstes Teil zu Hause: seinen Ring, dessen verheerende Wirkung beide nicht kennen ... Nach jubilierendem Abschied macht er sich mit Brünnhildes Pferd Grane, seinem Schwert, dem Horn, der Tarnkappe und mit einer Unzahl von Leitmotiven auf den Weg. Hier endet das Vorspiel.

Mit Beginn des 1. Aktes befinden wir uns am

königlichen Hofe der Gibichungen. Anwesend sind Gunther als unverheirateter Familienvorstand, seine ebenfalls ledige Schwester Gutrune und Hagen, ein Halbbruder Gunthers.

Zum Verständnis der folgenden haarsträubenden Intrige gehört die Kenntnis gewisser Familieninterna im Hause Gibichung. König Gunthers Mutter war vor Jahren ausgerechnet dem häßlichen Klassenfeind Alberich gegen Bargeld zu Willen gewesen und hatte ein Kind bekommen, Gunthers Halbbruder, den Bastard Hagen.

Seit dieser mißgelaunte schwere Baß mit Siegfrieds bevorstehender Ankunft rechnet, ist er von dem Gedanken besessen, den Ring zurückzugewinnen, der seinem Vater Alberich von Wotan entrissen worden war.

Die beste Voraussetzung aber ist hierfür die Zerrüttung der Ehe Siegfrieds, der im offenen Kampf nicht zu schlagen ist.

Mühelos gelingt es Hagen, den eitlen Gunther auf Brünnhilde scharf zu machen und der arglosen Gutrune den schönen Siegfried zu versprechen. Diesem prominenten Helden müsse man nur mit Hilfe von Alkohol und Drogen gewisse Hemmungen nehmen. Vorsorglich verschweigt Hagen den kleinen Schönheitsfehler, daß Siegfried und Brünnhilde zur Zeit noch glücklich verheiratet sind.

Schon hört man von draußen das Horn. Der erhoffte Besuch steht vor der Tür.

Beim ersten Schluck aus Hagens üblem Willkommensbecher zeigt Siegfried noch keine Wirkung. Aber dann verläßt ihn innerhalb eines Augenblickes sein Erinnerungsvermögen.

Über die plötzlich aufflammende Leidenschaft zu Gutrune könnte man hinwegsehen. Vorkommnisse dieser Art liegen im Toleranzbereich jeder Urlaubsreise, und Gutrune gilt ohnehin als Sonderfall: Sie ist, wie man weiß, unter allen in der Ring-Tetralogie auftretenden Frauen als einzige nicht Siegfrieds Tante.

Vielmehr zeigt sich die schauerliche Verwandlung Siegfrieds in der Bereitschaft, seine eigene Frau Brünnhilde gewaltsam zu entführen und zur Braut Gunthers zu machen.

Umgehend wird die Ausführung der Untat durch Blutsbrüderschaft bekräftigt und männlich grölend beschworen. Die Bühne leert sich. Nur Hagen bleibt zurück und besingt die bevorstehende Katastrophe mit einem Selbstgespräch.

Inzwischen hütet Brünnhilde das Heim und gedenkt liebevoll ihres fernen Ehemannes. Überraschend erhält sie Besuch von Waltraute, einer Walküre, die trotz strengsten Verbots aus Walhall herübergeritten ist, um bei der Schwester Brünnhilde ihr Herz auszuschütten.

Sie schildert den trostlosen Zustand Wotans, des an Leib und Seele gebrochenen Vaters, und beendet ihren Bericht mit düsteren Worten, die Wotan wie im Traum gesprochen habe: von einem Fluch würden Gott und die Welt befreit, wenn Brünnhilde sich entschließen könne, ihren verdammten Ring den Rheintöchtern zurückzugeben.

Da gerät Brünnhilde aus bedrohlicher Ruhe in helle Empörung. Der Ring sei das Liebespfand ihres Ehemannes und bliebe da, wo er hingehöre: an ihrem Finger. Im übrigen könne sich Waltraute das Glück der Welt und ihrer Götter, einschließlich aller Staatsmänner und Nationen, getrost an den Hut stecken.

Noch während Waltraute unverrichteter Dinge zurückgaloppiert, erschrickt Brünnhilde zu Tode. Ein wildfremder Mann steht in der Tür und begehrt sie zum Weibe, ohne sich vorgestellt zu haben. Eine Situation, die Tausende von Jahren später niemanden mehr wundern wird. Hier aber wehrt sich Brünnhilde noch mit aller Kraft, bevor sie dem Unbekannten erliegt.

Es ist Siegfried, der mit Hilfe der Tarnkappe Gunthers Gestalt angenommen hat und sicherheitshalber eine Quinte tiefer singt als gewöhnlich. Nach kurzem Handgemenge reißt er Brünnhilde den Ring vom Finger und zwingt sie, die Bettstatt mit ihm zu teilen. Unmittelbar darauf singt er so hoch wie früher und versichert später jedem, es sei sonst nichts vorgefallen.

Erst auf dem Rückweg im Frühnebel tauschen Siegfried und der echte Gunther unbemerkt ihre Rollen. Sodann eilt Siegfried voraus nach Gibichung in die Arme Gutrunes.

Wenig später, beim großen Empfang in Gibichung, erkennt Brünnhilde den gestohlenen Ring an Siegfrieds Hand. Mit einem gellenden Aufschrei entlarvt sie den eigenen Mann als Täter. Siegfried zeigt nicht den geringsten Gewissensbiß. Im Gegenteil; er scherzt noch ziemlich unpassend: »Gunther, deinem Weib ist übel!«, beschwört seine Unschuld und geht, mit Gutrune schäkernd, nach rechts ab.

Die Entrüstung der Zurückgebliebenen nutzt Hagen zur Forderung nach Rache für die allerseits erlittene Schmach. Es erhebt sich kein Widerspruch. Brünnhilde verrät sogar Siegfrieds schwächsten Punkt. Dieser befinde sich – anders als sonst bei Ehemännern – auf seiner Rückseite. Damit ist Siegfrieds Ende besiegelt. Tags darauf lagert eine Jagdgesellschaft im Walde, falls das ein zeitgenössischer Bühnenbildner zuläßt. Außer den Treibern erkennt man Siegfried, Gunther und Hagen. Ein herber Landwein kreist, und Siegfried erzählt auf allgemeinen Wunsch aus seinem Leben.

Kurz vor Erreichen der Gedächtnislücke praktiziert ihm Hagen eine Gegendroge ins Trinkhorn. Schon nach dem ersten Schluck setzt Siegfrieds verlorenes Erinnerungsvermögen peinlich präzise wieder ein. Entzückt schildert er den Weg in die Arme seiner Braut Brünnhilde und überführt sich damit selbst des Meineides.

Lustvoll stößt Hagen den Speer in Siegfrieds ungeschützten Rücken.

Die Leiche Siegfrieds ist in der Halle der Gibichungen aufgebahrt. Lauthals brüstet sich Hagen mit seiner Untat und verlangt als rechtmäßige Beute den Ring vom Finger des Toten. Gunther widersetzt sich und wird der Einfachheit halber umgebracht.

Aber bevor Hagen den Ring berühren kann, der in drei Generationen und vier Opern Götter, Riesen und Menschen ruinierte, erhebt sich warnend der Arm des toten Siegfried.

Im allgemeinen Entsetzen eröffnet Brünnhilde das Finale mit einem Liebesbekenntnis zu ihrem Mann. Sie läßt einen Scheiterhaufen errichten für das Ende an seiner Seite. Ungehindert streift sie den Ring von Siegfrieds Hand, um ihn, endlich, den Töchtern des Rheins zurückzugeben. So nutzt sie die letzten Minuten ihres Lebens zur Abrechnung mit der unfähigen Götterfamilie und zur erlösenden Tat.

Dann beginnt der Alptraum der Bühnentechnik: Brünnhilde gibt ihrem Pferd die Sporen und springt in das Flammenmeer, von dem auch Walhall verschlungen wird. Der Fluß wogt über die Ufer, die Rheintöchter halten den Ring wieder in ihren Händen und ziehen Hagen in die Tiefe.

Nicht gerade ein Happy-End also, aber der Urzustand der Unschuld ist fast wiederhergestellt. Die Partitur läßt einen neuen Anfang zu.

Noch bleibt uns die Hoffnung, es werde so manches auch unseren Göttern dämmern, ehe der Vorhang endgültig gefallen ist.

Ende

[723]

## Carl Maria von Weber

# Der Freischütz

Man benötigt einen Wasserfall, vier Feuerräder, zwölf galoppierende Pferde, lebende Hirsche und Hunde, eine Eule, mehrere Raben, einen rasenden Eber, ein wildes Geisterheer, diverse entwurzelte Bäume, Platzregen und ... eine unschuldige Verlobte...

Aber eben daran scheitert jede Inszenierung. Man ist verärgert und Max, ihr Verlobter, auch. Schade...

# Bewegende Worte zu freudigen Ereignissen

# Von den Zugvögeln

Meine sehr verehrten Damen und Herren,

leider war es mir nicht möglich, meinem Verleger das vorliegende Buch auszureden. Da liegt es nun in aller Peinlichkeit und weist nach, wann und wo es mir nicht gelang, das Wort zu ergreifen. Keine Rede vor den Vereinten Nationen, nichts zur Lösung des Nahostkonflikts, nicht einmal ein paar Worte vor dem Bundestag (jedenfalls besinne ich mich nicht darauf), nichts Flammendes, Aufwühlendes, kein Aufschrei.

Und doch gibt es da unter dem Datum des 19. September 1931 in einem meiner Schulhefte eine frühe naturwissenschaftliche Studie, auf die ich nicht ohne Stolz verweise. Sie soll am Anfang dieser Sammlung stehen. (Die eigenwillige Rechtschreibung ist beibehalten.)

*Von den Zugvögeln*

*Wen die Zugvögel weckfliegen machen sie sich erst zu großen Scharen. Manche Zugvögel fliegen nur weck wen es sehr kalt ist. Dort in den warmen Ländern bauen sie es nicht so gut wie in Deutschland. Sie brüten auch nicht weil sie die Affen töten. Aber in Deutschland brüten.*

Dieses Werk hat, so unerklärlich das auch erscheinen mag, von seiten der Literaturkritik noch nicht die Beachtung erfahren, die es verdient. Ich bin daher leider genötigt, eine angemessene Würdigung selbst vorzunehmen.

Mein Aufsatz, den ich in Sütterlin schrieb, einer Schrift, die heute nur noch wenige Fachleute beherrschen, weist, wie ich meine, schon weit über den Schulunterricht* hinaus. Gewiß, Mozart hat im selben Alter Klaviersonaten komponiert, aber auf literarischem Gebiet eben doch nichts zuwege gebracht, was mit den »Zugvögeln« zu vergleichen wäre.

Mit lapidarer Wucht, ohne unnötigen Wortballast, entwickelt sich der komplizierte Sachverhalt und bleibt doch anschaulich in jeder Phase des packenden Geschehens. Und wie behutsam wird das Problem des Überlebens angesprochen! Die Wortfolge »… weil sie die Affen töten …« läßt offen, ob hier Affen oder Vögel ihrem Ende entgegensehen. Noch heute, nach über sechzig Jahren, hat dieses Phänomen nichts von seiner tragischen Aktualität verloren. So dicht war der Siebenjährige den Geheimnissen der Schöpfung auf der Spur.

Bedauerlicherweise blieb diese Arbeit ein Einzelfall, und ich muß Sie bitten, sich bei der Lektüre der folgenden Seiten nicht von übertriebenen Erwartungen leiten zu lassen.

* 4. Volksschule, Berlin-Wilmersdorf, Nachodstr. 17

## Musik
### *100 Jahre Berliner Philharmonisches Orchester*

Meine sehr verehrten Damen und Herren,

wenn wir in dieser Feierstunde … nur *das* hat Bedeutung, so meine ich … *durch* oder besser *im* Sinne der musikalischen Glaubwürdigkeit als Selbstverständnis im Sinne kultureller Verpflichtung unter der Maxime: Wer, wo, was und warum … Hier liegt die unverzichtbare Aufgabe unserer geteilten Stadt.

Damit heiße ich Sie im Namen des Kulturdezernats Berlin-Tiergarten anläßlich des 100. Geburtstages des Berliner Philharmonischen Orchesters herzlich willkommen. Ferner übermittle ich Ihnen die Grüße der Staatlichen Konservatorien in Gifhorn, Seesen und Münster, der Bayerischen Akademie für Sozialrhythmik und des Interessenverbandes Niedersächsisches Liedgut.

Wir blicken zurück auf einhundert Jahre Orchestergeschichte … Musik, so meine ich … oder wie es Thomas Mann einmal formuliert hat: Hundert Jahre sind eine lange Zeit … und Adorno dreißig Jahre später: Jaja, die Musik … Kürzer, präziser ist das nie gesagt worden.

Die Berliner Philharmoniker als Botschafter einer Sprache, die überall verstanden wird: bis hin nach Wilmersdorf, Steglitz, Friedenau, Pankow … 100 Jahre unfehlbarer Bläserduktus in gleichsam schwebender Transparenz vor dem samtenen Glanz der Streicher … 100 Jahre aber auch als Geschichte tragischer Versäumnisse: Wer denkt da nicht an die Orchestersuiten in Ges-Dur, A-Dur und fis-Moll der hochbegabten Antje Fröbel, an die Krönungsmesse in B-Dur des achtjährigen Heinz Klemke? Sie wurden hier nie aufgeführt.

In 100 Jahren musizierten unsere Philharmoniker nachweislich rund 30 000 Konzertstunden. Das entspricht einem Dauerkonzert von knapp sieben Jahren, die Pausen nicht eingerechnet. Gewiß ein stolzes Ergebnis, aber auch eine bestürzende Tatsache: Offensichtlich wurde in 100 Jahren 93 Jahre geprobt! Das stimmt nachdenklich in Zeiten hoher Subventionen.

Schließlich sei bedauert, daß sich nicht *ein* Orchestermitglied des Gründungsjahrganges 1882 heute abend unter den Mitwirkenden befindet. Ein Versehen der Veranstalter? Oder die zeitgemäße Gleichgültigkeit gegenüber älteren Menschen, die nicht mehr so sauber blasen wie ihre Urenkel? Und das in Berlin, dem Zentrum vorbildlicher Klangkörperpflege?!

Dennoch bleibt uns der Dank für die Kontinuität eines musikalischen Wunders im Lichte vier großer Namen: Bühler, Niklitz, Feuchtwängler, Hermann v. Karajan – und damit die Bewunderung einer Gesamtleistung als Summe von Können und Fleiß oder

Treue aus Willen zur Leistung ... als Anliegen *im* Dienste der Sache *im* Willen zum Glauben *an* Leistung *durch* Hingabe zur Musik im Verzicht *auf* Können ohne Anliegen ... oder Treue zur Leistung *durch* Willen *im* Glauben zur Sache, in der Hingabe *an* Aufgabe und Anliegen *im* Dienste der Musik *aus* Überzeugung ... also Können im Glauben *an* die Summe von Treue und Leistung *im* Geiste richtigverstandener Tradition... oder, wie der Dichter sagt: Musik.

[723]

## Weimar (DDR)

*Eine Ausstellungseröffnung*
*9. März 1989*

Sehr verehrter Herr Staatssekretär,
sehr verehrter Herr Oberbürgermeister,
meine sehr verehrten Damen und Herren
oder kürzer: liebe Freunde,

man hat im Leben nicht so oft das Gefühl, am richtigen Ort zu sein. Ich habe es jetzt.

Es hat 65 Jahre gedauert, und das ist kaum entschuldbar, bis ich Weimar zum ersten Mal mit eigenen Augen sehen konnte. Nun wird diese Begegnung für mich zu einem Ereignis, über das ich kaum reden kann, ohne Gefühle zu zeigen, die schlecht zu einem Humoristen passen.

Also verkneife ich mir das lieber und sage statt dessen einfach: Ich bin sehr glücklich, hier bei Ihnen in Weimar sein zu können.

Glück kommt meist nicht von alleine. So auch nicht in diesem Fall. Darum möchte ich mich von Herzen bei denen bedanken, die mir zu diesem Glück verholfen haben.

Da sind vor allem der Herr Staatssekretär Dr. Keller vom Ministerium für Kultur der DDR, Herr Dr. Guratzsch und das Wilhelm-Busch-Museum in Hannover, Herr Direktor Krauss und die Kunstsammlungen zu Weimar mit allen Helfern und Helferinnen.

Und Sie, meine Damen und Herren, die Sie gekommen sind. Ich nutze die Gelegenheit, Herrn Ministerialdirigent Staab, den ständigen Vertreter meines ständigen Vertreters, herzlich zu begrüßen.

Als meine Frau und ich vorgestern am frühen Nachmittag die Stadt erreichten, führte uns der Weg auf den Theaterplatz, wo wir zunächst eine Weile in gebührender Andacht vor dem Marx-Engels-Denkmal verharrten, bis uns, durch das Fehlen der charakteristischen Barttracht beider Herren, die ersten Zweifel kamen.

Dann sahen wir auch schon, daß es sich hier nicht um führende Politiker, sondern vielmehr um die beiden bedeutendsten DDR-Schriftsteller handelte: Goethe und Schiller nämlich.

Wir waren noch etwas in Gedanken, und mir wurde grade schmerzlich bewußt, wie wenig ich doch von Schiller noch auswendig zitieren kann, als mir ausgerechnet jener Stoßseufzer einfiel, der sich in der *Jungfrau von Orléans* findet: »Ach, es geschehen keine Wunder mehr!«

Hier irrt Schiller! Das Wunder ist geschehen: Die Ausstellung hängt, das Publikum sitzt, und die Kataloge liegen bereit! Selten hat es mich so gefreut, daß sich die Prognosen eines großen Dichters als Irrtum erweisen.

Freuen wir uns also auf weitere Wunder.

Vielleicht wird mir eines Tages von den Weimarer Stadtvätern ein Gartenhäuschen an der Ilm zugewiesen; ich würde dort Gedichte schreiben, den *Faust* illustrieren und mich auf den Spuren Minister Goethes in die Landespolitik einarbeiten, wobei mir ein Schnellkurs in sozialistischer Aufbaupraxis willkommen wäre.

Von Zeitgenossen des Dichterfürsten ist überliefert, dieser habe im Alter viel geredet und sei schwer zu unterbrechen gewesen. Es bietet sich mir jetzt die Gelegenheit, mich vorteilhaft von Goethe zu unterscheiden. Die Ausstellung ist eröffnet…

[723]

# Damenrede
*Der Bülowsche Familientag*

Meine sehr verehrten, lieben Vettern und Cousinen,

noch vor wenigen Tagen stand die Frage im Raum: Wer hält die Damenrede? Nun, sehr einfach, ein junger Vetter zwischen 20 und 30, dem schwachen Geschlecht und galanten Abenteuern nicht abgeneigt, dabei schön wie Apoll und unverdorben, kurz, die Wahl fiel auf mich.

Zunächst wollte ich mich der verantwortungsvollen Aufgabe entziehen, unter dem fadenscheinigen Vorwand, man spräche in gehobenen Kreisen nicht über Geld, Politik und Frauen. Ich habe den Irrtum eingesehen. Man spricht in gehobenen Kreisen nur über Geld, Politik und Frauen. Da wir die ersten beiden Punkte heute abend zum Glück als nebensächlich betrachten dürfen, fassen wir den letzten schärfer ins Bülowsche Auge.

Worauf beruht unsere gesellschaftliche Abhängigkeit von der Frau als solcher? Sind wir dem Kindesalter noch nicht entwachsen? Vermissen wir Mutters wärmende Oberweite? Tauschten wir vergeblich Schnuller gegen Zigarre? Müssen wir noch mit Puppen spielen?

Ach, was rede ich da von Abhängigkeit. Sind wir

nicht frei in unserer eigenen männlichen Welt, in Sachen Firma, Konferenz und Vorstandssitzung?! Wer beschreibt den Lustgewinn durch einen schwarzen Dokumentenkoffer (Seehund, handgenäht), das Prickeln während der Entnahme selbstdiktierten Aktenmaterials! Oder vergegenwärtigen wir uns den Herrenabend. Dieses launige Beisammensein im Kreise des eigenen, vertrauten Geschlechts. Da wird nicht sinnlos durcheinander geschwatzt, sondern durch das Erzählen stets derselben bewährten Geschichten ein kraftvolles Zusammengehörigkeitsgefühl erzeugt. Und nach der gemeinsamen zügellosen Einnahme von Speisen und Getränken (Quittung bitte mit Stempel) löst sich der oberste Knopf von Hemd und Beinkleid wie von selbst – und dann ist »Freiheit« kein leeres Wort mehr! … … Frauen? … Ha! … Omo … Spüli … Weißer Riese … pflegeleicht…! Wenn man Fernsehen, Funk und Illustrierten Glauben schenken darf (und es spricht ja nichts dagegen), sind das die Lebensinhalte unserer lockigen Gefährtinnen. Der Traum vom Bacchanal entweicht Lenor-gepflegt. Auch heute abend.

Unsere Damen sind maßvoll und bescheiden, wahren im Genuß die Grenzen kulinarischer Schicklichkeit und bleiben in der Kleidung korrekt. Es sei denn, daß eine verwegene Cousine sich unter dem Tisch ihres ebenso eleganten wie knapp gewählten Schuhwerkes entledigt. Ein Einzelfall. Im großen ganzen hemmten die Damen in den letzten tausend Jahren, so meine ich, den vitalen Schwung unserer männlichen Namensträger. Schon vor tausend Jahren hatte die Hausfrau immer was dagegen, wenn es galt, in unschuldsvoller Lebenslust die Burg des Nachbarn brandzuschatzen, Bären zu jagen, solange die Kühltruhe noch voll ist, oder auf der Heimfahrt vom Sängerfest auf der Wartburg noch 140 Sachen aus dem alten Opel rauszukitzeln.

Was ist es also, das uns dennoch ständig die Nähe unserer Damen suchen läßt?

Nun, ich fürchte, schon unser Stammvater Ritter Gottfried wußte insgeheim, daß gerade im Verbot, in der moralischen Behinderung durch weibliche Vernunft die stärksten Reizmomente liegen. Und wer ist unser Publikum? In wessen Augen mischen sich Furcht und Stolz beim Anblick unseres mittelmeergebräunten Muskelspiels? Wer sieht staunend zu, wenn es uns trotz spärlich werdendem Pfauenfedernwuchs hin und wieder gelingt, ein Rad zu schlagen?... Ich sehe an Ihren bestürzten Gesichtern, daß Sie mit dieser Wendung nicht gerechnet haben. Jawohl, es ist das Weib!

Laßt uns resümieren: Nur bei voreiliger Betrachtungsweise erscheint uns rätselhaft, daß wir von dem nicht lassen können, was uns hindert, in maskuliner Natürlichkeit jauchzende Höhenflüge anzutreten. Denn bei genauer Prüfung wird uns klar, daß erst die Frau jene kultivierte Atmosphäre schafft, gegen die es Spaß macht, aufzumucken!

So laßt uns das Glas erheben, vorübergehend den bacchantisch geöffneten obersten Knopf des Beinkleides schließen und unseren Damen für eine Unzahl historischer Verdienste danken…

[723]

# An die Jugend

Man kann sich auf verschiedene Weise blamieren. Zum Beispiel mit dem Versuch, nach Vollendung des 75. Lebensjahres eine Rede an die Jugend zu halten. Schon die schelmisch vorgetragene Behauptung »ich bin auch mal jung gewesen« wirkt ziemlich unwahrscheinlich. Das ist auch gar nicht zu beweisen. Wer hat denn schon gesehen, daß ich klein war? Niemand!

Glaubwürdiger ist doch, daß alte Menschen, sogenannte Großeltern, immer schon alt waren. Und in abgelegenen Teichen darauf warten, von Störchen aufgenommen und nach ruhigem Anflug dort abgeworfen zu werden, wo sie von Nutzen sind. Das leuchtet ein.

Aber wie funktioniert das mit Vater und Mutter? Es ist doch verhängnisvoll, daß Eltern früher auf die Welt kommen als ihr Kind. Dadurch entwickeln sie vorzeitig ein ungutes, durch nichts begründetes Überlegenheitsgefühl.

Kämen Eltern und Kinder gleichzeitig auf die Welt, wüchsen sie gemeinsam, in wohltuender Chancengleichheit in ihre Aufgaben hinein. Wieviel Verständnis hätte dann der Jugendliche für die Irrtümer seiner Eltern, wieviel nachsichtiger verliefe jede Meinungsverschiedenheit!

Nur wenn Vater, Mutter und Kind gemeinsam sprechen lernen, finden sie die nötige Gelassenheit für den Austausch pädagogischer Argumente.

Aber so weit sind wir eben noch nicht. Bis auf weiteres wird die Jugend, auch die neuimmatrikulierte, doch ziemlich allein gelassen mit der Frage: »Wie erziehe ich meine Eltern zu ordentlichen, gebildeten Mitgliedern unserer Gesellschaft?« Nicht einmal im Fachbereich Erziehungswissenschaft der FU findet sich ein entsprechender Studiengang.

Es ist sonderbar, aber Eltern sind auch Menschen, und sie sind, was die Herstellung und Aufzucht von Nachwuchs betrifft, so was wie ungelernte Arbeiter.

Niemandem ist es erlaubt, ohne gründliche Ausbildung und Führerschein am Straßenverkehr teilzunehmen, aber zur Produktion eines Kindes – das angeblich Kostbarste, was eine Nation besitzt – bedarf es keiner Eignungsprüfung. Nicht einmal Abitur wird verlangt.

Kein Wunder, daß die sogenannten Erwachsenen hinsichtlich der Lebensgewohnheiten der Jugend völlig im dunkeln tappen. Hier bedarf es behutsamer Nachhilfe.

Kinder sollten ihre Eltern rechtzeitig daran gewöhnen, abends nicht zu lange aufzubleiben. Quängelnde, übermüdete Erwachsene benötigen Ruhe, um für die Anforderungen des Lebenskampfes gerüstet zu sein, während die Jugendlichen den endlich freigewordenen Wohnraum nutzen für entspannte

Geselligkeit mit ihren gleichaltrigen Freunden. Eine wichtige Übung zur Formung des späteren Sozialverhaltens.

Vor allem sollte genügend Zeit zum Fernsehen bleiben. Die Universitäten neigen dazu, durch ein überreichliches Arbeitspensum das geregelte Fernsehen zu erschweren. Ihr aber solltet nicht nachlassen, vor allem die Werbung intensiv zu verfolgen, die ja leider alle paar Minuten durch unverständliche Spielfilmteile unterbrochen wird. Dann wißt Ihr, was unser Leben so glücklich macht: nicht Wissen, nicht Bildung, nicht Kunst und Kultur... neinnein... es sind der echte Kokosriegel mit Knusperkruste, die sanfte Farbspülung für den Kuschelpullover und der Mittelklassewagen für die ganze glückliche Familie mit Urlaubsgepäck und Platz für ein Nilpferd.

Fundierte Kenntnisse von den Konsumzielen der deutschen Durchschnittsfamilie machen Euch nicht nur für Eure Eltern unentbehrlich. Auch die Industrie richtet sich nach Eurem Geschmack.

Ich betrat vor kurzem ein Schuhgeschäft, um mir ein paar leichte Sportschuhe zu besorgen. Die geduldige Verkäuferin ließ mich sämtliche lieferbaren Modelle anprobieren.

Schon auf den ersten Blick hatten alle eines gemeinsam: ich sah aus, als sei ich in eine Sahnetorte getreten. Die Dame gab sich keine Mühe, das zu bestreiten, blieb aber ernst.

Als ich ihr meine ebenso schönen wie zweckmäßigen Sportschuhe beschrieb, die ich bisher zu tragen pflegte, deutete sie an, zur Zeit dieser Mode noch nicht gelebt zu haben.

Das war nicht galant, aber ich weiß nun, daß für Greise keine Sportschuhe mehr hergestellt werden. Es sei denn, Großeltern finden sich damit ab, wie verschrumpelte Mickymäuse auszusehen.

Nun sind Sportschuhe nicht das Maß aller Dinge. Wodurch aber bewegt sich unsere Welt? Wie sieht es im Reich der Elektronik aus?

Nicht nur Videorecorder, CD-Player, Autoradios, Taschenrechner und Fernbedienungen, auch Jumbo-Jets, Jagdbomber und Atomanlagen reagieren auf die Berührung einer Unzahl von Bedienungstasten, die für reifere Menschen auch mit Brille nicht erkennbar sind. Nur die Jugend ist mit Sinneswerkzeugen ausgestattet, denen sich die Gegenwartstechnik unterwirft.

Hinzu kommt, daß sich moderne Geräte in den Augen der älteren Generation so gut wie nicht mehr voneinander unterscheiden. Wenn das Handy läutet und man hält den Rasierapparat ans Ohr, können Sekunden vergehen, die über Leib und Leben entscheiden. Von Zufall kann hier kaum die Rede sein. Vielmehr soll dem als störend empfundenen älteren Menschen die Teilnahme am Fortschritt systematisch verleidet werden.

Ein übriges tut jene Sprache, die nur ein Jugendlicher beherrscht, der am Computer sitzt, um per Internet eine verläßliche Kommunikationsschiene zum Sohn eines Börsenmaklers in Timbuktu aufzubauen.

Da wird die Großtante in Ingolstadt wohl noch des längeren auf ein verständliches Lebenszeichen warten müssen.

Diese mürrische Betrachtung mag den Eindruck erwecken, als fühle ich mich nur der Vergangenheit verpflichtet. Das stimmt insofern, als ich, wie alle Väter und Großväter, zutiefst bedaure, meine Erfahrungen nicht weitergeben zu können, weil sie weder erwünscht sind noch glaubhaft erscheinen.

So bleibt mir die Hoffnung, Ihr werdet nicht auf sämtliche Knöpfe drücken, die Euch eine schrankenlose Technik zur Verfügung stellt.

Vielleicht seid Ihr dann die erste kluge Generation, die den wirklichen Fortschritt darin erkennt, nicht alles zu tun, was machbar ist.

Ich danke Euch.

[723]

## Bizarr – Grotesk – Monströs

Zeichner sollten ja eigentlich lieber zeichnen als reden, aber da ich seit einiger Zeit eben doch mehr rede als zeichne, kommt es ja nun auch nicht mehr drauf an.

Karikaturisten in der Kestner-Gesellschaft. Das ist ein angenehm undeutscher Vorgang. Wieso? Nun: deutsches Wesen erzeugt in seiner Musterhaftigkeit manches bizarre Nebenprodukt. Beispielsweise die Neigung, jedes Ding in einer sauber etikettierten Schublade einzuordnen, um es im Griff zu haben. Wo das nicht möglich scheint, verweist man das Ding gern auf einen diskreten Außenplatz und meidet Kontakte.

Nicht so die Kestner-Gesellschaft. Sie griff nach dem kulturellen Außenseiter Karikatur, zog ihn ans Herz und hängte ihn auf. Ohne Schublade, ohne Etikett, nur geleitet von der etwas vagen, aber ehrlichen Empfindung: bizarr ... grotesk ... monströs. Ein Wagnis also. Wähnt man nicht Karikaturisten in gefährlicher Nachbarschaft zur leichten Muse? Rauscht da nicht Kunstseide zwischen den Blättern? Aber da hängen wir nun, und in den Feuilleton-Redaktionen der Tagespresse schiebt man sich den Schwarzen Peter zu, wer um alles in der Welt darüber zu schreiben hat. Und was. Nur die Überschrift steht schon fest: Mit spitzer Feder.

Worauf beruht dieses jungfräuliche Verhältnis zwischen Kunstbetrachtung und Karikatur? Man weiß einfach nicht, wer zuständig ist. Es fehlt das Etikett. Ist das nun Kunst oder nicht? Und wenn ja, darf über Kunst gelacht werden?

In der Musik hat man da eine elegante Lösung gefunden. Es gibt ganz einfach U-Musik und E-Musik. »U« heißt »Unterhaltung«, »E« bedeutet »Ernst«. Alle Plattenfirmen haben ihre Programme dankenswerterweise auf diese Art gekennzeichnet. Jeder Musikkritiker weiß seitdem, daß die *Götterdämmerung* etwas ganz anderes ist als beispielsweise *Pack die Badehose ein.*

Ärgerlich ist nur, wie wenig sich die Komponisten an ihre Schublade gehalten haben. Der Jazz wurde so cool, daß von »U«, sprich »Unterhaltung«, nicht mehr die Rede sein konnte, aber ein E für ein U wollte man auch nicht gleich machen. Und Mozart wäre doch wohl sehr verdrossen, wenn ihm zu Ohren käme, daß man seine Divertimenti nicht zur Unterhaltung rechnen könne, trotz seiner Beteuerungen, sie seien als solche komponiert. Aber im großen ganzen sind kaum Zweifel möglich. U und E ist ein deutlicher Unterschied.

In Malerei und Graphik kannte man bis vor einigen Jahren diese Probleme nicht. Man kam sogar ohne besondere Kennzeichnung aus. Die Mona Lisa hatte mit Mickymaus eben doch wenig Gemeinsames, und der Mann mit dem Goldhelm war mit bloßem Auge von Snoopy zu unterscheiden.

Es gab zwar einige Grenzfälle, Goya etwa, Daumier, Toulouse-Lautrec oder Klee, die satirische oder humoristische Elemente erkennen ließen, aber doch eben in netter Form ... Ich meine, es wurde da nichts verwirrt ... es blieb alles ganz klar. Das war keine U-Malerei, es war E-Malerei. Und die Karikatur war da, wo sie hingehörte: auf der Humorseite der Illustrierten.

Aber dann nahte das Verhängnis. Seriöse Maler, die auf sich hielten, legten ihren Pinsel aus der Hand, griffen zu Hammer und Nagel, Lötkolben, Bohrer, Kreissäge, Spaten, Diaprojektor und okkupierten im Handumdrehen ein Terrain, das als Zielgebiet auch der Karikaturist hätte vor Augen haben können.

*Der* hingegen begann, völlig überraschend, Originalzeichnungen anzubieten, handsigniert, und als die langsam knapp und teuer wurden, fertigte er auch satirische Siebdrucke und Lithos, signiert und numeriert. Ehe man sich's versah, war ein Steinberg-Original so teuer wie eine Handzeichnung von Klee. Das war nicht vorgesehen.

Die Kunstbetrachtung sah geniert zur Seite, das Verhältnis zur Karikatur blieb platonisch und somit ohne Folgen.

Es ist ja auch kein Wunder. Immerhin fehlt in der Entwicklung der Karikatur ein aus der Kunstgeschichte gewohntes Gütesiegel: der immer wiederkehrende deutliche Bruch mit der Tradition.

Eben den aber können wir uns nicht leisten. Wir sind auf die Darstellung des Menschen oder menschlicher Eigenschaften angewiesen. Dabei ändert sich zwar die Handschrift, der Inhalt aber nur soweit, als sich das menschliche Verhalten oder der Sinn für die Komik menschlichen Verhaltens ändert. Der Karikaturist darf seiner Zeit, wenn überhaupt, nur einen knappen Schritt vorauseilen, um den Kontakt zur Umwelt nicht zu verlieren.

Es kann also keinen großen, einsamen, seiner Zeit entrückten Karikaturisten geben, dessen Lebenswerk nur für Kenner oder erst nach seinem Tode zum Gegenstand ehrfürchtiger Betrachtung wird. Wir sind eben nicht bizarrer, grotesker und monströser, als unsere Zeit bizarr, grotesk und monströs ist. Schade, aber nicht zu ändern. Und das macht uns für die zeitgenössische und postume Kunstkritik leider so unattraktiv.

Und doch ... sehe ich da nicht gegen Ende des kommenden Jahrhunderts diese endlose Menschenschlange, die sich um mehrere New Yorker Häuserblocks windet? Mit Klappstühlen und Schlafsäcken hat sie bei eisigem Wind die Nacht durchwacht, um erst gegen 9 Uhr morgens Einlaß ins Metropolitan Museum zu finden. Dann schiebt sich die geduldige Menge zwei Stockwerke hoch in jenen repräsentativen Saal, der für das künstlerische Ereignis des Jahres völlig ausgeräumt und renoviert worden ist. Im Zentrum des Riesenraumes steht eine einzige Vitrine aus Panzerglas, an der die Menschen entblößten Hauptes schweigend vorbeidefilieren. Eine diskret angebrachte Starkstromleitung und vierzig Polizeibeamte in Zivil sichern das angestrahlte Kleinod. Es ist ein stockfleckiges Blatt aus meinem Notizblock, 9 × 12 cm, darauf ein Nasenmännchen in Bleistift, nicht signiert, mit Expertise der Kestner-Gesellschaft.

[724]

# Das Deutsche Theater

Sehr verehrter Herr Ministerpräsident,
sehr verehrter Herr Staatsminister,
sehr verehrte Herren Oberbürgermeister und Bürgermeister,
meine sehr verehrten Damen und Herren,

als Leiter des Referates für kulturelle Angelegenheiten auf Bundesebene und stellvertretender Kulturbeauftragter des Rahmenausschusses der Sonderbereiche Kunst und Integration, Kunst und Kommunikation sowie Kunst und kulturelle Koordination zur Aktivierung und Optimierung der Bundesmodelle für kulturelle Investitionsprogramme übermittle ich Ihnen, auch im Auftrag des persönlichen Referenten der Abteilung kulturelle Öffentlichkeitsarbeit des Herrn Bundeskanzlers sowie des Arbeitskreises Kunst und Kultur im Informationsstab des Herrn Bundespräsidenten, die herzlichsten Grüße.

Der Herr Bundespräsident selbst als Schirmherr der Wiedereröffnung dieses Hauses hatte für heute sein Kommen zugesagt, weilt jedoch zur Zeit in der Volksrepublik China. Das Bundespräsidialamt hatte irrtümlich angenommen, der angekündigte Auftritt des chinesischen Akrobatentheaters fände in Peking statt. Die Glückwünsche der Bundesregierung gelten München und seinem Deutschen Theater, das in der ganzen Schwanthaler Straße nicht seinesgleichen hat.

In einer Stunde, wie wir sie hier und heute erleben dürfen, erscheint es unbegreiflich, daß es Augenblicke gab, in denen der Plan zur Modernisierung einer bedeutenden Kulturstätte zu scheitern drohte. Der Münchner Stadtrat hatte sich seinerzeit zwischen zwei Projekten zu entscheiden. Zur Diskussion standen die Renovierung des Deutschen Theaters und der Ankauf eines einzelnen Kampfflugzeuges vom Typ »Tornado«. Die kulturelle Bedeutung eines modernen Bühnenhauses war außer Zweifel. Auf der anderen Seite aber sprach für den »Tornado«, dank seiner Formschönheit, Wendigkeit und Schnelligkeit, ein hoher öffentlicher Unterhaltungswert. Die Finanzierungsfrage fiel nicht ins Gewicht, da der Preis für das eine wie für das andere Projekt identisch war: DM 48 Millionen zuzüglich Mehrwertsteuer.

Nach monatelangen Beratungen im Bewußtsein der Verantwortung für die kulturellen Aufgaben der Stadt entschied die Feststellung, das Theater habe 1640 Sitzgelegenheiten, der »Tornado« hingegen nur 2, und München bekam sein Theater.

Nach einer bisher mehr im Heimatlichen wurzelnden Bühnentradition – man denke an das *Bayerische* Staatsschauspiel, die *Bayerische* Staatsoper – nun das *Deutsche* Theater, ein kühner Schritt über die Grenzen der Mundart hinaus in das deutschsprachige Mitteleuropa! Er bleibt nicht unbelohnt. Im Gegenzuge ist die Bundesrepublik bereit, den unzugänglichen Südosten unseres Vaterlandes verkehrstechnisch optimal zu erschließen. Das bedeutet: In wenigen Jahren wird Bayern auf dem Wasserwege erreichbar sein. Bonn–München, München–Bonn per Schiff. Ein bewegendes Beispiel natürlichen Kulturaustausches.

Denn nicht nur München, auch Bonn genießt als Kulturstadt Weltruf. Gelegentliche Übertragungen aus dem Plenarsaal des Bonner Deutschen Theaters beweisen, daß auch bei völligem Mangel an Sex gute Unterhaltung möglich ist. Leider wird in diese verdienstvolle Sendung häufig ein Publikum eingeblendet, das auf teuren Plätzen immer nur zur Hälfte applaudiert. Zufall? Der Racheakt einer unterbezahlten Komparserie? Oder nur die übliche Infamie des Fernsehens?

Gleichwohl, das Münchner Deutsche Theater wird durch behutsame Spielplangestaltung in enger Bindung an seine Tradition des ungeteilten Beifalls sicher sein.

Eine Kritik aus dem Jahre 1896, nach einer der ersten Vorstellungen in diesem Hause, möge der Direktion die nötige Zuversicht für ihre Arbeit geben:

»Herr Rippert kann nicht sprechen, Herr Kirsch hat eine heisere Stimme, Fräulein Bre war zu laut. Im Ganzen jedoch ein entschiedener Fortschritt.«

[724]

## Diogenes
*Der Verlag hat Geburtstag*

30 Jahre Diogenes…

Das ist auch die Geschichte zweier Männer, die trotz ihres Alters in bewundernswerter geistiger Frische heute unter uns weilen. Daniel Keel und Ruedi Bettschart, eng verbunden durch die Ähnlichkeit ihrer rätselhaften Herkunft.

Werfen wir einen Blick zurück auf ihr gemeinsames Geburtsdatum, den 10. Oktober 1930…

In den frühen Morgenstunden dieses Tages fanden spielende Hunde auf den Eingangsstufen der Kronenhalle, eingewickelt in den Wirtschaftsteil der *Neuen Zürcher Zeitung*, einen noch warmen Säugling, der auf den Namen »Daniel« hörte. Die Wirtin des noblen Restaurants, damals wie heute führend in der Bewältigung gastronomischer Probleme, bewies auch in diesem Fall Geistesgegenwart und Geschmack.

Sie sagte: »Der kommt mir nicht auf den Tisch.« So wuchs das Kind zwischen den Stuhlbeinen der renommierten Gaststätte auf, erhielt den Beinamen »Keel«, lernte rasch essen, relativ stockend lesen und schreiben, jedoch niemals rechnen.

Zurück zum nämlichen Morgen des 10. 10. 1930. Kurz vor 5 stieß ein Schrankenwärter zwischen den

Gleisen der Strecke Zürich–Basel auf einen Geschenkkarton der Firma Teuscher. Statt der erwarteten 3 Kilo Champagnertrüffel entnahm der enttäuschte Beamte dem Karton einen gesunden Knaben, eilte in die Kronenhalle, verzehrte dort mehr, als er sich leisten konnte, und gab den Säugling in Zahlung.

Das prägte den Sinn des Knaben für gute Geschäfte. Er wurde daher »Ruedi Bettschart« genannt.

Bald darauf, noch während des gemeinsamen Krabbelalters, schloß er sich dem jungen Daniel an. Dieser hatte kurz zuvor, unbefriedigt von seinem bis dahin ausschließlich an Nahrungsaufnahme und -abgabe orientierten Leben, einen schöngeistigen Verlag gegründet.

Nachdem beide in einer in der Merkurstraße befindlichen Tagesschule für Kleinkinder unter der Leitung von Frau Hildi Hess sechs Jahre lang notdürftig laufen gelernt hatten, verließen sie in einem unbewachten Augenblick die Kronenhalle, überquerten die Rämistraße, erklommen die Beletage des Hauses Nr. 33 und telefonierten insgesamt dreißig Jahre. So schufen sie den Diogenes Verlag.

In seinen Anfängen noch von einer bedauerlich intensiven Neigung zur Unterhaltung, näherte sich Diogenes bald seiner eigentlichen geistig-moralischen Bestimmung: der Entdeckung unbekannter verstorbener Autoren und deren verdienter Eingliederung in die Weltliteratur. Ich nenne nur zwei: Shakespeare und Goethe.

Der eine, ein englischer Bühnenschriftsteller, erstmals zur Diskussion gestellt in geschmackvoller zehnbändiger Taschenbuchkassette.

Der andere, Frankfurter, an der Schwelle des 19. Jahrhunderts, bisher nur seiner engeren Familie und dem Großherzog von Sachsen-Weimar bekannt, jetzt für 48 Mark mit zahlreichen Abbildungen unter dem Titel *Unser Goethe* der Öffentlichkeit vorgestellt. Man wird sehen…

Soviel ist jedoch sicher. Nie hat der Diogenes Verlag über die ökonomische Notwendigkeit hinaus finanzielle Gewinne angestrebt. Alles Entbehrliche floß den Autoren zu und einigen Damen, die nicht genannt sein möchten. Ein Verlag, der neue Maßstäbe gesetzt hat: Diogenes!

[724]

# Der Goldene Möbelwagen

Sehr verehrter Herr Minister,
sehr verehrter Herr Präsident,
meine sehr verehrten Damen und Herren,

nicht ohne tiefe Bewegung habe ich diese hohe Auszeichnung aus der Hand des Herrn Präsidenten empfangen. Nehmen Sie meinen ganz besonderen Dank.

In der Geschichte der Menschheit ist der »Goldene Möbelwagen« bisher nur viermal verliehen worden. Das Große Bundesverdienstkreuz mit Stern und Schulterband erscheint dagegen, bei rund 1800 Verleihungen, als eine vergleichsweise volkstümliche Dekoration, etwa wie der Nobelpreis mit seinen über 400 Preisträgern. Das Bewußtsein, nun zu einem ganz kleinen, erlesenen Kreis zu gehören, erfüllte mich zunächst mit Zweifeln, ob denn meine Leistung und mein Lebenswandel eine derartige Bevorzugung rechtfertigten. Die Worte des verehrten Herrn Kultusministers, für die ich mich an dieser Stelle von Herzen bedanken möchte, bestärken mich nun jedoch in der Ansicht, daß diese Auszeichnung niemand Würdigeren hätte treffen können.

Aber Ehrung bedeutet auch Verpflichtung. Ich habe nun zu prüfen, ob meine Freunde, meine Frau und mein Kraftfahrzeug noch zu mir passen.

Da dieses Problem schon von anderen, teils mit Bravour, gelöst wurde, sehe auch ich meiner Bewährung zuversichtlich entgegen.

Ein Wort des Dankes an diese Stadt. Ich entdeckte Stuttgart rein zufällig, als ich in jungen Jahren auf einer Radfahrt von Plochingen nach Plieningen von der geteerten Straße abkam. Zunächst bestaunten die zutraulichen Einwohner den Fremden, verloren aber bald ihre Scheu, bewirteten mich mit handgefertigten Teigwaren, und ich beschloß zu bleiben.

Da ich ihre Sprache zwar verstehen, aber nicht sprechen lernte, hielt ich mich meist im Eberhard-Ludwigs-Gymnasium auf, in dem das Altgriechische gepflegt wurde, eine simple Sprache, die mir weniger Schwierigkeiten bereitete. Es waren glückliche Jahre. Bis Stuttgart eines Tages an das geteerte Straßennetz angeschlossen wurde, elektrisches Licht bekam und Telefon. Da bin ich dann weggezogen.

Vor knapp 120 Jahren, genau gesagt: im Mai 1864, war ein anderer Fremder auf die Gastfreundschaft Stuttgarts angewiesen: Richard Wagner, dessen Hinscheiden sich morgen zum 100. Male jährt. Er befand sich seinerzeit auf der Flucht vor seinen Gläubigern, in der Annahme, hier sei er nicht auffindbar. Aus dieser mißlichen Lage erlöste ihn ein Bote des Königs von Bayern: Seine Majestät geruhte, ihm in Zukunft alle Sorgen abzunehmen. Seither hat Stuttgart den Ruf eines Sprungbrettes zur Weltkarriere.

In diesem Zusammenhang darf ich den verehrten Herrn Kultusminister auf eine bestürzende Tatsache hinweisen, die dem verehrten Herrn Oberbürgermeister bekannt sein dürfte:

Laut amtlichem Telefonbuch 1982/83 leben zur Zeit, mehr oder minder verborgen in den Mauern dieser Stadt, wohl in Erwartung eines Boten aus München:

1 Johann Sebastian Bach,
1 Anton Bruckner,
1 Richard Strauss,
1 Franz Schubert und
16 Richard Wagner.

Meine Damen und Herren, ich brauche Ihnen nicht zu sagen, welche einmalige Chance von welthistorischer Bedeutung sich hier der Landeshauptstadt Baden-Württembergs bietet, die Kunststadt München ein für allemal in ihre Schranken zu weisen.

Aber vielleicht ist der Zeitpunkt unglücklich gewählt, um über kulturpolitische Aktionen zu sprechen, die erst nach jenem Datum eingeleitet werden können, das uns geistig, seelisch und körperlich nahezu völlig in Anspruch nimmt: die Bundestagswahl am 6. März 1983. An diesem Tage werden, wie wir wissen, die Weichen gestellt für die Fahrt durch die letzten Jahre dieses Jahrtausends und möglicherweise viele weitere Jahrtausende.

Mit gewissem Befremden stelle ich fest, daß der heutige Abend es weitgehend an jenem Ernst fehlen läßt, den die Stunde gebietet. Das zentrale Problem, so scheint mir, liegt in der Ungewißheit, ob der Wähler richtig oder falsch entscheidet. Sinn und Zweck jeder Veranstaltung bis zum 6. März muß daher die politische Schulung sein. Ich möchte meine Ausführungen mit einer Demonstration schließen, die aus der Sicht des Bundestagspräsidenten geeignet ist, sich parteipolitisch zu orientieren:

Denken Sie sich jetzt eine gerade Linie von der Bühne über den Mittelgang bis zur Türe dort hinten in der Mitte. Darf ich nun alle Damen und Herren bitten, die sich auf *dieser* Seite der Linie befinden, sich, möglichst ohne etwas umzustoßen, zu erheben ............... vielen Dank!

Sehen Sie, meine Damen und Herren: Das sind die Linken!

Guten Abend.

[724]

# Das neue Landratsamt

Wir sind Zeugen eines Phänomens. Was uns noch vor kurzem fesselte – die Beziehungen zwischen Ost und West etwa, ein Kapitalverbrechen im Freundeskreis, das drohende Ende der Menschheit und Ähnliches –, es hat alles an Glanz verloren oder erscheint doch seltsam blaß vor dem Hintergrund eines Ereignisses, das plötzlich und unerwartet eingetroffen ist: Starnberg hat ein neues Landratsamt.

Bevor ich jedoch in das gemeinsame Frohlocken einstimme, möchte ich mit gebotenem Ernst auf einen Umstand hinweisen, der geeignet sein könnte, den Festakt politisch zu belasten:

Ich bin – ich sage das in aller Offenheit – im Landkreis Bad Tölz-Wolfratshausen ansässig, und auch das erst seit vierundzwanzig Jahren. Es erhebt sich somit die Frage, ob ein Ortsfremder mit unsteter Wohnweise, ein Tourist also, im Rahmen einer so extrem bodenständigen Feierstunde, wie es die Einweihung eines Landratsamtes nun einmal ist, das Wort ergreifen sollte. Auch kommt erschwerend hinzu, daß ich infolge der Ungnade meiner nördlichen Geburt die hiesige Landessprache nicht beherrsche. Kurz, ich bin auf Ihr Wohlwollen gegenüber Auswärtigen angewiesen.

Als Gegenleistung werde ich langsam sprechen

und keine Fremdwörter verwenden, die uns nicht auch aus der bayerischen Presse vertraut sind.

Bevor wir das Bauwerk selbst näherer Betrachtung unterziehen, lohnt ein Blick auf die Geschichte dieser Stadt.

Als früheste menschliche Ansiedlung ist die Praxis eines Hals-Nasen-Ohren-Arztes nachgewiesen. Neben der einfachen Feuerstelle mit Gebirgsblick fanden sich Faustkeile unterschiedlicher Größe, die der kunstfertigen Behandlung von Mittelohr und Kehlkopf dienten. Der Patientenkreis setzte sich größtenteils aus Sängern und Schauspielern zusammen, denen hier medizinische und psychologische Hilfe zuteil wurde. Bald scheuten viele dieser auf ihre Stimme angewiesenen Zugvögel die weite Anreise. Sie ließen sich nieder und gaben der Anhöhe ihren Namen: Starenberg.

Schon wenige tausend Jahre später fand das erste Bezirksamt unterhalb des heutigen Bahnhofs in einer zwar geräumigen, aber baufälligen Badehütte Platz. Diese löste sich jedoch zu wiederholten Malen bei Nordwestwind vom Ufer und wurde erst nach mehrstündiger Fahrt über den aufgewühlten See zwischen Holzhausen und Sankt Heinrich an Land gespült. Auf die Dauer empfand man diesen Zustand als nicht zufriedenstellend, da die jeweilige Rückgabe des Gebäudes auf dem Dienstweg und der damit verbundene Schriftverkehr die zur Verfügung stehende Bürozeit zur Gänze in Anspruch nahmen.

Aber erst im Jahre 1902 war es dann soweit:

das Bezirksamt erhielt am Vogelanger ein eigenes, schmuckes Gebäude, das mit seinen humanen Arbeitsbedingungen weit in die Zukunft wies.

So wurden Räume, die für Damen und Herren gesondert zu kurzfristiger Inanspruchnahme vorgesehen waren, durch Einlagerung von Aktenmaterial in die Verwaltungsarbeit einbezogen und dafür die Nutzung entsprechender Räumlichkeiten im nur 6 Gehminuten entfernten Bahnhof vertraglich abgesichert. Die dadurch erforderliche tägliche Bewegung hatte sowohl eine Leistungssteigerung des Beamtenapparates als auch eine deutliche Belebung der Ortsmitte zur Folge. Ein frühes Beispiel der an glücklichen Entscheidungen reichen Starnberger Kommunalgeschichte.

Leider erwies sich schon während des 2. Weltkrieges das Dienstgebäude als zu klein, und bis zum Jahre 1972 war das Landratsamt auf zehn ausgelagerte Dienststellen verteilt. In diesem Zusammenhang sei jenen Starnberger Familien gedankt, die trotz eigener beschränkter Wohnverhältnisse zusammenrückten, um ihrer Kreisverwaltung die notwendigen Räume zur Verfügung zu stellen.

Nur ein Beispiel – stellvertretend für viele – sei hier dankbar erwähnt. Das Rentnerehepaar Rudolf und Sieglinde Straublinger, am Bahndamm 12, zog sich in den Wohnraum ihrer Zwei-Zimmer-Wohnung zurück, als das Amt für öffentliche Sicherheit und Ordnung im Schlafzimmer seine Arbeit aufnahm.

Am 10. März 1969 schien man der Lösung des Problems nahe. Der Kreistag beschloß die Errichtung eines neuen Landratsamtes in günstiger Nähe zum Kreiskrankenhaus und seinen sanitären Einrichtungen. Das Grundstück warf jedoch ein neues, unerwartetes Problem auf: es lag im Bereich der Gemeinde Söcking. Da das Gesetz vorschreibt, den Landkreis nach dem Sitz des Landratsamtes zu benennen, hätte Starnberg in »Söcking« umbenannt werden müssen. Dies schien noch tragbar, wohingegen der Fremdenverkehrsverein auf die Bezeichnung »Söckinger See« sehr unfreundlich reagierte. Endgültig scheiterte das Vorhaben am erbitterten Widerstand der Gastronomie und ihrer Weigerung, »Söckinger Renken« in die Speisekarten aufzunehmen.

Weitere sechzehn Jahre gingen in den Landkreis bis zum ersten Spatenstich für ein Gebäude, das einzuweihen wir heute die Ehre und, wie ich meine, auch das Vergnügen haben.

Zunächst als Erweiterungsbau der benachbarten chinesischen Gaststätte mit Einliegerschwimmbad konzipiert, konnte das Bauwerk mit wenigen Handgriffen seiner heutigen Bestimmung angepaßt werden.

Um großzügige Parkflächen und eine leistungsfähige Kantine gruppieren sich Liegeräume mit günstigem Lichteinfall und Markisen gegen drohenden Sonnenbrand.

Reichgegliederte Anbauten beherbergen Hallenboccia und Massagezentrum für den Fall, daß eine Schlechtwetterperiode die Nutzung der Minigolfanlage verbietet.

Den maßvollen Arbeitseinsatz der 280 Beamten und Mitarbeiter überwachen zwei hauseigene Amtsärzte zur Vermeidung vorzeitiger Verschleißerscheinungen.

Das Auffinden unseres neuen Landratsamtes ist auch für Ortsunkundige verhältnismäßig einfach: Wenn man Starnberg ostwärts verläßt, liegt es gleich rechts, nach der vierten Tankstelle, leicht zugänglich für jedermann. Aus Richtung München ist dagegen das Eindringen nur nach gewaltsamer Überwindung eines wasserführenden Wehrgrabens möglich.

Das ist vielleicht ein Zufall. Oder ist es der erste Schritt auf dem Wege Starnbergs in die Unabhängigkeit als gleichberechtigter Partner im westlichen Verteidigungsbündnis, bei aller Freundschaft mit Bayern und der Bundesrepublik? Wir wissen es nicht.

Zunächst wird in dieses anmutige Haus der Alltag einkehren mit seinem gewohnten Aufgabenbereich: Aufschüttung und Begrünung des Starnberger Sees, Eröffnung der Sommerfestspiele im Undosabad mit dem *Ring des Nibelungen* und was der Dinge mehr sind.

Dem neuen Amtsgebäude, dem darin enthaltenen Herrn Landrat und seinen 280 Mitarbeitern gelten unsere herzlichen Glückwünsche!

[724]

## Versuch über Joachim

*Zum 60. Geburtstag des Kritikers Joachim Kaiser*

Wenn ein Mensch das sechste Lebensjahrzehnt bewältigt hat und seine Bedeutung über die Gemeindegrenze des Geburtsortes hinausweist, darf er damit rechnen, daß die Öffentlichkeit seiner Leistungen gedenkt und ihn in angemessener Weise zu feiern wünscht.

Andrerseits ist es so gut wie niemals vorgekommen, daß die Kulturträger des Landes ihren verdienten Mitbürger in einer wirklich entscheidenden Phase seines Lebens, anläßlich seiner Geburt nämlich, in würdiger Form empfangen hätten.

Meines Wissens gibt es nur eine Ausnahme: Heute vor sechzig Jahren, am 18. Dezember 1928, wurde Joachim Kaiser im ostpreußischen Milken, Kreis Lötzen, geboren, und die Elite der zeitgenössischen Literatur und Musik huldigte dem Säugling in bis dahin unbekanntem Ausmaß.

So widmete Stefan Zweig dem jüngsten Milkener seine soeben erschienenen *Historischen Miniaturen* und gab ihnen im Hinblick auf die stattgehabte Entbindung den Titel *Sternstunden der Menschheit.*

Die Colette steuerte den Roman *Tagesanbruch* bei, ein Werk von eher mittlerer Qualität.

Brecht und Weill konnten noch rechtzeitig Text und Partitur der *Dreigroschenoper* beenden. Die handgeschriebene Zueignung Brechts für den kleinen Joachim (»dem Guten, Wahren, Schönen...«) ist 1945 in den Kriegswirren verlorengegangen.

Leider nutzte Barlach das freudige Ereignis zur Selbstdarstellung. Er veröffentlichte seine Autobiographie *Ein selbsterzähltes Leben,* ohne darin Joachim Kaiser mit einem einzigen Wort zu erwähnen. Auch in Bindings *Erlebtes Leben* suchen wir vergeblich. Gewiß, der junge Kaiser war zu diesem Zeitpunkt erst wenige Wochen alt und hatte den immensen Umfang seiner kritischen Begabung noch nicht zur Gänze gezeigt, aber damit ist bei beiden Künstlern der mangelnde Blick für das Wesentliche nicht zu erklären. Sie sind – und damit wollen wir es bewenden lassen – wohl einfach überschätzt.

Als sehr viel weitsichtiger und dem Anlaß angemessen erwies sich der Beitrag von Wilhelm Lange-Eichbaum. *Genie, Irrsinn und Ruhm* hieß die sorgfältige Arbeit, die er dem Knaben zueignete.

Der junge Erich Kästner erschien mit seinem ersten Gedichtband, *Herz auf Taille.* Angestrichen hatte er die Zeilen: »Schlaf ein, mein Kind! Mein Kindchen schlaf! Du hast nichts zu versäumen.« Das kam nicht gut an im Elternhaus.

Freundlicher aufgenommen wurde Paul Ernst. Er legte *Das Kaiserbuch* vor. Erst Jahre später bemerkte Vater Kaiser, der infolge seiner Tätigkeit als ostpreußischer Landarzt sein Leben zumeist von Wölfen verfolgt im Schlitten auf der gefrorenen Masurischen Seenplatte verbrachte und daher selten zum Lesen kam, daß es sich bei besagtem *Kaiserbuch* um ein zähes Versepos handelte mit keinerlei Hinweisen auf die gleichnamige Arztfamilie und ihr Neugeborenes.

Als sehr unpassend wurde auch die Gabe von D.H. Lawrence empfunden. *Lady Chatterley's Lover* gehöre nicht in die Hände eines Kleinkindes, auch wenn es für sein Alter ungewöhnlich entwickelt sei. Mutter Kaiser, die einer seit dem 17. Jahrhundert im Thüringischen ansässigen protestantischen Pastorenfamilie entstammte, nahm es dem Engländer ein Leben lang übel.

Als von bleibendem Wert eingestuft wurde dagegen Van de Veldes *Die vollkommene Ehe.* Leider hat der Jubilar erst kürzlich die Seiten aufgeschnitten und flüchtig hineingesehen.

Bleibt noch Alfred Polgar. Der Titel seines ansprechenden, in Halbleinen gebundenen Berichtes *Ich bin Zeuge* gab Rätsel auf. Glücklicherweise erwies sich die anfängliche Befürchtung des Elternpaares, es handle sich um einen Vaterschaftsnachweis, als Mißverständnis.

Auf der literarischen Seite ist übrigens auch ein Trauerfall zu beklagen: Als Hermann Sudermann von der bevorstehenden Geburt Joachim Kaisers erfuhr, war er sich über mögliche Folgen im klaren. Er verschied. Anlaß genug für Thomaskantor

Straube, Bachs *Musikalisches Opfer* in Leipzig uraufzuführen.

Überflüssigerweise wurde eine Taktlosigkeit von Richard Strauss bekannt. Er soll im Freundeskreis geäußert haben, die soeben vollendete Partitur der *Ägyptischen Helena* sei ihm als Geschenk für einen Milkener Kritiker zu schade. Das hätte er nicht sagen sollen. 36 Jahre später schrieb Joachim Kaiser, ich zitiere: »Was überhaupt an der Opernform und an Opernaufführungen fragwürdig, verdächtig und peinlich scheint, trifft bei einer Darbietung der *Ägyptischen Helena* von Richard Strauss beklemmend zusammen.« Zitatende. Kein Wunder.

Ein letzter Blick auf das Jahr 1928 lehrt uns, daß Joachim Kaiser und Mickey Mouse fast gleichzeitig Geburtstag haben. Allerdings bleibt diese Tatsache ohne Kenntnis der Geburtsminute unergiebige Aszendentenspielerei, zumal sich weder charakterliche noch physiognomische Anhaltspunkte für eine nennenswerte Affinität ergeben.

Die erste Berührung des Knaben mit der Welt der Musik fällt in das Jahr 1931. Brahms und Bruckner, die beiden Kaltblüter des benachbarten Kleinbauern Rohle Buttgereit, waren durchgegangen und hatten den gepflegten Gemüsegarten von Mutter Kaiser heimgesucht. Rohle Buttgereit, ein gewandter Alphornbläser und Besitzer des einzigen Instrumentes dieser Art zwischen Pillkallen und Rastenburg, hatte sich daraufhin genötigt gesehen, der Geschädigten ein Ständchen zu bringen. Nach der Darbietung erhob sich Joachim und ließ den ersten zusammenhängenden Satz seines Lebens vernehmen. Er sagte: »Rohle, du hast die Sechzehntel ziemlich unsauber geblasen.« Noch am selben Abend schrieb der Zweieinhalbjährige ein Thema mit zwölf Variationen für Alphorn und Continuo in C-Dur, das dann später als Masurische Suite Opus 1, Nr. 1 in das schmale Werkverzeichnis aufgenommen wurde.

In diesem Frühwerk, dessen XI. Variation wegen ihrer widerhaarigen doppelten Kontrapunktik im Prestissimo noch heute als unspielbar gilt, fällt die Nähe zum späten Mendelssohn auf, wenn man über eine gewisse Brahmssche Grifftechnik (wer denkt da nicht an das selten gespielte Oktett für Blockflöten und Harfe in fis-Moll des Hamburger Meisters!) hinwegzuhören bereit ist.

In den allgemeinen familiären Stolz mischte sich nur die Enttäuschung des Vaters, der gehofft hatte, seinen Sohn nach abgeschlossenem Medizinstudium zu einer rührigen Tätigkeit als Frauenarzt der Gemeinde Milken, Kreis Lötzen und Umgebung, überreden zu können. Er mußte einsehen, daß die Begabung Joachims nicht in diese Richtung wies. Aber noch konnte niemand ahnen, daß dieser Mitte der siebziger Jahre rund 32 Klaviersonaten Beethovens der Vergessenheit entreißen würde.

Zunächst unterzog der heranwachsende Joachim mit Hilfe seiner ebenso reinen wie praktischen Vernunft das Wirken eines anderen großen Sohnes Ostpreußens einer kritischen Betrachtung. Immanuel

Kant hatte zeitlebens seinen Geburtsort Königsberg nicht verlassen und blieb infolgedessen – beispielsweise in München – nahezu unbekannt. Diesen Fehler gedachte Joachim Kaiser nicht zu wiederholen und beraubte somit die Gemeinde Milken ihrer einzigen touristischen Attraktion.

Leider bemerkte die Familie Kaiser in der Aufbruchseile vor dem Einmarsch der Roten Armee zu spät, daß man zwar eine ausreichende Portion frischer Flußkrebse mitgenommen, das Klavier jedoch versehentlich zurückgelassen hatte. Die Folgen sind bekannt. Joachim Kaiser beendete die kaum begonnene Ausbildung zum freischaffenden Pianisten und widmete sich dem Verzehr von Flußkrebsen.

Zwischen den Mahlzeiten ergaben sich Freiräume für philosophische und musikwissenschaftliche Studien, die der musischen Abrundung einer erfreulich kulinarischen Weltsicht dienten, an der seine Freunde nun schon seit Jahren teilhaben dürfen. So lasen wir am 6. Mai 1985:

»Der Mezza-Voce-Beginn des langsamen Haydn-Largos erklang wunderschön zart, während der Gesamteindruck zu weichlich geriet.« Ähnliches formulierte er neulich beim Verzehr einer geräucherten Entenbrust.

Wir waren zu zweit und nahmen einen leichten Bordeaux in Achteltriolen. Bei der Durchführung des Hauptganges bis zum Aufleuchten des Dolce-Themas im Finale enttäuschte leider die hemiolische Kontrastrhythmik … (Also 2 gegen 3 im sehr langsamen Tempo; später durch Sechzehntelsextolen ergänzt und überhaupt nicht verunklärt, wie man weiß...)

Erst durch die Zugabe, ein Quarksoufflé, das wir trotz zwanzigminütiger Zubereitungsdauer viermal bestellten, wurde es dann noch ein großer Abend.

Lieber Joachim, gewiß denkst du manchmal zurück an deinen Spaziergang mit Adorno vor über dreißig Jahren. Du berichtetest mit Sachkenntnis und sympathischer Begeisterung von einem Platzkonzert des hessischen Trachtenvereins Oberursel, dessen renommierte Blaskapelle ein Opernpotpourri zu Gehör gebracht hatte. Da sagte Adorno sein häufig zitiertes Wort »Jaja, die Musik« – und du wußtest, welchen Weg du zu gehen hattest. Alles Weitere ist bekannt.

Nun hindert mich eine gewisse Genanz, die uns nördlich Geborene verbindet, dir alles das zu sagen, was mich an diesem, an deinem Tage bewegt. Nur soviel: Ich werde nicht müde, dir zuzuhören. Du bist einer von den wenigen, die ich gern in meiner Nähe wüßte, wenn unser Planet ganz unerwartet detonierte. Du würdest, mit verschränkten Armen lauschend, den Kopf zunächst zurück-, dann schräg nach vorn geneigt, die Spontaneität der rauschhaften 64stel durchaus als Gewinn betrachten, den e-Moll-Gedanken im Es-Dur-Kosmos aber eben doch vermissen, zumal die erhofften Presto-Träume trotz ungewöhnlich groß angelegter Durchführung leider nicht stattgefunden hätten. Schöne Momente also, aber kein Ereignis... Ich wüßte nicht, was tröstlicher wäre...

Sei umarmt, mein lieber Freund, vergiß die Zahl und genieße den Tag. Es ist ein schöner Moment... und ein Ereignis!

[724]

# Was ist Film?

Sehr verehrter Herr Ministerpräsident,
sehr verehrter Herr Staatsminister,
meine sehr verehrten Damen und Herren,

wenn in einer Gruppe – beispielsweise von Filmpreisträgern – sich niemand für eine gewisse heikle Aufgabe freiwillig meldet, trifft es einfachheitshalber den Jüngsten, den Jungfilmer. Also traf es mich ... und ich habe nun ... wenn mich nicht alles täuscht, die ... ähm ... die Ehre.

Ich bin beauftragt, unseren Dank in Worte zu fassen, den Dank an den Herrn Ministerpräsidenten, an das Bayerische Staatsministerium für Wissenschaft und Kunst und an die Jury, im besonderen an Rosel Zech und Eberhard Hauff, für die Verleihung des Bayerischen Filmpreises 1988.

Nicht nur unser Dank, auch unsere Freude ist beträchtlich ... und wir wollen sicherheitshalber nicht die Frage aufwerfen, ob wir dieser großzügigen Auszeichnung auch würdig seien. Die Gefahr, die Jury könnte es sich vielleicht doch noch anders überlegen, ist einfach zu groß.

Auf der Suche nach einem Thema, das sich meinen Ausführungen im Rahmen dieser festlichen Preisverleihung sinnvoll einfügt, stieß ich unvermutet auf den Begriff »Film«.

Was ist Film? Zunächst bedeutet »Film« die Möglichkeit, 24 Bilder in einer Sekunde zu betrachten. Das sind 86 400 Bilder pro Stunde! Also rund 130 000 Bilder bei Spielfilmlänge.

Und wenn der Bundesbürger im Jahr 35 Kinovorstellungen besuchte, hätte er in diesem Zeitraum 4 550 000 Bilder gesehen. Auch der routinierteste Betrachter von Bildergalerien, Bilderbüchern, Illustrierten, Zeitschriften, Fotoalben und Ansichtspostkarten kann da kaum mithalten. Hier liegt die ungeheure Bedeutung des Mediums »Film« für unsere schnellebige Zeit.

Der kleine Bruder des Films, das sogenannte Fernsehen, darf in diesem Zusammenhang unerwähnt bleiben. Es kämpft noch um einen festen Platz in der Medienvielfalt. Allerdings stellen wir nicht ohne Bestürzung fest, daß der heutige Abend von Fernsehkameras aufgezeichnet und verbreitet wird.

Versuchen wir, auf die Frage »Was ist Film?« eine weitere Antwort zu finden.

Wir sind es gewohnt, den Wert einer Sache – und damit auch ihre geistig-moralische Bedeutung – an ihren Kosten zu messen. So gesehen zählt der Film zu den kostbaren Kulturgütern unserer Zeit. Der Spielfilm, als künstlerischer Spiegel der Wirklichkeit, ist kostspieliger, also wertvoller als die Wirklichkeit. Er ist besonders wertvoll. Ein Beispiel mag hierfür genügen.

Um einen Festakt wie diesen filmisch überzeugend nachzuspielen, wäre man zunächst genötigt, den Innenraum dieses Theaters in den Bavaria-Filmstudios nachzubauen. Bei preisgünstiger Ausführung in Schaumstoff, Sperrholz und Preßpappe lägen die Kosten, einschließlich Studiomiete und Beleuchtung sowie späterem Wiederabbruch und umweltfreundlicher Vernichtung der Theaterattrappe, knapp über den Baukosten des Originalgebäudes.

Ähnlich verhält es sich mit Komparserie und Hauptdarstellern. Dieser Raum faßt 420 Damen und Herren in korrekter Abendgarderobe. Das bedeutet für 420 Komparsen Maßkleidung, geliehenen Schmuck, Orden und Ehrenzeichen, plus Gage und Sozialabgaben, wobei weltmännische Haltung und der Anschein intellektueller Konversation erst einstudiert werden müßten. Im Vergleich hierzu fällt die derzeitige Anwesenheit des Originalpublikums mit überwiegend eigener Garderobe finanziell so gut wie gar nicht ins Gewicht. Auch hinsichtlich der Hauptrollen ist ein Schauspieler mittlerer Qualität (bei freier Unterkunft und Verpflegung) pro Abend kostenintensiver als etwa der Herr Ministerpräsident persönlich.

Dies allein ist schon eindrucksvoll, und doch liegt – weit jenseits des berechenbaren materiellen Aufwands – die Erfüllung des Films in den Bereichen der Kunst. Oder besser: Die Lebenswirklichkeit im Film als Kunst … die *Kunst* des *Films,* des Ernstes Films … erfüllt des Ernstes *Kunst* … in Ernstens Leben …

In diesem Sinne werden wir bemüht sein, das in uns gesetzte Vertrauen zu rechtfertigen.

[724]

# Der Traum von kurzen Strümpfen

Es ist gar nicht einfach, etwas zu sagen mit Lubitsch im Kopf und einem Kloß im Hals...

Ich danke der Jury und dem Club der Filmjournalisten, Berlin, von Herzen für diese Auszeichnung, die mich sehr bewegt, weil sie eine Verbindung herstellt zwischen meiner Heimatstadt, die ich liebe, meiner Arbeit und diesem bewundernswerten Mann aus Berlin, der zur Filmlegende wurde und der durch die Verleihung dieses Preises an erster Stelle geehrt wird: Ernst Lubitsch.

*The Love Parade,* Liebesparade, hieß der erste Tonfilm, den Lubitsch im Jahre 1929 drehte. Ich hätte den Film damals gern gesehen. Als 6jähriger interessierte mich – wie heute – die künstlerische Darstellung lustbetonter Erwachsenenpaarung. Aber ich verpaßte das wichtige Frühwerk. Das war meine erste, leider frustrierende Erfahrung mit dem berühmten Lubitsch-Touch.

Erst im Herbst 1931 – ich war gerade acht geworden – hatte ich *das* Kinoerlebnis, das mir über die künstlerische Kraft des Films und seine Bedeutung als psychologische Lebenshilfe die Augen öffnete: Ich sah *Emil und die Detektive.*

In diesem Film trugen die jugendlichen Hauptdarsteller auch bei ungünstiger Witterung kurze

Strümpfe. Ich selbst mußte lange graubraune Baumwollstrümpfe tragen, die oben nicht ganz in der kurzen Hose verschwanden, so daß eine unkleidsame, der Befestigung dienende Knopfschließe am unteren Ende eines Strumpfhalters sichtbar blieb. Dieser wiederum fand seinen Halt im Hüftbereich an einem nur mit fremder Hilfe auf dem Rücken knöpfbaren Leibchen. Ein damals verbreitetes Bekleidungsarrangement, unter dem ich seit Jahren litt.

Nun wurde ich überwältigt von der Erkenntnis, daß der Film einen Traum verwirklichen kann, dem sich das Leben verweigert: den Traum von kurzen Strümpfen. Und ich beschloß, mein Leben dem Film zu widmen.

Und schon 56 Jahre später war es soweit. Mein erster Spielfilm hatte Premiere.

Dennoch stimmt es mich nachdenklich, daß Lubitsch in 55 Jahren 65 Filme gedreht hat und ich in 65 Jahren nur einen. Wenn ich in diesem Rhythmus weiterarbeite, fällt meine Reifezeit als Filmemacher so ungefähr in die zweite Hälfte des 6. Jahrtausends unserer Zeitrechnung.

Allerdings war ich schon bei *Ödipussi* bemüht, durch unmäßigen Rohfilmverbrauch den Eindruck zu erwecken, als seien mindestens ein halbes Dutzend abendfüllender Spielfilme in Arbeit.

Von den 40 000 verdrehten Metern genügten dann 2800, um die Beziehung zwischen Paul Winkelmann und seiner Mutter nachhaltig zu stören.

An dieser Stelle möchte ich voller Dankbarkeit an

die beispiellose Geduld und den zuversichtlichen Einsatz meiner Mitarbeiter und Schauspieler erinnern, ohne die ich aufgeschmissen gewesen wäre auf dem schweren Weg zu einer leichten Komödie.

Die Verleihung eines Preises erfüllt neben der Ehrung einen wichtigen Auftrag: den Preisträger anzuspornen, wenn nicht zu verpflichten, in Zukunft über sich hinauszuwachsen.

Und dazu gehört – darauf muß hier und heute einmal nachdrücklich hingewiesen werden – auch die tägliche Arbeit der Presse, die unbestechliche, ja unbequeme Kritik, die nichts verschweigt.

Natürlich hat eine Kritik, die nicht vor Begeisterung überschäumt, beim filmschaffenden Künstler Folgen, wie Appetitlosigkeit, Trunksucht, Schlafstörungen und Haarausfall sowie Apathie, Mordlust, Schluckauf und anderes.

Aber welcher Filmemacher ließe andrerseits nicht mit Freuden seine Gesundheit fahren für die Gelegenheit, mit dem Geld andrer Leute einen Film zu machen, der möglicherweise nur seine derzeitige Lebensgefährtin interessiert.

In einem Brief an den Filmkritiker Herman G. Weinberg vom 10. Juli 1947 schrieb Ernst Lubitsch – und damit fällt es mir leicht, zu schließen:

»Wenn Sie mit meinen Anmerkungen nicht einverstanden sind, werfen Sie sie in den Papierkorb...«

[725]

# 90 Jahre Prinzregententheater

Prinzregententheater … Schon der Name des berühmten Münchner Hauses kennzeichnet seine herausragende Bedeutung. Kein Volkstheater für das Volk, kein Theater der Jugend, kein Nationaltheater für die Nation … nein: ein Prinzregententheater … ein Theater für Prinzregenten.

Leider stellte sich schon bei der Eröffnung im Jahre 1901 heraus, daß sämtliche seinerzeit vorhandenen Prinzregenten nicht ausreichten, um die 1200 Plätze des Hauses allabendlich zu füllen.

Die Tatsache, daß schon vor neunzig Jahren Fehlplanungen großen Stils an der Tagesordnung waren, hat etwas Beruhigendes.

Wir machen einen Sprung über sechzig Jahre:

Das Haus liegt brach. Mit dem Angebot, das ehrwürdige Gebäude einem nahegelegenen Delikatessengeschäft als Austernstüberl anzugliedern, mochten die Behörden sich vorerst nicht befreunden. Da gedachten sie des Prinzregenten … (das war inzwischen nicht mehr Luitpold, sondern August*). Man besann sich seiner leisen, unauffälligen Art, seiner bekannten Vorliebe für soziale Einrichtungen im Bereich der Jugendarbeit…

* Generalintendant August Everding

Und so entstand ein Abenteuerspielplatz … eben das, was ein Musiktheater eigentlich ist.

Herzlichen Glückwunsch!

[725]

# Der Landrat

Die Geschichte unseres Landkreises Bad Tölz-Wolfratshausen beschenkte uns mit zwei Juristen, deren Karrieren auch in Zukunft über die Grenzen des Kreises hinauswirken werden: Goethe und Dr. Otmar Huber. Der erstere frühstückte in Wolfratshausen am 7. September 1786 auf der Durchreise nach Italien im Haderbräu. Dr. Huber blieb länger. Darum gilt heute ihm – nicht Goethe – diese Feierstunde. Dennoch wollen wir den Werdegang der beiden Juristen und ihre Bedeutung für den Landkreis kurz vergleichen.

Sowohl Otmar Huber als auch Goethe waren nach dem Studium der Rechtswissenschaften in der Verwaltung tätig. Goethe widmete sich neben seiner Arbeit am Reichskammergericht vor allem der intimen Beziehung zur Braut eines Amtskollegen, schrieb darüber einen Roman und verdiente nicht schlecht.

Von Otmar Huber ist dergleichen nicht bekannt. Jedenfalls liegt von ihm kein Roman zu diesem Thema vor. Er nahm seine behördliche Arbeit in Mittelfranken eben ernster als der leichtfertige Goethe sein Wirken in Wetzlar. Seither ist der Werdegang Dr. Otmar Hubers von jener Gradlinigkeit gekennzeichnet, die wir an Goethe so vermissen.

Gewiß, Goethe hat es in Weimar zum Beamten gebracht, aber wirklichen Schwierigkeiten ist er, anders als Otmar Huber, immer aus dem Wege gegangen. Goethe tut so, als ob es ein Müllproblem überhaupt nicht gebe. Auch auf die Kiesgrubenfrage suchen wir bei Goethe vergeblich nach einer Antwort.

Nur ein kommunalpolitisches Verdienst hat sich Goethe mit Sicherheit erworben: Das bekannte Kraftwort aus dem Drama *Götz v. Berlichingen* trägt auf Kreistagssitzungen immer wieder zu wohltuender Klärung der Standpunkte bei. Hierfür sei Goethe Dank. Aber er ist eben seit jenem Frühstück im Jahre 1786 bis heute nie wieder im Landkreis aufgetaucht und kam schon deshalb als hiesiger Landrat nicht in Betracht.

Zweifellos hat Goethe sich trotz guter Anlagen eine glanzvolle Karriere als Verwaltungsbeamter durch Flatterhaftigkeit und zeitraubende schriftstellerische Liebhabereien verpatzt.

Dr. Huber hatte seine Leidenschaften immer im Griff. Beide Hände fest an der Lenkstange, den Sturzhelm ein Loch enger geschnallt, den Blick in die Zukunft gerichtet, holt er allein durch den Einsatz der durchtrainierten christlich-sozialen Oberschenkelmuskulatur aus seiner Rennmaschine Geschwindigkeiten, die in der Natur sonst nicht zu beobachten sind.

Niemand, der sich im Landkreis unter freiem Himmel befindet, kann sicher sein, daß nicht plötzlich das Phantom des Landrats an ihm vorüberfliegt. Eine wichtige Attraktion für den Fremdenverkehr und willkommener Anlaß für die zukünftige Legendenbildung.

Nicht zuletzt verdanken wir unserem scheidenden Landrat eine flächendeckende Vernetzung des Landkreises mit Radfahrwegen, durch die das Fußgängerunwesen wirksam bekämpft werden konnte.

Rückblickend allerdings muß daran erinnert werden, daß in den vergangenen 29 Jahren so manches wichtige Projekt vom Tisch des Landrats offenbar unter die Fahrräder geriet. Wo blieb der Transrapid, die Hochgeschwindigkeitsstrecke Bad Tölz–Wolfratshausen in 4 Minuten und 10 Sekunden? Noch warten wir auf die Umgestaltung der Marktstraße in Bad Tölz zum Feuchtbiotop als neue Heimstatt für bedrohte Molche und die gefährdete Isarunke.

Auch frage ich mich als Münsinger Bürger, warum im Zuge der Landkreisreform für den Sitz des Kreistages, wenn schon nicht Wolfratshausen, so doch wenigstens Münsing in die engere Wahl gezogen wurde? Wir haben zwar keine Tankstelle, aber eine politisch verläßliche Ampelanlage, die nachts auf Schwarz schaltet!

Nun, es sei vergeben und vergessen. Heute sind wir uns einig im Dank an einen Mann, der im Gegensatz zu so manchem Durchreisenden dem Landkreis treu geblieben ist. Leider wissen wir nicht so genau, ob er jemals in Wolfratshausen gefrühstückt hat.

[725]

## Bedrohung

*Bayerischer Fernsehpreis 2002*

Herzlich danke ich für diesen ehrenvollen Preis und die Worte, die der Herr Ministerpräsident für meine Arbeit gefunden hat. Ich hätte noch stundenlang zuhören mögen.

Auch diese aufwendige Veranstaltung mit einem überwiegend festlich gekleideten Publikum ist außerordentlich eindrucksvoll ... jedenfalls von hier aus. Bleibt nur der bange Wunsch: Hoffentlich versäumen wir jetzt nichts im Fernsehen...

Noch vor wenigen Jahrzehnten war diese Sorge unbekannt. Ich besinne mich auf das Jahr 1958.

Mit der leichtfertigen Konsumbereitschaft jener Jahre entschlossen wir uns zu einigen Anschaffungen.

Es handelte sich um einen Entsafter, ein aufblasbares Planschbecken, einen Elektrorasierer und ein sogenanntes Fernsehgerät.

Schon bald erwiesen sich diese Neuerwerbungen – mit Ausnahme des Elektrorasierers – als entbehrlich. Vor allem bekamen wir hinsichtlich des Fernsehapparates Schwierigkeiten mit guten Bekannten, intellektuellen Hörfunkfreunden, die nicht einsehen wollten, warum man die deprimierenden Berichte über das tägliche Zeitgeschehen nicht nur hören, sondern auch noch sehen müsse. Eine Frage, die bis heute noch nicht eindeutig beantwortet werden konnte.

Wir haben dann den Apparat in das Kasperletheater meiner Kinder eingebaut und den Vorhang nur aufgezogen, wenn wir unbeobachtet waren.

Das war vor 44 Jahren. Heute ist die historische Leistung des Fernsehens unbestritten.

Verwöhnte Familien unserer Tage unterliegen nicht mehr hilflos dem Schrecken selbständiger Freizeitgestaltung. In jahrelanger konsequenter Fernseharbeit ist es gelungen, das allabendliche Familienleben harmonisch auf einen gemeinsamen Blickpunkt auszurichten: den Bildschirm.

Leider droht nun von seiten des Fernsehens durch fahrlässigen Umgang mit den eigenen künstlerischen und technischen Mitteln eine Gefährdung des erfolgreichen Systems. Sie ahnen es, gemeint ist die Werbung.

Ein erstklassiger Werbeblock, aufwendig produziert und in perfektem Schnittempo vom Bildschirm angeboten, verfehlt seine Wirkung, wenn er alle paar Minuten vom Spielfilm unterbrochen wird. Andererseits kann sich ein zeitgemäßer Mensch nur noch schwer auf eine Sendung ohne Werbung konzentrieren, immerhin wird er anderthalb Stunden allein gelassen mit dem drängenden Problem »Welche Nudeln sind die besten?«

In diesem kritischen Grenzbereich des Mediums Fernsehen kann, so fürchte ich, eine Bedrohung der menschlichen Psyche nicht mehr ausgeschlossen werden.

Da ist es dann doch erfreulich – und damit möchte ich schließen –, daß alle heute preisgekrönten Fernsehproduktionen auf Grund von Laborversuchen mit fernsehgewohnten Meerschweinchen als unbedenklich eingestuft wurden. Dabei ist kein Tier zu Schaden gekommen.

Ich danke Ihnen.

[725]

## A B Le D E F G
*Kultur und Champagner*

Es ist schon erstaunlich, wie viele bedeutende Menschen des gehobenen kulturellen Lebens sich einfinden, wenn sie sicher sein dürfen, eine warme Mahlzeit zu erhalten.

In meiner Schulzeit hatte mein Vater mir für jede fehlerfreie Arbeit in den Fächern Griechisch und Mathematik ein Glas Champagner in Aussicht gestellt. Ich bin infolgedessen völlig ohne Champagner aufgewachsen.

Die Tatsache, daß mir ein halbes Jahrhundert später von einem honorigen französischen Haus ein so schöner Preis verliehen wird, heilt eine alte Wunde, aber das darf mich nicht dazu verleiten, Lobendes über ein Produkt zu sagen, ohne es geprüft zu haben. Nun, das Produkt wurde von berufener Seite längst geprüft, und ich habe die Freude, Ihnen das Ergebnis mitzuteilen.

Im Rahmen einer umfangreichen Testreihe durch das Staatliche Institut für Nahrungsmittel- und Gesundheitspflege wurden zunächst einige Exemplare der sogenannten gemeinen Wühlmaus nach einer oral verabfolgten Dosis Abelé-Champagners auf einen 300jährigen englischen Golfrasen zwischen

Thrumpton Castle und North Cothelstone Hall angesetzt.

Die Tiere unterwühlten das Gelände in knapp elf Stunden und erreichten das 18. Loch somit sechseinhalb Minuten eher als eine Wühlmausgruppe mit der gleichen Dosis eines anderen französischen Spitzenchampagners, dessen Namen wir nicht nennen wollen.

Die für den Test verpflichteten Tiere nahmen dann mehrere Monate eine vertretbare tägliche Menge Abelé-Champagners zu sich und erwiesen sich binnen kurzem ihren Betreuern in körperlicher und geistiger Hinsicht deutlich überlegen.

Ähnliche Ergebnisse sind im gesamten Prüfungsbereich für Markenchampagner noch nie erreicht worden.

Interessant sind Versuche, die am Menschen unternommen wurden.

Ein Bundestagsabgeordneter der SPD bezeichnete nach einem Glas Abelé-Champagner die derzeitige Bundesregierung als ganz passabel. Schon nach zwei Gläsern schloß sich ein CSU-Mitglied dieser Meinung an. Hier liegen die noch weitgehend ungenutzten Möglichkeiten des Hauses Henri Abelé, auf das politische Leben in der Bundesrepublik einzuwirken, und natürlich eröffnen sich nicht zuletzt in den Bereichen Kunst und Kreativität neue Wege für eine ebenso unauffällige wie segensreiche Einflußnahme.

Ein Beispiel mag genügen:

Mein Freund, der Literatur- und Musikkritiker

Joachim Kaiser – er ist heute abend wegen eines Fernsehauftrittes leider verhindert und bedauert besonders, am Essen nicht teilnehmen zu können, läßt aber herzlich grüßen –, Joachim Kaiser also erfrischte sich kürzlich vor einem Konzert im Münchner Kulturzentrum mit einem Gläschen eben jenes Champagners, den es heute zu feiern gilt. Bei einer anschließend leider zu Gehör gebrachten dreistündigen Sonate für 6 Blockflöten, Sopran, Horn und Klavier applaudierte Professor Kaiser dann schon während des ersten Satzes.

Eine neue, entspannte Beziehung zwischen Kunst und Kritik scheint auf Champagnerbasis in greifbare Nähe gerückt.

Im übrigen gelang es durch einen eindrucksvollen Versuch, Proteste aus ökologisch-alternativen Kreisen zu entkräften:

Nach dem gleichzeitigen Entkorken von 10 000 Flaschen Abelé, Le Sourire de Reims, in der Wüste von Nevada am 6. März 1988 hat sich das Ozonloch nachweislich nicht erweitert.

Meine Damen und Herren, das sind Dimensionen, die uns ehrfürchtig stimmen, die an das Große rühren.

Auf drei Fundamenten ruht unsere Welt der Wissenschaft und Kunst: auf den Ziffern von 0 bis 9, auf den Tonleitern und auf dem Alphabet. Aber eben dieses, das Wichtigste, muß nun neu geschrieben werden: A B Le D E F G!

Es blieb dem ehrwürdigen Hause Abelé vorbehalten, einen Preis zu stiften, der sich von allen anderen Kulturpreisen folgerichtig unterscheidet: Er soll und wird dem Gepriesenen zu Kopfe steigen.

[725]

# Eine gewisse Unlust

Karikatur – Europäische Künstler der Gegenwart.

Da mir aus dem Saal eine gewisse Unlust entgegenschlägt, über Geschichte und Aufgabe der Karikatur eingehend belehrt zu werden, beschränke ich mich auf die Bitte, dieses Wort nach der ersten Silbe mit nur einem »R« zu schreiben.

Bleibt die Unterzeile »Europäische Künstler der Gegenwart«. Drei Begriffe von kolossalem Gewicht. Europa, Kunst und Gegenwart. Und das beste: Schon jeder für sich allein macht schlechte Laune. Nur der Karikaturist frohlockt!

Ein bedenklicher Vorgang. Menschen mit dieser Tätigkeit haben offensichtlich einen Schaden. Sie nähern sich lustvoll dem Verhängnis. Darin ähneln sie Motorradfahrern und Politikern. Der Vergleich hinkt nur insofern, als der Karikaturist im Gegensatz zu letzteren nirgendwo ein gutes Ende sieht und das Ganze auch noch komisch findet.

Die zuweilen zitierte Moral des satirischen Künstlers darf daher angezweifelt werden, zumal er für seine Tätigkeit auch noch Geld nimmt.

Wer trotz derartiger Bedenken die Arbeiten dieses Berufsstandes öffentlich ausstellt, macht sich einerseits mitschuldig, verdient aber andrerseits unseren Dank, den ich nun herzlich und im Namen aller

Karikaturisten an den Direktor des Wilhelm-Busch-Museums, Herrn Dr. Guratzsch, und an seine Mitarbeiter richte.

Der Museumsbesucher sollte sich übrigens nicht darauf versteifen, in der mit Fleiß gehängten Ausstellung einen bestimmten Zeichner zu finden, da die 62 Künstler aus 22 Ländern mit ihren 308 Arbeiten ganz bewußt weder nach dem Alphabet noch nach Ländern geordnet sind. Karikaturen wollen ja eben jede Ordnung in Frage stellen. Das ist geglückt.

Die meisten Blätter sind, wie ich glaube, aus dem Prado, dem Louvre, dem Vatikan, den Uffizien, der Eremitage und anderen namhaften Häusern mit Polizeischutz nach Hannover gebracht worden, hängen nun hier unter Starkstrom, und es wird möglicherweise gebeten, Rucksäcke und Handtaschen an der Garderobe abzugeben. Das wirft eine interessante Frage auf: Sind Karikaturen Kunst?

Auf der Suche nach kompetenten Meinungen stieß ich auf das folgende Zitat: »Es gehört durchaus eine gewisse Verschrobenheit dazu, um sich gern mit Karikaturen und Zerrbildern abzugeben.« Zitatende… Es stammt von Goethe, einem Schriftsteller, den ich noch bis vor kurzem für bedeutend gehalten habe. Schade…

Vielleicht sollten wir die Frage anders stellen. Wodurch unterscheiden sich bildende Künstler von Karikaturisten? Die Antwort ist überraschend eindeutig: Maler schneiden sich gelegentlich ein Ohr ab. Karikaturisten nicht. Sie nehmen sich für diese

Dinge keine Zeit, und das spricht gegen sie. Sie arbeiten zu überstürzt, um das Große in den Griff zu kriegen, das wirklich Große in Ausdruck, Form und Farbe, das Ewige und Einsame... oder das Neue, das nie Dagewesene.

Ein Karikaturist ist nicht einmal bereit, seine Verlobte in Marmor zu meißeln oder aus Eisenbahnschienen ein gefälliges Monument für das städtische Altenheim zu löten.

Ein so hohes Maß an Selbstanklage berechtigt nun zu einem kritischen Blick in die Welt der bildenden Kunst. Und da meldet sich sehr schnell der bange Zweifel, ob eines der wenigen Kennzeichen, durch das sich der Mensch vorteilhaft vom Tier abhebt, sein Sinn für Ironie nämlich, gepaart mit dem Blick für das Komische, ob dieses wohltuende Merkmal der sonst sehr zu Unrecht als »Homo sapiens« bezeichneten Gattung bei den malenden Künstlern bisher die gebührende Beachtung fand.

Nach eingehender Prüfung muß das Ergebnis bestürzen. Wie man es auch dreht und wendet: Leibl, Munch und Nolde sind nicht komisch. Kein Hauch von Ironie auch bei Tizian, Dürer, Tintoretto, ja selbst Raffael hat an der bescheidensten komischen Wirkung hoffnungslos vorbeigepinselt!

Und das sind keine Einzelfälle. Gewiß, Goya war auf dem richtigen Wege, und mit dem *Raub der Töchter des Leukippos,* diesem Gewurstel aus Rössern, Reitern und Matronen, wäre Rubens fast ein Werk der Hochkomik geglückt. Aber leider blieben beide im Ansatz stecken. Wo darf da noch von Kunst die Rede sein? Eine allseits traurige Bilanz. Man hätte nicht vergleichen dürfen.

Stellen wir die Frage neu: Was kann eine Karikatur bewirken? Und hierauf gibt der bekannte Hamburger Kunstmaler Philipp Otto Runge uns eine Antwort, die Hoffnung macht, die uns die Zweifel an der Arbeit nimmt, die der Karikatur ihren festen Platz in der Kunstgeschichte einräumt. Runge erzählt, er habe gelegentlich eines Aufenthaltes in Kopenhagen zwei Männer karikiert, die später, von der Polizei gesucht, anhand seiner Zeichnung ausfindig gemacht werden konnten. Wenn das keine Kunst ist!

Es gab Zeiten, in denen Karikaturisten durch ihre bizarren Zukunftsvisionen die Öffentlichkeit in wohltätiges Erschrecken oder ungläubiges Staunen versetzen konnten. Das ist vorbei. Unsere Welt hat nicht geruht und nicht gerastet, bis sie nun selbst als bittere Karikatur durch die Milchstraße kugelt. Das wäre also geschafft. Aber mal sehen, ob sich der Mensch noch sonstwo irgendwie nützlich machen kann. Was immer das auch sein mag: der Karikaturist ist bis zuletzt dabei!

Dieser beruhigende Ausblick kann nur noch gesteigert werden durch die Erinnerung an einen der Höhepunkte in der Geschichte der Karikatur.

Daumier wurde von seinen Zeitgenossen »Michelangelo der Karikatur« genannt und gegen Ende seines Lebens durch eine Ausstellung seines Werkes geehrt. Ein Augenzeuge dieses bedeutenden Ereignisses berichtet: »Vor den erdrückenden Schöpfungen irrten 30 demoralisierte und betrübte Besucher herum.«

[725]

# Das Goldene Grammophon

Wenn man so beschenkt und gelobt wird, hemmt das den Anfang einer Rede ungemein. Ich verweise auf *Die Meistersinger* und Hans Sachs, III. Aufzug, 5. Szene, Deutsche Grammophon, Bestellnummer 27 40 149: »Euch macht Ihr's leicht, mir macht Ihr's schwer.«

Meine Lage wird auch nicht rosiger, wenn ich nun gleich eingangs mein Verhältnis zur Literaturproduktion der Deutschen Grammophon durch ein Geständnis stark belaste:

Obwohl mir auf Anhieb kein Instrument einfällt, das sich freiwillig von mir spielen ließe, ist es eben doch die Musik, die mir von allen Künsten am nächsten steht. Die Verantwortung hierfür tragen ein Möbelstück in Eiche fourniert und meine Großmutter am Klavier.

Quer durch die *Zauberflöte* über *Carmen* bis zur *Bohème* reichte das Repertoire der alten Dame, das ich, der Sechs- bis Zehnjährige, nahezu unermüdlich zu hören wünschte.

Bei dem Möbelstück in Eiche fourniert, Baujahr 1929, handelte es sich um ein Grammophon im Hause meiner Eltern, ein deutsches Grammophon auf vier kurzen Beinen, etwa einen Meter hoch, mit Handkurbel und versenktem Schalltrichter. Letzteren konnte man durch eine Klapptür verschließen, um einen übermäßigen Austritt von Musik zu verhindern. Der untere Teil barg den Plattenvorrat, eine feine, wenn auch kleine Auswahl von meinem Vater bevorzugter männlicher Opernarien. Seit Anfang der dreißiger Jahre gehörten daher Caruso, Schaljapin und Gigli zu meinem täglichen Umgang. Die Folge war, daß mir »Che gelida manina« vertrauter wurde als jenes seinerzeit sehr populäre Gesangsstück für gemischten Chor und erhobene rechte Hand.

Ich bin unserem Grammophon sehr dankbar. Es verdrängte zwar die Unschuld häuslichen Musizierens aus unserer Familie, bot mir aber nun doch die Möglichkeit, instrumental am Musikleben teilzunehmen. Die Bajazzo-Arie beispielsweise entfaltete ihre volle dramatische Wucht erst, nachdem ich eine Nadel mit der Bezeichnung »Laut« in die Schalldose eingeschraubt und die Kurbel bedient hatte. Sinnvolle Tätigkeiten also, die Übung und eine ebenso kräftige wie sensible Hand erforderten, vergleichbar mit dem Spielen eines Musikinstrumentes.

Die technische Entwicklung der musikalischen Tonträger seit meinen Kindertagen gibt zu ernster Besorgnis Anlaß. Die Abspielgeräte von heute erlauben dem Menschen keine wirkliche künstlerische Mitarbeit. Lediglich ein paar armselige Knöpfe dürfen gedrückt oder gedreht werden. Eine unwürdige Art, an der *Matthäuspassion* mitzuwirken. In vielen Fällen verbietet eine Fernbedienung sogar den letzten handgreiflichen Kontakt mit dem Klangkörper.

Kurz, man wird fast völlig auf das Hören zurückgeworfen. Ein beschämender Vorgang.

Was ist denn schon zu hören aus diesen unübersichtlichen Gerätschaften, die unsere Sitzgruppenlandschaft verschandeln? Die Wirklichkeit! ... Die unveränderte, nackte Wirklichkeit des zeitgenössischen Musiklebens in Stereo! Da denkt man in Wehmut an das Grammophon und eine Zeit, in der die Technik der Kunst noch diente!

Wer das kraftvolle Nadelrauschen aus der Rille einer Schellackplatte je gehört hat, kann es nicht vergessen. Aus diesem erregenden, bis dahin unbekannten Grundgeräusch lösten sich die Stimmen des Orchesters und der größten Sänger ihrer Zeit. Nicht in platter Naturnähe, sondern behutsam verfremdet, ihrer vulgären Körperlichkeit entkleidet. Gewissermaßen kunstvoll angequetscht, wobei feinste Partikel aus der Umluft des Tonträgers für ein unvergleichliches Knistern sorgten.

Und in welch musikalischer Vielfalt reagierte das Klanggefüge auf nachlassende Kurbelspannung! Durch alle Tempi und Tonarten abwärtsgleitend, zart ausklingend im tiefsten Baßbereich, wie kein Orchester der Welt es zu intonieren vermöchte, erhob es sich wieder mit der ersten Kurbeldrehung, um sich hinaufzuschwingen in jene Stimmung, von der aus es den Abstieg angetreten.

Das alles haben wir verloren. Kein mir bekannter Hund sitzt heute noch vor einer Hi-Fi-Box, um der Stimme seines Herrn nachzulauschen.

Wenn ich nun ein »Goldenes Grammophon« besitzen darf, bin ich mir der großen Ehre bewußt und werde nicht aufhören, ein Instrument zu bewundern, das im Handumdrehen die Welt verändert hat. Herzlich danke ich der Deutschen Grammophon Gesellschaft.

[725]

## Für Horst

*Zum 70. Geburtstag des Filmproduzenten Horst Wendlandt*

Unser Geburtstagskind hat sich immer gern über Konventionen hinweggesetzt. So erschien es, heute unvorstellbar, vor 70 Jahren völlig nackt und nahezu haarlos in der bis dahin unbescholtenen dörflichen Gemeinde Criewen, 8 Kilometer südwestlich von Schwedt an der Oder. Die anwesenden Haustiere, eine Kuh und vier Hühner, sollen erschreckt das Weite gesucht haben. Der Säugling erhielt den Namen Horst Gubanow nach seinem Vater Gregor Gubanow, einem Zugereisten aus dem russischen Smolensk.

Bis heute lag die Vorgeschichte zu diesem Ereignis in mystischem Dunkel. Nun ist es mir gelungen, den Schleier zu lüften. Allerdings war ich im Verlauf meiner Recherchen genötigt – teils mit der Bahn, teils im Auto, aber auch zu Fuß –, bis in die russisch-asiatische Steppe vorzustoßen.

Hier, am Rande Europas, zwischen Nowotscherkask und Uralsk bis hinauf nach Ulianowsk und vereinzelt auch in den hinter dem Ural gelegenen Ansiedlungen um Tscheljabinsk, Swerdlowsk und Tobolsk fiel die ältere Einwohnerschaft bei Nennung des Namens Gubanow auf die Knie und küßte in einer Mischung aus Verehrung und Entsetzen den Saum meines ausgefransten Burberry.

Jahrhundertelang hatte dort der Boden gedröhnt, wenn die Gubanows, eine Großfürstenfamilie mit zahllosen Vettern und Cousinen, auf kleinen wilden Pferden über die gefrorene Steppe rasten, um dem verhaßten Geschlecht der Romanows die Zarenkrone vom Kopf zu reißen.

Das mißlang, wie wir wissen. Ein Zar Horst I., Kaiser aller Reußen, ist bisher ein Wunschtraum geblieben. Sonst würden wir ja heute im Kreml feiern und nicht im Café Keese.

Horsts Vater, der letzte Gubanow, hatte mit dem für Steppenbewohner typischen Weitblick erkannt, daß sich der kolossale Betätigungsdrang seines Sohnes auf dem Gebiet der Filmwirtschaft nicht in der Enge Rußlands werde entfalten können, und war in die Uckermark ausgewandert.

Es muß von einem Ereignis gesprochen werden, das wie kaum ein anderes den Gewinn verdeutlicht, der durch frisches Blut aus dem Osten auf uns zukommt.

Allerdings war im Geschäftsleben der Uckermark seinerzeit ein russischer Name eher hinderlich. Vater Gregor und Mutter Auguste Gubanow vereinbarten daher mit Onkel Fritz Wendlandt, den kleinen Horst zu adoptieren, um so, mit Hilfe eines deutschen Namens, die Überführung der deutschen Filmwirtschaft in russische Hände unauffällig einzuleiten.

Schon bald rechtfertigte der zweijährige Knabe die in ihn gesetzten Hoffnungen überraschend eindeutig. War doch der einzige Partner, der ihn für längere Zeit zu fesseln vermochte, eine Zelluloidente.

Eines Tages geriet dieses Tier unter das linke Hinterrad eines Omnibusses, der zweimal täglich Criewen mit Schwedt verbindet, wodurch das Zelluloid eine überraschend platte, längliche Form annahm. In jenem Augenblick ahnte der kleine Horst, daß dieses Material mit seinem Leben untrennbar verbunden bleiben werde.

Dem heranwachsenden Jüngling war klar, daß ein zukünftiger Filmproduzent fundierte Kenntnisse vor allem im Lesen und Rechnen benötigt. Er entschloß sich daher, zur Schule zu gehen und sich diese Dinge anzueignen.

Seither sind mehr als sechzig Jahre ins Land gegangen, und immer noch beherrscht Horst Wendlandt beide Fertigkeiten meisterhaft. Es ist mir beispielsweise kaum möglich, ein Drehbuch so schnell zu schreiben, wie er es lesen kann.

Die entscheidende Ausbildung aber verdankt er einem westlichen Nachbarstaat. Im Jahre 1945 machte sich die französische Besatzungsmacht Gedanken über das berufliche Fortkommen des Kriegsgefangenen Horst Wendlandt und verfügte seinen Arbeitseinsatz in einem Kohlebergwerk. Das war der Durchbruch. Noch heute macht unser Geburtstagskind mehr Kohle, als die Franzosen für möglich hielten.

Im Frühsommer 1947 wilderte der junge Filmkaufmann im Gehölz des Oberförsters Winter. Als beim ersten Büchsenlicht Ilsegard, die blonde Tochter des Forstbeamten, ahnungslos auf die Lichtung trat, feuerte Horst aus allen Rohren.

Der Vorfall wurde lange im Forsthaus diskutiert. Schließlich durfte der Wilderer die Beute behalten und nahm sie zu sich. Das war unser aller Glück. Nicht auszudenken, was ohne Ille aus unserem Horst geworden wäre.

Nicht nur, daß sie ihm zwei blühende Kinder schenkte, sie nahm auch alle Pflichten auf sich, die bis zum heutigen Tage unsere Ehefrauen zu Heldinnen machen. Sie lehren den Gatten, gelegentlich das Hemd zu wechseln, vor dem Betreten des Bettes die Schuhe auszuziehen und anderes mehr. Auch ich gehe seit Jahren durch diese harte Schule.

Es ist nun an der Zeit, die eigentlichen, die wirklichen Qualitäten meines Freundes zu beleuchten, die so leicht verborgen bleiben hinter einem Wald von goldenen Leinwänden.

Da wären in erster Linie Hummerschwänze zu nennen, von Horst mit eigener Hand und einer halben Flasche Armagnac flambiert.

Diese kulinarische Spitzenkreation ist auch verkehrspolitisch nicht uninteressant: Noch 24 Stunden nach dem Essen ist das Lenken eines Kraftfahrzeuges auszuschließen. Deutschlands Meisterköche fielen in tiefe Depression, als es ihnen nicht gelang, etwas Ähnliches zu komponieren.

Mehr noch als der Koch setzte der Segler Wendlandt internationale Maßstäbe. Immer wenn sich herumspricht, daß er mit seiner Yacht »Aspasia Alpha« auf dem Mittelmeere kreuzt, suchen die Einheiten der 6. US-Flotte in panischer Eile den nächsten schützenden Hafen auf.

Hat dann die »Aspasia Alpha« angelegt, und ihr Eigner spürt wieder festen Boden unter den Füßen, greift er zum Tennisschläger. Leider sind ihm bisher die derzeitigen Größen des weißen Sports unter den fadenscheinigsten Vorwänden aus dem Wege gegangen. Er gilt besonders nach einem Intensivtraining im bayrischen Bad Kohlgrub als Favoritenkiller. Als Horst eine Begegnung mit Björn Borg nach 28 Minuten mit 6:1, 6:0, 6:1 für sich entschied, war niemand überrascht.

In der kühlen Jahreszeit tauscht er die Tennisschläger gegen Auktionskataloge. Seine Sammlung deutscher Expressionisten hat zwischen Kohlhasenbrück und Krumme Lanke nicht ihresgleichen.

Dort im Haus am Wannsee, bevor Ille die Gäste durch ihre exquisite Küche verwöhnt, erweist sich der Gastgeber als glänzender Unterhalter. Man braucht nur ein kleines, stets bereitliegendes Bällchen den Steilhang zum See hinunterzuwerfen, schon saust unser Horst jauchzend in die Tiefe, fängt es im Lauf weit unten zwischen den Zähnen, bringt es im Galopp wieder herauf und legt es den nächsten Gästen erwartungsvoll vor die Füße. So geht es unermüdlich hinunter und herauf, bis Ille zum Essen ruft.

Das ist der Geist, der einen erfolgreichen Filmproduzenten beseelt! Aber es kann auch sein, daß ich da was durcheinandergebracht habe, und es war doch Ossi, der Jack-Russel-Terrier. Auch nicht schlecht!

Nun habe ich so ein dummes Gefühl, als hätte ich am Thema vorbeigeredet. Längst sollten die Namen gefallen sein, die seit Jahrzehnten mit seinem Leben verbunden sind: von Karl May über Edgar Wallace zu Louis de Funès, von Chaplin zu Fassbinder und Ingmar Bergman, Heinz Erhardt nicht zu vergessen und Otto und … und äh … dings … äh …

Aber das alles ist zu seinem Ruhm ja auch der Tagespresse zu entnehmen. Für mich, lieber Horst, hat heute, an deinem 70. Geburtstag, etwas anderes Bedeutung, etwas, das zu sagen mir am Herzen liegt:

Niemals – jedenfalls solange ich dich kenne, und das sind so um die 15 Jahre –, niemals waren dir 30 000 Meter mehr oder minder begabt belichteten Negativmaterials wichtiger als die Lust zu leben und andere, die deiner Hilfe bedurften, daran teilnehmen zu lassen. Das ist es, was ich immer an dir bewundern werde!

[726]

# Das Kleinod

Man muß sich einmal vor Augen halten, wie hilflos der Mensch noch bis vor kurzem vor einem Problem kapitulierte, das ihm teils das Gesetz, teils bürgerliches Brauchtum aufgebürdet hat: die tägliche abendliche Freizeit.

Diese nach getaner Arbeit einsetzende häusliche Haftstrafe erlaubt wahlweise zwei Blickrichtungen: auf das eingeschaltete Fernsehgerät oder den Lebensgefährten. Da beim Anblick des letzteren auf die Dauer eine gewisse Eintönigkeit nicht zu leugnen ist, blieb nur das Fernsehprogramm, dessen zunehmender Qualitätsabfall die ratlosen Menschen scharenweise aus ihrer häuslichen Geborgenheit in die Kinos trieb.

Dieser bedenkliche Zustand wurde vorübergehend durch eine sensationelle Erfindung abgefangen: Mit Hilfe eines sogenannten Videorecorders und einer dazugehörigen Kassette war es möglich, die im Fernsehen durch die Machenschaften sadistischer Programmgestalter erst zu mitternächtlicher Stunde laufenden, hochqualifizierten Spielfilme zu menschlicher Uhrzeit vorzuprogrammieren, also automatisch aufzunehmen und nach Belieben abzuspielen.

Doch die Freude war kurz: denn zur Bedienung des Gerätes bedurfte es – neben einem abgeschlossenen technischen Hochschulstudium – der Augen eines Falken zwecks Wahrnehmung winziger Ziffern und Schriftzeichen, ferner rascheste Enträtselung sekundenlanger schwacher Lichtsignale und sensibelste Fingerkuppen zum Aufspüren unsichtbarer Drucktasten.

Gewiß hat diese Eigenschaften jedes zehnjährige Kind. Aber wer besitzt schon ein zehnjähriges Kind?

Aus dieser verzweifelten Situation befreite uns jenes Kleinod, das es heute zu feiern gilt: die bereits fertige, besonders wertvoll bespielte Videokassette zur mühelosen Gestaltung eines kultivierten Fernsehabends und damit zur Auffüllung eines Vakuums, das wir schaudernd als Freizeit bezeichnen. Offenbar war es mir vergönnt, hier hilfreich Hand anzulegen.

Ich danke allen, die mir dabei geholfen haben, aber aus Bescheidenheit hier nicht genannt sein möchten. Zum Beispiel die Warner Home Video.

[726]

## Paul Flora
### *Zum 70. Geburtstag*

Wenn ein Faun und eine Elfe den Bund fürs Leben schließen, bekommen sie ein ungewöhnliches Kind. Eine andere Erklärung für die Existenz unseres lieben Paul Flora ist denkbar, aber nicht wahrscheinlich.

Zu seinem bevorstehenden Geburtstag verbeuge ich mich vor einem Zeichner, den ich nun schon seit vier Jahrzehnten bewundere. In diesem Zeitraum ist mir beispielsweise nicht eine einzige Schraffur geglückt, die sich in annähernder Qualität neben den meisterlichen Strichlagen Paul Floras hätte sehen lassen können. Und wenn es nur das gewesen wäre. Aber es wollten mir auch keine venezianischen Paläste aus der Feder, keine Päpste, keine Gespenster, keine nächtlichen Lokomotiven, nicht einmal der kleinste Rabe im Nebel. Ein beschämender Vorgang.

Irgendwo haben wir mal in einer Buchhandlung gemeinsam unsere Bücher signiert. Während ich in stereotyper Akkordarbeit ein Nasenportrait nach dem anderen unter die aufgeschlagenen Titel setzte und auf Bitte des Buchhändlers auch noch weitere 200 Bände eilig mit dem gleichen Motiv versah, fertigte Paul Flora in jeden vorgelegten Band beschaulich eine Zeichnung nach Wunsch!

Ich neige nicht zu Depressionen, aber solche Erfahrungen können einen doch in der charakterlichen Entwicklung um Jahre zurückwerfen. Ich tröstete mich im stillen mit der Tatsache, auf meine Weise immerhin fast die ganze Auflage signiert zu haben. Und was sagte da Paul Flora? Er sagte: »Ein von Loriot *nicht* signiertes Buch ist eine bibliophile Kostbarkeit!« Seitdem zögere ich jedesmal, bevor ich auf dringliche Bitte ein Buch entwerte ... und denke dabei an Paul Flora. Im Namen unserer Zunft wünsche ich ihm alles Glück, das von unserer debilen Welt noch zu erwarten ist.

[726]

# Das Jahrtausendereignis

In diesem Jahr feiert die Stadt Potsdam ihren 1000. Geburtstag. Sie ist also etwas älter als ich. Eigentlich ein tröstlicher Gedanke, wäre da nicht ein Punkt, an dem ein weiterer Vergleich nicht zu meinen Gunsten ausfiele: In Potsdam findet man hier und da noch eine Stelle, die so aussieht wie früher… an mir nicht. Wahrscheinlich wird Potsdam sogar von Jahr zu Jahr schöner… Na ja, wir wollen diesen Gedanken nicht weiter verfolgen.

Der Herr Minister Enderlein, der Herr Oberbürgermeister Dr. Gramlich und Frau Dr. Bierschenk haben jedenfalls für meine Tätigkeit und die bedrohliche Rundung meiner Lebensjahre Worte gewählt, die ich als Wohltat empfinde, und ich werde mich hüten, etwa durch bescheidenes Abwiegeln, ihre Wirkung zu schmälern. Im Gegenteil: Ich hätte ihnen noch lange zuhören können und bedanke mich herzlich.

Ursprünglich hatte ich diese Ansprache auf gute drei Stunden konzipiert, aber da stehende Zuhörer ziemlich rasch an Haltung verlieren, will ich mich auf das Notwendigste beschränken. Sollte Ihnen auch das zuviel werden, bitte ich Sie, sich zusammenzureißen.

Mein Ur-Ur-Ur-Urgroßvater war General der

Infanterie und Berater des Preußenkönigs Friedrich. Mit der bekannten Weitsicht Friedrizianischer Feldherren sah er zeitlebens einen Ur-Ur-Ur-Urgroßenkel voraus, der anläßlich des Jahrtausendjubiläums der Stadt Potsdam dienlich sein könne.

Bei passender Gelegenheit schnitt er in Sanssouci an der für geistreiche Gespräche berühmten königlichen Tafelrunde dieses Thema an und schloß mit der Bemerkung, er halte eine Ausstellung der beruflichen Bemühungen seines Ur-Ur-Ur-Urgroßenkels im Jubeljahr 1993 für zweckmäßig und die Erstellung eines Museums daher für angebracht.

Den Umstand, daß der betreffende Nachfahre, im Gegensatz zu Friedrichs Windhunden, die so ganz anders gearteten Möpse bevorzugen werde, erwähnte der General klugerweise nicht. Ein überzeugendes Beispiel für die taktische Brillanz des Generals. Der König war begeistert.

Wenig später – im Jahre 1769 – stand das Gebäude, in dem wir uns hier befinden, und Friedrich wird seitdem »der Große« genannt.

224 Jahre träumte dann dieses Haus seiner eigentlichen Bestimmung entgegen. Nun ist es endlich soweit, und ich danke allen Helfern, die seit Wochen und Monaten unverdrossen gearbeitet haben, um dieser Ausstellung eine Bedeutung zu geben, die mit dem Wort »Jahrtausendereignis« zutreffend zu kennzeichnen wäre.

Ich bin in Brandenburg geboren und in Berlin aufgewachsen. Auf halbem Wege liegt Potsdam, wo meine Großeltern lebten und meine Mutter ihre Jugend verbrachte. Ich war hier immer nur zu Besuch, aber eben darum hat Potsdam für mich auch bis heute den Zauber des nicht Alltäglichen, den Märchenglanz des Außergewöhnlichen behalten.

Und wenn mir an meinem sonst ganz unnützen 70. Geburtstag überraschend ein paar Wünsche in Erfüllung gingen, dann flösse das Havelwasser wieder in den Potsdamer Kanälen, und wir erlebten den historischen Wiederaufbau dieser unvergleichlichen Stadt.

[726]

# Münsing

Sehr geehrter Herr Bürgermeister,
sehr geehrte Damen und Herren des Gemeinderates,
liebe Mitbürger und Mitbürgerinnen,

wenn ich jetzt nur von einer großen Freude sprechen würde, wären damit meine Empfindungen nur sehr unvollkommen ausgedrückt. Ich muß es deutlicher sagen: Ich bin tief bewegt und danke Ihnen von ganzem Herzen für diese große Ehre. Immer werde ich bemüht bleiben, mich als Ehrenbürger der Gemeinde Münsing dieser seltenen Auszeichnung würdig zu erweisen.

Vor fast genau 30 Jahren zog ich mit meiner Familie, meiner Frau, zwei Töchtern, einem Neufundländer und einem Goldhamster, nach Ammerland. Wie international aufgeschlossen unsere Gemeinde schon damals war, beweist die Tatsache, daß beim Kauf des bayrischen Grundstückes ein Brandenburger mit der polnischen Eigentümerin und ihrem ungarischen Berater zu verhandeln hatte. Da das zu dritt weder ungarisch noch polnisch oder bayerisch möglich war, verständigten wir uns in gebrochenem Schriftdeutsch. Für ein vereinigtes Europa wäre das auf die Dauer noch keine Lösung, aber es beweist immerhin die Weltoffenheit unserer Gemeinde.

Und das muß mit ihrer geographischen Lage zusammenhängen. Wenn man die europäischen Großstädte Kopenhagen und Florenz, Warschau und Barcelona, London und Belgrad, Hamburg und Rom, Bremen und Neapel jeweils mit einer graden Linie verbindet, treffen sich diese alle an einem Punkt im Herzen Europas: in Münsing. Das kann kein Zufall sein! Der Gemeinderat sollte sich jedenfalls schon mal Gedanken darüber machen, welche Investitionen nötig sein werden, wenn Münsing als zentral gelegenes europäisches Verwaltungszentrum in die engere Wahl gezogen werden sollte. Auch auf die Durchführung der Olympischen Sommerspiele Anfang des nächsten Jahrtausends sollten wir vorbereitet sein.

Aber ich bin vom Thema abgekommen. Vor 30 Jahren also pflanzten wir kleine Bäume und sahen sie mit unseren Kindern wachsen. Heute sind sie alle in den besten Jahren, die Bäume und die Kinder. Von uns, den Eltern, kann man das leider nicht mehr so ohne weiteres behaupten.

30 Jahre sitze ich jetzt am Schreibtisch in Ammerland. Kommen Sie nun nicht auf den Gedanken, meine Frau zu beneiden. Ein Ehemann, der ständig vor einem leeren Blatt Papier um Einfälle ringt, ist keine reine Freude! Aber ich preise die Geduld meiner Frau und die unvergleichliche Atmosphäre meiner bayerischen zweiten Heimat zwischen Münsing, Ammerland, Ambach, Degerndorf, Holzhausen und Sankt Heinrich. Daran hat sich in all den Jahren glücklicherweise nichts geändert. Mit Ausnahme

einer Ampelkreuzung, die immer auf Rot schaltet, egal von welcher Seite ich mich nähere. Das gibt dann Gelegenheit, über die zweckmäßige Nutzungsreihenfolge der Kreuzungsanlieger Gasthaus, Arzt und Friedhof nachzugrübeln.

Mein Leben hat in Brandenburg an der Havel begonnen und wird hier sein Ende finden. Ich verstehe den Anlaß unseres heutigen Zusammenseins darum auch als eine der freundschaftlichen Brücken über so manche Mißverständnisse zwischen den Menschen im Osten und Westen.

Bei alledem ist mir schmerzlich bewußt, daß die Vorfahren eines richtigen, echten Mitbürgers unserer Gemeinde mindestens seit 200 Jahren hier ansässig zu sein haben und nicht aus so entfernten Ortschaften wie Wolfratshausen oder Brandenburg zuwandern. Also warte ich geduldig auf eine kleine Feier in 170 Jahren, auch wenn ich dann nicht mehr ganz so fit sein sollte!

[726]

# Brandenburg

Sehr verehrter Herr Ministerpräsident,
sehr geehrter Herr Oberbürgermeister,
sehr geehrte Damen und Herren der Stadtverordnetenversammlung,
liebe Brandenburger Freunde,

von Herzen danke ich für die Verleihung der Ehrenbürgerwürde der Stadt Brandenburg und für die mir vom Vorsteher der Stadtverordnetenversammlung zugedachten Worte.

Es ist nicht einfach, einer so hohen Ehrung und den Worten des Lobes standzuhalten, ohne hin und wieder in den Boden versinken zu wollen, voller Zweifel, ob man der seltenen Auszeichnung denn auch würdig sei. Grade noch rechtzeitig habe ich diesen Gedankengang verdrängt in der Befürchtung, die Stadtverordneten könnten es sich womöglich doch noch anders überlegen.

Auch diente mir zur Zerstreuung meiner Zweifel eine Erinnerung: War ich doch in den ersten acht Tagen meines Lebens ein ungewöhnlich kostbarer Brandenburger Säugling. Meine Eltern neigten sonst durchaus nicht zur Verschwendung ihres schmalen Einkommens. Angesichts ihres Erstgeborenen jedoch müssen sie alle finanziellen Bedenken in den Wind geschlagen haben.

So legten sie im November 1923 für meine Strampelhose 480 Milliarden Mark in bar auf den Tisch, eine Summe, die heute etwa dem Jahreshaushalt der Bundesrepublik entspricht. Das muß schon eine überwältigende Strampelhose gewesen sein, sinnvoll, einmalig und formschön, also dem Etat der Bundesrepublik in gewisser Weise deutlich überlegen.

Im übrigen dürfen wir stolz auf unseren wirtschaftlichen Fortschritt sein: Heute könnte die Bundesrepublik Deutschland mit ihrem jährlichen Budget für Verwaltung, Verteidigung, Soziales und Verkehr, einschließlich der Neuverschuldung, nicht nur eine, sondern – die Zustimmung des Bundestages vorausgesetzt – zwanzig Milliarden Strampelhosen erwerben. Daß sie noch zögert, zeugt für die ökonomische Besonnenheit der verantwortlichen Ministerien.

In den Jahren zwischen 1923 und 1927 war ich von wirtschaftlichen Überlegungen dieser Art noch wenig beeindruckt. Abgestützt an einer ziegelroten Kasernenmauer, übte ich den aufrechten Gang.

Es vergingen sechzig Jahre, bis der nicht verlorene Sohn in seine Geburtsstadt heimkehrte.

Am 18. Mai 1985 zeigte sich eine der sprödesten Abgrenzungen der Welt als überwindlich. Es handelte sich eigentlich nur um die Eröffnung einer Ausstellung – meine Zeichnungen hingen im Dommuseum. Aber unversehens wehte für Stunden ein erstaunlicher, von gegenseitigem Respekt erfüllter, so ganz anders gearteter Hauch von Einigkeit. Und so saßen sie dann alle zusammen unter einem Dach, die doch sonst so unverträglichen Gläubigen zweier verschiedener Systeme. Und weil es unter dem Dach des Doms von Brandenburg geschah, hatten wir dafür gemeinsam dem lieben Gott zu danken und seinen Vorgesetzten in Ost-Berlin.

Wir erlebten eine Begegnung, bei der niemand auf den Gedanken kam, sein Gegenüber durch einen belehrend erhobenen politischen Zeigefinger zu verärgern. Im Gegenteil, es war in einer bizarren Zeit der Beginn eines freundschaftlichen Verständnisses, das uns bis heute sogar über die Nachwendezeit getragen hat. Das ist das eigentliche Wunder.

Denn die Zeit für Wunder, Tricks und Zauberei ist jetzt vorüber, ob man es zugibt oder nicht. Die Mauer hatte allerseits die Phantasie beflügelt. Nun, seit ihrem Fall, drohen die blühenden Emotionen blaß zu werden, die geöffneten Arme der ersten Stunde greifen nach Profit.

Darum möchte ich diese Feier nicht nur als Ehrung verstehen. Wir sollten die Gelegenheit wahrnehmen, uns daran zu erinnern, daß es im Zusammenleben der Menschen außer den gängigen Forderungen nach Nützlichkeit, Gewinn, Erfolg und Vorteil auch noch den altmodischen Begriff der »Liebe« gibt.

Vielleicht fällt es dann leichter, zu begreifen, wie eng wir aus Ost und West zusammengehören.

In Brandenburg bin ich geboren, in Bayern habe ich mit meiner Familie eine zweite Heimat gefunden. Zum Beweis, wie leicht begehbar dieser Bogen ist, und zu meiner großen Freude hat sich Bürgermeister Polt von unserer Gemeinde Münsing am Starnberger See auf den Weg nach Brandenburg gemacht. Ich begrüße ihn herzlich.

Und nun freue ich mich auf die Folgen der doppelten Würde: Jetzt darf ich endlich bei Rot über die Kreuzung fahren, Einbahnstraßen in jeder Richtung benutzen, ganztägig im Halteverbot parken, Müll abladen auf öffentlichen Grünflächen, nach Herzenslust das Notsignal in Bussen und Straßenbahnen bedienen, im Volksbad baden, auch wenn das Wasser abgelassen ist, und was der Dinge mehr sind, die das Leben eines Ehrenbürgers sinnvoll machen.

[726]

## »Duks«

Ein Preis zum Lob der deutschen Sprache, der den Namen »Jacob Grimm« trägt, kann für *den,* den *ihm* ... für dem, der ihn ... der dem ... dem dings der ... der ihn erhält, zur Gefährdung seiner erprobten Umgangssprache führen, denn im Bemühen, sich der großen Ehre wenigstens im nachhinein als würdig zu erweisen, zeigt man sich – als Folge einer gewissen Streß-Situation – schon der Formulierung des Dankes nicht gewachsen.

Hier füge ich ein: Herzlichen Dank für einen Preis, über den ich mich mehr freue, als es die Sprache zuläßt. Herzlichen Dank für Ihre Worte, denen ich noch lange hätte zuhören mögen.

Es ist nicht genau zu sagen, wann der Mensch zu sprechen begann. Mit Sicherheit war sein Leben als Lurch und der dadurch bedingte Aufenthalt von einigen Jahrmillionen unter Wasser sprachlich unergiebig. Auch nach Verlassen der Ozeane, Ablegen der Schwimmhäute, Betreten des Festlandes und Beginn einer zweckmäßigen Fortbewegung auf Händen und Füßen ist von Sprechen keine Rede.

Erst als sich der Mensch – zu früh, wie man weiß – in den aufrechten Gang erhob, entstand der allgemeine Wunsch, sich nun auch verbal gehobener auszudrücken. Begünstigt wurde dieser Bildungsschub von seiten der Schöpfung durch eine Vergrößerung von Kopf und Hirn.

Schon nach 250 000 Übungsjahren hatte der Frühmensch die dumpfe, stoßweise Lautgebung seiner sogenannten Blökphase durch fünf verschiedene Selbstlaute bereichert. Eine Leistung, die auch den anwesenden Hofhund überraschte.

Und doch gingen weitere Jahrtausende ins Land, bis der inzwischen zum Sapiens avancierte Homo verständlich zu sprechen begann. Er beherrschte alle Wörter, die er zur Beleidigung seiner Feinde, Belehrung der Gattin sowie auf der Jagd und beim Spiel benötigte. Es waren 48.

Damit sind wir auf dem Wege zu uns. Ich bin mir sicher, daß mein Urgroßvater aufrecht ging. Ob er mehr als 48 Wörter beherrschte, weiß ich nicht, denn er sprach nicht viel. Aber seine Äußerungen scheinen genügt zu haben. Es wurde ihm nie widersprochen.

Was mich betrifft, bin ich Ihnen, meine Damen und Herren, aus gegebenem Anlaß eine Mitteilung schuldig: Ich war ab 1923 mehrere Jahre Analphabet, wohl als Folge meines postnatalen Aufenthalts in einer Infanteriekaserne. Allerdings verdanke ich diesem vormals kaiserlichen Gebäudekomplex meine erste Begegnung mit dem Wunder der Sprache.

Ich lag sichtbehindert in der Tiefe eines Kinderwagens, jedoch in günstiger Hörweite zum Kasernenhof. Was ich von dort durch meine noch unschuldigen Ohren vernahm, war die magische Verbindung von Stimme und Sprache.

Nur je *ein* Konsonant und *ein* Vokal zum Ton gepreßt, lautstark von *einer* Kehle ausgestoßen, beraubte 50 Männer ihres freien Willens, um sie in gleichförmige, rhythmische Bewegung zu versetzen.

Ein Beweis für die Macht des Wortes. Zumal es sich um einen Rückfall in die Blökphase des Homo Erectus handelte, die seit hunderttausend Jahren als überwunden galt.

Das ist jetzt immerhin über 75 Jahre her, aber ich empfinde es immer noch als beschämend, daß ich damals keinen kritischen Gedanken entwickelte, auf den ich heute stolz sein könnte: über den Mißbrauch der Sprache etwa oder anderes Naheliegendes.

Etwa fünf Jahre später berührte mich dank der Brüder Grimm ein geheimnisvolles Wort. Fernab aller Kasernenhöfe, in einem alten Haus am Rande eines dunklen Waldes war es zu hören und beschäftigt bis heute meine Phantasie.

Es war einmal ein armer Holzhauer, der bat seine Frau: »Laß mir das Mittagbrot von unserer ältesten Tochter in den Wald bringen.« Zur gegebenen Zeit macht sich das Mädchen auf den Weg. Von aufgepickten Hirsekörnern ist die Rede, von Feld- und Waldsperlingen, Lerchen, Finken, Amseln und Zeisigen. Kurz, das gute Kind verirrt sich gründlich, trifft tief in Wald und Nacht auf eine Hütte, klopft an und wird hereingebeten.

Am Tisch sitzt ein Greis, um den Ofen gruppieren sich die übrigen Mitglieder der Wohngemeinschaft: ein Hühnchen, ein Hähnchen und eine buntscheckige Kuh. Das ist zunächst noch nichts Ungewöhnliches. Jetzt aber erzählt die verirrte Holzhauertochter ihre Geschichte und schließt mit der Bitte um ein Nachtlager. Da wendet sich der angesprochene Greis nun nicht an das späte Mädchen, sondern an seine teils gefiederten, teils geschecken Freunde, um sie nach ihrer Meinung zu fragen:

»Schön Hühnchen, schön Hähnchen,
und Du, schöne bunte Kuh,
was sagst Du dazu?«
»Duks«, antworten die Tiere.

Sie sagen »Duks«.

Sie krähen nicht, sie muhen nicht: ... sie *sagen* es, weil sie sprechen können, wie alle Tiere in der wahren Märchenwelt. Aber wenn sie sprechen können, warum sprechen sie dann ein so rätselhaftes Wort? Wer weiter liest, erhält zwar den fragwürdigen Hinweis, »das mußte wohl heißen, wir sind es zufrieden«, aber warum sagen sie das nicht?

Ich glaube es zu wissen.

Hühnchen, Hähnchen und die bunte Kuh sind mit der Frage »Was meinst Du dazu?« mental überfordert, wollen dies aber nicht zugeben. Und antworten mit einer Wortschöpfung, die in ihrer Mehrdeutigkeit einen intelligenten Eindruck macht und keine weiteren Fragen zuläßt:

»Duks.«

Da wird nichts vorgetäuscht, nichts verheimlicht, und niemand verliert sein Gesicht. Sonderbar ist, daß zeitgenössische Politiker diese Art der Argumentation nicht längst übernommen haben.

»Und Du, Herr Bundeskanzler,
was sagst Du dazu?«
»Duks«, sagt der Kanzler.

Ein großes Wort. Leider liegt seine Herkunft im dunkeln. Das Lebenswerk der Brüder Grimm enthält nicht den leisesten Hinweis, vergeblich forscht man in Jacob und Wilhelms sonst so zuverlässigem Wörterbuch der deutschen Sprache. Auch unter den Fremd- und Lehnwörtern findet sich nichts. Nur in den *Kinder- und Hausmärchen* von 1840 im *Alten Waldhaus* sagen die Tiere »Duks«.

Hier warten zwei Probleme auf motivierte Germanisten. »Duks« und das Kasernenhofkommando sind bisher wissenschaftlich weder erfaßt noch ausgewertet.

Leider kann ich mich nun dem Thema ›Sprache‹ nicht angemessen öffnen, da mir hierzu der akademische Wortschatz fehlt. Das stimmt mich, besonders im Rahmen dieser Feierstunde, doch sehr nachdenklich.

Ich weiche in die Praxis aus.

Bekanntlich wurde mein Vater bei gesellschaftlichen Anlässen, im Kreis von Honoratioren, Freunden und Familie oft gebeten, nach dem Essen etwas vorzutragen. Er war Offizier von Beruf und als gelegentlicher Rezitator ein begabter Amateur.

Wir Kinder verfolgten seine Darbietung in äußerster Verlegenheit. Die erhobene Sprache mit ungewohnter Betonung und zunehmender Leidenschaft, die offensichtliche Absicht, das Innerste preiszugeben, um schließlich vor einer verstörten älteren Dame scheinbar schluchzend auf die Knie zu fallen, machte uns den deklamierenden Vater fremd und beängstigend. Erst Jahre später verstand ich die Sprache als wichtigstes Kennzeichen menschlicher Besonder-heit und bewunderte die Fähigkeit meines Vaters, durch Veränderung der Stimme auch seinen Charakter zu verändern. Auf diese Weise vorbereitet, sah ich das erste Drama auf der Bühne.

Dort waren die Titanen ihrer Zeit am Werk: Heinrich George, Horst Caspar, Friedrich Kayssler, Werner Kraus... Namen, die nur wenige kennen, die jünger sind als Mitte Siebzig. Einer der Vorteile, die das Altern lohnen. Gespielt wurde *Der Prinz von Homburg.* Als Abkömmling einer preußischen Offiziersfamilie hätte mich eigentlich das Problem der militärischen Gehorsamspflicht in irgendeiner Weise fesseln können. Aber das war es nicht.

Es war die Sprache der Schauspieler und mit ihr ein Gefühl von Betroffenheit und Theaterglück. Ein Phänomen, das gegenwärtig gern vermieden wird. Doch abgesehen von den Gefilden sprachlicher Hochkultur ist jedermann zur Vervollkommnung der deutschen Sprache aufgerufen.

Ein erster Blick läßt hoffen: ›Auslegeware‹, ›Sitzgruppe‹, ›Frischmilch‹ und ›Früchtedialog‹ bereichern schon seit Jahren unseren zwischenmenschlichen Austausch. Relativ neu dagegen ist das Machtwort ›Zahnersatzzusatzversicherung‹. Ein linguistischer Höhepunkt deutscher Verwaltungslust.

Jede Sorge um die Weiterentwicklung der Sprache ist unbegründet, solange sich der Bürger seiner Mitverantwortung für das wichtigste Kommunikationsmittel nicht entzieht. Große Verdienste hat zweifellos das führende Management in Politik, Wirtschaft, Industrie und Banken, das mit Hilfe der eigenen, weitgehend unverständlichen Geschäftssprache Ziele und Folgen seines Tuns geheimnisvoll verhüllt. Nur eine intellektuelle Minderheit beherrscht diese noble Form der Kommunikation.

Ganz andere Ausmaße hat dagegen ein Thema, das nicht nur Minderheiten, sondern die Bevölkerung als ganzes einbezieht. Ein Thema, dem ich Jahrzehnte meines Privat- und Berufslebens erfolglos geopfert habe, ohne ein Ende abzusehen. Es geht um das Kapitel ›Mann und Frau‹. Entschuldigung, ›Frau und Mann‹.

Sie hören es: Schon mit der ersten Formulierung kommt man in Schwierigkeiten. Bis heute stehen wir ratlos vor der Spaltung der Menschheit in zwei ungleiche, sogenannte Geschlechter.

Die äußerlichen Unterschiede sind klein und bedürfen nicht der kritischen Betrachtung. Vielmehr geht es um die irrtümliche Annahme, Frauen und Männer sprächen dieselbe Sprache.

Das ist glücklicherweise nicht der Fall. Die in zahllosen Generationen unterschiedlich entwickelten Denkweisen und Sprachen lassen eine simple Verständigung nicht zu. Der hohe Reiz dieses Systems liegt in seiner Unerschöpflichkeit. Oft reichen Jahrzehnte des Zusammenlebens nicht aus, um alle Varianten einer sprachlichen Auseinandersetzung aufzuspüren.

Der Lebensgefährte betritt gegen Abend die Wohnung und fragt durch die geöffnete Küchentür: »Wann gibt es Abendessen?« Darauf die Lebensgefährtin: »Mein Gott, ich kann doch nicht hexen!«

Bis zu diesem Zeitpunkt des Gesprächs sind fünf Sekunden vergangen. Fünf Sekunden, für deren automatischen Ablauf die Kräfte des Universums Hunderttausende von Jahren Vorarbeit geleistet haben. Auf die Frage des Mannes reagiert die Gattin sicherheitshalber mit der Anrufung des Allmächtigen: »Mein Gott«, sagt sie und fügt hinzu, daß sie nicht hexen könne.

Der Lebensgefährte entgegnet, dies sei ihm bekannt und nicht Gegenstand seiner Frage gewesen, worauf die Lebensgefährtin ihre tägliche häusliche Belastung schildert, die, besonders an Donnerstagen, eine pünktliche Zubereitung des Abendessens verhindere, es sei denn, sie könne hexen.

Die Entgegnung des Partners, er habe nur gefragt, wann es Abendessen gebe, kommentiert seine

Lebensgefährtin mit der Beobachtung, das sei eine Fangfrage zur Auslösung eines zeitraubenden Gesprächs, an dem sie nicht teilzunehmen gedenke.

Worauf der Lebensgefährte sich auf das versteift, was man unter ›männlicher Logik‹ versteht: ein veraltetes, stark vereinfachtes Denkschema ohne Berücksichtigung wesentlicher Begleitumstände. Dagegen hat die häufig kritisierte weibliche Logik schon immer wichtige Faktoren in ihren Denkprozeß miteinbezogen: Gewicht, Frisur, Migräne, Alter, Haß und Liebe.

Folglich ist eine unerwartete Verständigung zwischen Mann und Frau wohl nicht zu befürchten. Auch in Zukunft werden wir als mitwirkendes Ensemble die unterhaltsame Sprache der Mißverständnisse genießen, denn wir wissen es nun: Die Frau denkt analog, der Gatte digital. Ich weiß nicht, was das heißt, aber ich behaupte es einfach mal.

Mit nur zwei Wörtern – gleichermaßen schön, zeitgemäß und rätselhaft – erklärt die Sprache das Unbegreifliche. Und ich werde mit nur einem Wort jetzt das, was ich im Hinblick auf die Verleihung dieses ehrenvollen Preises eigentlich schon lange bin:

sprachlos.

[727]

## Für Heinz Rühmann
*Eine Szene zum 90. Geburtstag*

ER: Gibt's eigentlich heute abend irgendwas im Fernsehen?
SIE: Es gibt *jeden* Abend *irgendwas* im Fernsehen...
ER: Ich meine irgendwas, was sich *lohnt.*
SIE: Ja, der 90. Geburtstag von Heinz Rühmann... aber wir können heute nicht fernsehen, weil wir eingeladen sind.
ER: Wo?
SIE: Zu Rühmanns Geburtstag.
ER: Im Prinzregententheater?
SIE: Ja.
ER: Typisch, *wenn* mal was im Fernsehen ist, können wir es nicht sehen!
SIE: Wir sehn es doch!
ER: Aber nicht im Fernsehen!
SIE: Die *andern* sehn es im Fernsehen... *wir* sehn es selbst... persönlich!
ER: Wir sehn da nicht das, was die andern im Fernsehen sehen...!
SIE: Was denn sonst?
ER: Was weiß ich... Kameras von hinten...
SIE: Wenn wir schon zum Geburtstag eingeladen sind, werden wir ja wohl Rühmann von vorn sehen dürfen!

ER: Von weitem! Ich erkläre dir das mal… auf dem Bildschirm…

SIE: … Ich muß mich jetzt umziehen…

ER: … Vielleicht darf ich noch einen Satz dazu sagen… Also: auf dem *Bildschirm* sieht man natürlich *mehr* als in *Wirklichkeit*… wir haben im Fernsehen zum Beispiel schon Maulwürfe, Pinguine und ausschlüpfende Kleidermotten gesehen…

SIE: Was?!

ER: … Oder häutende … sich häutende Motten… was war denn das? Kleidermotten … ausschlüpfend… im Schlupf… hörst du mir zu?

SIE: Jaa! … Im Schlupf…

ER: Richtig … und in *Wirklichkeit* … also auch bei uns im *Garten* … könnten wir das persönlich *nicht* sehen… auch, wenn es da wäre!

SIE: *(enerviert, langsam, mit Nachdruck)* Wenn in unserem Garten ein Pinguin wäre, würde ich ihn sehen… mit oder ohne Kamera!

ER: Gut… das war ein falsches Beispiel … bleiben wir bei…

SIE: *(unterbricht)* Pinguine kommen außerordentlich selten in unseren Garten…

ER: Ich sagte schon, das war kein gutes Beispiel…

SIE: … Und Pinguine sind auch meistens nicht allein…

ER: Ich nehme den Pinguin zurück … hast du gehört… ich nehme ihn zurück…

SIE: Pinguine stehen zu Tausenden herum … die

sind gar nicht zu übersehen ... das fällt doch auf!

ER: Ich meinte ja auch nur einen einzelnen, und den habe ich ja auch schon...

SIE: ... Dazu brauchten wir nun wirklich kein Fernsehen! Und sich häutende Kleidermotten möchte ich *über*haupt nicht sehen... da reichen mir schon die Nachrichten!

ER: Also, ein anderes Beispiel... und *bitte* höre mir zu! ... Hast du jemals in unserem Garten einen Maulwurf gesehen... einen lebenden, maulwerfenden Maulwurf? ... nein, natürlich nicht!

SIE: Ich muß mich jetzt umziehen...

ER: ... Aber es *sind* da welche, und *du* hast sie nie gesehen und *ich auch* nicht! ... *Aber* im Fernsehen *hast* du sie gesehen! *Das* meine ich!

SIE: *(streng)* Ich habe unsere Maulwürfe im Fernsehen *nicht* gesehen!

ER: Ich behaupte ja auch nur, daß man im Fernsehen mehr sieht als in der Natur!

SIE: Es ist überhaupt nicht sicher, daß heute Maulwürfe im Fernsehen sind!

ER: Das habe ich auch gar nicht behauptet! Aber wenn irgendwo Maulwürfe wären, dann würden wir sie im *Fernsehen* sehen ... aber da, wo sie *sind* ... wenn wir da *wären* ... da sehen wir sie nicht! ... Hörst du mir zu?

SIE: Ja ... ich soll darauf gefaßt sein, daß wir auf Heinz Rühmanns Geburtstag keinen Maulwurf sehen!

ER: Ja ... und davon abgesehen ist es natürlich eine Ehre, daß wir eingeladen sind ...

SIE: ... Weil du mit Heinz Rühmann zusammen in einer Schulklasse warst.

ER: ... Reimann ... Horst Reimann war das!

SIE: Ich zieh' mich jetzt um ... aber *das sage* ich dir, wir wollen nicht zu lange bleiben und nicht wieder als letzte nach Hause fahren!

ER: Aber wohl auch nicht, bevor wir Herrn Rühmann zum Geburtstag gratuliert haben ...

SIE: Neinnein ...

ER: ... Und wann?

SIE: Jetzt gleich ...

ER: Lieber, verehrter Herr Rühmann ...

SIE: ... wir wünschen Ihnen von Herzen Glück und Segen ...

ER: ... und verneigen uns vor dem Geburtstagskind ...

SIE: ... in Bewunderung und Dankbarkeit!

[727]

## Saugfähig

Wenn ich die Absicht habe, eine Ausgabe der *Süddeutschen Zeitung* ungestört und zur Gänze zu lesen, löse ich eine Rückfahrkarte für den Intercity München–Stuttgart.

Ich bin die Strecke seit Ende der fünfziger Jahre häufig gefahren. Daher ist mir das Blatt vertraut. Anfangs machte ich den Fehler, die letzten Seiten erst bei der Einfahrt in den Stuttgarter Hauptbahnhof aus der Hand zu legen. Häufig hinterließ ich dann beim anschließenden Besuch einer Buchhandlung den druckfrischen Abrieb meiner geschwärzten Fingerkuppen in den arglos dargebotenen Händen des Buchhändlers und seiner Gattin. Seither beende ich die Lektüre meines Lieblingsblattes spätestens auf der Höhe von Göppingen, suche das WC auf und nutze die verbleibende Zeit für die erforderlichen drei bis vier Waschgänge. Hygienischer ist es, die *Süddeutsche* vor dem Gebrauch einige Tage abzulagern, um der Druckfarbe Gelegenheit zu geben, mit dem Papier eine feste Bindung einzugehen. Zudem wird durch einen natürlichen Alterungsprozeß die depressive Wirkung des täglichen Weltgeschehens weitgehend aufgehoben. Aus zeitlichem Abstand hat das Gleichmaß schauderhafter Meldungen aus Politik, Wirtschaft und Gesellschaft sogar einen gewissen Unterhaltungswert.

Ich machte diese Erfahrung, als unser Hund von einem starken leiblichen Unwohlsein befallen war. Antons Schlafstatt befindet sich im Entree des Hauses, in einem Raum also, der dem Besucher den wichtigen ersten Eindruck vermittelt. Da das Tier verschiedene Funktionen vorübergehend nicht unter Kontrolle hatte, entschlossen wir uns, den Raum mit einem umfangreichen Vorrat an *Süddeutschen Zeitungen* auszulegen, der in längerer Abwesenheit gewachsen war.

Bis zum nächsten Morgen hatte Anton unsere Meinung über drei Wochen Weltpolitik zutreffender ausgedrückt, als uns das je hätte gelingen können, wobei er, das sei zur Genugtuung der Redaktion versichert, zwischen Meldung und Kommentar deutlich zu unterscheiden wußte.

Aber ich täte der SZ Unrecht, wollte ich ihre Verdienste auf ein veterinärmedizinisches Teilgebiet beschränken. Ich werde auf herbstlichen Spaziergängen häufig von Regenfällen überrascht. Das Schuhwerk wird durchnäßt. Zwei sofort nach Rückkehr in die Schuhspitzen eingeführte und kräftig nachgeschobene geballte Doppelseiten der *Süddeutschen* sind nicht nur der Trocknung dienlich. Sie straffen auch eingetragene Gehfalten und stellen die alte, verloren geglaubte Paßform wieder her.

Sehr deutlich ist hier die Überlegenheit der *Süddeutschen* im Vergleich zu anderen Erzeugnissen der Tagespresse spürbar. Die FAZ, um nur ein Beispiel herauszugreifen, ist zwar im Bereich politischer, wirtschaftlicher und kultureller Analysen um ein hohes Niveau bemüht, aber das Blatt ist nicht saugfähig oder nur in begrenztem Umfang. Ein Paar sehr geliebter italienischer Schuhe, auf der Durchreise in Mailand erworben, feucht geworden und (versehentlich) mit der *Frankfurter Allgemeinen* ausgestopft, war nach 24 Stunden eine gute Nummer zu klein. Eine renommierte Tageszeitung aber, die nach der ersten Lektüre keine weitere Verwendung erfährt, begibt sich eines wesentlichen Teils ihrer publizistischen Wirkung.

Der alte, verknüllte und wieder geglättete Zeitungsartikel – mag er nun einem Schuh oder dem Stopfgut zur gefahrlosen Übersendung eines Porzellangeschirrs entnommen sein – ein solcher Artikel lädt zum Verweilen ein. Ich stieß schon auf fesselnde Betrachtungen, die mir bei wohl zu rascher täglicher Lektüre des Blattes entgangen waren. Meist war es ein Beitrag aus dem Feuilleton, der auf diese Weise eine schmerzliche Wissenslücke rechtzeitig schloß. Eine Arbeit etwa über das verschollene Versgut eines usbekischen Lyrikers der zwanziger Jahre.

Ich gehöre zu jener Minderheit, die den Raum des Feuilletons gern erweitert sähe. Die tagespolitischen Seiten sind auf hausärztlichen Rat nur insofern unverzichtbar, als sie jene wütenden Adrenalinstöße auslösen, die einem möglichen, altersbedingten Abnehmen der Vitalität entgegenwirken.

Bisher hatte ich keine Schwierigkeiten, dem Blatt geistig zu folgen. Nach zwei- bis dreimaligem Lesen erschlossen sich mir auch komplizierteste Gedankengänge. Dann kam der 11. August 1995. Da hat mich das sogenannte »Streiflicht« – wenn ich das sportlich formulieren darf – mental überfordert. Man sollte zwar Ausfälle dieser Art nicht nur negativ beurteilen. Eine leichte Form der Altersverblödung liegt durchaus im Bereich einer nicht unwillkommenen körpereigenen Abwehr gegen Informationen. Aber ich habe die Warnung verstanden. Ich müßte mal länger in Urlaub fahren, in eine Art Sanatorium, wo man behutsam auf den Wandel der Zeiten vorbereitet wird.

Vielleicht sehe ich dann gelassener dem Tag entgegen, an dem auch auf der ehrwürdigen Titelseite der *Süddeutschen* das trostlose Konfektionsblau unserer Politikerelite in Farbe erlitten werden muß.

Seit 38 Jahren befindet sich die SZ in unserem Haus. Seit 38 Jahren weiß ich nicht, wo ich sie hingelegt habe. Und doch verdanke ich ihr bis heute 6000 durchlesene Stunden, anderthalb Jahre meines Lebens. Nun ist die *Süddeutsche* fünfzig geworden. Kein Alter für eine Geliebte.

[727]

## Die größte Zeitung

Die ehrwürdige Tageszeitung, der wir das heutige kulturelle Ereignis verdanken, führt auf ihrer ersten Seite den Titel »BZ« mit der Unterzeile »Die größte Zeitung Berlins«.

Ich habe das nachgemessen: Aufgeschlagen ist das Blatt 40 cm hoch und 56 cm breit. Es bietet daher 80 Goldhamstern Platz, sofern die Tiere sich ruhig verhalten. Das ist schon sehr erstaunlich!

Auch genügen beispielsweise 10 Nummern der BZ, um bei Malerarbeiten die empfindliche Auslegeware einer mittleren Zweieinhalbzimmer-Wohnung abzudecken, zwei Doppelseiten inklusive, um einen Malerhut zu falten.

Vor 120 Jahren wurde die BZ gegründet. Abonnenten aus dieser Zeit erhalten heute die BZ kostenlos. Ein kluger Einfall des Herausgebers. So erliegt der alte, bewährte Leserstamm nicht der Versuchung, schon nach 120 Jahren seine Tageszeitung zu wechseln.

Und nun also zum 6. Mal die Verleihung des BZ-Kulturpreises. Für die künstlerische Gestaltung der begehrten Trophäe stand offensichtlich einer jener verdienten Altabonnenten Modell. Deutlich erkennt man, wie er nach dem Lesen des Kulturteils der BZ in Verzückung gerät.

Leider erschwert das Fehlen eindeutiger, der Fortpflanzung dienlicher Merkmale die Feststellung, ob wir in dieser Statue einen BZ-Leser oder eine BZ-Leserin zu erblicken haben. Auf Anfrage mochte man sich in der Redaktion zu diesem Punkt nicht festlegen, wohl um keine Hälfte der Leserschaft zu benachteiligen.

Ich selbst – auch auf die Gefahr hin, rassistisches Gedankengut zu verbreiten –, ich selbst weiß aus eigener Erfahrung: das ist ein Mann! Sonst hätte er nicht sein Haupthaar eingebüßt.

Abgesehen von seiner Begeisterung über die Kulturseiten der BZ zeigt der kleine kahle Abonnent aus Bronze eine unter Künstlern und Politikern beliebte Geschicklichkeitsübung: den Versuch, trotz des einen nach links orientierten Beines das Gleichgewicht nicht zu verlieren.

Aber die eigentlich geniale Paßform der Skulptur erweist sich, wenn nun der nächste Preisträger sie in den Händen hält: das Berliner Philharmonische Orchester. Dann erkennen wir in der Trophäe einen Dirigenten von tänzerischer Anmut.

Übrigens hatte auch ich schon die Gelegenheit, das Orchester zu dirigieren. Häufiger als Bernstein oder Kleiber. Die intensive Zusammenarbeit hat späteren Dirigenten die Arbeit sehr erleichtert.

Dieser Maestro in Bronze ist zwar nur 27 cm hoch – Karajan beispielsweise war sehr viel größer –, aber die fehlenden Ohren gemahnen an Beethoven, und seine Zeichengebung ist so professionell wie eindeutig: Wir sehen, wie er mit weit ausholender Bewegung beider Arme Bläser und Streicher zu einem verminderten Dominant-Sept-Akkord auf Fis in ein dreifaches Pianissimo dolce führt. Nur der Harfe erlaubt er auf den ersten beiden Takten ein schwebendes Arpeggio im Piano.

Nun weiß es auch jeder BZ-Leser, der sonst eher die Sportseite bevorzugt: Jawohl, wir sind im *Don Juan,* der Tondichtung für großes Orchester, Opus 20, von Richard Strauss, auf Seite 23 der Partitur, 3. Takt nach D.!

Der Maestro hat sein linkes Bein erhoben, um beim zweiten Triolenviertel dem Konzertmeister der Philharmoniker durch einen Tritt ans Schienbein den Einsatz zu geben für sein großes Solo »Molto espressivo!« Das ist Musik!

[727]

## Der Herr Ministerpräsident

*Zum 60. Geburtstag von Edmund Stoiber*

Hochverehrter Herr Ministerpräsident,
meine sehr verehrten Damen und Herren,

es ist eine Ehre, hier und heute das Wort ergreifen zu dürfen, und, was mich betrifft, auch ein erneuter Beweis für die bayerische Großherzigkeit, die einem zugereisten Brandenburger ungeprüft Zutritt in die lichten Gefilde bayerischer Lebenslust gewährt.

So sei nun unserem Geburtstagskind eine Betrachtung gewidmet, die sich auf den eigentlichen Kern seines glanzvollen Lebenslaufes konzentriert: den Fußball.

Am 28. September vor sechzig Jahren brachte Edmund Rüdiger Stoiber dreieinhalb Kilo auf die Waage. Seine Länge betrug 54 Zentimeter. Hätte man ihm damals das höchste Amt in Bavarien anvertraut, wäre er der kleinste Ministerpräsident in der Geschichte Bayerns gewesen. Schade. Andererseits wirkt ein Staatsoberhaupt, das nur Papa und Mama sagen kann, zwar sympathisch, ist aber im Wahlkampf keine große Hilfe. Also hielt sich der Säugling klug zurück, bis seine Zeit gekommen war.

Die ersten Monate verbrachte das Kind im Liegen, entdeckte sodann im Verlauf der Krabbelphase den Gebrauch der Hinterbeine und erhob sich eines Tages unter allgemeinem Beifall in den aufrechten Gang, den der Ministerpräsident bis jetzt bevorzugt, als einzige Haltung, in der sich ein Fußball sinnvoll bewegen läßt.

Alsbald ergab sich die Lebensfrage, ob eine leidenschaftliche Neigung zu diesem Rasenspiel oder Heim und Familie den Vorrang habe. Ein Problem, das noch heute einer Lösung harrt. Mit Sicherheit ist die Vermutung übertrieben, die Gattin unseres verehrten Herrn Ministerpräsidenten habe in das gemeinsame private Wohnhaus ohne Ball keinen Zutritt.

Unklar bleibt vorerst auch, wann und wo der stark beanspruchte Herr Ministerpräsident auf einen Doppelgänger angewiesen ist: im Amt, daheim am Wochenende oder auf der Ehrentribüne bei einem Spiel des FC Bayern München. Letzteres ist wohl auszuschließen.

Seinerzeit entschloß sich der junge Stoiber noch zu einer aktiven Laufbahn als Verteidiger im Fußballverein BCF Farchet, in der richtigen Annahme, daß die Verwendung als Ministerpräsident allemal als Ausweg offenbliebe, zumal ein guter Fußballspieler um die 20 Millionen kostet, während ein Ministerpräsident vergleichsweise doch günstiger zu haben ist.

Wie wir alle wissen, gelang es dem Jubilar mit staatsmännischem Geschick, sportliche Neigung und politische Berufung sinnvoll zu verbinden. Schon ein Blick in dieses Gebäude beweist, wie ernst hier der Arbeitsbereich Fußball genommen wird.

Die Ausstattung der Bayerischen Staatskanzlei mit schußsicherem Fensterglas dient nicht, wie häufig angenommen, der Sicherheit der im Inneren des Gebäudes einsitzenden Beamtenschaft, sondern vielmehr dem Schutz der arglos vor dem Hause promenierenden Bürgerinnen und Bürger gegen herausfliegende, scharf geschossene Querpässe.

Es wird angestrebt, das tägliche Fußballtraining in den Gängen und Amtsräumen der Bayerischen Staatskanzlei zeitlich zu begrenzen, um in den spielfreien Minuten ausländische Gäste empfangen zu können, ohne deren Leib und Leben zu gefährden.

Dem Ministerpräsidenten ist es in Anbetracht seiner starken mentalen und physischen Belastung vorbehalten, ganztägig am Ball zu bleiben und die persönlichen Amts- und Repräsentationsräume zum Training zu nutzen.

Dort erlauben die widerstandsfähige Auslegeware und sparsame Möblierung auch bei hoher Laufgeschwindigkeit ein elegantes Dribbling zwischen Schreibtisch und Sitzgruppe mit wiederholten Schüssen aufs Tor zwischen zwei Nymphenburger Fayencen.

Dann ist der Kopf wieder frei, der Kreislauf in Bewegung.

Aber man würde der Vielseitigkeit des Gefeierten nicht gerecht, wollte man Leben und Karriere nur über den Fußball definieren. Die entscheidenden Impulse verdankt der Jubilar dem Umgang mit der Literatur.

Nach Aussage der Familie ist es vor allem *ein* Buch, das unseren Ministerpräsidenten seit seinen Kindheitstagen menschlich und politisch beeinflußt hat. Das Werk trägt den Titel *Hänschen im Blaubeerenwald* und zählt zu den Bestsellern der ersten Hälfte des 20. Jahrhunderts. Nicht zu Unrecht.

Man wird gepackt von der Geschichte eines Jugendlichen, der auf ergebnisloser Suche nach Waldesfrüchten die Hilfe fachkundiger Zwerge in Anspruch nimmt und eine immense Ausbeute nach Hause trägt.

Schon früh erkannte unser Ministerpräsident die politische Brisanz des Werkes im Zusammenhang von Phantasie und Wirtschaftswachstum.

Leider gilt das Buch im Staatsarchiv heute als verschollen. Ich nutze daher die Gelegenheit, Ihnen, Herr Ministerpräsident, zum Geburtstag ein ebenfalls sechzigjähriges Exemplar mit herzlichen Glückwünschen zu überreichen. Möge es Ihrem Wohl und dem Segen Bayerns dienlich sein!

[727]

# Fußball

## *100 Jahre FC Bayern München*

Meine sehr verehrten Damen und Herren,
liebe Sportsfreunde und Sportsfreundinnen,

zur Feier des heutigen Tages wurde ein Redner gesucht, von dem man annehmen kann, daß er die Gründung des FC Bayern vor 100 Jahren miterlebt hat und akzentfrei bayrisch spricht. Kurz, die Wahl fiel auf mich.

Das ist eine große Ehre, auch wenn ich bekennen muß, daß ich mich spielerisch zur Zeit nicht in Hochform befinde, da ich seit 60 Jahren eine Trainingspause einhalte. Doch vor dem Bildschirm bin ich mental fit geblieben. Häufig stelle ich während der Übertragung eines Spieles fest, daß ich den Ball erstens früher abgegeben und zweitens präziser zugespielt hätte. Doch lassen wir das. Heute ist nicht der Tag kleinlicher Kritik. Es ist vielmehr Zeit für einen Blick zurück.

Schon vor Hunderttausenden von Jahren hatte der Mensch Freude daran, Gegenstände mit Fußtritten in rasche Bewegung zu versetzen. Allerdings ging man seinerzeit noch auf allen vieren, so daß ein Schuß aufs Tor sich meist schon in den eigenen Vorderbeinen verfing.

Da begriff der Mensch, er müsse sich, wenn er erfolgreich Fußball spielen wollte, in den aufrechten Gang erheben. Und diese Erkenntnis führte, wie wir wissen, zu Tempo und Eleganz des Fußballspiels und damit auf den Weg in die Zivilisation. Politiker, Wissenschaftler und Kulturschaffende folgten Jahrtausende später.

Leider gewöhnen sich seither viele Menschen an den aufrechten Gang, die gar nicht vorhaben, Fußball zu spielen.

Wir wollen nicht lange drumrumreden: In Bayerns Hauptstadt hat sich der Fußball nur zögernd durchgesetzt. Hier herrschte noch die große Zeit des Fingerhakelns, einer Sportart mit kämpferischem Einsatz des rechten Mittelfingers.

Als erste empfanden sportinteressierte Studenten die Leistung ihrer Mittelfinger als unbefriedigend und wandten sich einem damals hierzulande noch weithin unbekannten Rasenspiel zu, dem Fußball, einem Spiel, bei dem der Mittelfinger nie oder nur in kritischen Situationen zum Einsatz kommt. Das Spiel stammte, wie die meisten Sportarten, bei denen es gilt, Leib und Leben zu riskieren, aus englischen, für ihre Fairneß bekannten Akademikerkreisen.

Ende des 19. Jahrhunderts verließen die Studenten den aktiven Fußball, um sich als Gymnasiallehrer, Zahnärzte oder Juristen zu profilieren. Das war bedauerlich, weil so mancher begabte Spieler, statt sinnvoll über den Rasen zu stürmen, nun als Verteidiger am Oberlandesgericht seine schlappe Karriere machte!

Hinzu kam, daß im Deutschen Reich die ernsthafte turnerische Leibesübung moralischen Vorrang besaß. Des deutschen Mannes Heimat war sein Turnverein. Dort sprang er mehrfach pro Woche in die Grätsche, beugte den Rumpf zur Ehre des kaiserlichen Landesherrn und stärkte den Leib für Familie, Volk und Vaterland.

Nicht so die Fußballer. Als verspieltes Anhängsel des Männerturnvereins fehlten sie dort häufig unentschuldigt, vergaßen Frauen, Fürst und Vordermann, um sich dem Fußball zu widmen, ihrem eigentlichen Lebenszweck. Das heißt, sie ruinierten ihre Schuhe, schlugen sich die Knie auf und kamen zu spät zum Abendessen ... aber es war der Weg in die Unsterblichkeit!

Wie Sie vielleicht bemerken, erlaube ich mir, diese Vorgänge etwas gerafft vorzutragen, da sie ohnehin zur Allgemeinbildung gehören. Sollten sich in meine Ausführungen Fehler oder Ungenauigkeiten einschleichen, dürfen Sie leere Bierdosen auf die Bühne werfen.

Also, im Jahre 1900 war das Maß voll, und der Männerturnverein drängte auf ein strenges Wort mit den Fußballern. Am 27. Februar um halb acht Uhr abends fand im Münchner Restaurant Bäckerhöfl die Sitzung statt.

Schon nach wenigen Minuten in starrer Haltung grätschten sich die Turner ins Abseits der Debatte, worauf die Fußballer sich erhoben und in die Gaststätte Gisela hinüberwechselten. Dort gründeten sie eine Stunde später den ersten Fußballclub Bayerns. Anwesend waren, wie wir alle wissen, Franz John und die Herren

> Pollack, Wamsler, Schmid und Ringler,
> Focke, Francke, Friedrich,
> Nägele und Zöpfel.

An dieser Stelle muß wieder einmal auf eine leider übliche Nachlässigkeit hingewiesen werden: von den eben genannten Herren ist heute nicht ein einziger eingeladen. Nicht einmal Nägele.

Aber vielleicht ist das seltsame Verhalten auch erklärlich. Denn damals genehmigten die Herren für die Kosten des Gründungsfestes eine Gesamtsumme von 40 Mark aus der Vereinskasse, und dieser Betrag wurde dann im allgemeinen Überschwang um 13 Mark überschritten. Solche Unkorrektheiten machen heutzutage natürlich keinen guten Eindruck.

Aber es wurde in den folgenden Tagen auch erstaunlich kreativ gearbeitet. Zunächst wurde festgehalten, daß die Fußballmannschaft im Gegensatz zu den Turnern mit unbedecktem Knie zu spielen habe. Eine kühne Entscheidung, für die zunächst eine natürliche Schamschwelle zu überwinden war.

Inzwischen ist das Herrenknie in seiner Nacktheit akzeptiert, wenn auch nicht ausgeschlossen werden kann, daß durch die Entblößung ungewöhnlich schöner Herrenknie Schiedsrichter und Publikum nun nicht mehr unbefangen sind.

Des weiteren wurden in Zusammenarbeit mit dem Deutschen Fußballbund Spielregeln erarbeitet, die im Lauf des Jahrhunderts nun ihre endgültige Logik und Präzision erhalten haben, aber, wie ich meine, doch noch gewisse Zweifel offenlassen. Siehe Regel 4 auf Seite 21 der allgemeinen Regeln des Deutschen Fußballbundes:

»Das Spielen ohne Schuhe ist nicht erlaubt. Aber«, so heißt es weiter, »verliert ein Spieler im Zusammenhang mit der Torerzielung einen Schuh, ist das Tor anzuerkennen.« Klar… aber muß nun der Schuh oder der Ball ins Tor?

Und wie versteht sich die Seite 40? Dort liest man: »Die Spieler dürfen ihre Freude nach einem Treffer zeigen. Sie werden jedoch vom Schiedsrichter mit der gelben Karte verwarnt, wenn sie die Zäune hinaufklettern oder ihre Hemden ausziehen.«

Das ist nicht eindeutig. Was ist denn mit der Hose? Darf ein freudig erregter Spieler zwar nicht das Hemd ausziehen, wohl aber die Hose fallen lassen?… Wenn ja… die eigene oder die des Gegners?

Nachdenklich stimmt auch die Regel 2; sie lautet: »Wenn der Ball platzt, muß das Spiel unterbrochen werden.« Da fragt man sich doch: Ist der Ball wirklich so wichtig? Sicher ist, er gerät leicht ins Rollen und bringt dadurch eine ständige, aggressive Unruhe ins Spiel. Wäre es im Interesse eines friedlichen Nebeneinanders der Völker möglicherweise vernünftiger, von vornherein auf einen Ball zu verzichten?

Hierher gehört auch eine weitere Frage: Welches

ist der wichtigste Körperteil des Fußballspielers und sollte daher vorrangig geschützt werden? Jahrelang glaubte ich – und der Irrtum ist verzeihlich –, das sei das Bein, wahlweise auch der Fuß. Bis man mich eines Besseren belehrte: »Fußball wird im Kopf entschieden.«

Somit verdient in erster Linie das Hirn des Spielers Schutz und Sicherheit. Aber seltsam, nie hat man einen Fußballspieler um seinen Kopf besorgt gesehen. Auch wenn der Ball aus Kirchturmhöhe niederkommt, sind die emporgereckten Schädeldecken meist nur von lichtem Haarwuchs abgesichert, keine Hand hebt sich zum Schutz der Fontanelle. Im Gegenteil: Der Spieler lechzt nach härtester Begegnung zwischen Ball und Stirn.

Ganz anders entwickelt sich die Szene beim direkten Freistoß auf das Tor. Eine lebende menschliche Mauer stellt sich dem Schuß des Gegners, und wie auf Kommando legen sich unterhalb der Leibesmitte alle Hände sorgsam aufeinander, zum Schutz des edelsten Bereichs. Auf alle Fälle ist das nicht der Kopf.

Nun bitte ich Sie, sich zwanglos umzusehen. Nein, Sie irren sich nicht, Sie sitzen im Prinzregententheater. Aber was verschlug Sie in diese ungewohnte Umgebung? Nun, das war kein Zufall.

Als traditionsreiches Opernhaus ist dieser Raum wie kein anderer geeignet, vor allem die gesanglichen Verdienste des FC Bayern zu würdigen. Als weltberühmter Laienchor begeistert er bei passenden

Gelegenheiten mit nur elf Stimmen ein Millionenpublikum durch Absingen einer einzigen, stets gleichen Hymne ... und nach ausreichendem Applaus sieht man als Zugabe ... live! ... auch noch ein Fußballspiel!

Die relativ hohen Sängerhonorare sind der stimmlichen Leistung wohl angemessen, nur wäre es jetzt an der Zeit, dem hinlänglich bekannten Text unserer Nationalhymne bei gleicher Melodie endlich seine historische Urfassung zurückzugeben. Immerhin war das mal die alte Hymne Österreichs mit den Worten: »Gott erhalte Franz den Kaiser.«

Die überragende Bedeutung eines Fußballvereins liegt jedoch nicht nur auf musikalischem Gebiet. Es ist vielmehr die familiäre oder menschlich-kommunikative Seite, auf die der Fußball entscheidend Einfluß nimmt.

Wer etwa anläßlich einer Fußballübertragung im Freundeskreis an falscher Stelle jubelt, riskiert, erwürgt zu werden.

Ohnehin sollte sich in unserem Freistaat kein Brautpaar standesamtlich oder kirchlich trauen lassen, ohne zuvor ein gemeinsames Gelöbnis für oder gegen den FC Bayern abgelegt zu haben.

Man hat mich ausdrücklich gebeten, nicht durch eine Aufzählung großer Namen und legendärer Erfolge des FC Bayern die Geburtstagsgäste in eine zeitraubende Applausschleife hineinzutreiben. Nur so viel sei gesagt:

Ein herausragendes Ereignis unseres gefeierten

Vereins fällt bereits in die frühen Jahre des vergangenen Jahrhunderts. Damals gelang es zum ersten Mal, eine englische Mannschaft zur Kraftprobe nach München zu locken. Die Gastgeber gaben ihr Bestes und erzielten auf eigenem Platz ein schmeichelhaftes 0:8.

Seitdem haben sich die hundertjährigen Bemühungen mehr als gelohnt. Der FC Bayern besitzt heute die bedeutendste Salatschüsselsammlung Europas.

Auch in meinem Leben war es ein stolzer Augenblick, als ich auf dem Münchner Hauptbahnhof um ein Autogramm gebeten wurde, in der Annahme, ich sei Udo Lattek.

Wenn ich noch kurz auf das politische Bekenntnis unserer Jubelelf zu sprechen kommen darf: Alle Angriffe werden zwar auf grünem Platz, aber ebenso über die linke, wie über die rechte Seite vorgetragen. Das muß genügen.

Was ist das Geheimnis des Fußballs?

Nach den Fußballregeln des Deutschen Fußballbundes ist der Ball regelgerecht, wenn er kugelförmig ist. Ende des Zitats.

Das ist es! Die Kugel hat, wie man weiß, die ideale räumlich-geometrische Figur, die bei kleinster Oberfläche den größten Inhalt besitzt.

Also berechnet der Fußballspieler den Fußball ganz einfach nach den beiden Formeln 4 Pi mal $R^2$ und $^4/_3$ Pi mal $R^3$, wobei man unter Pi die Zahl versteht, mit der ein Fußballspieler den Balldurchmesser zur Errechnung des Ballumfanges multipliziert. Das Leder tritt sich dann ganz leicht ins Tor…

Herzlichen Glückwunsch!

[727]

# Robert Gernhardt
*Ein Leseabend*

Als man mir nahelegte, hier das Wort zu ergreifen, war mir nicht klar, auf was ich mich da einlasse. Auf eine Einführung?

Eine Einführung ist zweckdienlich, wenn eine Künstlerin aus Nowosibirsk zur Adventsfeier einer Münchner Immobilienfirma Verse in sibirischer Mundart vorträgt.

Robert Gernhardt führt man nicht ein. Seine Fangemeinde ist unabsehbar. Sein Wortschatz hat seit Jahrzehnten die deutsche Umgangssprache bereichert, die feinsten Feuilletons flochten ihm Kränze, und wir freuen uns, daß er gekommen ist.

Auch bedürften wir keiner Schilderung seines Lebensweges ... wenn da nicht eine seltsame Lücke klaffte. Etwa von der Schulreife an sind wir informiert. Aber davor, was war davor?

Da der Künstler sich dazu nicht äußerte, sind wir auf Recherchen und Mutmaßungen angewiesen.

Robert Gernhardt kam, soviel ist sicher, 1937 in Reval auf die Welt, in Estland also, einem Land, auf das ich gelegentlich in Kreuzworträtseln stoße und dessen Bewohner – ich bin mir da nicht sicher – sich Estländer nennen, Estner oder Estler.

Gleichwohl, sie erscheinen mir als eine Art arktischer Orientalen, deren erotische Wunschvorstellung im Gewoge des Finnischen Meerbusens gipfelt.

Dort lag auch, so wird berichtet, im Uferschilf der kleine Robert. Verschleppt von einer Wölfin, die ihn eine gute Woche nährte, ihm dann aber die Brust entzog, als sie erfuhr, daß Rom schon längst gegründet war.

Zum Glück kam wenig später ein mißgelaunter Bär des Weges. Er hatte bei seinem täglichen Rundgang durch die Innenstadt von Reval alle Mülltonnen umgestoßen, doch nichts gefunden, womit er seiner Familie hätte imponieren können.

Was hier nun zwischen seinen Füßen lag, hatte er noch nie gesehen. Er brachte es nach Hause und geriet auf die Frage, was das sei, ziemlich in Verlegenheit. Schließlich verwies er auf den fehlenden Pelz des Wesens.

Das sei ein Rohbär, sagte er. Die Familie glaubte ihm zwar kein Wort, aber das Kind behielt diesen Namen.

Als Rohbär sechs Jahre später mit einer Tanzbärengruppe in Posen auftrat, entdeckte ihn dort seine Mutter. Diese empfand die vermeintlich französische Aussprache seines Namens als geziert und nannte ihn »Robert«. Alles weitere ist bekannt. Eine harmonische Kindheit also bei naturbelassener Erziehung, ohne frühkindliche Schädigung durch die Eltern.

Dies sind die Wurzeln eines Künstlers, der auf

seine Weise zum Klassiker geworden ist, ja der sogar seine klassischen Wegbereiter in neuem Licht erscheinen läßt.

So finden sich bei Friedrich Schiller die Worte: »Ernst ist das Leben, heiter ist die Kunst.« Und bei Robert Gernhardt liest man in anderem Zusammenhang: »Mein Gott, ist das beziehungsreich, ich glaub', ich übergeb mich gleich.« Schiller geht es nur um die Kunst und das Leben. Gernhardt greift weiter. »Mein Gott«, beginnt er unter Anrufung des Höchsten und preist dann die Welt des Geistes mit den Worten »ist das beziehungsreich«. Schließlich findet er über den Glauben Erleichterung: »Ich glaub', ich übergeb mich gleich.«

Selten, so meine ich, haben sich zwei Meister der Sprache über Generationen hinweg so sinnvoll ergänzt.

Das Beispiel soll genügen. Ein Schweizer Kritiker schrieb schon 1987 in der *Neuen Zürcher Zeitung:* »Niemand möge sich anmaßen, über diesen Autor geistvoller und scharfsinniger schreiben zu wollen als er selbst.« Mein Gott, ist das beziehungsreich! Aber recht hat er.

Eins sei noch gesagt: Ich danke Robert Gernhardt für das unmäßige Entzücken, das er mir seit Jahrzehnten bereitet.

Ich liebe und bewundere seine Prosa, die Zeichnungen und seine Gedichte, die sich allen modischen Anfechtungen beharrlich verweigern, Gedichte, die weite Bögen schlagen von böser Komik über Lust und Trauer bis zu bewältigter Todesangst, Gedichte eines Lyrikers von hohen Graden, der seiner ihm zugewiesenen Schublade seit langem entflogen ist.

[727]

# Das Tier und sein Mensch

Wer Stefan Moses bei der Arbeit beobachtet, gerät unversehens in den Sog jenes leisen beharrlichen Wahnsinns, mit dem ein großer Fotograf die lebenden Objekte seiner Begierde gefügig, wenn nicht wehrlos macht. Er lächelt gütig. Durch viele sanfte, zustimmende Worte entsteht der trügerische Eindruck eines Gesprächs, als habe das fotografische Opfer noch einen eigenen Willen, als habe es zu seiner Selbstdarstellung noch irgend etwas beizutragen. Letzte Widerstände und anfängliche Wachsamkeit wandeln sich zu einer Atmosphäre hilflosen Vertrauens.

Augenblicke später schmiegt sich vor der Kamera ein Ehepaar unter Mißachtung einer in Jahrzehnten gewachsenen Abneigung leidenschaftlich aneinander. Ja, es ist sogar bereit, den Vorgang beliebig oft zu wiederholen. Wider Erwarten enthüllt das Ergebnis (ein Abzug im Format 24 × 30, schwarzweiß, Hochglanz) die Spuren gemeinsam verkorkster Jahrzehnte. Stefan Moses beherrscht die psychologischen und hypnotischen Mittel, Menschen und anderen Wirbeltieren die verlorene Natürlichkeit zurückzugeben.

Mir gelingt das so gut wie nie. Kaum richte ich meine Rolleiflex, ein etwas umständliches, aber verläßliches Gerät aus dem Jahre 1952, auf ein lebendes Motiv, versagt mir dieses jeden Respekt. Menschen beginnen artfremd zu grimassieren, äußern sich in verletzenden Kommentaren oder verlieren die Kontrolle über ihre gewohnten Bewegungsabläufe. Anwesende Tiere erscheinen gleichermaßen verhaltensgestört. Anton, ein sonst sehr besonnener, nachdenklicher Hund, knurrt ins Objektiv (Schneider Xenar, 1:3,5) unter leichter Anhebung der Oberlippe. Paul, ein Mops vertrauenerweckender Abstammung, verschränkt die Ohren über dem Kopf und offenbart sein Gesäß, das infolge der natürlichen Öffnung nicht zu den gängigen Motiven gehört.

Die Verweigerungsrituale bei Tier und Mensch sind demnach unterschiedlich. Auch der hingehaltene Kalbsknochen ist bei Herr und Hund nicht gleichermaßen wirkungsvoll. Und doch gelingt es dem virtuosen Fotografen beim Portrait des Löwenbändigers, der sein Haupt schräg zwischen die Zähne seines Zöglings bettet, auch noch die Hintergründe der Beziehung aufzuspüren und seelische Spannungsfelder im Mienenspiel der Partner nachzuweisen. Da sind Kunst und Geduld gefordert. Ein falscher Blick, das Tier schließt mißgelaunt den Rachen, und schon wirkt das Lächeln des Artisten seltsam abgebrochen. Ein Betriebsunfall, und doch, rechtzeitig abgelichtet, ein rares Dokument der Wahrheit: Fotografenglück.

*Das Tier und sein Mensch.* Der Titel dieses Bandes macht unsicher. Auf den ersten Blick vermutet man die schicksalhafte Zugehörigkeit. Auf den zweiten ist der Mensch bereits Eigentum des Tieres. Mir ist die letztere Version vertrauter. Seit Jahrzehnten bestimmen die Verdauungsrhythmen dreier Hunde das gesellschaftliche Leben der Familie. Sie zwingen uns, nach kulturell genutzter Freizeit hastig heimzukehren, nötigen zum Aufenthalt im Freien, nächtlich bei ungünstiger Witterung.

Stefan Moses, der Fotograf und Psychologe, kennt diese einseitige Betrachtungsweise nicht. Zarter Hand begleitet er das empfindliche Miteinander, ohne Gut und Böse, Tragik oder Komik zum Programm zu machen. Mit jedem Foto erzählt er eine Geschichte aus der Manege des verlorenen Paradieses, vielleicht in der Hoffnung, daß einmal Tier und Mensch gemeinsam durch den Reifen springen.

[728]

# Lyrik

## Ein deutsches Kinderlied

Denk immer dran, mein liebes Kind,
daß Deutsche unvergleichbar sind.

Wir sind nicht einfach Lebewesen
wie beispielsweise die Chinesen,
Amerikaner und Franzosen
und all die vielen Namenlosen.

Nur eine Art lebt hier auf Erden,
die kann an uns gemessen werden:
Merk Dir, mein Kind, das sind gesunde
stubenreine Schäferhunde.

[728]

## Teddy

Mein Bär hat Kniee, eine Gabe,
die ich erst jetzt gesehen habe.
Ganz mühelos kann er im Liegen
Die Kniee schräg nach oben biegen.
Das ist, gemessen an der Welt
und was sie noch zusammenhält,
als Nachricht keine Sensation.
Das weiß ich schon.
Doch denke man, daß dieser Bär
Auf einmal so wie andre wär.
Dann würde plötzlich offenbar,
daß meiner was Besondres war!

1994

## Des Ernstes Kunst

Also ich persönlich würde sagen, daß des
Lebens ... also des Ernstes Lebens ...
auch heiter ist wie die Kunst ...
also des Ernstes Kunst auch heiter ist
wie des Ernstes Leben ... Lebens ...
das ist jedenfalls meine persönliche Meinung.

[728]

## Melusine

Melusine
Kraweel ... Kraweel! ...
taubtrüber Ginst am Musenhain,
Trübtauber Hain am Musenginst ...
Kraweel! ... Kraweel!

[728]

## Männer und Frauen

Männer
und
Frauen
passen
einfach
nicht
zusammen.

## Zeit und Raum

Früher war der Adler der König der Lüfte,
heute ist es der Mensch. Er überwindet Zeit
und Raum, wobei es ihm als einzigem Lebewesen
dieser Erde gelingt, während des Fluges
eine warme Mahlzeit einzunehmen.

[728]

## Grenzen der Menschheit

Ich muß die Nase meiner Ollen
an jeder Grenze neu verzollen

[728]

## Sinnlos

Ein Leben ohne Mops
ist möglich, aber sinnlos.

[728]

## Wunderbar

Ein Blatt hängt neben dem anderen
so klein und grün
eins fällt vom Baum
wie ein Fisch
oder wie ein Vogel
der an unsere Tür klopft…
Wunderbar ist das alles!

[728]

## Advent

Es blaut die Nacht, die Sternlein blinken,
Schneeflöcklein leis herniedersinken.
Auf Edeltännleins grünem Wipfel
häuft sich ein kleiner weißer Zipfel.
Und dort vom Fenster her durchbricht
den dunklen Tann ein warmes Licht.
Im Forsthaus kniet bei Kerzenschimmer
die Försterin im Herrenzimmer.
In dieser wunderschönen Nacht
hat sie den Förster umgebracht.
Er war ihr bei des Heimes Pflege
seit langer Zeit schon sehr im Wege.
So kam sie mit sich überein:
am Niklasabend muß es sein.
Und als das Rehlein ging zur Ruh',
das Häslein tat die Augen zu,
erlegte sie direkt von vorn
den Gatten über Kimm und Korn.

Vom Knall geweckt rümpft nur der Hase
zwei-, drei-, viermal die Schnuppernase
und ruhet weiter süß im Dunkeln,
derweil die Sternlein traulich funkeln.
Und in der guten Stube drinnen,
da läuft des Försters Blut von hinnen.

Nun muß die Försterin sich eilen,
den Gatten sauber zu zerteilen.
Schnell hat sie ihn bis auf die Knochen
nach Waidmanns Sitte aufgebrochen.
Voll Sorgfalt legt sie Glied auf Glied
(was der Gemahl bisher vermied) –,
behält ein Teil Filet zurück
als festtägliches Bratenstück
und packt zum Schluß, es geht auf vier,
die Reste in Geschenkpapier.
Da tönt's von fern wie Silberschellen,
im Dorfe hört man Hunde bellen.
Wer ist's, der in so tiefer Nacht
im Schnee noch seine Runde macht?
Knecht Ruprecht kommt mit goldnem Schlitten
auf einem Hirsch herangeritten!
»He, gute Frau, habt ihr noch Sachen,
die armen Menschen Freude machen?«
Des Försters Haus ist tief verschneit,
doch seine Frau steht schon bereit:
»Die sechs Pakete, heil'ger Mann,
's ist alles, was ich geben kann.«
Die Silberschellen klingen leise,
Knecht Ruprecht macht sich auf die Reise.
Im Försterhaus die Kerze brennt,
ein Sternlein blinkt – es ist Advent.

[729]

# Blick zurück

Was meine autobiographischen Versuche von anderen unterscheidet, ist die Absicht, mich in möglichst vorteilhaftem Licht erscheinen zu lassen. Der Leser wird also nichts über meine jahrelange Tätigkeit für den sowjetischen Geheimdienst erfahren, nichts über die Tatsache, daß ich gelegentlich (in netter Form) vollbesetzte Verkehrsflugzeuge zur Kursänderung zwinge, auch nichts über meine unglückliche Neigung, Säuglinge zu verzehren, vorausgesetzt, daß sie schmackhaft zubereitet sind.

Statt dessen nehme ich die Gelegenheit wahr, auf das uralte Geschlecht hinzuweisen, dem ich angehöre, dem männlichen nämlich, und habe die Vermutung, auch ich sei einmal klein gewesen. Verblüfft stelle ich bei der Durchsicht meiner Privatfotos fest, wieviel größer und schöner ich im Lauf der Jahrzehnte geworden bin, nur übertroffen von jenen Lebensgefährten, denen ein wesentlicher Teil des Lebens gewidmet ist: meinen Möpsen.

Als Folge einer sonderbaren Laune der Natur sind diese Geschöpfe fast unseresgleichen, nur eben nicht Menschen, sondern Möpse. Das ist kein Nachteil. Menschen, die meine Möpse und ihre Lebensweise kennen, äußern gelegentlich den Wunsch, mit ihnen tauschen zu dürfen (ich nehme mich da nicht aus). Dennoch muß in diesem Zusammenhang daran erinnert werden, wie schwer in unserer Gesellschaftsordnung schwächere Gruppen um ihre Anerkennung zu kämpfen haben. Die Frau, beispielsweise, vermochte erst nach Jahrtausenden der

Unterdrückung eine Position einzunehmen, die ihr seit jeher zustand. Heute ist sie aus dem privaten und öffentlichen Leben kaum mehr wegzudenken.

Nicht so der Mops. Ihm wurde trotz einer viertausendjährigen ruhmreichen Vergangenheit nahezu alles vorenthalten, was an sozialen Verbesserungen erarbeitet worden ist. Das öffentliche Leben geht am Mops vorbei. Es hat keinen Zweck, diese deprimierende Tatsache beschönigen zu wollen.

Bei geeigneter Fortbildung und sinnvoller Tätigkeit erweist sich der Mops ohnehin dem Menschen überlegen. Beispielsweise ist er in der Lage, auf einem festlich gedeckten Tisch herumzulaufen, ohne etwas umzustoßen. Auch vermag er ein halbes Pfund entwendeter Markenbutter auf einen Sitz zu verzehren, ohne Schaden an seiner Gesundheit zu nehmen. In Anbetracht seines edlen Herzen stellt sich die Frage nach äußerer Schönheit nicht. Schon die Schwanzhaltung des Mopses deutet auf Verinnerlichung.

Dem Menschen von heute fällt daher die Aufgabe zu, dem Mitmops zumindest Verständnis für seine Probleme entgegenzubringen. Nur so hat der Mops die Chance, seinen Platz in der Gesellschaft zu definieren. Die Zeit drängt. Wenn der Mops erst durch die Gleichgültigkeit der verantwortlichen Kreise in den Untergrund ausweicht und dort eine unheilvolle Aktivität entwickelt, ist es zu spät.

[729]

Am 12. November 1923, um 21 Uhr 50 wurde ich in Brandenburg an der Havel geboren, wog 6 3/4 Pfund und war 50 cm lang. Man taufte mich auf den Namen Bernhard-Viktor. Genannt wurde ich jedoch Vicco.

Der Besitzer des Warenhauses Flakowski schenkte mir einen weißen Teddybären. Am 5. Juni 1924 bekam ich den ersten Zahn. Ab August konnte ich »Papa« und »Mama« sagen.

## *Erste Liebe*

Wenn ich mein erstes Lebensjahr nach Liebesdingen abtaste, stoße ich auf nichts, was dienlich wäre. Vielleicht habe ich einschlägige Erlebnisse aus Reue oder falscher Scham verdrängt. Aber da ich fülligen Blondinen seinerzeit nur in ausschweifender Ernährungsabsicht nachzustarren pflegte, ist anzunehmen, daß ein bis zwei der goldenen zwanziger Jahre erotisch ungenutzt an mir vorüberstrichen.

Vom männlichen Standpunkt betrachtet, zeigte ich mich schon anläßlich meiner Taufe von einer beklagenswert unergiebigen Seite. Damals beabsichtigte noch ein weiterer, mir unbekannter weiblicher Säugling, sich am selben Tage taufen zu lassen. Kirchlicherseits war man auf diesen Andrang offensichtlich weder räumlich noch moralisch vorbereitet, denn wir wurden bis zum Beginn der Feierlichkeiten abseits in einen gemeinsamen Wagen gebettet.

Für Säuglinge von heute unbegreiflich: ich mißachtete die Gunst der Stunde. Es ist immerhin möglich, daß mich der mangelnde Liebreiz meiner Partnerin oder die Würde des Ortes schreckte. Ich fürchte jedoch, mein damaliges Versagen beruhte auf reiner Prüderie. Der Ballast überalterter abendländischer Erziehungskonventionen mag dabei eine Rolle gespielt haben. Leider wurde mir im Arrangieren ähnlicher Situationen bis heute kein kirchlicher Beistand mehr zuteil, womit der modernen Seelsorge natürlich kein Vorwurf gemacht werden soll.

Vom Zeitpunkt meiner Taufe bis zu jenem Ereignis, das erste amouröse Züge trägt, vergingen sieben Jahre. Ich befand mich, um den zermürbenden geistigen und körperlichen Anforderungen des zweiten Schuljahres weiterhin gewachsen zu bleiben, in einem Kinderheim an der Ostsee. Die Anwesenheit von mehreren Mädchen im Alter zwischen fünf und acht Jahren verlieh der Atmosphäre des Hauses etwas unerwartet Prickelndes. Durch gänzliches Fehlen leiblicher Schwestern und täglichen Besuch einer ahnungslosen Knabenschule war mir das weibliche Geschlecht im passenden Alter weithin unbekannt. Bei einem der häufigen Aufenthalte am Strand hob sich mein Blick von unschuldiger Sandbäckerei und blieb an einer siebenjährigen Heiminsassin haften, die sich ihrer nassen Badehose zwar sittsam unter dem Bademantel entledigt, letztern zu schließen aber verabsäumt hatte. In unbewegter Blöße musterte sie Horizont und Wellenspiel. Ich war mir der ungeheuren Bedeutung des Augenblick bewußt. Denn, so schloß ich, um auch nur einmal im Leben ein Mädchen unbekleidet zu sehen, bedarf es einer Zufallskette, deren Zustandekommen nach menschlichem Ermessen mindestens zweifelhaft, wenn nicht unmöglich erscheinen muß. Die Gewißheit, innerhalb der männlichen Welt nun zu einer sicher kleinen Gruppe von Glückspilzen zu gehören, bewirkte ein kurzes dumpfes Gefühl der Zuneigung. Der Bademantel schloß bald wieder korrekt, die Erbsünde aber hatte ihr Haupt erhoben.

Nach dieser noch sehr im Irdisch-Fleischlichen befangenen Erfahrung läuterte ich mich der entscheidenden geistigen Phase meines erwachenden Liebeslebens entgegen. Zu Beginn des dritten Grundschuljahres erschien mir nämlich im Traum ein Huhn, weiß, mittelgroß und von ungewöhnlich sanfter Wesensart. Eigentlich ging es nur schweigend auf und ab oder saß versonnen neben mir, aber ich fühlte, ein Weiterleben ohne Huhn würde sinnentleert und freudlos sein. Mit Anbruch des Tages verließ mich meine erste große Liebe, um düsterer Verzweiflung Raum zu geben.

Nutzlos blieb jahrelange Hühnersuche. Es zeigte sich, daß keines der vielen gebildeten, formschönen Hühner mit dem verlorenen zu vergleichen war.

## Tante Olga

Die berufliche Frage ist bei mir eigentlich nie ganz gelöst worden. Ich weiß nicht genau, wann ich ernsthaft damit begonnen habe, Pläne für die Zukunft zu machen. Der früheste mir bekannte Zeitpunkt lag etwa um das Jahr 1929. Ich war damals fünf und erhielt Besuch von Tante Olga, der Witwe eines namhaften sächsischen Tondichters. Sie betrachtete sinnend meine Hände. Dann sah sie mir mit dem verheißungsvoll leuchtenden Blick der alternden Künstlergattin tief in die Augen und sagte: »Möchtest du Pianist werden?«

Ich verneinte mit dem Hinweis, ich sei bereits entschlossen, mich beruflich dem Austragen von Milch oder der Reparatur von Kabeln unter der Straßendecke zu widmen. Auch Kanalisation käme in Betracht oder Pflastern.

Auf weiteren Gedankenaustausch mit Tante Olga kann ich mich nicht mehr besinnen. Jedenfalls hat sie mich daraufhin beruflich weder beraten noch unterstützt. Wahrscheinlich hatte sie auch keine nennenswerte Verbindung zum Straßenbau.

Heute erscheint mir mein damaliges Verhalten übereilt. Pianist ist ein schöner Beruf, und man ist der Witterung weniger ausgesetzt.

Neben meinen nüchternen Berufsplänen nährte ich Wunschträume, die mehr ins heldische Fach hinüberspielten. Eine farbenfrohe Darstellung des Todes von Prinz Louis Ferdinand in der Schlacht bei

Saalfeld regte mich zu intensiver Nachempfindung an. Die Sofalehne als Schlachtroß zwischen den Schenkeln, bog ich mich weit zurück, dem tödlichen Degenstoß des französischen Kavalleristen entgegensehend. Bis hierher entsprach die Situation etwa dem historischen Vorgang. Nun entglitt mir die preußische Geschichte. Ich fiel unversehens nach hinten aus dem Sattel und mit dem Hinterkopf auf ein Nähkästchen meiner Urgroßmutter. Romantische Reitertragödien haben seither für mich an Reiz verloren.

## *Krieg und Frieden*

Ab 1936 ging ich in die Oper, büßte Blinddarm und Rachenmandeln ein, lernte Shakespeare-Monologe, las Dickens, legte mein Taschengeld in Zitroneneis an, verliebte mich das vierte Mal (nach 1930, 1934 und 1937) und beendete 1941 im Eberhard-Ludwigs-Gymnasium meine erstaunlich glücklichen Schuljahre. Mein letzter Klassenlehrer hatte trotz übler Zeiten Maßstäbe gesetzt: Rudolf Griesinger.

Je älter wir werden, desto neugieriger betrachten wir unsere Vergangenheit, desto verwunderter vergleichen wir Zeiten und Räume.

Vieles haben wir verdrängt in eine Art privater Schadstoffdeponie, manches ist abrufbar und dient einem meist amüsierten Blick auf die durcheilten Jahre, und nur ganz wenige Erinnerungen sind immer griffbereit, immer in Benutzung und verlieren nichts von ihrem Glanz. Von einer solchen soll hier die Rede sein. Sie heißt: Willem Grimm.

Im Herbst 1947 waren von meiner heroischen Vergangenheit 6 Paar Socken und einige feldgraue Kleidungsstücke übriggeblieben, die der Verewigung eines vormals großdeutschen Reiches gedient, dieses jedoch überlebt hatten. Sie befanden sich nun in einem Acht-Quadratmeter-Zimmer, das ich von einem Friseurehepaar gemietet hatte. Der den Wohnräumen angeschlossene Damen- und Herrensalon besaß infolge seiner geschäftsgünstigen Lage zwischen Zuchthaus, Nervenklinik und Friedhof einen verläßlichen Kundenkreis.

Ich war 23, und mein einziger, kostbarer Besitz, neben den Lebensmittelkarten, war die Zulassung zum Studium an der Landeskunstschule Hamburg. Die Grimm-Klasse wurde mein Zuhause, mit meinen Freunden und meinem Lehrer Willem Grimm. Das ist nun 37 Jahre her, und ich habe nie aufgehört, ihn zu bewundern.

Er brauchte keinen Auftritt, wenn er in die Klasse kam, er war einfach da. Er verschaffte sich keinen Respekt, er hatte ihn. Einmal in der Woche, ich glaube am Freitag, fand die sogenannte Korrektur statt. An diesem Tage hatten wir uns vollzählig in der Klasse einzufinden und befestigten mit Reißnägeln die Ergebnisse unserer zeichnerischen und malerischen Bemühungen an Stellwänden, um sie kritischer Betrachtung auszusetzen.

Jüngere Kunstschüler haben ein besonders fein entwickeltes Gehör für Kritik. Das mag damit zusammenhängen, daß man dieses Studium ja nicht gewählt hätte, ohne sich, wenn schon nicht für genial, so doch für immens begabt zu halten. Willem Grimm hat die magische Fähigkeit, den Betroffenen fast gänzlich zu verschonen und dennoch eine schwache Stelle empfindlich aufzuspüren.

Ich hatte mich im Tierpark Hagenbeck dem Studium der Tierwelt gewidmet und unter anderem einen Papagei zu Papier gebracht. Eine nichtswürdige Federzeichnung mit leichter Hand in schwarzer Tusche. »Entzückend«, hätte meine Wirtin gesagt. Da hing das Blatt nun an der Wand. Willem Grimm verhielt den Schritt nur leicht, faßte den Papagei sekundenlang ins Auge und sagte im Weitergehen: »Ja, ja, mit dem Strich ist viel Geld zu verdienen...«

Da der Boden der Landeskunstschule sich nicht auftat, durchlitt ich den Augenblick in seiner ganzen Schande. Ich hatte meinen Lehrer verstanden und wohl mehr gelernt als sonst in einem ganzen Semester.

Wir lebten im zerstörten Hamburg, in einer vom Wiederaufbau und materiellen Gewinn faszinierten Umgebung. Aber wir blieben davon seltsam unberührt. Die linearen und malerischen Probleme eines Stillebens waren fesselnder als der Schwarze Markt.

Eines Morgens brachte Willem Grimm seinen

Plattenspieler in die Klasse. Wir hörten Mozart, Bach und, wie ich glaube, Beethovensche Streichquartette. Willem Grimm genügte es nicht, uns eine gewisse Fertigkeit im Malen und Zeichnen zu vermitteln, als gäbe es nichts anderes auf der Welt.

Es gelang ihm, eine ständige, neugierige Aufregung wachzuhalten, Musik und Literatur wie selbstverständlich in das Ringen gegen eine unproportionierte Aktzeichnung, gegen die Tücken eines in Verwesung übergehenden Stillebens mit Fisch einzubeziehen.

Nun liegt der Verdacht nahe, im Laufe der Jahre habe sich die Gestalt meines Lehrers ganz unzulässig zu einer Art männlicher Marienerscheinung verklärt. So ist es jedoch nicht.

Zum einen steht Willem Grimm gesund und munter unter uns, in seiner ganzen, für mystische Erscheinungen untypischen Diesseitigkeit, zum andern war damals etwas, an das ich mich nur zähneknirschend erinnere, mich also von dem Verdacht der Schönfärberei befreit.

Um es kurz zu machen: Durch die genannten Eigenschaften des Professors wurde den weiblichen Schülern fast zur Gänze der Blick verstellt auf uns, ihre Mitschüler. Nur in zähem Einsatz konnten wir etwas von jener Zuwendung abzweigen, die ihm mühelos zufiel.

Nun sind 37 Jahre vergangen. Wir folgten dem Ruf der Kulturbehörde, der Freien und Hansestadt Hamburg, einer delikat gestalteten Einladung unter dem Geschäftszeichen K43/32-080.5G, um einen Mann zu ehren, der uns, seinen Schülern, den Respekt vor der rechteckigen, weißen Fläche mitgegeben hat und damit das Augenmaß für die Proportionen unseres Lebens.

Ich verneige mich vor unserem Lehrer Willem Grimm in Dankbarkeit und Liebe.

[729]

1950. Aus einem Brief an meinen Vater:

... Trotz wirklich größter Anstrengungen ist es mir nicht gelungen, auch nur einen Auftrag zu kriegen, geschweige denn, einen Pfennig zu verdienen... Romi steuerte alles bei, was sie hatte (DM 40,–), so daß wir bei genauer Kalkulation bis zum 30. 11. kamen und noch DM 1,– übrig hatten... Ich gehe morgen zu meinem Gläubiger, von dem ich noch DM 40,– kriege, und gehe nicht aus dem Zimmer, bis er wenigstens DM 15,– rausrückt...

Das Jahr war noch nicht vorüber, als ich anläßlich eines Spazierganges mit Romi auf dem nahen Ohlsdorfer Friedhof um ihre Hand anhielt. Seltsam leicht fiel das Ja-Wort zwischen den Gräbern und hielt bis heute (2006).

Im Jahr 1953 trat mein Berufsleben in eine kritische Phase. Ich zeichnete für den *Stern* in wöchentlichen Fortsetzungen die Serie *Auf den Hund gekommen*. Sie löste erstaunlich lebhafte Reaktionen von seiten der Leser aus.

Konstanz, den 4. 6. 53.

Lassen Sie doch endlich die blöden und abstoßenden Hundebilder aus Ihrer Zeitung. Diese heben das Niveau des *Stern* sicher nicht.

Ein Dauerabonnent.

... Und Chefredakteur Henri Nannen sah sich nach sieben Folgen veranlaßt, die Serie einzustellen.

Für die Kinderbeilage des *Stern*, das *Sternchen*, lieferte ich seit 1953 jede Woche eine weitere Folge von *Reinhold das Nashorn*. Zuvor hatte ich Henri Nannen versichern müssen, diese Aufgabe mindestens ein Vierteljahr durchzuhalten. Es wurden 17 (siebzehn) Jahre daraus.

Vergeblich hatte ich *Auf den Hund gekommen* dem Rowohlt Verlag angeboten. Da erreichte mich nach der Frankfurter Buchmesse ein Brief der Buchhändlerin Lieselotte Büchner, einer Schwester meiner Jugendliebe:

»18. 10. 53 ... ich hatte in Frankfurt einen längeren Speech mit dem jungen (vielleicht Mitte Zwanzig) amüsanten Diogenes-Verlags-Inhaber (Stehhaare und kariertes Hemd) ... Er erzählte, er sei so sehr auf der Suche nach einem deutschen Witzzeichner, es gäbe keine Modernen, sei alles alte Schule usw., und Du sollst ihm doch Deine Sachen schicken, vielleicht könnte er so einen kleinen 4.60-Band daraus machen, er sei sehr interessiert ... Die Visitenkarte des Jünglings lege ich Dir bei ... Der Mann ist gelernter Buchhändler und vermutlich geschäftlich zuverlässig...«

Lilo Büchner hatte recht. Der junge Daniel Keel trug karierte Hemden und war zuverlässig. Der unbekannte Verleger druckte das Buch des unbekannten Autors. Die Auflage betrug 3000. Im August 1956 schrieb Keel: »Der Hund wirft beträchtliche Summen ab. Wenn ich Ihnen weiterhin solche Honorare zahlen muß, bedeutet das den Ruin meines Verlagshauses«, und ich antwortete: »Vielen Dank für Ihren erfreulichen Brief. Ich werde in Zukunft versuchen, durch keine oder schlechte Beiträge Ihrem Verlagshaus finanziell wieder auf die Beine zu helfen.«

## *Lichtspiele*

Irgendwann, es muß 1959 gewesen sein, traf ich Bernhard Wicki im Flugzeug und fragte ihn, ob es möglich sei, einmal die Dreharbeiten eines Films zu beobachten. So geriet ich als Stabsfeldwebel Queißer ins Scheinwerferlicht und sagte mehrfach das Wort »Bienenkorb«. Infolgedessen wurde der Film ein Welterfolg.

Das Werk rüttelte andere Produzenten wach. Im Spielfilm *Haie und kleine Fische* verkörperte ich den Matrosen D. Meine Aufgabe bestand in einem gellenden Gelächter.

Im seinerzeit aufwendigsten internationalen

Kriegsfilm der Filmgeschichte *Der längste Tag* übernahm ich die Rolle eines deutschen Offiziers. Vier Regisseure, unter ihnen Bernhard Wicki, gestalteten die Landung der Alliierten in der Normandie am 6. Juni 1944.

Wir drehten in Pariser Filmstudios mit französischen Komparsen in englischer Sprache. Ich ging auf den deutschen General (Wolfgang Preiß) zu mit der in militärischem Tempo gebellten Meldung: »Wehavent'tbeenabletogetitthroughsir«. Erstaunlicherweise nahm meine Zunge keinen Schaden. Nur als wir kurz darauf die deutsche Fassung mit den Worten: »WirsindbishernichtdurchgekommenHerrGeneral« drehten, gehorchte sie mir erst beim fünften Anlauf. Es war eine schöne Aufgabe. In kleineren Rollen wirkten mit: John Wayne, Henry Fonda, Robert Mitchum, Jean-Louis Barrault, Françoise Rosay, Daniel Gelin, Mel Ferrer, Rod Steiger u. ä.

## *Televisionen*

Ab 1966 saß ich auf einem samtrot bezogenen Sofa aus den Gründerjahren und moderierte vor den Kameras des Süddeutschen Rundfunks die Sendereihe *Cartoon,* einen »Streifzug durch den gezeichneten Humor«. Aber mit der Zeit entsprach diese Tätigkeit nicht meinem Lustprinzip. Und da ein Fernsehschaffender damals nahezu unbeschränkte Freiheiten hatte, überwand ich eine gewisse angeborene

Schüchternheit und produzierte, was ich für komisch hielt. Das nicht ganz wehrlose Opfer war die eigene Branche. Verständnisvolle Mitarbeit verdanke ich Tim Moores. Ende 1972 geschah es, daß unsere *Panorama*-Parodie mit Peter Merseburger von vielen verstörten Zuschauern für das Original gehalten wurde. Da beschlich mich das Gefühl, einen Punkt erreicht zu haben, an dem es mir zweifelhaft erschien, ob ich diese Sendung noch verbessern könnte. Ich beschloß, mit der 21. Folge am 25. 12. 1972 meine Sendereihe einzustellen, ehe ich das rote Sofa durchgesessen hätte.

1976 unterschrieb ich einen Vertrag mit Radio Bremen. Die Honorare waren bescheiden, die Arbeitsbedingungen ideal. Dies und die Nähe des Bistro Grasshoff ließen mich verlockende Angebote großer Sender vergessen. Als weibliche Hauptrolle schwebte mir eine mittelgroße, füllige, 50jährige, dauergewellte, blonde deutsche Hausfrau vor... Beim ersten Treffen erschien eine hohe, schlanke, junge Wilde, mit ungebändigtem brünettem Haarwuchs. Die Frage, ob sie bis zu den Dreharbeiten 15 Kilo zunehmen könne, beantwortete sie ausweichend.

Aber ihre Präzision, ihre Wandlungsfähigkeit, ihre Ruhe und ihre Stimme änderten mein Konzept. Es war der Anfang einer langen, erfolgreichen Zusammenarbeit. Der Glücksfall: Evelyn Hamann.

Wir drehten *Loriot I–VI*. Unermüdlich an meiner Seite bis zum Finale Stefan Lukschy und Jürgen Breest. Das Sofa war grün.

## *Alter Freund P. N.*

Seit etwa 28 Jahren bin ich mit Herrn Peter Neugebauer befreundet und habe noch keine Neurose. Das grenzt ans Wunderbare, denn schon nach flüchtigem Durchblättern eines seiner Werke wird der Durchschnittsleser genötigt sein, sich einer langwierigen psychotherapeutischen Behandlung zu unterziehen. Warum geht also ein gesunder Mensch in eine Buchhandlung, erwirbt die Ausgeburten eines zwar genialen, aber offensichtlich gestörten Zeichnerhirns und gefährdet damit sich und andere? Auf diese Frage ergibt sich nach einem ebenso zeitraubenden wie komplizierten Denkvorgang eine Antwort, die wie alle wirklich bedeutenden Erkenntnisse einfach ist: Ein Mensch, der ein Buch kauft, ist eben nicht gesund. Der gesunde Mensch arbeitet, sieht fern, verdaut und pflanzt sich fort. Er liest nicht.

Mein armer Freund wurde 1929 in Hamburg geboren. Das macht ihn älter, als er aussieht. Kaum zwanzigjährig, war er alleiniger Herausgeber einer Kinderzeitung. Die inzwischen herangewachsenen kleinen Leser dieses Blattes arbeiten heute fast ausnahmslos in leitenden Positionen des internationalen Mädchenhandels. Die Studienjahre von 1951 bis 1954 an der Hamburger Landeskunstschule schienen ihm gutzutun. Sein Blick verlor das Unstete, seine angehende Künstlerhand führte den Pinsel ruhig und sicher. Weder Professor Mahlau noch die Mitschüler haben in dieser Zeit etwas Auffälliges an ihm bemerkt. Mir gab jedoch zu denken, daß er schon damals in Gegenwart von kurzhaarigen Haustieren zu niesen pflegte. Bald darauf begann er seine steile, unheilvolle Karriere bei der damals noch sehr bekannten Illustrierten *Der Stern,* gelegentlich auch bei der Wochenzeitung *Die Zeit* und der Tageszeitung *Die Welt.* Damit war der Keim zum Ausbruch des Leidens gelegt. Welcher auch nur halbwegs sensible Mensch kann, ohne schweren geistigen Schaden zu nehmen, jahrzehntelang für Presseerzeugnisse arbeiten, die unser Leben so darstellen, wie es ist.

Er veröffentlichte und illustrierte dann verschiedene Bücher im Schweizer Diogenes Verlag, einem Unternehmen, dessen Programm gekennzeichnet ist von pessimistischer Philosophie, Verbrechen und perverser Lust.

Unverständlicherweise wurde Peter Neugebauer 1968, wohl in Unkenntnis seines psychiatrischen Befundes, mit dem Zille-Preis ausgezeichnet. Daß er in der Tat einer unserer besten Zeichner ist, einer der ganz wenigen, die sich stilbildend auf die Karikatur der Gegenwart ausgewirkt haben, macht seinen Fall nur noch tragischer.

Seit vielen, vielen Jahren fahren wir im Herbst zusammen auf eine italienische Insel, wandern hinauf zu den Palastruinen aus der römischen Kaiserzeit und betrachten schaudernd das sturmgepeitschte Meer. Dann leuchtet es in den Augen meines armen Freundes, und während der Wind in sein immer noch volles Haupthaar fährt, sagt Peter Neugebauer drohend: »Ich bin Claudius, Kaiser und Gott!« Dann sage ich: »Ja, ja«, und alles ist wieder gut.

[729]

## *Alter Freund M. S.*

Jeder Mensch braucht im Leben etwas, das ihn auf dem Boden der Wirklichkeit hält. Für mich erfüllt diese Aufgabe seit vielen Jahren mein Freund Manfred Schmidt.

Liege ich an einem warmen Sommertage am Gestade des Starnberger Sees, mit dem Blick in die sinkende Sonne ein Gefühl biedermeierlicher Zufriedenheit nährend, naht alsbald mein Freund auf dem Wasserwege. Mit kräftigem Ruderschlag setzt er sein Boot an Land, um neben mir Platz zu nehmen. »Bei diesem Föhn«, sagt er unter Hinweis auf die besonnte, in makelloser Klarheit sichtbare Alpenkette, »bei diesem Föhn möchte man sich umbringen.«

Und etwas später, während ihn Schmetterlinge umgaukeln und ein Segelboot sanft durch das Licht der Abendsonne gleitet, fügt er hinzu: »Diese Gegend ist infolge ihrer Witterung besonders geeignet für eine Strafkolonie.« Während mein eben noch helles Weltbild dumpfer Depression weicht, erhebt sich M. Sch., besteigt sein Boot und rudert erleichtert davon, mir noch lange fröhlich zuwinkend.

Der unwiderstehliche, strahlende Pessimismus

meines Freundes erklärt sich durch seinen Geburtsort. Er ist Bremer. Bremer sind bekannt für ihr lustvolles Verhältnis zum Makaberen. Schon als Knabe wurde er von einer Tante regelmäßig zum Friedhof mitgenommen, um dort mit Hilfe eines kleinen Hölzchens die auf dem Stein des Familiengrabes eingemeißelten Namen verblichener Vorfahren zu säubern. Damals kannten wir uns noch nicht.

Erst sehr viel später trafen wir uns auf einer Faschingsveranstaltung unserer gemeinsamen Münchner Vertragsillustrierten. Er war in lange weiße Stoffbahnen gewickelt, die sich infolge seines ausschweifenden Tanzstils in Auflösung befanden und meterlange hinderliche Schlaufen zwischen seinen Beinen bildeten. Dazu trug er eine von den Ohren mühelos gehaltene Blätterkrone und schlug eine goldene Leier. Als Nero meiner ansichtig wurde, sagte er: »Sie heißen doch in Wirklichkeit Clausewitz oder so was.«

Das ist jetzt zwanzig Jahre her, aber es scheint, als habe er gewisse exzentrische Züge des römischen Imperators nie mehr ganz abgelegt. Kürzlich befanden wir uns in einem kleinen verkehrsumbrandeten Pariser Straßencafé, wo er mich unter infernalischem Lärm und hautnahem Gedränge zu einem abgasgeschwängerten Aperitif einlud. Ich habe seine Augen nie so leuchten sehen. Allerdings muß gesagt werden, daß er in diesem Augenblick weniger den Konsum von Alkohol als vielmehr den Genuß hochprozentiger Weltstadtatmosphäre im Auge hatte, ohne die er in seinem bayrischen Gartenparadies lustlos dahinwelken würde.

Im übrigen wird seine phänomenale Beobachtungsschärfe nur noch übertroffen von der Sensibilität seiner Zunge. Ein geringfügiger Fehler in der Zubereitung seiner Lieblingssoße versetzt ihn in tiefe Niedergeschlagenheit. Andererseits riskiert er sein Leben, wenn es um das Wohl seiner Gäste geht. Kürzlich bewältigte er am Steuer seines Citroën mit einem gerösteten Spanferkel auf dem Rücksitz die acht Kilometer von der Kreisstadt bis zu seinem Haus in dreieinhalb Minuten, um das Tier knusprig auf den Tisch zu bringen. Ohne Spanferkel gilt M. Sch. als der besonnenste Fahrer des Voralpenlandes.

Diese Besonnenheit beruht nicht zuletzt auf dem bestimmten Gefühl, man habe ständig mit dem Hereinbrechen irgendeiner Katastrophe zu rechnen. Das veranlaßt ihn, vor jeder Reise die besten Flaschen seines Kellers auszutrinken. Der Gedanke, im Falle seines Ablebens eine ungeleerte Flasche 64er Mouton Rothschild zu hinterlassen, erscheint ihm sündhaft und daher unerlaubt.

In meinem Freunde Manfred verbindet sich eine romantische Leidenschaft für die große bunte Welt mit tiefem Mißtrauen gegenüber ihrer Haltbarkeit.

[729]

## *Alter Mann*

Wenn ich so spazierengehe und die Kinder auf der Straße spielen sehe, wird mir klar, daß die Kinder von damals heute ihre Väter sind... oder ihre Großväter. Ich meine, daß die Großväter von heute eigentlich die Kinder dieser Väter sind... nein, daß die Väter von heute die Großväter ihrer Kinder waren ... sein werden. Ich war damals ja kein Kind mehr und bin doch heute Großvater... Ich will damit nicht sagen, daß alle Kinder auf der Straße Großväter sind... aber doch eben alle Großväter mal Kinder waren...

Tja, man macht sich so seine Gedanken, wenn man hier so lange am See wohnt...

Die Bergische Universität Wuppertal hat mich hoch geehrt.

Erfüllt von Dankbarkeit und Rührung, im besonderen nach den Worten, die Herr Professor Rölleke für mich fand, und in Kenntnis der erstaunlich präzisen Dissertation von Herrn Dr. Neumann über einen Gegenstand, als der ich mich hier unfreiwillig im Mittelpunkt befinde, aber auch entzückt von der meisterlichen musikalischen Umrahmung, nähre ich die bange Hoffnung, es möge sich nicht um einen Irrtum handeln.

Vorsichtshalber lasse ich einen kurzen, intimen Abriß meines Bildungsweges folgen, um dem Hohen

Hause eine letzte Gelegenheit zu geben, seinen Entschluß zu überdenken.

Ein Irrtum liegt insofern nahe, als meine Vorfahren seit Hunderten von Jahren Wohlbefinden und Berufung weniger im Lichte der Wissenschaften suchten als auf dem rauhen Boden ostelbischer Guts- und Kasernenhöfe.

Leider kann ich für mich da keine Ausnahme in Anspruch nehmen. Als ersten verbürgten Eindruck meines Lebens empfing ich den Blick auf eine rötliche Kasernenwand, deren wilhelminisch dekorativ geziegelte Oberfläche zunächst dem Auge, später auch dem Griff des schwankenden Kleinkindes Zuversicht und Stütze bot. Das geschah in der Stadt Brandenburg. Seither verschwimmen in meiner Erinnerung altväterliche Kasernenbauten und die mütterliche Brust zu einem harmonischen Ganzen.

Ich war als Säugling des Jahrgangs 1923 ein Produkt der Inflation mit vordergründigem Interesse für Geld und Besitz.

Wie soll auch ein Säugling geistige Maßstäbe entwickeln, nach denen es sich zu leben lohnt, wenn seine Strampelhosen Milliarden gekostet haben! Eine zur Gewohnheit werdende Überschätzung materieller Werte drohte mein Leben zu ruinieren.

Glücklicherweise fiel mit der Einführung der Rentenmark ein paar Monate später der Preis für eine Strampelhose auf 3 Mark 50. Das hat sich bis heute günstig auf meinen Charakter ausgewirkt.

Leider nahm das Eheglück meiner Eltern ein frühes Ende. Ich verließ Brandenburg und fand mit meinem ein Jahr jüngeren Bruder für sieben Jahre Aufnahme bei zwei alten Damen, meiner Großmutter und meiner Urgroßmutter, die beide nach dem Verlust ihrer Ehemänner in Berlin-Wilmersdorf, Pariserstraße 55, zusammenlebten.

Schräg gegenüber wohnten Weizsäckers. Sie sind uns seinerzeit nicht aufgefallen, wohl weil der Bundespräsident damals erst etwa zehn Jahre alt war.

Im Jahre 1930 reifte in der Familie der Entschluß, mich zur Schule zu schicken. Nicht, weil man sich Besonderes davon versprach. Aber – das sage ich nicht ohne Stolz – auch meine Eltern haben eine Schule besucht.

Im übrigen war die zuständige Volksschule 4, der ich meine bescheidenen Kenntnisse in Lesen, Schreiben und Rechnen verdanke, günstig gelegen. Sie befand sich keine zehn Minuten entfernt in der Nachodstraße 17.

Berliner Straßennamen waren seit je das unverzichtbare Fundament volksnaher Allgemeinbildung. So läßt also der Straßenname »Nachod« damals wie heute das Herz jedes sechsjährigen Grundschülers höher schlagen. Erinnert er doch an eine böhmische Kleinstadt, in deren Nähe am 27. Juni 1866 die Österreicher eine empfindliche Niederlage erlitten.

Allerdings befindet sich in der Nachodstraße jetzt keine Schule mehr, sie wurde 1943 aus der Luft zerstört. Merkwürdigerweise nicht durch die Österreicher.

Als ich einigermaßen fließend lesen konnte, also Anfang der dreißiger Jahre, beendete ich meine Lektüre unzerreißbarer Kinderbücher und entnahm der Bibliothek meiner Großmutter eine Auswahl klassischer Werke, von denen ich annahm, daß sie einer zukünftigen Existenz als Dr. phil. honoris causa dienlich sein dürften.

Vor allem zwei Werke haben mich geprägt: *Kürschners Conversationslexikon von A bis Z* in einem Band und *Robinson* in einer leicht faßlichen Bearbeitung von Joachim Heinrich Campe.

Das *Conversationslexikon* enthielt vor allem einen Anhang mit zahllosen Portraits weltgeschichtlicher Persönlichkeiten in Briefmarkengröße. Ihnen verdanke ich einen bleibenden Eindruck vom wirklichen Format sogenannter großer Menschen.

Die Großmutter weckte mein frühes Interesse für das Leben der Dargestellten durch unterhaltsame historische Details wie Enthauptungen, Vielweiberei und ähnliches. Großmütter kennen die bevorzugten Wege der kindlichen Phantasie und verfügen zur Wahrnehmung ihres pädagogischen Auftrags unbegrenzt über Raum und Zeit.

Leider ist in den ersten Semestern des Hochschulstudiums eine systematische Einbindung der Großmütter bisher nicht durchsetzbar.

Es sei noch hinzugefügt, daß Kürschners Lexikon den Wissensstand von 1890 nicht überschritt.

Daher blieb mir die jüngere Geschichte zum Glück weitgehend unbekannt.

Die nachhaltige Wirkung des *Robinson* schließlich beruhte auf der Entdeckung, daß in meinem Exemplar an entscheidender Stelle eine Seite fehlte. So endete bereits im Kindesalter mein Glaube an die Unfehlbarkeit gedruckten Bildungsgutes.

Enttäuscht konzentrierte ich mich im Verlauf der nächsten zwanzig Jahre auf die Begegnung mit einer geeigneten Lebensgefährtin.

Das gelang 1951 nach zeitraubenden Umwegen über ein humanistisches Gymnasium, nach bedauerlicher Tätigkeit in einer feldgrauen, schlagenden Verbindung und sechs Semestern Kunstakademie.

Nun befindet sich meine Frau schon seit mehr als fünfzig kurzweiligen Jahren an meiner Seite, wobei sie meine Behauptung »Männer und Frauen passen einfach nicht zusammen« ebenso vehement bestätigt wie liebevoll widerlegt.

Zu Beginn meiner Ausführungen hatte ich angeregt, man möge den Anlaß dieser Feierstunde noch einmal überprüfen, um ihn gegebenenfalls für einen Widerruf zu nutzen. Dafür wäre nun Gelegenheit.

Allerdings halte ich meine biographischen Bekenntnisse nach erneuter Durchsicht doch für eindrucksvoller, als ich dachte, und schließe mit der Bitte, das Gehörte vertraulich zu behandeln.

Ich danke Ihnen.

[730]

## *Irren und Wirren*

Durch mutwilliges Ignorieren meines ohnehin seit fünfzehn Jahren behinderten Ruhestandes und mit der in Künstlerkreisen verbreiteten Bedenkenlosigkeit ist es heute der Universität der Künste Berlin gelungen, im Rahmen einer Feierstunde das Durchschnittsalter ihrer Professoren bedrohlich anzuheben.

Diese Maßnahme dient wohl nicht nur dem sozialen Bemühen, einen bejahrten Herumstreuner wieder zu sinnvoller Tätigkeit anzuleiten. Man profitiert auch von Senioren, da sie zwischen dem achten und neunten Lebensjahrzehnt zu interessanten Gedächtnislücken neigen. Plötzlich liegen Namen bekannter Schauspieler und Politiker, Titel von Opern, Dramen und ähnliches weder auf der Zunge noch sonstwo. Dann belebt die gemeinsame intensive Suche und das seltene Auffinden der fraglichen Begriffe den Hörsaal, aktiviert das restliche Bildungsgut und festigt so den Zusammenhalt von Lehrendem und Lernenden.

Ein weiterer Vorzug des alten Menschen beruht auf seiner Überzeugungstreue. Diese auch als Altersstarrsinn geschätzte Eigenschaft beendet unergiebigen Gedankenaustausch. Ein in höherem Alter willkommener Zeitgewinn.

Damit ist die Gelegenheit, meine Altersgruppe akademisch aufzuwerten, ausreichend genutzt, und ich beeile mich, Rechenschaft darüber abzulegen, welchen Weg ich ging, bevor man mich so ehrenvoll in diesem Haus willkommen hieß.

Ich kam vom Savignyplatz, folgte der Carmerstraße, überquerte unfallfrei die Hardenbergstraße und war eigentlich schon da. Aber ich sollte vielleicht etwas weiter ausholen: Meine Vorfahren waren ansässig im Mecklenburgischen und vermutlich seriöse, fleißige Raubritter. Ihr Repertoire anspruchsvoller Unterhaltung mag begrenzt gewesen sein.

Ob man nach dem Abendessen zur Laute griff, um mittelhochdeutsches Liedgut vorzutragen, oder im Arrangieren lebender Bilder Zerstreuung fand, ist nicht überliefert.

Verbürgt ist jedoch eine langjährige Erfahrung in der Aufzucht brauchbarer Soldaten, Landwirte und Staatsdiener, deren Wissensdurst sich auf die Heeresdienstvorschrift, die Bibel und den Kalender *Wild und Hund* bezog.

Nur zögernd verweise ich in diesem Zusammenhang auf eine gefährliche, nur im engsten Kreise der Familie vererbte Schwäche: den Hang zur Bühne. Die Tagebucheintragung vom 13. April 1821 meines Berliner Ururgroßvaters, eines Majors der Kavallerie, zeugt immerhin von militärischer Eindeutigkeit und hohem künstlerischem Anspruch: »In der Oper gewesen, *Iphigenie in Aulis* gehört, große Langeweile gehabt…«

Zwei Generationen danach suchte und fand mein späterer Großvater, seinerzeit Berufsoffizier in einem preußischen Regiment, musische Erfüllung auf dem Gebiet der darstellenden Kunst. Er liebte es, bei gesellschaftlichen Anlässen deutsche Balladen vorzutragen und in Fällen nachlassender Aufmerksamkeit Weingläser zu zertrümmern.

Die Lust zu deklamieren überkam auch seinen Sohn, meinen Vater. Ebenfalls ein Offizier, nur vergriff sich dieser nicht an Gegenständen, sondern verschreckte die Teilnehmer festlicher Abendessen durch spontanen Vortrag dramatischer Poesie, deren Wirkung er in eigenwilliger Betonung beängstigend zu steigern wußte.

Die darstellende Kunst erhob drohend ihr Haupt, und es lag die Befürchtung nahe, dieses unheilvolle Treiben könne sich auf mich übertragen und meine geordnete militärische Zukunft gefährden.

Aber der Achtjährige war noch nicht so weit. Ich schämte mich der ungebremsten väterlichen Leidenschaft und erlag einer pubertären Schüchternheit, die mich nie verlassen hat und mir jetzt rät, mein Inneres nicht weiter auszubreiten.

Nur soviel sei gesagt: Es ist mir in achtzig Jahren nicht geglückt, mich dauerhaft auf eine Tätigkeit zu konzentrieren, die man als Beruf bezeichnet. Die traditionsbeschwingte Militärkarriere hatte sich von selbst erledigt, eine Stellung als Holzfäller führte zu gesellschaftlicher Entwurzelung, und nach abgeschlossenem Studium der Malerei umspielten mich nur Tausende von kleinen Männchen, die allerdings dann längere Zeit meinen Lebensunterhalt bestritten.

Doch auch dieser Abschnitt blieb Fragment. Zur Lebensmitte hin erlag ich dem Lockruf des Fernsehens, gedachte meiner Vorväter und folgte ihrem Trieb, anderen etwas vorzumachen.

Aus Gründen, die nicht hierhergehören, fesselte mich über acht Fernsehjahre das Thema der Kommunikationsstörung zwischen Mann und Frau. Ein dankbares Thema, das nach meinem Verlassen der TV-Studios zwei Kinofilme bestritt.

Aber der Gedanke, nun aus der Tätigkeit des Regisseurs oder Bühnenbildners, Schauspielers oder Autors einen ehrlichen Beruf zu machen, ist mir nie gekommen. Statt dessen warf ich mich, trotz schwacher Begabung, auf meine große Liebe, die Musik.

Meine Kenntnisse auf diesem Gebiet beruhen auf dem Grammophon meines Vaters und einer Sammlung von etwa acht überanstrengten Schellack-Platten aus den zwanziger Jahren.

Dieser Aufwand war nötig, denn fünfzig Jahre später musizierten die Berliner Philharmoniker unter meiner Leitung. Auch das so liebenswürdige Orchester der Deutschen Oper Berlin, dem anzugehören ich die Freude und Ehre habe, gewährte eine fruchtbare Zusammenarbeit, als ich versprach, weder zu singen noch zu geigen.

Das galt auch für diverse andere Opernhäuser. Aber der Gedanke, beruflich nun doch eine feste Bindung einzugehen, war ungewohnt und ließ mich zögern. In diesem Moment der Wehrlosigkeit traf mich der Pfeil der Universität der Künste: ein Lehrauftrag.

Ich unterdrückte einen Anfall spontaner Freude und gab zu bedenken, daß nichts von mir zu lernen sei, außer einigen altmodischen Umgangsformen. Meine Warnung drang jedoch nicht durch, ich gab klein bei und suche nun zwischen den Irrungen und Wirrungen meines Berufs- und Lebenswandels nach Erfahrungen, die vielleicht, wie Möbel, durch Alterung gewinnen.

Ich danke der Universität der Künste für das große Vertrauen, für die ehrenvolle Berufung und die so schöne Aufgabe meiner späten Jahre ........ noch Fragen?

Guten Tag!

[730]

# Daten

| | |
|---|---|
| 12. 11. 1923 | geb. in Brandenburg an der Havel |
| 1934–41 | Human. Gymnasien Berlin u. Stuttgart |
| 1942–45 | als Soldat in Rußland |
| 1947–49 | Kunstakademie Hamburg |
| Ab 1950 | Cartoons für den *Stern*, Kinderserie *Reinhold das Nashorn* |
| 1951 | Trauung mit Romi |
| 1954 | Geburt der Tochter Bettina |
| 1954–2006 | 1954 erscheint *Auf den Hund gekommen* im Zürcher Diogenes Verlag. Viele weitere Bücher folgen |
| Ab 1955 | Cartoons für *Quick*, Werbegraphik |
| 1958 | Geburt der Tochter Susanne |
| 1967–72 | Serie *Cartoon* (Autor, Moderator und Hauptdarsteller) Zeichentrickproduktion |
| 1968 | Grimme Preis (Ehrende Anerkennung) |
| 1969 | Goldene Kamera |
| 1971–96 | TV-Hund Wum für Aktion Sorgenkind |
| 1972 | Rose D'or de Montreux (Ehrende Anerkennung) |
| 1973 | Ausstellung im Wilhelm-Busch-Museum Hannover |
| | Grimme Preis in Silber, Goldene Europa, Goldene Schallplatte |

| | |
|---|---|
| 1974 | Mitarbeit an der Hilda-Heinemann-Stiftung<br>TV-Sendung *Telecabinet*<br>Großes Bundesverdienstkreuz |
| 1975 | Text zu *Karneval der Tiere* von Camille Saint-Saëns<br>Deutscher Schallplattenpreis |
| 1976–78 | TV-Serie *Loriot I–VI* (Autor, Hauptdarsteller, Regie)<br>(*Loriot* I und II mit den Titeln *Loriots sauberer Bildschirm* und *Loriots Teleskizzen*) |
| 1978 | Mitarbeit Deutsche Krebshilfe e.V. von Dr. Mildred Scheel<br>Goldene Kamera |
| 1979 | »Versuch eines Dirigats« der Berliner Philharmoniker anläßlich des Bundeskanzlerfestes<br>Deutscher Kleinkunstpreis<br>Mitglied des P.E.N. |
| 1980 | Politische Satire für TV-Sendereihe *Report*<br>Bayerischer Verdienstorden<br>Festrede und Sketche mit den Berliner Philharmonikern anläßlich ihres 100. Geburtstags<br>Deutscher Schallplattenpreis<br>Schaffermahlzeit Bremen<br>800-Jahr-Feier des Hauses Wittelsbach |

| | |
|---|---|
| 1983 | Text zu *Peter und der Wolf* von Serge Prokofieff |
| 1984 | Erich-Kästner-Preis für Literatur |
| 1985 | Ausstellung und Feier im Dom zu Brandenburg/DDR |
| | Inszenierung der Dramatischen Werke im Stadttheater Aachen |
| 1985 | Kasseler Literaturpreis |
| 1985–86 | Inszenierung der Oper *Martha* an der Staatsoper Stuttgart (Regie, Bühnenbild, Kostüme) |
| 1987–89 | Moderation Benefizgala der Marianne-Strauß-Stiftung in der Bayerischen Staatsoper |
| 1988 | Premiere des Spielfilms *Ödipussi* in Berlin Ost und West am 10. 3. 88 (Autor, Regie, Hauptdarsteller) |
| | Ausstellung im Wilhelm-Busch-Museum Hannover |
| | Inszenierung der Oper *Freischütz* für die Ludwigsburger Schloßfestspiele (Regie, Bühnenbild, Kostüme) |
| | Bayerischer Filmpreis |
| | Bambi |
| 1989 | Ernst Lubitsch Preis |
| | Deutscher Filmpreis |
| | Ausstellungen in Weimar und Rostock/DDR |
| 1990–2003 | *Karneval der Tiere*-Auftritte mit dem Scharoun-Ensemble der Berliner Phil- |

| | |
|---|---|
| | harmoniker in Berlin, in der Philharmonie München, im Musikvereinssaal Wien, bei den Salzburger Festspielen, in der Philharmonie Köln, der Alten Oper Frankfurt, in Baden-Baden, Potsdam, Hamburg u. v. a |
| 1991 | Premiere des 2. Spielfilms *Pappa ante Portas* (Autor, Regie, Hauptrolle) |
| 1991 | Verdienstorden des Landes Berlin |
| 1992 | Video-Winner |
| | Reclam-Bändchen *Menschen, Tiere und Katastrophen* |
| 1992–2001 | *Der Ring an 1 Abend*, Wagners *Ring der Nibelungen* in einer Fassung für Erzähler, Sänger und Orchester, Premiere im Nationaltheater Mannheim, Aufführungen in der Deutschen Oper Berlin, Alten Oper Frankfurt, Philharmonie München, Stuttgarter Liederhalle, Volksoper Wien, im Großen Konzerthaussaal Wien u. a. |
| 1993 | Gründung der Vicco-v.-Bülow-Stiftung in Brandenburg |
| | Ausstellung in Potsdam, Düsseldorf, München, Hamburg |
| | Ehrenbürgerschaft der Stadt Brandenburg und der Gemeinde Münsing |
| | Bambi |
| | Inszenierung der Oper *Martha* in Meiningen |

Mitglied der Bayerischen Akademie der schönen Künste

Verleihung der Hans-v.-Bülow-Medaille durch das Berliner Philharmonische Orchester

1994–98 Lesungen mit Walter Jens aus dem Briefwechsel von Friedrich II. und Voltaire in Potsdam, Köln, im Schauspielhaus Dresden, in den Münchner Kammerspielen, an der Akademie Berlin und München, Universität Tübingen, am Burgtheater Wien, im Markgräflichen Opernhaus Bayreuth, Schloß Bellevue u. a.

1995 Mitarbeit an der Erhaltung des Doms zu Brandenburg

Bayerischer Maximiliansorden f. Wissenschaft und Kunst

Operngala für die Aids-Hilfe mit dem *Ring an 1 Abend* in der Deutschen Oper Berlin

1996 Thomas Mann-Lesung im Jüdischen Gemeindezentrum in Frankfurt, im Akademietheater Wien und in den Münchner Kammerspielen

Benefizkonzert in der Deutschen Oper Berlin mit *Peter und der Wolf* und *Babar der Elefant*

1997 Inszenierung *Martha* im Staatstheater am Gärtnerplatz München

| | |
|---|---|
| | Mitglied der Akademie der Künste Berlin (Abtlg. Film und Medienkunst) |
| | Neue Zusammenstellung aller TV-Sketche *Loriot I-VI* in 14 Folgen, erweitert durch Beiträge aus den Sendereihen *Cartoon* (1-21) und *Report* sowie durch die Auftritte mit den Berliner Philharmonikern |
| 1997–2002 | *Candide,* Sprecher mit eigenen Texten zur Operette Bernsteins, Premiere Prinzregententheater München, dann Alte Oper Frankfurt, Kölner Philharmonie, Münchner Philharmonie, Staatstheater am Gärtnerplatz München, Philharmonie Berlin |
| 1997–2004 | Moderation der Operngala für die Aidsstiftung in der Deutschen Oper Berlin |
| 1998 | Großes Bundesverdienstkreuz mit Stern |
| 1999 | Weilheimer Literaturpreis *(Rede an die Jugend)* |
| | Wiederholung der Rede vor der Studentenschaft der Freien Universität Berlin |
| | Oberbayrischer Kulturpreis |
| 2000 | Deutscher Video-Preis |
| | Rede im Prinzregententheater München zur 100-Jahres-Feier des FC Bayern |

Lesung aus Thomas Manns Tagebüchern gemeinsam mit Peter Wapnewski und Reinhard Baumgart in der Akademie der Künste Berlin und im Literaturhaus München

2001 Lesungen
Dr. phil. h.c. Universität Wuppertal
Rede anläßlich des 60. Geburtstages des Bayerischen Ministerpräsidenten Dr. Edmund Stoiber
Ehrenmitglied der Deutschen Oper Berlin und des Orchesters der Deutschen Oper Berlin

2002 Lesungen
Bayerischer Fernsehpreis

2003 Produktion der ARD-Fernsehsendung zum 80. Geburtstag
*Candide*-Aufführung und Empfang im Prinzregententheater durch das Staatstheater am Gärtnerplatz München
Geburtstagskonzert in der Deutschen Oper Berlin
Ehrenmitglied des Staatstheaters am Gärnterplatz München
Ehrenpreis der Goldenen Kamera

2004 Berufung als Honorarprofessor an die Universität der Künste Berlin
Jacob Grimm Kulturpreis Deutsche Sprache
Ehrenbrief des Landkreises Bad Tölz

| | |
|---|---|
| 2004–2006 | Seminare an der Universität der Künste Berlin |
| 2005 | Auszeichnung Pro meritis scientiae et litterarum |
| 2006 | Benefiz-Veranstaltung zum Erhalt der historischen Ausstattung des Renaissance-Theaters Berlin<br>Rede zur Eröffnung des Fernsehmuseums in Berlin |
| Seit 2006 | unterdrückt der Künstler den Wunsch, Rentner zu berauben, öffentliche Verkehrsmittel zu verunreinigen, sich politisch zu äußern und ähnliches mehr. |

# Wir sind Loriot
oder
# Ein Preusse lockert die Deutschen

*Von Christoph Stölzl*

Wer der Frage nach dem Mentalitätswechsel nachgeht, der die Bundesrepublik so gründlich von ihren Vorgängerstaaten unterscheidet, dem antworten die Historiker: Kriegskatastrophe, bedingungslose Kapitulation, Flucht und Vertreibung, demokratische Verfassung, Westbindung, Wirtschaftswunder. Wer genauer hinschaut, stößt neben den politischen Sinnstiftern auch auf die Weichensteller einer neuen Populärkultur nach 1949. In den Massenmedien wirkten sie als Moderatoren des Wertewandels. Sie waren allemal so einflußreich wie Schulen und Volkshochschulen zusammen.

Worüber ein Volk lacht, verrät alles. Selbstkritischer Humor war nicht das, was man dem deutschen Volksgeist nachgesagt hatte. Das änderte sich nach 1945 in erstaunlicher Geschwindigkeit. Einer der Wohltäter der Entkrampfung, der von Anfang an dabei war, ist im Lauf der Jahrzehnte erst Schöpfer, dann sogar so etwas wie ein Denkmal des anderen, des komischen Deutschland geworden. Die Rede ist von Vicco v. Bülow, genannt Loriot.

Sein Durchbruchserfolg war 1954 *Auf den Hund gekommen,* eine Bilder-Fibel, in der die Rolle von Herr und Hund vertauscht war – eine Blitztherapie sozusagen für Ex-Herrenmenschen. Loriots absurde Ratgeber für den »guten Ton in allen Lebenslagen« platzten dann hinein in die Zeit des *Wir sind wieder wer.* Parallel zum *Buch der Etikette* der Bonner Protokollchefin Erica Pappritz, das zehn Jahre nach Kriegsende die Illusion einer unversehrten Gesellschaft vermittelte, demolierte Loriot ungerührt die »guten Sitten« der alten Klassengesellschaft. Nur ein durchtriebenes Genie aus einer alten Familie, die dreihundert Jahre lang kleine und große Politik im Lande gemacht hatte, konnte den Deutschen ihren Standesdünkel und Größenwahn so gründlich austreiben.

Loriot hat die Deutschen zivilisiert, indem er ihnen in den fünfziger Jahren noch einmal den gestreiften Stresemann-Anzug überzog, also das symbolische Gewand der Weimarer Republik. Dazu fügte er den Bowlerhut, den Inbegriff der britischen Mittelklasse. Das war der erste Schritt. Der zweite führte über die Karikatur hinaus.

Die junge Bundesrepublik, schwankend zwischen Katzenjammer und Verdrängung, war eigentlich kein idealer Ort für Ironie. Aber Loriot fand mit untrüglichem Instinkt seinen Weg. Wie das Kind am Ende von Hans Christian Andersens *Des Kaisers neue Kleider* schaute er auf die Wirklichkeit, und siehe, sie war mit wenigen Pinselstrichen, mit ein wenig Passepartout-Tricks zur Satire zu machen.

Wer blickt am kühlsten auf das bürgerliche Leben? Der Aristokrat, von alters her, und der Besitzlose, der Enteignete. Vicco v. Bülow war zu Beginn seiner Laufbahn beides: märkischer Aristokrat und enteignet von Heimat und Stand durch die Sintflut von Krieg und Teilung. In Fontanes Zeitroman über die Napoleonzeit, *Schach von Wuthenow*, kommt ein Bülow vor, dessen Beschreibung auch auf den heutigen paßt: »Nonchalance gehört mit zur Genialität.« Fontanes Bülow sagt: »Wir wissen wenigstens, daß wir nichts taugen, und in dieser Erkenntnis ist die Möglichkeit der Besserung gegeben.«

Kein Neubeginn ohne tiefsten Kulturbruch. Vicco v. Bülow hat oft erzählt, daß nur der Krieg und der Zusammenbruch ihn zum Künstler gemacht haben. Er wurde hinausgeworfen in eine Existenz ohne die festen sozialen Koordinaten, nach denen die Bülows über Jahrhunderte gelebt hatten. Nicht Offizier, preußischer Beamter oder Gutsherr konnte der Entwurzelte werden. So wurde er denn also ein Künstler. Es zeugt von hohem politischen Sinn – und damit von der Weiter-Wirksamkeit der ererbten Standestugenden –, daß sich Vicco v. Bülow zwar ins Gewand des *Humoristen* kleidete, in Wahrheit aber eine Art Forschungsreise in die junge Bundesrepublik unternahm. Niemand hat die Zeitungen, die Benimmbücher, die Grußworte, die Parlamentsreden und die Tarifverträge der Bundesrepublik mit kälterem Ethnologenblick durchforstet als Loriot. Niemand hat sich listiger in die »Soziolekte« des Branchen- und Interessengruppenstaates, des Journalismus, des Fernsehens und der Parteien eingeschlichen. Wenn man die Geschichte unseres Landes nach dem Zweiten Weltkrieg schreiben wird, kann man getrost auf die Tonnen bedruckten Papiers der Sozialforscher verzichten und sich Loriots gesammelten Werken zuwenden: *Das* sind wir, in Glanz und Elend.

Was hat er aus uns gemacht? Das, was wir schon immer waren: *Juste milieu,* ein bißchen lächerlich und immer sehr menschlich, mit Kämpfen, die die Siege nicht wert sind: ob in Dr. Klöbners Badewanne oder im büroerotischen Clinch mit Fräulein Dinkel (»Renate?!«), ob auf dem Weg zum SPD-Parteitag ohne das »sonst« gefahrene »Mercedes-Coupé« oder beim Kampf um die Sendesekunden im Wahlkampf. *Wir sind das Volk,* schon wahr. Aber noch mehr: *Wir sind Loriot.* Er hat uns auf's Maul geschaut und hat sich zugleich, ein Harun al Raschid mit tausend Gesichtern, unter uns gemischt und uns *seine* Worte so in den Mund gelegt, daß wir nun behext sind von ihm. Wie der Pawlowsche Hund müssen wir an den dramaturgisch heiklen Punkten unseres Lebens in Loriots Worten sprechen: »Wie findest du mein Kleid?« »Welches?« Oder existentieller noch: »Ich sitze hier.«

Loriot ist *musikalische* Kunst, weil sie von der raffiniertesten Komposition ist. Sie steht auf den Schultern von Riesen. Shakespeares Narren und Samuel Becketts Figuren sind Loriot wohlbekannt. Oscar Wildes Bonmots und Sakis eisgekühlte Satiren aus der englischen Klassengesellschaft stehen in den Kulissen. Wer musikalisch, leitmotivisch arbeitet, landet schließlich bei der Oper. Ihr, der fremdartig in die Gegenwart hineinragenden Gesamtkunst, hat Loriot gehuldigt ausgerechnet aus respektloser Schlüsselloch-Perspektive. Das Wunder ist, daß dabei auch Opern-Fremde mit Loriot die

Oper lieben lernen. Seine Expreßfassung des Wagnerschen »Rings«, scheinbar parodierend, ist in Wahrheit ein Akt tiefer Zuneigung.

Am Beginn seinen neunten Jahrzehnts steht Vicco v. Bülow auf dem Zenit seiner Popularität. Vor ein paar Jahren hat man – halb ernsthaft – gefragt, ob er nicht der ideale Bundespräsident gewesen wäre. Das Plebiszit hätte er spielend gewonnen. Die Realisierung blieb ihm erspart. Aushalten muß er, der wie alle Humoristen scheu und spröde ist, die distanzlose, eigennützige Affenliebe der Mediengesellschaft. Sie kommt aus ganz Deutschland – der Nationalpädagoge des Westens hatte lange vor 1989 im Osten weit offene Türen gefunden.

In Berlin darf auch legitimer Lokalstolz auf Loriot ausgelebt werden. Um die Ecke, in Brandenburg an der Havel ist er geboren. Und Kindheit und Schulzeit spielen in Berlin. Aufgewachsen ist er in den dreißiger Jahren in Zehlendorf. Dort wanderte der Knabe Vicco durch die Bahnunterführung ins Gymnasium, das heute so ausschaut wie damals. Ob die großen Loriot-Texte schon Pflichtstoff in den Schulen sind? Edel sei der Mensch, hilfreich und gut. Wenn er dazu noch lachen lernt, kann es nicht schaden.

# Anhang

# *Nachweis*

Günter D. - Ein Künstlerleben *S. 88*
*Günter Dahl, 1923–2004. Gründungsmitglied und Redakteur des* STERN *von 1948 bis 1990, äußerst erfolgreicher Reporter, Feuilleton-Autor und Ressortleiter Medizin. Privat ergab sich ein jahrzehntelanger freundschaftlicher Austausch mit Loriot.*

Der Vampyr *S. 213*
*Zeichentrickfilm aus Loriots Sendereihe* CARTOON, *Süddeutscher Rundfunk, Stuttgart, 18. Juli 1971.*

Vier Beine insgesamt *S. 327*
*Betrachtung über eine Mopshündin in Bronze,* DER TAGESSPIEGEL, *Berlin, 10. Januar 1996.*

Sollen Hunde fernsehen? *S. 359*
*Seit 1965 vergibt der Axel Springer Verlag mit seiner Programmzeitschrift* HÖR ZU *die »Goldene Kamera« für besondere Leistungen in den Bereichen Fernsehen, Film und Musik.*

Weiße Mäuse *S. 400*
*Vorwort zu* LORIOTS DRAMATISCHE WERKE, *Diogenes Verlag, Zürich 1981.*

Satire im Fernsehen *S. 401*
*Vortrag in der Evangelischen Akademie Tutzing, 4. Juli 1979.*

Was ist ein Wagnerianer? *S. 422*

*Nachwort zu Hermann Schreiber,* WERKSTATT BAYREUTH, *Albrecht Knaus Verlag, München 1986.*

Der Fragebogen *S. 424*

*Loriots eintönige Antworten auf eine wöchentliche Umfrage im Magazin der* FRANKFURTER ALLGEMEINEN ZEITUNG, *15. Mai 1981.*

Die Opernsprengung *S. 427*

*Diese Podiumsdiskussion nach einem Text von Loriot fand 1973 in der Faschings-Matinee der Bayrischen Staatsoper im Münchner Cuvilliés-Theater statt. Unter der Leitung von Loriot (als Viktor Schmoller) diskutierten drei Intendanten und ein Kritiker. Die Teilnehmer wurden nicht durch Schauspieler verkörpert, sondern stellten sich sozusagen selber dar.*

Loriots Kleiner Opernführer *S. 437*

*Die Operntexte entstanden vorwiegend als Moderationen Loriots zu Benefiz-Konzerten im Nationaltheater München (1987–1992) und zur festlichen Operngala für die Aids-Stiftung in der Deutschen Oper Berlin (1996–2002).*

Candide *S. 439*

*Die hier vorliegenden verbindenden Texte schrieb Loriot für konzertante deutsche Aufführungen von Leonard Bernsteins Musical* CANDIDE. *Die Erstaufführung des Musicals in dieser Fassung fand am 27. 5. 1999 im Prinzregententheater in München statt. Es spielte das Ensemble des Münchener Staatstheaters am Gärtnerplatz unter der Leitung von David Stahl. Sprecher: Loriot. Staatsintendant: Klaus Schultz.*

Der Karneval der Tiere *S. 479*

*Die Texte zur Komposition von Camille Saint-Saëns schrieb Loriot auf Anregung des Dirigenten Karl Böhm.*

*Die Uraufführung mit den Wiener Philharmonikern fand im Jahre 1975 statt (Sprecher: Karl-Heinz Böhm). Seit 1990 übernimmt Loriot in zahlreichen Konzerten mit dem Scharoun Ensemble der Berliner Philharmoniker die Rolle des Sprechers.*

Der Ring des Nibelungen *S. 498*

*Wagners Bühnenfestspiel an 1 Abend in Loriots Fassung für Erzähler, Sänger und Orchester. Erstaufführung mit dem Ensemble des Nationaltheaters Mannheim und Loriot als Erzähler unter der musikalischen Leitung von Jun Märkl im Musensaal am 28. Oktober 1992. Generalintendant: Klaus Schultz.*

Musik *S. 525*

*1982 feierte das Berliner Philharmonische Orchester sein hundertjähriges Bestehen. Loriot hielt die Festrede anläßlich der Feier in der Berliner Philharmonie am 8. und 9. Mai 1982.*

Weimar (DDR) *S. 528*

*Am 9. März 1989 wurde eine Ausstellung der Arbeiten Loriots in Weimar (damals noch* DDR*) eröffnet.*

Damenrede *S. 531*

*Gehalten am 14. September 1974 anläßlich des Bülowschen Familientages in Celle.*

An die Jugend *S. 535*

*Dank für die Verleihung des Literaturpreises der Stadt Weilheim am 12. Juni 1999. Die Jury setzte sich aus Schülern des Gymnasiums Weilheim zusammen. Am 28. Oktober, anläßlich der Immatrikulationsfeier, wiederholte Loriot diese Rede vor der Studentenschaft der Freien Universität Berlin.*

Bizarr – Grotesk – Monströs *S. 540*

*Unter diesem Titel fand 1978 eine Ausstellung zeitgenössischer Karikaturisten in der Kestner-Gesellschaft, Hannover, statt.*

Das Deutsche Theater *S. 545*

*Rede zur Wiedereröffnung des traditionsreichen Hauses in München am 8. Oktober 1982.*

Diogenes *S. 548*

*Der Diogenes Verlag wurde 1952 von Daniel Keel in Zürich gegründet. Loriot hielt die Rede anläßlich des Verlagsgeburtstages in Zürich am 18. November 1982.*

Der Goldene Möbelwagen *S. 551*

*Der Faschingsorden »Der Goldene Möbelwagen« wird jeweils von der Stuttgarter Karnevalsgesellschaft, gegründet 1897, übergeben, in diesem Fall am 12. Februar 1983 in der Stuttgarter Liederhalle.*

Das neue Landratsamt *S. 555*

*Am 5. Mai 1987 erfolgte die Einweihung des neuen Landratsamts in Starnberg.*

Versuch über Joachim *S. 560*

*Professor Dr. Joachim Kaiser, geboren 1928, studierte Musikwissenschaften, Germanistik, Philosophie und Soziologie. Seit 1959 ist er Kulturkritiker bei der* SÜDDEUTSCHEN ZEITUNG *in München, ab 1977 Professor an der Hochschule für Musik und darstellende Künste in Stuttgart. Die vorliegende Laudatio anläßlich des 60. Geburtstages von Joachim Kaiser hielt Loriot am 18. Dezember 1988 in der Bayerischen Akademie der Schönen Künste, München.*

Was ist Film? *S. 568*

*Verleihung des Bayerischen Filmpreises für den Film* ÖDIPUSSI *am 20. Januar 1989 im Münchner Cuvilliés-Theater.*

Der Traum von kurzen Strümpfen *S. 572*
*Rede anläßlich der Vergabe des Ernst-Lubitsch-Preises am 27. Januar 1989 im Gloria-Palast in Berlin.*

90 Jahre Prinzregententheater *S. 575*
*Eine Geburtstagsrede am 27. Juli 1991 im Prinzregententheater, München.*

Der Landrat *S. 577*
*Rede zur Verabschiedung des verdienten Landrats Otmar Huber, Benediktbeuern, 26. April 1996.*

Bedrohung *S. 580*
*Dankesrede im Anschluß an die Laudatio des Bayerischen Ministerpräsidenten Edmund Stoiber anläßlich der Verleihung des Ehrenpreises des Bayerischen Fernsehpreises im Prinzregententheater, München, am 17. Mai 2002.*

A B Le D E F G *S. 583*
*Das Champagnerhaus Henri Abelé wurde 1757 in der Champagne gegründet und vergibt seit 1985 den Abelé Kulturpreis. Das Ereignis fand am 3. Juni 1989 im Restaurant Tantris, München, statt.*

Eine gewisse Unlust *S. 587*
*Am 3. November 1991 wurde die Ausstellung »Karikatur – Europäische Künstler der Gegenwart« im Wilhelm-Busch-Museum, Hannover, eröffnet.*

Das Goldene Grammophon *S. 592*
*Diese verkleinerte Nachbildung des im Jahre 1898 von Emil Berliner erfundenen Grammophons wurde für Verdienste um die Deutsche Grammophon Gesellschaft verliehen. In diesem Fall im Jahre 1991, im Hotel Vier Jahreszeiten, Hamburg.*

Für Horst *S. 596*

*Horst Wendlandt, geboren 1922, war deutscher Filmproduzent und seit 1961 Inhaber der Rialto Film, Berlin. 1987 und 1990 produzierte er Loriots Filme* Ödipussi *und* Pappa ante portas. *Zum 70. Geburtstag Horst Wendlandts hielt Loriot die Laudatio in Berlin und wiederholte sie, leicht aktualisiert, 10 Jahre später. Horst Wendlandt starb im Jahr 2002.*

Das Kleinod *S. 602*

*Verleihung des »Video Winner« 1991 im Prinzregententheater, München, am 30. Januar 1992.*

Paul Flora *S. 604*

*Professor Paul Flora, geboren 1922 in Südtirol, ist Zeichner und Graphiker, war jahrzehntelang politischer Karikaturist der* Zeit, *lebt und arbeitet seit 1947 auf der Hungerburg bei Innsbruck. Am 20. Juni 1992 wurde in der Kronenhalle Zürich sein 70. Geburtstag gefeiert.*

Das Jahrtausendereignis *S. 606*

*Im Hinblick auf Loriots 70. Geburtstag begann am 22. Januar 1993 im Potsdamer Museum eine Jubiläumsausstellung, die danach auch im Stadtmuseum Düsseldorf, dem Münchner Stadtmuseum und dem Museum für Kunst und Gewerbe in Hamburg gezeigt wurde.*

Münsing *S. 609*

*Am 23. November 1993 wurde Loriot zum Ehrenbürger von Münsing ernannt, wo er mit seiner Familie im Ortsteil Ammerland lebt.*

Brandenburg *S. 612*

*Am 29. November 1993 wurde Loriot Ehrenbürger von Brandenburg, wo er 1923 zur Welt kam.*

»Duks« *S. 616*

*Am 30. Oktober 2004 erhielt Loriot für seinen Einsatz um die deutsche Sprache den Jacob Grimm-Preis Deutsche Sprache, die höchstdotierte Sprachauszeichnung in Deutschland. Anläßlich der Verleihung bedankte er sich mit einer sprachlosen Rede.*

Für Heinz Rühmann *S. 625*

*Eine Szene zum 90. Geburtstag von Heinz Rühmann, mit Evelyn Hamann und Loriot, Prinzregententheater, München, 7. März 1992.*

Saugfähig *S. 629*

*Geburtstagsrede auf die* SÜDDEUTSCHE ZEITUNG *anläßlich deren 50-jährigem Bestehen, München, 6. Oktober 1995.*

Die größte Zeitung *S. 633*

*Rede zur Vergabe des* BZ-*Kulturpreises an das Berliner Philharmonische Orchester im Kammermusiksaal der Berliner Philharmonie, am 24. Januar 1997.*

Der Herr Ministerpräsident *S. 636*

*Rede zum 60. Geburtstag des Bayerischen Ministerpräsidenten Edmund Stoiber in der Bayerischen Staatskanzlei, München, am 28. September 2001.*

Fußball *S. 640*

*Festansprache zum 100. Geburtstag des* FC *Bayern München im Prinzregententheater München, am 27. Februar 2000.*

Robert Gernhardt *S. 649*

*Maler, Zeichner und Dichter, geboren 1937, lebt in Frankfurt. Die erwähnte Lesung fand am 4. Dezember 1997 in der Blackbox des Gasteig, München, statt. Robert Gernhardt starb am 30. Juni 2006. Er war der liebenswürdigste Poet unserer Zeit.*

Das Tier und sein Mensch *S. 653*

*Stefan Moses, geboren 1928 in Schlesien, ist seit 1968 freier Fotograf, lebt in München und hat zahlreiche Bücher und Bildbände veröffentlicht.* DAS TIER UND SEIN MENSCH *erschien 1997 im Sanssouci Verlag Zürich mit Loriots Vorwort.*

Ein deutsches Kinderlied *S. 659*

*Geschrieben für eine Sammlung neuerer deutscher Kinderlieder in der* ZEIT *vom 7. Oktober 1994.*

Des Ernstes Kunst *S. 661*

*Text aus der Sendung* LORIOTS 60. GEBURTSTAG *bei Radio Bremen am 12. November 1983.*

Melusine *S. 662*

*Lesung des Dichters Lothar Frohwein (Loriot) im Film* PAPPA ANTE PORTAS, *1990.*

Zeit und Raum *S. 664*

*Aus* LORIOT V, *Moderation zu einem Flugessen, 15. Juni 1978.*

Grenzen der Menschheit *S. 665*

*Aus* LORIOT V, *Gedicht aus dem Sketch* DAS FLUGESSEN, *15. Juni 1978.*

Sinnlos *S. 666*

*Einsicht in den tieferen Sinn des Lebens – nicht genau zurückzuverfolgen.*

Wunderbar *S. 667*

*Nachdenkliche Äußerung von Paul Winkelmann (Loriot) im Film* ÖDIPUSSI, *1987.*

Advent *S. 668*
*Text zum gleichnamigen Zeichentrickfilm in der Sendung* CARTOON XI, *Süddeutscher Rundfunk, Stuttgart, 7. Dezember 1969.*

Möpse & Menschen *S. 673*
*Vorwort zum gleichnamigen Versuch einer Autobiographie, Diogenes Verlag, Zürich 1983.*

Mein Lehrer Willem Grimm *S. 679*
*Willem Grimm, Professor, Maler, geboren 1904 in Elberstadt bei Darmstadt, war von 1946–1969 Dozent an der Landeskunstschule in Hamburg (heute Hochschule der Bildenden Künste), wo Loriot 1947/48 von ihm unterrichtet wurde. Anläßlich des 80. Geburtstages seines ehemaligen Lehrers hielt Loriot die Laudatio in der Freien Akademie in Hamburg, am 25. Mai 1984.*

Alter Freund P. N. *S. 688*
*Vorwort zu dem Buch* Neugebauers Neurosen *im Verlag Gruner und Jahr, Hamburg 1980. Peter Neugebauer war seit 1951 jahrzehntelang einer der führenden Karikaturisten der Illustrierten* STERN. *Zwischen 1967 und 1990 ergaben sich viele Reisen auf die Insel Capri, gemeinsam mit Loriot.*

Alter Freund M. S. *S. 690*
*Manfred Schmidt, geboren 1913, populärer deutscher Karikaturist, der seine Karriere beim Ullstein Verlag, Berlin, begann. 1950 gelang ihm in der Illustrierten* QUICK *mit* NICK KNATTERTON *der wohl erfolgreichste deutsche Comicstrip. Manfred Schmidt starb 1999. Loriot schrieb das Vorwort zu* DAS GROSSE MANFRED-SCHMIDT-BUCH, *Stalling Verlag, Oldenburg 1973.*

Dr. phil. h. c. *S. 693*

*2001 verlieh die Bergische Universität Wuppertal Loriot die Ehrendoktorwürde, wofür er sich am 22. Juni mit einer Rede bedankte.*

Irren und Wirren *S. 698*

*Am 1. Juni 2003 wurde Loriot zum Honorarprofessor der Universität der Künste Berlin, Fakultät Darstellende Künste, ernannt.*

# *Bibliographie*

Erstveröffentlichungen. Soweit nicht anders vermerkt, sind Loriots Bücher im Diogenes Verlag, Zürich, erschienen.


*Auf den Hund gekommen.* 44 lieblose Zeichnungen von Loriot. Eingeleitet von Wolfgang Hildesheimer. 1954.

*Reinhold das Nashorn.* Texte von Wolf Uecker und Günter Dahl. Stuttgart 1954.

*Unentbehrlicher Ratgeber für das Benehmen in feiner Gesellschaft.* Frankfurt am Main 1955.

*Der gute Ton.* Das Handbuch feiner Lebensart in Wort und Bild. 1957.

*Der Weg zum Erfolg. Ein erschöpfender Ratgeber in Wort und Bild.* 1958.

*Wahre Geschichten.* Erlogen von Loriot. 1959.

*Für den Fall ... Der neuzeitliche Helfer in schwierigen Lebenslagen.* 1960.

*Umgang mit Tieren. Das einzige Nachschlagewerk seiner Art in Wort und Bild.* 1962.

*Nimm's leicht! Eine ebenso ernsthafte wie nützliche Betrachtung in Wort und Bild.* 1963.

*Der gute Geschmack. Erlesene Rezepte für Küche und Karriere.* 1964

*Neue Lebenskunst in Wort und Bild.* 1966.

*Loriots Großer Ratgeber. 500 Abbildungen und erläuternde Texte geben Auskunft über alle Wechselfälle des Lebens.* 1968.

*Reinhold das Nashorn.* Verse von Basil. 1968.

*Loriots Tagebuch.* 1970.

*Loriots Kleine Prosa.* 1971.

*Loriots Daumenkino – bewegte Botschaften.* 1972 ff.

*Loriots Heile Welt. Neue gesammelte Texte und Zeichnungen zu brennenden Fragen der Zeit, erstmals ›Loriots Telecabinet‹.* 1973.
*Menschen, die man nicht vergißt.* Achtzehn beispielhafte Bildergeschichten. 1974.
*Loriots kleiner Ratgeber.* 1974.
*Herzliche Glückwünsche. Ein umweltfreundliches Erzeugnis.* 1975.
*Loriots praktische Winke.* Berlin (DDR) 1975.
*Das dicke Loriot-Buch.* Berlin (DDR) 1977.
*Loriots Wum & Wendelin.* 1977.
*Loriots Kommentare (zu: Politik, Kriminalistik, Wirtschaft und Finanzen, Landwirtschaft, Kultur, modernes Leben, Männer und Sport sowie Tier- und Frauenwelt).* 1978.
*Loriots Dramatische Werke. Texte und Bilder aus sämtlichen Fernsehsendungen seit ›Loriots Telecabinet‹.* 1981.
*Loriots Großes Tagebuch.* 1983.
*Möpse & Menschen. Eine Art Biographie.* 1983.
*Szenen einer Ehe in Wort und Bild.* 1983.
*Loriot.* Herausgegeben von der Wilhelm-Busch-Gesellschaft e.V., Hannover. Stuttgart 1988.
*Loriots Ödipussi.* 1988.
*Pappa ante portas.* 1991.
*Loriot.* Katalog zur Ausstellung anläßlich des 70. Geburtstags. 1993.
*Herren im Bad und sechs andere dramatische Geschichten.* 1997.
*Große Deutsche. Circa acht Portraits.* 12 Einzelblätter in Mappe. 1998.
*Sehr verehrte Damen und Herren… Bewegende Worte zu freudigen Ereignissen, Kindern, Hunden, weißen Mäusen, Vögeln, Freunden, Prominenten und so weiter.* 2002.
*Das Frühstücksei. Gesammelte dramatische Geschichten mit Doktor Klöbner und Herrn Müller-Lüdenscheidt, Herrn und Frau Hoppenstedt, Erwin Lindemann u.v.a.* 2003.
*Loriots Kleiner Opernführer.* 54 Opern fast vollständig erzählt sowie Texte rund um die Oper. 2003.

*Loriot und die Künste. Eine Chronik unerhörter Begebenheiten aus dem Leben des Vicco von Bülow zu seinem 80. Geburtstag.* 2003.
*Männer und Frauen passen einfach nicht zusammen.* 2006.
*Gesammelte Prosa.* Alle Dramen, Geschichten, Festreden, Liebesbriefe, Kochrezepte, der legendäre Opernführer und etwa zehn Gedichte. 2006.

Loriot illustrierte außerdem Texte von Egon Jameson (1956, 1957), Hans Gmür (1959) und Reinhart Lempp (1968, 1973, 1989).

Auf CD erschienen bei der Deutschen Grammophon Literatur:

*Loriots Klassiker.* Mit Loriot und Evelyn Hamann.
*Loriot erzählt Richard Wagners Ring des Nibelungen.* Am Beispiel der Aufnahme von Herbert von Karajan und den Berliner Philharmonikern.
*Loriots Heile Welt.* Gesprochen von Loriot.
*Loriots Festival.* Mit Loriot und Evelyn Hamann.
*Loriots Dramatische Werke – Ehe, Politik und andere Katastrophen.* Mit Loriot und Evelyn Hamann.
*Loriots Liebesbriefe – Kochrezepte und andere Katastrophen.* Mit Loriot und Evelyn Hamann.
*Loriot und Walter Jens. Wo es um Freundschaft geht.*
*Aus dem Briefwechsel Friedrich der Große – Voltaire.* Gelesen von Loriot (Friedrich) und Walter Jens (Voltaire).
*Thomas Mann. Das Eisenbahnunglück und andere Begebenheiten.* Gelesen von Loriot.
*Wilhelm Busch. Max und Moritz / Die fromme Helene.* Gelesen von Loriot und Evelyn Hamann.
*Loriots Peter und der Wolf / Karneval der Tiere.* Von Serge S. Prokofieff und Camille Saint-Saëns. Mit Daniel Barenboim und dem English Chamber Orchestra. Erzählt von Loriot.

CD von Delta/Music Capriccio:
Leonard Bernsteins Operette *Candide* – Neue Texte, gelesen von Loriot.

Bei Warner Home Video auf DVD erschienen:

*Loriots Ödipussi*
*Loriots Pappa ante portas*
*Loriots 80. Geburtstag*
*Loriot: sein großes Sketch-Archiv*

# *Zitatenregister*

## *Namen-, Orts- und Titelregister*